中国思想史研究

ZHONGGUO SIXIANGSHI YANJIU

2012年卷

谢阳举◎主编

中国社会科学出版社

图书在版编目（CIP）数据

中国思想史研究 . 2012 年卷 / 谢阳举主编 . —北京：中国社会科学出版社，2012.9

ISBN 978 - 7 - 5161 - 1189 - 5

Ⅰ . ①中…　Ⅱ . ①谢…　Ⅲ . ①思想史—中国—文集
Ⅳ . ①B2 - 53

中国版本图书馆 CIP 数据核字（2012）第 150649 号

出 版 人	赵剑英	
责任编辑	张　林	
特约编辑	金　泓	
责任校对	孙洪波	
责任印制	戴　宽	

出　　版	中国社会科学出版社	
社　　址	北京鼓楼西大街甲 158 号（邮编 100720）	
网　　址	http://www.csspw.cn	
	中文域名：中国社科网　　　010 - 64070619	
发 行 部	010 - 84083685	
门 市 部	010 - 84029450	
经　　销	新华书店及其他书店	

印　　刷	北京市大兴区新魏印刷厂	
装　　订	廊坊市广阳区广增装订厂	
版　　次	2012 年 9 月第 1 版	
印　　次	2012 年 9 月第 1 次印刷	

开　　本	710 × 1000　1/16	
印　　张	21	
插　　页	2	
字　　数	355 千字	
定　　价	52.00 元	

目　录

中国思想史理论研究

宋明理学与经学研究

宗教思想史研究

政治思想史研究

比较思想史研究

编者的话

中国思想史是中国古老智慧的结晶，是中华传统文化的核心组成部分，也是中华民族伟大复兴所需要的思想创新的重要精神养料，研究价值自不待言。

以西安为中心的关中，被《史记》称为"金城千里"、"天府之国"、"四塞之国"，是华夏文明的重要摇篮之一。长安城曾经是 13 朝王都；历时 1500 多年，中国封建时代闻名世界的周、秦、前汉、唐位列其中。西安方圆百余里之内，有数十万年前的蓝田猿人和大荔人遗址，毗邻炎黄部落兴起的根据地；这里是"礼乐之源"，周公在此制礼作乐，周礼是中华底层文明的奠基，也是儒家文化的源头；这里是"道德之归"，道家创始人、道教神化崇奉的老子，曾归隐于古扶风一带；这里是佛教圣地，号称佛教"第二故乡"，有中国佛教七大祖庭；这里是关学腹地，从张载到清末刘古愚，出现了一代代儒家宗师；这里也是多民族文化交汇的大熔炉，是连接欧亚经济文化交通的丝绸之路的起点，在中外文化和经济贸易交流史上产生过不可磨灭的作用。

西北大学坐落于人文荟萃、文明昌盛、历久弥新的古城西安。西北大学中国思想文化研究所为我国著名思想史家、历史学家、中国思想史现代学科开创者之一——侯外庐先生所奠基，思想史家张岂之教授所创立，现系中国思想史国家级重点学科点、国家 211 重点学科点、陕西省高校重点基地、国家历史学博士后流动站。研究所薪火相传数十年，建立了研究梯队，争取在科学研究和人才培养的道路上有所推进。

为思想文化学术共同体提供一块自己的园地，这是我们的美好心愿，也属于我们义不容辞的分内之事。鉴于此，研究所于 1999 年决定推出首辑《中国思想史论集》（不定期学刊）。创刊初衷是为了及时发表中国思想史及其相关领域的最新成果，进一步推动研究，活跃交流。到 2008 年已经公开出版三辑，每辑 30 万字左右，在学界有一定影响。其中《中国思想史论集》第一辑由张岂之先生主编，于 2000 年出版，该辑探讨的中心议题是：中国思想史研究的回顾与展望。收入的文章对近五十年来中国思想史研究有关专题作了回顾，对中国思想史研究的方法问题进行了有益的探索。第二辑也由张岂之先生主编，于 2003 年面世，该辑是纪念侯外庐先生百年诞辰专集，主题是对中国思想史学科前辈侯外庐先生的怀念，所收论文主要是学者们在 2002 年西北大学举办的侯外庐先生百年诞辰纪念会上的主题发言，兼收有范围广泛的专题论文。第三辑由张岂之教授和谢阳举教授合作主编，于 2008 年出版。该辑汇集了 2007 年西北大学中国思想文化研究所主办的"全国中国思想史学科建设研讨会"的部分成果，分设中国思想史理论探讨、中国古代思想史研究、中国近现代思想史研究、中国思想史专题研究、中国思想的现代价值研究等五个栏目，主要探讨中国思想史研究的理论与方法、思想史思潮和学派、思想家及经典研究、中国思想史教学和研究生培养等问题。前三辑完全由广西师范大学出版社资助出版，在此我们深致谢忱！

今年是国家"十二五"规划开局的第二年，目睹改革开放三十余年以来，祖国国力倍增，人文学术研究日益活跃，我们愿意加倍努力，克服困难，将学刊更名为《中国思想史研究》，今后将移往中国社会科学出版社继续出版。学刊将恪守和实践前辈学人树立的严谨求实的学风，以深化和提高研究为宗旨，开展深层次的学术交流。

本辑由本人受命负责编辑，包括 23 篇论文，涉及中国思想史理论研究、宋明理学与经学研究、宗教思想史研究、政治思想史研究、比较思想史研究等方面。虽然由我领衔，但是离不开研究所同仁的奉献，张岂之先生逐篇审阅了全稿，个别篇章还做了改定，方光华校长一直非常关注学刊的编辑，夏绍熙博士协助我做了最初的编排工作，几位博士生参与了文稿校订和部分引文查核工作。这里我谨向他们表示衷心的感谢。

自该辑起，我们决定进一步加强编辑力量，提高编刊质量，增强工作效率，努力拓展稿源，除部分名家约稿外，大部分稿件拟向海内外学术界公开征集，争取每年出版一辑；根据每辑需要，保持古代思想史、近代思想史、宗教思想史、比较思想史、思想史研究理论和方法、思想史动态、书评等栏目，凡属于中国思想史文献学、经学、子学、儒学、玄学、理学、宗教思想、史学思想，以及政治、经济、科学等专科思想史的优秀稿件，均在征集之列。

鉴于本人和编辑小组学识、经验和能力有限，本辑的编选难免有诸多不足，希望学界不吝赐教，使我们的工作日益改进。我们深知，要办成一个得到学界比较认可的优秀学刊，尚待长期勤奋踏实的工作，也望学术界共同栽培灌溉，并扬鞭策进。

谢阳举

2012 年 3 月 18 日

《中国思想史》2011年修订版新序

张岂之[①]

《中国思想史》一书于 1988 年由西北大学出版社出版。1992 年，我们对此书（有 70 余万字）加以缩写（40 万字），以同样书名，仍由西北大学出版社出版。2003 年缩写本出了第二版。以上两种版本都是按照大学历史学硕士生教材的要求去写的。

2002 年我应高等教育出版社之邀，和几位朋友重新写了一本《中国思想文化史》教材，2006 年由高等教育出版社出版。此书的"序言"中有这样的话："在本书撰写前，在设计全书的框架时，我们着眼于这样两点：一是中国思想文化的特色；二是中国思想文化的创新性。"全书力求以文化传承与创新作为一个中心加以阐述。

从时间上计算，我们从 1988 年开始编著《中国思想史》，到今年（2011 年）已有 20 多年；在这段时间里，我和合作的朋友们不但有了较多的大学教学实践经验，而且在中国思想史学术研究上也有了一些新认识，将它归结为一点，就是：大学人文学科研究生（主要是硕士研究生）的教材要有自己的特色，不同于大学本科生的专业教材；有新的研究成果（无论是学术界还是教材编著者的）展现。没有创新，教材的生命力就会受到影响，不能只在"简要"、"提炼"上下工夫，还要有相当的学术厚度；不是人云亦云，而要有编著者的独立思考和研究成果，也就是说要有学术特色。它不仅仅是教材，同时也具有学术专著的特色，在某些重要的学术问题上不受篇幅的限制，力求作比较深入的阐述，以便在学术讨论中较全面地阐释自己的论点。教材可以是众人研究成果的汇集，但专著主要

---

① 张岂之，西北大学中国思想文化研究所，教授，所长。

是作者个人的研究心得。

由于有以上的理解，我计划与朋友们对《中国思想史》1988 年版进行修订补充，将它修订成研究生教材参考，同时兼有学术专著性质的著作。本书的修订用了近两年时间，主要做了以下几项工作：1. 查阅全书引文，改正引证上的错误。是否彻底，现在不敢说，只能说尽了很大努力。2. 学术内容上有所增补。例如：关于中国思想史的社会历史背景，我国学术界在近些年来有不少成果可供参考。我们参加《中国思想史》写作的原作者和修订者在这方面的学习、研究也有一些进展，深感有必要在修订本中加以补充，使之较为充实。关于中国思想史自身的一些学术问题，如关于学派间的思想分野、融合会通、传承创新，在修订中都有一些新的补充和论述。关于中国宗教思想、近代思想的内容和演变等都是重要问题，依据这方面的研究成果，以及我们自己的看法，也有不少的增补。3. 这里还要提到本书的一个特点，就是每编都有关于思想史原始资料的介绍，便于读者和思想史研究者进一步查阅，此次修订又增加了一些内容，并对主要的资料加以复核，力求准确，也用了不少时间。至今，学术界尚未提供一部完整的《中国思想史史料学》。数年前，我和刘学智教授主编的《中国学术思想编年》一书（全书共六卷，2005—2006 年陕西师范大学出版社出版），近似于"中国思想史史料学"，读者朋友可以参考。

依据以上所说，此次对《中国思想史》的修订并不是一件容易的事。我们深深感到古人所说的"学无止境"，确实是颠扑不破的真理。

我们对中国思想史学科内涵的理解，坚持了《中国思想史》1988 年版"原序"中所论述的内容。在研究方法上仍然力求做到历史与逻辑的统一。马克思主义唯物史观的基本原则——社会存在决定社会意识，也是我们一直遵循的原则。在具体的研究实践中，我们体会到：一定社会存在对于该社会上层建筑的"决定"中，并不是机械的，而是辩证的，特别是上层建筑中更加具有理论思维的部分，并不是由经济基础直接决定，而是经过多种中间环节、曲折地加以反映的结果。正是依据这样的原则，我们可以看到，中国古代的一些思想家，他们的思想难以归之于哪一个阶级的专利品。他们的思想经过一定社会经济基础与上层建筑之间的辩证关系的过滤，成为中华民族在历史发展过程中具有代表性的理论思维，他们的思想属于中华民族优秀传统文化的组成部分，体现了中华民族在创造文明的过程中所作出的巨大贡献，他们思想中的精华永远是中华民族子孙共有的精神财富。直至今天，我们还要不断研究他们的思想，传承他们的思想精华。但是，他们毕竟是历史上的思想家，他们生活在古代历史的环境中，其思想中既有与今天时代性相符的方面，也有的刻印了古代历史社会某些滞后方面的痕迹，因此，对他们的思想进行具体的历史分析，在今天和未来都是必要的，既不全部肯定，也不全盘否定，以揭示历史文化发展的内在实质和现代价值，这就是我们经常所说的文化创新。一部专著如果没有创新面，只是老生常谈，那就失去了应有的学术价值。

还要提到，关于社会历史的分析，我们依然使用"封建社会"这个词语，因为我们认为现在还没有更好的词语来代替它。与中国封建社会相适应，在国家体制上是君主专制制度。在皇权统治下，社会的尊卑贵贱不可逾越，等级、阶层与宗族的影响，以及各种形式的人身依附关系和宗法关系随处可见。这些在思想史上如何曲折地反映，在今天如何认识和评价，这是中国思想史研究者应当努力加以解决的学术问题。

中国古代君主专制制度的基本层面，如皇帝和皇权至高无上的地位始终没有改变，但是皇权的治国方略则有所变化，并不是一个模式，而且思想文化对于社会经济基础的反作用，也有不同的结果。例如，西汉时期的君主专制制度与秦代不完全相同，它主要实施政治、法律、思想文化的儒学化，讲仁义道德，讲国格，与秦代主要用法家理论治国有别。汉武帝刘彻（前 140—前 87 年）在位 54 年，在他的统治下，以汉族为主体的统一多民族国家得到巩固，当时的中国以文明和富强而闻名于世。西汉时期，中华文化、艺术都有丰硕的成果。唐代的君主专制制度不完全同于西汉，与秦代也有较大差异。唐代除实行科举选拔人才外，还重视各种思想文化的交流，以及中国境内各民族融合带来的文化创造力，比较开放。唐太宗李世民（627—649 年）在一定限度内能听取大臣们的意见。唐代还由于儒学、佛教、道教的相互对峙、融合，推动了佛教、道教的世俗化，这种世俗化的总趋势是劝人行善、慈悲为怀，这使国家的文化创造力得到了空前的发展。以上的举例是想说明，即或是君主专制制度也需要进行具体的历史分析，特别是在这种制度下的思想理论未必都和它完全吻合。一定社会制度与思想的矛盾，在中国历史中是经常看到的，需要学人们仔细地剖析，并作出比较准确的评价。

在中国封建社会，除皇权统治外，还有许多思想家在探索如何治国安邦，如何创造文明，如何提升国力，如何解决社会矛盾，如何选才用人，如何看待天人关系，如何达到人与自然的和谐，如何寻找心灵的安顿处，以及如何找到安身立命之所，等等。这些都为中国思想史留下了宝贵的思想资料。

总之，我们在《中国思想史》（修订版）中所着力勾勒、叙述的，主要是想探索中华民族在漫长的历史过程中如何创造了思想文明成果，以便我们更好地加以传承和创新。

《中国思想史》1988年版撰写者为张岂之、刘宝才、龚杰、任大援、李晓东。主编为张岂之。

《中国思想史》2011年修订版两卷本参与者为张岂之教授、龚杰教授、刘文瑞教授、张茂泽教授、陈战峰副教授、夏绍熙博士。主编为张岂之。

在本书修订中，龚杰教授不顾年迈体弱，对关于社会史与思想史的关系、关于理学的产生演变、关于宋元时期中国佛教等较重大的问题进行了相当多的增补。刘文瑞教授根据主编提供的提纲，对1988年版《中国思想史》中的近代部分进行了全面改写，展现了中国近代思想史的丰富内容，也提出了一些需要进一步研究的问题。张茂泽教授在修订版中为明、清部分增补了一些新的方面。

还要提到，《中国思想史》修订版从一开始，陈战峰副教授、夏绍熙博士就参加了修订工作，许多繁杂而必不可少的工作主要是他们做的，比如原始资料的核对、增补新发现的资料，以及提供全稿的电子文本等。

这里还要向所有参加修订工作的同志，以及西北大学出版社表示衷心的感谢。

一部由科研团队所写的书，它的公开出版，只是这部书学术生命的开端。它虽然面世，但它的学术生命如何，要由读者们来决定，作者们并不因此而宣告一切就此结束。对于书的作者来说，应当追踪读者们的反映，更要不断思考书中的不足之处；随着研究的日益深化，就会发现书中还有许多值得进一步研究的问题，因而修订的任务便提到日程上。修订，并不简单是文字上的修修补补，更加重要的是对于某门学科内容的深刻理解。这样，一部书由原版到再版，再到修订版，就使书的质量有了相应的提高。当然，这样做会遇到不少困难，如参与人员很难集中精力；在人文社会科学评价体系中，对于修订工作尚未给予足够的重视；等等。尽管如此，我们还是应当提倡修订这种做法，因为它能体现作者们在学术研究中前进的轨迹。

张岂之

2011 年 7 月盛暑

于西安市西北大学中国思想文化研究所

文化传承创新与大学的使命

张岂之[①]

我国高等教育有一百多年的历史。胡锦涛总书记以清华建校一百周年为契机，在讲话中就我国高等教育如何继往开来作了深入的阐述。我想就胡锦涛同志在清华百年校庆讲话中有关文化的论述，谈一些个人学习的体会。

一 为什么需要着重论述高等教育与文化传承创新的关系？

胡锦涛同志在清华建校一百周年校庆上的讲话中，对中华文化的传承创新与高等教育的使命有重要的论述。他说："全面提高高等教育质量，必须大力推进文化传承创新。高等教育是优秀文化传承的重要载体和思想文化创新的重要源泉。要积极发挥文化育人作用，加强社会主义核心价值体系建设，掌握前人积累的文化成果，扬弃旧义，创立新知，并传播到社会、延续至后代，不断培育崇尚科学、追求真理的思想观念，推动社会主义先进文化建设。要积极开展对外文化交流，增进对国外文化科技发展趋势和最新成果的了解，展示当代中国高等教育风采，增强我国文化软实力和中华文化国际影响力，努力为推动人类文明进步作出积极贡献。"要落实胡锦涛同志的这一论述，就需要研究高等教育的使命，在理论上弄清文化传承、创新与高等教育的关系。

中华文化在传承与创新上有丰富的历史积淀，历代学者对此有深刻地

---

① 张岂之，西北大学中国思想文化研究所，教授，所长。

论述。作为世界上没有中断过的民族文化，中国历史就是一部文化的传承与创新史。从西周的"周虽旧邦，其命维新"，到辛亥革命的推翻帝制走向共和，到新民主主义革命，再到建设中国特色社会主义，我们的国家在历史的传承与创新中不断前进、发展。仅以儒学为例，从孔子创立儒学，到汉代的经学，再到宋代的理学，近代的新儒学，不断的薪火相传，推动和激发着思想的创新，思想创新又积淀为传统。这种传承与创新，正是通过古代的教育体系（如太学和书院）实现的。西方的文明，也是通过从雅典学园，到中世纪的教会，再到近代的大学得以发扬光大的。所以，大学在文化传承创新中有着非常重要的地位和作用。可以说，文化的传承与创新，就是大学的基本使命。胡锦涛同志明确地论述了这个观点，这正是我国高等教育继往开来的一个关键点。

为什么说大学的使命是文化的传承创新？这是由大学在社会中的位置决定的。一个社会能不能健康发展，关键在于人的发展，而不仅仅是物的丰富。大学在人的发展中具有重要作用，它要培养人才；人才的本质是人，有"才"而无"人"，就失去了大学的真谛。孔子当年反对樊迟学稼，在一定意义上并不是看不起农人，而是强调士人的文化责任。相比起耕作，孔子认为文化上的使命是更重要的。如果大学过分强调技能教育而忽视文化育人，人格养成就可能产生不足。重技术轻教养，重应用轻基础，在文化方面已经有所偏失，亟须校正。现代化本质上要实现人的现代化，而不仅仅是物的现代化。人的全面发展，必须具有文化底蕴；社会的创新进步，必须具有文化支撑。因此，胡锦涛同志对大学文化传承创新的论述，具有十分重要的意义。

二 大学文化传承创新如何构建？

今天，要实现大学文化传承创新的使命，我在学习胡锦涛同志的这个讲话后，有以下体会：

1. 从知识社会和知识管理层面，定位大学的使命

从 20 世纪 80 年代起，有一些学者就意识到信息社会带来的巨大变化。有人认为，21 世纪是知识社会，西方管理学的代表人物彼得·德鲁克（Peter F. Drucker）就强调，知识社会和知识经济决定着 21 世纪管理的方向是知识管理。知识管理的组织形态是学习型组织。新型的学习型组

织立足于文化。因此，大学在引领社会方面有着重要作用，与过去相比将会有很大的不同。

所谓知识社会，是人的自主性和能动性得到全面发挥的社会。用历史的眼光看，社会的发展，是人自身不断觉醒、不断提高的过程，人类在发展中不断增进自己的自主性和能动性，最终走向自由，走向和谐，这就是马克思所说的"自由人的联合体"。知识社会是人类通向自身解放的一个中间环节。知识社会的特征，就是人的创新能力大大增加，社会的团队融合替代了等级结构。在这一过程中，文化传承创新具有不可替代的作用，大学要适应知识社会的前瞻性需要。这就是胡锦涛同志在上述讲话中所说的："知识创新是国家竞争力的核心要素。"他又说："高等教育作为科技第一生产力和人才第一资源的重要结合点，在国家发展中具有十分重要的地位和作用。"这个结合点需要文化传承与创新作为持久的有效的依托。

2. 从文化核心层面，确定文化传承创新的基础

文化的核心是价值观，人的行为是由内在价值观支配的。因此，我们需要从文化的核心层面，确定传承创新的基础。这就要求我们的大学把价值观培育和道德教育放在首位。通过改进、提升道德教育，使道德教育落实到价值观培育和人格养成上。没有对优秀文化传统的传承，所谓创新很有可能走向狂妄；没有对真善美的价值认可，所谓"创新"很有可能出现扭曲和欺诈；没有健全良好的人格，所谓创新很有可能会被功利偏见所利用。任何技术性学习，都需要以精神的和人格的培育为基础。所以，大学应该根据文化传承创新的使命，通过反思和改革完善教育内容，在文化创新中传承，与时代精神密切融合。

3. 从国家和民族发展层面，确定文化传承创新的导向

我们的大学具有重视政治教育的传统，这应当肯定。政治是"家事、国事、天下事，事事关心"的爱国理念，是"先天下之忧而忧，后天下之乐而乐"的民族责任感。文化传承创新需要导向，这种导向不仅是单纯的政治，还需要文化的支撑。单一的经济发展或者单一的政治主导，都有可能造成社会失衡。在大学的政治教育上，如果没有文化的支撑，就可能走偏，有可能出现道德人格与政治理念之间的脱节。大学应该坚持并充实政治教育，以文化和政治的互相联结去培育学生，在政治概念中渗透进文化因子。大学不可能远离政治，关键在于与文化相结合，使它具有科学的说服力，形成传承创新的正确导向。

4. 从人的全面发展层面，确定文化传承创新的内涵

文化传承创新，同人的全面发展，是一而二、二而一的整体。所以，推进文化传承创新在大学教育的内容中如何体现，是需要认真研究的。我体会，胡锦涛同志提出的文化传承创新的使命，给大学教育提出了新的要求，这些新的要求包括：（1）把技能教育与品德教育结合起来；（2）把道德教育与审美教育结合起来；（3）把价值观培育与科学方法结合起来。通过这三个结合，使大学教育的内涵有所丰富和提升。这一方面，需要进行具体论证，也可以通过试点进行探索。其目的是解决专业分工与人的全面发展之间的矛盾。工业化之前的等级社会，社会分工妨碍着人的全面发展；工业化以后的社会，技术分工在一定程度上割裂了事物的整体性，也阻碍着人的全面发展。文化的传承创新，需要在专业化和整体化之间探索出一条新路。因此，胡锦涛同志在报告中所提出的文化传承与创新，需要我们在大学工作的人交出圆满的答卷，我们要学习、总结、提高认识。

5. 文化传承创新的方法，是会通和融合

文化传承创新不是一门学科、一个方面能够实现的，因此，在方法上，要通过会通和融合实现这一使命。20 世纪 20 年代清华国学院成立时，强调学者的"通知"，就是会通和融合的表现。正是这种会通和融合，使清华国学院留下了盛名。在当前，文化的会通和融合，有四个层次：（1）人文和社会科学的会通融合。改革开放以来，我国的社会科学发展迅速，经济学家、社会学家发挥出比人文学者更多的作用，这是好事，但是不能不看到，在一定意义上，学术的功利化和这种偏向有关。实现文化的传承创新，需要重振人文学科，使人文学科与社会科学各学科能够同步发展，在高等教育中发挥独特的作用。（2）人文与自然科学的会通融合。从世界范围看，早在 20 世纪中期，英国学者 C.P. 斯诺（Charles Percy Snow）就提出了"两种文化"问题，即自然科学的科学文化与人文文化缺乏沟通、互不理解的问题。至今这一鸿沟仍然存在。要实现文化的传承创新，就要在这两种文化中消除偏见，打通二者的联系。为此，我国大学于 20 世纪末叶在教育部领导下开展的文化素质教育，经过 16 年来的积累，取得了一些成绩，但是它只是对若干所著名大学产生了影响，范围有限。今后需要把它纳入胡锦涛同志提出的高等学校文化育人的范畴内，从理论和实践上加以提升。（3）学术与社会的会通融合。学术研究需要静思，但绝不是脱离社会。任何学术研究，都需要面向现实，

与社会发展同步。这就需要大学重视社会实践，落实学者对社会责任的人文关怀，培育学生的社会责任感。（4）人类与自然的会通融合。伴随社会的发展，人们越来越认识到人类社会与自然生态是一个不可割裂的整体，人类需要与环境、自然形成融洽关系。大学的学术研究和教学，需要在这一方面有新的突破。

　　总之，认真落实胡锦涛同志所提出的大学使命之一的文化传承与创新，需要我们深入研究，加以实践，使大学的使命落到实处。

2011 年 5 月底

中国思想史理论研究

思想史学的学术原始创新

龚　杰[①]

物质发展的动力是能源，精神发展的动力是理想，学术发展的动力是创新。

创新有三种形式：一是经典诠释的创新；二是个人见解的创新；三是这两种创新如果是首创的、具有重大学术价值的、得到学术界认同的创新，这就是第三种原始创新，也称之为自主创新。原始创新与一般的创造、创新不同。一般的创造、创新是以前人的研究成果为发展平台的，而原始创新则是前人所没有涉及过的领域。可见，创新指的是它的继承性；原创指的是它的独创性。没有学术的原始创新，就没有学术的生机，也就不可能有学术的蓬勃发展。

一　前辈的谆谆教诲

从事思想文化史学的许多同行往往都有这样的体会，就是每当读到他人或者自己取得了某些接近于科学、接近于实际的研究成果时，再回过头来读一读侯外庐、张岂之先生的论著，就会感到倍加亲切。因为在这些新的研究领域和研究成果中，有一些方面两位已经提出了见解，或是提出了设想。

侯外庐曾说："科学是在不断探索中发展的。如果一个学者不敢言前人之所不言、为前人之所不为，因循守旧而无所作为，是不可能把科学推

向前进的。"① 侯先生是这样说的，也是这样做的，他的学术思想体现着刻意求新，自成体系，不受传统的影响，也不为既定成说所左右的"敢为前人之所不言，为前人之所不为的"学术原创抱负。②

张岂之在《张岂之自选集》③ 中一再强调"学习侯外庐先生的学术创新精神"④，同时指出：学人们将社会史与思想史的贯通是 20 世纪中国思想史研究最重要的创建，在这方面侯外庐先生作出了卓越贡献，值得我们学习。当然，这种学习应当是创造性的。⑤

张先生所说的"创造性"融会在他的自著和主编的论著中。概括地说，它是以"社会史与思想史的贯通"为指导，以"简而不陋，论而不繁"，通俗易读易懂的文字表达风格，阐述思想史学的社会性、科学性、兼容性、知识性、普及性相统一的特征与规律。张先生为了将他的学术原创理念与实践传授给后学，在"自选集"等论著中提出了若干设想。兹根据个人不全面的心得，试述如下。

二　学术原创的条件之一
——内容要深化

内容要深化，这是一个非常广泛的议题，限于篇幅，只能从对资料的考证和对思想家的评述两个方面作一些探讨。

张先生对资料的考证极为重视，强调"重视文献资料考订，将学术史建立在可靠的资料基础上"⑥ 是中国学术史的优良传统之一。如对"仁"的起源考证就是如此。仁，是一个十分古老的概念，起源于商代。卜辞中就有"仁"字（《前》二·一九·一），即从人，从二。可见，仁从产生时起，就同人际关系有关。

---

① 中国社会科学院历史研究所思想史研究室编：《侯外庐史学论文选集》（上）"自序"，人民出版社 1987 年版。

② 参见拙作《侯外庐思想史学与精神文明建设》，《中国史研究》1994 年第 1 期；《侯外庐学术思想对当代史学研究的启示》，《北京日报》1996 年 9 月 26 日。

③ 《张岂之自选集》，学习出版社 2009 年版。

④ 同上书，第 18 页。

⑤ 同上书，第 13 页。

⑥ 同上书，第 16 页。

在古代史籍中，最早出现"仁"字的是《尚书·商书太甲下》篇。太甲是成汤的嫡长孙，太子太丁之子。因他暴虐，乱德上、中、下，不遵汤法，被放逐三年，后反省自责。伊尹作《太甲》，告知为政安民以及仪礼上的一些规矩。其中说："民罔常怀，怀于有仁。"（《十三经注疏》上册，第165页）这是史籍中第一次出现"仁"字，时间约在公元前16—前15世纪之间。《尚书·周书·泰誓中》记载了武王伐纣时的誓言："虽有周（至）亲，不如仁人。"（《十三经注疏》上册，第181页）意思是说，纣王至亲虽多，不如我有"仁人"。这是史籍中第二次出现"仁"字，第一次出现"仁人"范畴，把仁与人相联系。时间约在公元前11世纪，说明"仁人"不是孔子最早提出的。《尚书·周书·金縢》篇，时间更晚了。武王患病，周公告之神灵，欲代武王而死，其中记载了周公所说的"予仁若考"。（《十三经注疏》上册，第196页）认为自己仁的品质就表现在顺从祖先，忠于氏族，这是第三次出现仁字，第一次把仁与爱亲相联系，即以亲亲为爱。而由某出版社于1983年出版的《中国哲学史·先秦卷》第182页上却说："仁最早出现于《尚书·金縢》'予仁若考'。"这在考证上是不严谨的，在时间上晚了500多年。如果人云亦云，则是错上加错，贻误读者，失去了创新的基础。

在思想家的评述上，还有若干须要深入研究的空间。在这方面，张先生的《孟子与现代人生》一文（《自选集》，第406—422页），用新的视角，针对当代年轻朋友在人生中遇到的一些问题，联系实际，宣讲《孟子》，希望他们在生活上遇到一些不幸，遭受一些痛苦、挫折，就把《孟子》书上的相关话语，"拿出来咀嚼咀嚼"，这对建立"健康的生活信念""是有好处的"。这样，就提升了《孟子》一书的学术层次，使其中的理性论断深入人心。

再以孔子对"仁"的贡献为例，学者们诠释得最多的是"仁者爱人"并由此认定"爱人"就是人学。而张先生在《论儒学"人学"思想体系》一文，独创性地提出儒家人学包括"人格"和"国格"的观念。[①]"人格"是讲如何做人，核心是爱人；"国格"是讲如何对待国家，要不辱国家尊严，维护祖国统一，自然是要爱国。

那么，"仁"是否包括爱国的内容？孔子的回答是肯定的。在这方

---

① 张岂之：《儒学·理学·实学·新学》，陕西人民出版社1994年版，第4—5页。

面，他曾与他的学生举行了一次小规模的讨论会。管仲和召忽原来都是臣事齐国公子纠的，后来公子纠遇害，召忽殉难，而管仲却没有殉难，子路便感到管仲有些不忠，问孔子说：管仲"未仁乎！"（《论语·宪问》）管仲不能算是仁吧！孔子回答说："桓公九合诸侯，不以兵车，管仲之力也。如其仁！如其仁！"（同上）子路的意见被孔子否定。子贡又提出来，孔子还是坚持他的意见说："管仲相桓公，霸诸侯，一匡天下，民到于今受其赐。微管仲，吾其披发左衽矣。"（同上）孔子是从对国家是否有利上来评价管仲，认为管仲维护了当时社会秩序，抵御了游牧部落的入侵，使国家能够安定下来，这是爱国的行为，应该承认他是"仁"的。这里，孔子把"仁"的标准提高了一个层次，所以他要求他的学生拓宽思路，从爱人和爱国两方面来重新认识仁。

为了进一步说明这个问题，孔子还对商代的三位大臣进行了评价。他所指的三位大臣，就是微子、箕子和比干。

微子是纣王的同父异母兄弟，封地在微（今山东梁山西北）；箕子是纣王的诸父，官太师，封地在箕（今山西太谷东北）；比干是纣王的叔父，官少师。他们三人都是纣王的臣子，见纣王无道，微子数谏不听，便忧愤地出走了；箕子急得没办法，又被纣王贬为奴隶，囚于牢狱，只好披发装疯以隐晦自己的贤明；只有比干，不顾一切地进行死谏，结果被剖心杀害。他们三人的举动虽各有所不同，但都是忠君的表现，对国家来说，都是爱国的行为。因此，孔子称赞他们说："殷有三仁。"（《论语·微子》）这是说，他们的"仁"既表现在忠君上，又表现在爱国上，反过来说，不爱国，不忠君就是不仁。正如张先生所说："爱国与忠君在封建社会中往往纠缠在一起。"① 这是适用于中国封建社会前期和评价孔子思想的论断。

孔子所说的"仁"，就是爱人、爱国。他所追求的理想就是爱人、爱国的理想，他所赞誉的"志士仁人"，就是中华民族爱人、爱国的楷模。从这个意义上说，孔子是中国古代把爱人、爱国思想相统一的倡导者和奠基者。

再如，西汉的董仲舒，他虽是具有神学性质的儒学（经学）家，但不能忽视他在《春秋繁露》中《必仁且智》、《山川颂》等篇章中所表述

---

① 张岂之：《儒学·理学·实学·新学》，陕西人民出版社 1994 年版，第 23 页。

的古代生态伦理思想因素。正是包含董仲舒在内的儒家生态伦理思想因素与道家生态伦理思想因素，构成了中国古代人与自然和谐的主流意识。

至于对老子思想的评述，在已出版的许多思想史论著中，几乎无一例外论述老子的"道"，老子"有无相生"、"无为而治"、"小国寡民"等等，除了谢阳举在张先生指导下写的《老子的礼论》以外，似乎很少见到评述老子极其丰富的伦理思想的论著。老子提出的以"善利万物"（《老子》八章）的原则处理物我关系；以"抱怨以德"（《老子》六十三章）的原则处理人际关系；以"少私寡欲"（《老子》十九章）的原则处理身心关系的伦理三原则，依然需着力探讨。

三　学术原创的条件之二
——领域要开拓

领域要开拓，领域有哪些，又如何开拓？张先生的《开拓中国思想史研究》① 已作了论述。受其启发，我想从另一个侧面，即从人的思想类别上对"开拓"议题，表达一些看法。

从思想史的角度看，人的思想按其类别可分为个人思想、群体思想和社会思想三部分，它犹如一座塔，个人思想是塔基，群体思想是塔身，社会思想是塔尖。

社会思想是理论化的，上达天文、下达人文，多元共存的意识形态。所以，社会思想不是哪一家、哪一派的思想，而是不同思想学术派别的思想。

张先生关注不同思想学术派别之间的相互关系，他从《周易·系辞上》"圣人有以见天下之动，而观其会通"（《十三经注疏》上册，第79页）提炼出"会通之学"一词，探讨不同思想学术派别的相异与相同，强调这也是中国学术史的传统之一。他说：

"关注不同思想学术派别的'融通'或'会通'，这有助于人们从整体上去认识中国传统学术思想的创新发展。"②

他希望学者从更加开阔的学术视野出发，不仅看到思想史上学派间的

---

① 《张岂之自选集》，学习出版社 2009 年版，第 86—94 页。
② 同上书，第 16—17 页。

差异，更要分析"差异"是如何转化为"融合"、"会通"的。如果我们能够在这方面进行细致的梳理研究，找出"融合"的关节点，以及"融合"与"创新"的关系，也许就能克服思想史研究中出现的概念化、公式化等缺点，使思想史的研究更加具体、实在，逐步接近思想史的原貌。①

张先生的论断真可谓是"有的放矢"。过去出版的若干思想史专著，对一些学派的评述中，往往多讲其异而少讲其同，多讲双方的对立而少讲双方的联系。如先秦部分，对孔、墨显学的评说，有些学者就是如此。这是不符合学派之间的实际的。《韩非子·显学》明确指出："孔、墨俱道尧舜，而取舍不同。"就是有同有异。韩非以后，韩愈著《读墨子》，这篇仅有二百多字的文章，作出一个重要结论："孔子必用墨子，墨子用孔子，不相用，不足为孔、墨。"这里所说的"用"，不能理解为相互吸取。孔子死于公元前479年，墨子生于公元前468年，孔子死后十一年墨子才出生。所以这个用字只能理解为作用、影响。也就是说，孔子学说必然影响墨子学说，墨子学说也改造了孔子学说，从而促成了孔、墨之学的"会通"。这里姑且不列举韩愈所说的例证，仅从《论语·学而》章就可以看出其中的端倪。

孔子说："泛爱众。"即在亲亲的基础上。把爱推广到一般人。孔疏"博爱众也"。墨子讲"兼爱"，主张爱无差等。孔、墨在爱人上是一致的，只是对爱的对象和程度有深浅的不同。双方都主张爱人，这是对当时社会以亲亲为爱的一大突破，所以，不能说相同的是形式，相异的才是实质。

孔子说"亲仁"，就是尊重道德情操高尚的人。孔疏"亲仁者，有仁德者，则亲而友之"。墨子也讲"仁"，把主张"兼爱"的人，称为"仁人"，双方对待仁和仁人都是赞赏的，只是对"仁人"的定义有所不同。

孔子的弟子子夏说："贤贤。"就是要尊重贤人。孔子认为，子夏说得不够到位。他又明确提出要"举贤才"（《论语·子路》），要人尽其才。这与墨子讲的"尚贤"又有相同的一面，只是在举贤的做法上有所区别。

孔子说："和为贵。"墨子讲"非攻"，这二者在内容上是不一样的。

和是指音乐的和谐，意思是说，用"礼"要像音乐那样和谐而有节奏，其目的是为了使民心乐和，无怨不争，揖让而天下治。墨子"非攻"反对使民心怨恨，撕裂和谐的不义战争，孔墨之间也有相同的一面，其实质都是希望社会和谐，民心安定。可见，墨子学说受到了孔子的很大影响，他的学术渊源不是如一些学者所说的那样仅仅受民间传说的夏禹形象、齐国、三晋地域文化和管仲的影响，而是直接来源于孔子。《淮南子·要略》称墨子"学儒者之业，受孔子之术"，正是说到了孔、墨"会通"的"关节点"，后来因为不赞同孔子的"礼烦扰而不悦，厚葬靡财而贫民，服伤生而害事"（同上），或继承或改造了孔子学说，而另立学派，但这绝不能截断孔、墨学说之间的源与流的联系。

把孔、墨两派绝对对立起来，可能是认为孔子和墨子代表了不同的阶级或阶层。这种把阶级分析教条化的做法，使读者无法了解"思想史的原貌"。

这种现象在儒、道等学派相互关系的研究上，似乎也有类似的倾向。张先生的《中华人文精神》①辟有专章，举例阐述，可供参考。

如上所说，社会思想犹如塔尖，但它不是空中楼阁，也不可能从任何一个孤立的个人思想中产生。人都是分属于士、农、工、贾等不同的群体。群体中个人思想存在自觉与不自觉、系统与不系统、形成与未形成、理性与非理性等不同的层次，只有通过从某些群体中脱颖而出的杰出个人，才能对参差交错的个人思想消化吸收，总结出本时代的、反映群体主流意识的群体思想，经升华以后，成为社会思想的组成部分，也就是说，社会思想实际上是群体中若干杰出个人思想的共同结晶。从这个意义上，朴素的、未经梳理的个人思想是社会思想的基础，犹如塔基；而由杰出个人所总结出的群体思想，因为它起着承上启下的中介作用，犹如塔身。

现在思想史学的研究状况，似乎重在社会思想和杰出个人思想的研究。社会思想有分门别类的单行本，也有科学巨著；杰出个人思想的论著，有专写某位思想家的评传，也有综合性的大型丛书。这两类论著有一个共同点，基本上都是一个或几个群体中有著作传世或有杰出事功的思想家的思想，而缺乏对群体思想作全面、系统、深入的分析。

在这方面作补遗的论著，其一，是刘泽华主编的《士人与社会·先

---

① 张岂之：《中华人文精神》，西北大学出版社 1997 年版。

秦卷》》①。书中把士分为武士、文士、吏士、技艺之士、方术之士等，分析他们相同与相异的观念理想，不同或相同的价值取向，以及对社会思想正面或负面的效应。究其人生，有的成为讲道义、重事功、做隐士的群体思想的杰出代表，推动了社会思想的发展；有的则像野狗争食那样的谋私利，沦落为人所不齿的群体中的败类，从而被历史洪流吞没。其二，是张先生的《张岂之教授与研究生论学书信选》②（以下称《书信选》），他在若干著作的序言中都讲到这个问题。《华夏文化》就刊有他写的多篇文章，针对学生的思想状况，提出如何培养学生的德育、智育和美育的许多设想。他在《书信选》中与学生们讨论学术、人生以及学生们所关心的问题，洋溢着张先生对学生在为人、为学、立德、立业等方面的教育。该《书信选》的主题就是强调"学者要成为社会的良心、良知"，"要关注社会的现实问题"，关爱以城市下岗工人和农村贫苦农民为代表的弱势群体，用自己的研究成果为他们服务。所以，《书信选》与古代的《颜氏家训》和现代的《傅雷家书》不同，这是研究当代学生群体思想的原创之作。

上述两部论著，虽然都是研究知识分子群体思想的，但其意义不仅对研究其他群体思想具有启迪作用，而且揭示了思想史学的社会性。

四 学术原创的条件之三
——团队要导师

学术团队的存在与发展，需要有一个好的社会环境和学术环境。就社会环境而言，就是在党的领导下，在法律允许的范围内，能够民主、自由、多元地发表论著。更重要的是要有一个创新基地。张岂之先生继承侯外庐学派的学术传统，在不长的时间就把西北大学中国思想文化研究所打造成学术原创的基地。早在20世纪80年代初，他主编了以本所为主，邀联相关的友邻单位学者参加的中国第一部《中国历史大辞典·思想史》卷。他以惜字如金的辞书编纂原则，希望执笔者认真查核原始资料，精心写作，不出"硬伤"。经过近7年的努力，该书终于在1989年由上海辞

① 刘泽华主编：《士人与社会·先秦卷》，天津人民出版社1988年版。
② 《张岂之教授与研究生论学书信选》，陕西人民出版社2007年版。

书出版社出版（以后又再版）共有 2000 余辞条、50 余万字。在此期间，多次校样，张先生对每个辞条，字斟句酌，修改斧正，培养出一批重视资料考订的学人，使他们受益无穷。

张先生主编的《中国思想史》①，提出儒学的"人学"范畴，强调儒学即是"人学"。1991 年，张先生又著《论儒学"人学"思想体系》②，"从儒学形成看儒学即'人学'"等五个方面论述了儒学"人学"的内涵。1996 年匡亚明先生在谈到《中国思想家评传丛书》的宗旨时说，该评传丛书即以"人学"为中心，贯穿于政治、文化、教育、科学、技术、军事诸领域而形成的博大精深且丰富多彩的思想文化体系。③ 这可以说是前后衔接，相得益彰。《中国思想史》第一次提出"和而不同"的文化观的独创见解。1991 年，张先生又著《论孔子"和而不同"的文化观》④，从批评"同而不和"出发，总结出"和而不同"的辩证思维，由此引申出其中的兼综百家、独立思考与求实创新的内在宝藏。

张先生的《中华人文精神》是他主编的著作的纲领。特别是在《中国传统文化》、《中国近代史学学术史》、《张岂之自选集》中，张先生提出的"人学"又有新的创新，这就是"人学"与"以人为本"、"人学"与生命科学、"人学"与中外文化的"会通"。

张先生说：

> 日益发展的尖端科学技术，以及由此推动的社会生产力，以及经济生活的进步，无一不是"人"的创造，而最后必须是为"人"服务的。⑤
>
> 我国现在倡导的"诚信"的经济原则，将"人"作为经济活动的中心，就是说，对社会的经济活动不能采取拜物教的态度，而经济活动应当是为了提高人的生活水平和生活质量。"以人为本"的原则正是人文与科技结合的具体表现。⑥

---

① 张岂之主编：《中国思想史》，西北大学出版社 1989 年版。
② 张岂之：《儒学·理学·实学·新学》，陕西人民出版社 1994 年版，第 3—14 页。
③ 《求索集》，人民出版社 1996 年版，第 207 页（摘要）。
④ 张岂之：《儒学·理学·实学·新学》，陕西人民出版社 1994 年版，第 53—59 页。
⑤ 《张岂之自选集》，学习出版社 2009 年版，第 18 页。
⑥ 同上书，第 95 页。

这是说，"人学"的人文创造精神推动了社会生产力的发展与科学技术的进步；"人学"的道德人文精神有利于抑制各种拜物教的倾向，其目的都是"为'人'服务的"。而"以人为本"所强调的人文与科技相结合的原则，正是吸取了"人学"人文精神的内在底蕴。这是张先生把"人学"与"以人为本""会通"的经典之论。

"人"是一个总体性的范畴，它是由个人构成的。个人是物质的最高级的生命存在，由此而产生了生命科学。张先生主编的《中国传统文化》辟专章从人的身心两方面介绍了"早期儒家的养生理论"。陕西人民出版社 2009 年出版的《清明·民族感恩学术研讨会论文选集》也有几篇论述生命的大作，写得相当充分。同时，值得我学习的就是张先生的《谈学术生命》①。这篇不足 1500 字的短文，我反复读了多遍，真可谓是"新意迭出"，常读常新。

张先生把人的生命分为生理年龄、心理年龄和学术年龄等等。生理年龄是生命存在的物质基础，"它不以人们的意识为转移"，任何人都无权选择，生老病死是自然规律；心理年龄是指人的理想与追求，是生命的精神动力；学术年龄是指人的论著与事功，是生命的价值所在。张先生依据"时空四维"的科学理论，以年龄为时间坐标，引导人们正确地认识和理解人的生命现象之间的辩证关系，希望人们在珍惜自己的生理年龄的同时，也珍惜自己的心理年龄和学术年龄，因为这是"可以选择的，而且人们可以创造一些条件使心理年龄、学术年龄较长时间地保持青春的活力"，不要过早地画上句号，更不要使养生理论嬗变为"沉醉在人为的'安乐窝'中而消磨时日"。张先生的这些肺腑之言不仅激活学术工作者的社会责任感和研究的"乐趣"，而且有重大的科技与人文意义，是他对"人"、对"人学"的细化。

关于"人学"与中外文化的"会通"，张先生在《开拓中国思想史研究》、《21 世纪与中国传统文化》②对从古迄今的"人学"在中外文化"会通"中所起的作用，进行了钩深致远的总结。他指出，世界上的哲学家、社会学家、经济学家，认识到"人们高质量生活不能只靠技术，因

---

① 《张岂之自选集》，学习出版社 2009 年版，第 506—508 页。
② 同上书，第 437—451 页。

为人还有另一个重要的方面，就是精神养料和精神满足，这不能没有人文，没有艺术"。"事实证明，只靠经济的'手'来调节，或者只靠科技协调经济，都难以达到预期的目的。"于是他们从"人学"中发现了"人"、发现了人的行为规范的价值。这是宝贵的思想觉醒。① 这对推动以"人学"为中心的中国传统文化与世界各国思想文化的互促互补有着不可预测的意义。

我作为张先生领导的学术团队的成员之一，真可谓是受益匪浅。正是由于参加编写《中国历史大辞典·思想史》卷、《宋明理学史》上下卷、《中国传统文化》等的经历积累，才使我习惯于独立思考。如，我在编写《张载评传》时，对从王夫之以来，学术界以张载之学为"易学"的传统观念提出质疑。认为张载之学是"四书学"而非"易学"。这不是学术的名词之辩，而是因为张载的"四书学"奠定了宋明理学的理论基础，对理学的创立与发展，对中国古代思想学术界从谈经（"五经"）论道向谈书（"四书"）论道的转折都起了关键作用。我在《张载评传》、《张载的"四书学"》和张先生推荐我写的《怎样阅读〈张载集〉》等文中都作了说明。

我对王艮思想的研究也是如此。学术界都说王艮是心学的异端，究竟异在何处？赵贞吉认为："越中良知，淮南格物"，异在他重格物，不在良知；也不在现在不少学者所说的"百姓日用是道"。我认为，王艮学术的异，就异在对良知的改造，创立了有别于王守仁"心学"的良知说。日本二松大学教授、福冈女子大学兼职教授、日本阳明学研究所客座研究员疋田启佑在日本看了《王艮评传》以后，来函说，他建议在《阳明学》刊出一期"王心斋特集号"，嘱我写一篇文章。我寄去《王艮的"良知"新说及其价值》一文，由他翻译为日文，在《阳明学》（年刊）第16号，日本明德出版社2004年版刊出，并附录介绍《王艮评传》各章的内容梗概。我对佛学的某些领域也有一些心得。我写的《当代汉传佛教僧团制度的融会原则与协调关系构想》一文，刊在《能仁学报》第十期（香港能仁学院2005年版）。《长安佛教文化的学术原创精神》上下篇分别在《海潮音》第九十卷第十二期和第九十一卷第一期刊出。②

① 《张岂之自选集》，学习出版社2009年版，第93—94页。
② 见台湾《海潮音》杂志2009年12月和2010年1月版。

　　我的上述心得和体会是得益于张先生的提携之力，《张载评传》 就是由张先生审稿的。这说明无论是学术团队中个人的求实求新，还是思想史学日新、日日新、又日新的发展，有一位像张先生那样人品高尚、学术造诣高深的老师是何等重要。

诸子各派学说都有价值

刘宝才
①

上篇　主题

现在的"国学"热基本是儒学热，这种状况会继续若干年。而参与了《中国思想学说史》编著之后，我更加相信，诸子各派学说都有价值，都值得研究。为什么这样说呢？我提出四个方面的理由。

1. 从整合与分化看

学术发展有整合与分化两种形式，学术发展过程表现为整合—分化—再整合—再分化反复交替的过程。在历史进程中，人们积累的认识越来越丰富，到了需要有个统一的思想体系加以组织和概括的时候，就会出现整合。随后，人们在这个统一的思想体系中思考，将不断取得的新的认识纳入到统一的思想体系中，使这个统一的思想体系得到充实和发展。到了现存的统一体系不再能够容纳日益增加的新认识、不能回答历史提出的新问题的时候，人们又会冲破现存的统一体系进行思考。这时候学术思想又发生分化，出现多种思想体系并存的局面。随后，人们分别运用不同的思想体系发展认识，回答时代问题。春秋战国时代，统一的天命神学体系崩溃，分化为各有体系的诸子学派。面对时代课题，各派分别从自己的出发点和思路进行思考，交出了自己的答案。各派的答案没有哪一个是百分之百的真理，同时也都包含有部分真理，为其他学派所不及。正如当时的人已经看到的，诸子各派学说皆"有见"（《荀子·天论》），"皆有所长"

---

① 刘宝才，西北大学中国思想文化研究所，教授。

（《庄子·天下》）。所以说，诸子各派学说都有价值，都值得研究。

2. 从学术内容侧重看

诸子各派学术内容侧重不同，成就所在不同。儒学侧重在政治伦理，成就主要在政治伦理领域。儒家学说在乱世显得迂阔不切实际，在治世是稳定因素。道家侧重在顺应自然，在认识客观世界和人生方面有独到见解。道家学说离政治比较远，哲理色彩重。它的影响有时候隐而不显却深广久远，及于各个历史时期的不同阶层、不同领域。法家是一个制度学派，对时代问题的解答，主要是建立并推行有效的制度。法家的依靠制度治国的理论与人治不同，是中华传统文化的宝贵遗产。诸子其他学派的学说也各有自己的侧重和成就。所以说，从学术内容侧重看，诸子各派学说都有价值，都值得研究。

3. 从学术发展史看

汉武帝独尊的儒术，已经是加进了诸子多个派别学说因素的儒学。由此以下历代统一王朝都尊儒，其实也都是"霸王道杂之"（《汉书·元帝纪》），甚或是内法外儒，儒学像衣襟上的花边一样是个装饰。这个装饰的意义不可轻视，它使儒学成为中华传统文化的代表。但承认儒学作为中华传统文化的代表的同时，我们还知道两点：（1）汉代及汉代以后的儒学，在继续融入诸子各派和外来文化的内容。作为儒家学术形式的经学的历史表明，不少经学家常常按照自己的心意解释他们推崇的经书，并不完全拘泥于经书的本义。他们把经书视为神圣宝典，自然倾向于把自己以为是真理的一切见解都说成经书所固有，把自己接受了的其他派别的见解都说成儒家所固有。（2）以儒学为中华传统文化的代表不是绝对的。从来就有少数派，有非主流派，他们不承认儒家比其他学派握有更多真理。到了封建社会末期更加出现一股潮流，要求恢复儒家属于诸子之一的地位，把儒家从独尊的地位拉下来，与其他学派平等对待，把儒家的经书分别纳入史书和子书。所以说，从中国学术发展史看，诸子各派学说的价值从来没有消失过，诸子各派学说都有价值，都值得研究。

4. 从当代意义看

在当今时代，诸子各派学说仍然都有价值。面对种种重大的当代问题，人们探求解决方案的时候，诸子各派学说都是具有启迪意义的思想资源。借助各个派别的资源，多层面、多方位思考问题，有助于提出比较全面、比较有效的解决方案。面对社会贫富差距悬殊，干部队伍腐败严重，面对全球气候变暖，人口老龄化等等，探求应对方案的时候，诸子各派学说都有值得资借之处。儒家的仁义道德可以给现代的社会正义理论提供思想资料，道家的顺应自然可以给现代的环境学科和科学发展、和谐发展理论提供思想资料，法家的制度决定论可以给现代的法制建设、制度建设提供思想资料。在较低层次上，各派学说具有更多可供资借的价值，例如今天很多人以儒家的诚信说商道，以兵家的谋略说商战，以纵横家的游说说国际关系，以杂家的兼收并蓄说文化包容和多元化等。所以说，从当代意义看，诸子各派学说也是各有价值的，也都值得研究。

总之，诸子学派各有所见，历代尊儒并非绝对，儒学发展不断吸纳其他学派的成就，当今时代需要全面资借诸子各派资料，所以我以为诸子各派学说都有价值，都值得研究。

十七大报告中有一节，标题为"弘扬中华文化"，其中提出："要全面认识祖国传统文化，取其精华，去其糟粕，使之与当代社会相适应、与现代文明相协调，保持民族性，体现时代性。"具体到诸子来说，我觉得就是应该研究各个派别，对每个派别都有"取"有"去"，才够得上全面。独尊儒术，或者"独热"儒术，并不符合全面的要求。

下篇　讨论

上篇是一个发言提纲。2009 年 11 月 28 日，在西北大学中国思想文化研究所召开的中国思想史学科建设座谈会上，我陈述了这个提纲，进行了一点讨论。会后，有学者提出六个问题，希望我回答。我的回答只是一些浅见，可能与一些朋友的见解不完全相合。不管怎样，讨论是有益的。我愿意听取不同见解，发现自己的看法有错误时愿加以修正。所以，下篇叫做讨论，不叫做答问。

1. 学术思想的整合与分化与我们常常讲的中国历史上的久分必合，合久必分是否有关系？是一种什么样的关系？

学术思想发生整合或者分化，都有内在原因和外在原因。前面说的是内在原因，即学术思想发展自身的原因，没有说到外在原因。外在原因指社会环境。人们常说的久分必合，合久必分，指国家政治上统一与分裂的变化，属于学术思想发展的社会环境，属于学术思想发展的外在原因。中国的历史事实是，国家统一时期的学术思想整合成为基本趋势，国家分裂时期的学术思想分化成为基本趋势。

不过，历史现象复杂多样，学术思想的整合、分化与政治的统一、分裂并不完全同步。在列国激烈斗争的战国后期，学术思想整合的趋势已经出现，而汉初大半个世纪，儒道之争依然相持不下。统一兴盛的唐代，学术思想三教并立。唐代实行科举制度，显示儒家在三教中有优先地位，而佛、道势力依然很大。经过整合建立统一的国家思想体系的努力，到了宋代理学建立才完成。之所以如此，有一个原因，就是汉末以来佛、道有大发展，儒学要把佛、道的学术成就吸收过来需要时间。特别是要把外来的佛教的学术成就吸取过来，需要较长时间。这种历史事实说明，政治的分合，作为学术思想整合与分化的社会条件，属于学术思想发展的外在原因。它很重要，但不能单独决定学术思想的分合变化。

2. 诸子学派各有价值，但是为什么儒家被汉武帝看中，并提升为国家意识形态？这与其自身的学术思想特点，比如对上古以来中华文化的继承有多大关系？

儒家被汉武帝看中，并提升为国家意识形态，是当时的历史条件使然。汉武帝希望汉朝政权"传之亡穷，而施之罔极"（《汉书·董仲舒传》），与秦始皇希望秦朝政权"二世三世至于万世，传之无穷"（《史记·秦始皇本纪》）没有不同。但是汉武帝不会再公然以法家理论治国，因为秦朝严刑峻法导致短命而亡的情景，如昨日事历历在目。汉武帝也不会继续以黄老道家理论治国。到武帝时，汉初那种天下凋敝急需休养生息的局面已经改观，而汉朝与匈奴的矛盾、君权与地方势力的矛盾，成为实现国家长治久安必须解决的新问题，道家学说难以为解决这些新问题提供理论支持。董仲舒的儒学突出《春秋》大一统精神，强调尊卑贵贱等级制度，注重教化的社会功能，这正是汉武帝应对时代问题所需要的。所以说，儒家被汉武帝看中，提升为国家意识形态，是时势使然。

细读《汉书·董仲舒传》可知，董仲舒向汉武帝推举儒学时，批判的矛头主要指向道家而非法家，因为当时与儒家争夺国家意识形态地位的主要是道家，名誉扫地的法家已经不是主要竞争对手了。武帝问："夫五百年之间，守文之君，当涂之士，欲则先王之法以戴翼其世者甚众，然犹不能反，日以仆灭，至后王而后止。岂其所持操或悖谬而失其统与？固天降命不可复反，必推之于大衰而后息与？"董仲舒答："自非大亡道之世者，天尽欲扶持而全安之，事在强勉而已矣。""治乱废兴在于己，非天降命不可得反，其所操持悖谬失其统也。"这还可以说既针对道家也针对法家。武帝又问：古圣先王何以"逸劳不同"？帝王之道究竟崇"俭"还是崇"文"？董仲舒答："帝王之条贯同，然而劳逸异者，所遇之时异也。""制度文采玄黄之饰，所以明尊卑，异贵贱，而劝有德也。……俭非圣人之中制也。"这就完全是针对道家了。所以我说，儒家被汉武帝看中提升为国家意识形态，基本原因在于当时的历史条件、时势使然。儒家注重继承历史文化遗产，于保存上古中华文化有大功劳。儒家的这个特点影响到近两千多年中华文化的面貌，值得认真研究。汉武帝想要从上古传统中寻找治国思想，这是没有疑问的，他的策问就可以证明。所以应该承认，汉武帝看中儒术，与儒家注重继承上古以来中华文化有关。但这不能成为汉武帝看中儒术的根本原因，作为帝王的汉武帝看中儒术，根本原因当从政治方面探求。

3. 怎么认识经学与子学的关系？传统学术经、子、史、集的分类有什么合理性和文化意义？

关于经学与子学的关系，我想可以说这么几点：

第一，经学是从子学发展来的，具体说是从作为子学的一派的先秦儒学发展出来的。经学的起源可以上溯到先秦。孔子以六艺教授门徒，当时的六艺文献就是后来说的经，孔子对六艺文献的理解发挥就是关于经的学问，如《论语》中对于《诗》、《书》内容的理解和发挥。孔子以下先秦儒家传经的历史，古籍也有记载。《易传》、《左传》这样的先秦文献也可视为经学著作，因为它们是对《易》经、《春秋》经的解释。不过，一般认为经学正式形成于西汉。到了汉代，不仅"五经"是经，《论语》、《孟子》也成为经。到了汉代，注经成为儒家学术的基本形式。

第二，经学与子学有共同的宗旨和基本精神。如司马谈说，六家皆"务为治者"（《史记·太史公自序》），经学继承了子学的宗旨，也是"务为治者"。这是就经学与先秦诸子各派的关系而言。若就经学与作为先秦诸子中的儒家一派的关系而言，经学是先秦儒学的继续和发展，继承着先秦儒学的基本精神。

第三，经学吸取了先秦诸子中许多派别的因素，发展了作为子学的一派的先秦儒学。例如，影响深远的经学名篇《礼记·礼运》，内容就不是纯粹的孔孟儒学。其大同、小康之说与孔子"从周"的理想有距离，把礼制流行说成"大道既隐"之后的次理想局面，与《老子》的"失道而后德，失德而后仁，失仁而后义，失义而后礼"颇合；颂扬"人不独亲其亲，不独子其子"，有别于孔孟的"亲亲"、"爱有差等"，而与墨家的"兼爱"相近。以后的经学著作吸取诸子思想因素以至佛学思想因素，更不用说了。

第四，经学扩大了子学的学术领域，有一些在子学中初步触及的领域，在经学中发展成为专门学问。包括孔孟儒学在内的先秦诸子皆"务为治者"，子书触及政治之外的事物与现象，而不会专门研究它们。经学家把儒学神圣化，就倾向于对儒家文献逐字逐句进行考究，从而发展出新的研究领域。用现代学科分类说，经学不仅包括有政治学、哲学，还包括有历史学、文艺学，包括有语言文字学和某些自然科学的内容。作为经学一部分的小学中，《尔雅》类的名物训诂著作有天象、地理和生物学内容，《说文》类的字书是文字学专著，《广韵》类的韵书是语言学专著。这类经学书本是读经的工具书，它们现在的学术价值就不限于帮助人们读懂古书了。

经子史集的图书分类法是以儒学为正统文化的时代的产物。它的意义主要在反映汉代到清代文化的状况。《四库全书》收图书3461部，其经部收图书566部，占1/6。而在子部里先秦道家、墨家、法家、名家、纵横家的图书都只有寥寥几部。这很可以反映出汉代到清代儒家占有国家意识形态地位的状况。四部分类法在历史上的合理性也在这里。我们现在看，四部分类法毛病不少。首先，区分经书与子书的标准并不严密。《四库全书总目提要·子部总叙》说："自'六经'以外立说者皆子书也。"实际上，编入经部的小学类图书无所谓自"六经"立说，而编入子书的儒家类图书未必是"自'六经'以外立说者"。其次，把不同性质的图书勉强编为同类。例如，把管、商、韩非之书与后代法官狱吏的案牍断案之书归为同类，把老、庄之书与后代道教神仙方术之书和名山方志归为同类。再次，四部和四部之下的分类，都没有科学技术的名目，古代科技图书被分散于各个部和类埋藏起来。一些古代编纂的类书倒是设立有科技类目，说明在图书分类时给科学技术留出一个较为明显的位置，在古代不是完全办不到的事情。

4. 诸子经过秦汉的整合在中国文化的内部构成一种什么样的结构关系？这种结构关系说明什么问题？

说的是不是一直谈论的主干与枝叶问题，内外阴阳问题，作王作圣问题？这方面，我没有什么值得说的。

5. 您说"儒学像衣襟上的花边一样是个装饰"，又说"儒学成为中华文化的代表"，这是否有点矛盾？儒学对秦汉以后的中国历史和文化是否有实质性的作用而不仅仅是一种装饰？

我说"儒学像衣襟上的花边一样是个装饰"，是受了两种著作的影响。一种著作是《汉书》，《汉书·公孙弘传》中说公孙弘"习文法事，缘饰以儒术"。缘是古代的一种花边，用来装饰衣服。"缘饰以儒术"就是拿儒术当装饰。班固的这个说法没有贬低儒家的意思，是表述了公孙弘对儒学的态度。公孙弘既是春秋公羊派学者，又是汉武帝的丞相。他依据儒学为汉朝立朝仪，建议置五经博士，设博士弟子员。公孙弘是西汉政治家中推崇儒家的重要人物，他对儒学的态度大体可以说明儒学在汉代政治中的地位。另一种著作是恩格斯的《路德维希·费尔巴哈和德国古典哲学的终结》，这部著作论新教与资产阶级革命的关系时，说加尔文教"为英国发生的资产阶级革命的第二幕提供了意识形态的外衣"，还说"枯燥的加尔文派礼拜日"，"至今还装饰着英国"。恩格斯对新教的历史作用是充分肯定的，他用"外衣"、"装饰"作比喻，没有贬低加尔文教，相反是站在科学的理论高度给了它准确的定位。当然，我是接受恩格斯的历史理论，才觉得他的用语精彩，愿意使用他的用语。

要说儒学对秦汉以后的中国历史和文化是否有实质性的作用，就要看这个"实质性的作用"所指为何了。我说"儒学像衣襟上的花边一样是个装饰"，是就儒学与政治的关系而言；我说"儒学成为中华传统文化的代表"，是就儒学在中华传统文化中的地位而言。两句话可以不发生矛盾。

还要说明"装饰"与"代表"的因果关系。我认为，"装饰"是原因，"代表"是结果。春秋战国百家争鸣，那时候哪一家都代表不了别家。论年辈，老子还长孔子一辈；论威望，诸子各有崇拜者；论功业，谁也比不上法家人物，但儒道并不把他们放在眼里。汉代开始，儒学成为国家意识形态，成为政治的装饰。久而久之，人们提起中华传统文化就想到儒学，提到儒学就想到中华传统文化，儒学便成为中华传统文化的代表。我们说儒学成为中华传统文化的代表，不等于承认儒学是中华传统文化的全部。历史上也有人认为儒家学说就是全部中华文化，那是一些儒者自己的看法。

6. 怎么评价近代以来把儒家"还原"为诸子之一？把孔子"还原"为凡人？如果儒家只是诸子之一它会在中国历史上发挥那样大的作用吗？如果孔子只是个凡人他会影响两千多年，以至今天仍然是中国文化的象征吗？

封建社会末期出现一股潮流，要求恢复儒家属于诸子之一的地位，代表人物是明清之际的思想家傅山。他说："孔子、孟子不称为孔经、孟经，而必曰孔子、孟子者，可见有子而后有作经者也。"（傅山：《双红龛集》卷三十六）他认为孔孟儒学是子学的一派，孔孟亦在诸子学者之列，孔孟之书本来也属于子书，后来才被尊为经书。傅山所说都是历史事实。把儒家还原为诸子之一，是对汉武帝"独尊儒术"以来封建社会正统思想的挑战，具有思想启蒙的性质。它的学术意义是"使学术研究突破了狭隘的经学范围"①。许多种儒家以外的先秦子书被冷落了近两千年，极少以至完全无人整理，清代考据学兴起后整理这些子书对学术文化发展贡献很大，这与把儒家还原为诸子之一、把诸子各派平等对待有关。

孔子是中国历史上的文化伟人。把孔子还原为凡人，可以有不同理解。如果理解为与伟大相对的平凡，把孔子说成一个平凡的人甚至平庸的人，那是太偏激了。如果理解为与神人相对的凡人，那是可以的而且是有意义的，因为把孔子神化的确是存在已久的事实。

两千年来儒家和孔子为什么会发生那么大的影响？自然与儒学适应以宗法家庭为基础的农业社会有关。而历代封建统治阶级的推崇灌输"功"不可没。褒扬儒家和惩罚离经叛道，只是统治者在这方面做的部分努力，制度性的诱导则起了更大作用。从汉代的察举制度到隋唐及以后的科举制度，都以儒学为举官用人的标准。在这样的制度下，儒学成了踏进仕途的唯一阶梯。一代又一代中国人，从孩童时期起，就要做儒

---

① 张岂之主编：《中国思想学说史·明清卷》（上），广西师范大学出版社 2007 年版，第396 页。

家经典的功课，以至发白齿落。如此，儒家的影响如何能够不大呢！马克思、恩格斯合著的《德意志意识形态》中说："统治阶级的思想在每一时代都是占统治地位的思想。"① 这是一条并不抽象也不难理解的真理。

---

① 引自《马克思恩格斯选集》第 1 卷，人民出版社 1972 年版，第 52 页。

《中国思想学说史·秦汉卷》编撰后记

黄留珠①

能有机会参加张岂之先生主持的《中国思想学说史》之《秦汉卷》的编撰工作，感到非常荣幸。实际上，整个的编撰过程，就是在张先生的指导下学习秦汉思想史的过程。我深深体会到，受益匪浅。

而今，当这部书正式出版两年多之后，再回过头来对它作一次全面的回顾总结，显然非常必要也非常有意义。

——

如何估价《中国思想学说史》？

今年（2009），《中国思想学说史》（以下简称《学说史》）连获两个奖项。一是教育部"高等学校科学研究优秀成果奖（人文社会科学）"二等奖；二是"陕西高等学校人文社会科学研究优秀成果奖"一等奖。按当今主流看法，一部著作是否成功，以获奖与否为衡量的重要标尺——也可以说是绝对标尺。准此，《学说史》应该说获得了极大的成功。特别是教育部的奖，由于文科没有全国性奖项，一般便视此奖项为全国奖。能在此奖评选中脱颖而出，是很不容易的。据张先生讲，这次报奖活动，没有任何人为因素，完全听其自然发展，更显出难能可贵。

这里，我与主流看法尚略有不同。虽然我也相当看重作品是否获奖的问题，但同时看重其撰著的缘起与出版的途径。

大家都清楚，我们正处在一个科研靠项目、出版须花钱的时代。今天

---

① 黄留珠，西北大学历史学院，教授。

很难设想，既没有申请到国家项目，也没有获准省部级项目，便敢于动手撰写一部几百万字的学术著作；也很难设想，出版一部数百万字的书，自己不花一分钱，相反倒由出版社提供包括启动费在内的一切费用，最后还支付给一笔相当可观的稿费。然而这些不可思议的事，竟全在《学说史》这部书上一一兑现了。凡熟悉这部书的朋友都知道，此书的撰写是应出版社之约，在德高望重的张岂之先生率领下，团结了一批志同道合的研究者，紧紧围绕一个共同的目标，潜心研究，历时八载，方告完成。如此一种学术撰写模式——或曰科研模式，虽然不敢说是什么"反潮流"，但与当今的时尚做法很不相同，却显而易见。在我看来，这一点似乎更能体现《学说史》一书的价值与意义。

二

具体说到《秦汉史》的编撰工作，过去我在《秦汉思想学说史的新探索——〈中国思想学说史·秦汉卷〉简介》一文中曾作过初步总结（该文最先刊《文汇读书周报》，后收入《人文学人——张岂之教授纪事》一书）。这里，拟再略作申说与补充。

《中国思想学说史·秦汉卷》值得肯定之处：

1. 本卷书注重探讨秦汉思想学说赖以生长的社会基础，把思想史研究与社会史研究相结合，体现了侯外庐学派的特征。

2. 提出了秦汉思想学说史发展的五阶段、四特点说。

五阶段：（1）秦（法家思想统治）；（2）西汉高帝至景帝（推崇黄老之学）；（3）西汉武、昭、宣三代（儒术与汉帝国政治的初始结合）；（4）西汉末至东汉章帝（经学统一范式的最终完成）；（5）东汉后期（社会批判思潮）。

四特点：（1）道家思想的世俗化；（2）儒家思想的经学化；（3）儒家思想的宗教化趋势；（4）子学人文精神的转向。

在上述基础上又提出了秦汉思想学说的总特点：秦汉思想学说基本围绕大一统帝国政治这个中心而旋转（这里存在离中心远或近的区别），显现出相对的整齐划一，而远离了战国时代那种生机勃勃的百家争鸣局面。

3. 突破思想史著作以时间为序的纵向编排传统，采用按门类划分的横向编排，注意突出个性。例如"黄老篇"，将《淮南子》、《论衡》两部纳入其中，以独特的视角分析汉初的黄老政治；"经学篇"凸显经学与汉代政治结合的程度，强调今、古文经学并无哲学思想、理论原则的尖锐对应，不应夸大二者差异；"宗教篇"认为民间礼俗迷信的实际影响，超过任何一种具有完整意义的宗教；"子学篇"提出的《淮南子》可与《史记》并列，堪称西汉文化两座丰碑的观点；等等。

三 《中国思想学说史·秦汉卷》的不足之处

1. 与侯老主持的《中国思想通史》第二卷（两汉思想）相对照，总体来讲，《秦汉卷》确有明显进步毋庸置疑。特别是资料方面，不仅文献资料搜集更为全面，计量更为细致，而且增加了考古资料，弥补了以往缺憾。不过，就突破、创新而言，似乎还不那么理想。这里，不妨随手举个例子来作说明。如对董仲舒天人三策体现出的思想，长期以来论者抓住其"天不变道亦不变"一点，认为是形而上学的典型。其实，当通读这句话的前后文便不难发现，董仲舒所强调的意思是，西汉继大乱的秦之后，"天"变了，"道"也一定要随之而变。董氏整段话实际讲了递进的两层"天""道"关系：一曰天不变道亦不变；二曰天若变道亦必变。以往论者只看到了"不变"的第一层关系，而没看到或曰忽略了更为重要的讲"变"的第二层关系。如此就把一种求新求变具有进步意义的变革思想，误解为形而上学的观点。可惜像这样的错谬，《秦汉卷》并未作出应有的辨析、订正，不能不说是一个很大的遗憾！

2. 《秦汉卷》的三位作者，以往曾有过学术合作的经历，如共同编写《周秦汉唐文略》等，这次再度合作，应该说具有很好的基础。尽管如此，最后全书文风不协调之处仍明显可见。由此或可视为教训，编撰大部头著作，撰写队伍不宜庞大，最好做到一卷一位作者，以求文风的一致。

3. 《秦汉卷》从完稿到正式出版，中间相隔数年之久，这期间秦汉思想研究又出现了不少新成果，令人不无遗憾的是，付梓前未将这些成果纳入书中。

4. 出版社与作者所在地相距遥远，虽有现代化通信工具可提供便捷联系，但毕竟缺少面对面的交流沟通，这样也造成了某些美中不足。例如最后的"参考文献"部分，本来我们非常认真地列了一个书目，但出版后才发现此部分并没有使用我们的稿子，书中的文献，较之我们原稿少了太多的内容，如此也就未能真实地反映出我们写作所付出的劳动情况。

四

行文至此，本来可以结束这篇"后记"了。然而在这里，我想顺便再谈谈关于学术传承与学术友谊的问题。乍看起来，这与本文讨论的主旨似乎无关，而实际上，应该说还是很有关系的。张岂之先生领导编撰《中国思想学说史》，就学术统绪而言，明显承继侯外庐学派长于集体著述的传统，从现实影响来看，至少对西北大学专门史学科的发展具有强大的引领作用，其学术传承的意义，灼然可见。对这方面价值的认识，似还有待进一步提高。

学术友谊与学术传承密切相关。学术研究需要一代又一代学人的长期积累，在此过程中，学者之间结下的学术友谊，是不容忽视的一笔巨大财富。在学术友谊链条上的每一环，都应受到尊重而不可忘记。然而在这方面，我们做得很是不够。前不久，纽约大学唐德刚教授逝世的消息传来，各主要媒体差不多都有所报道，然而与唐先生有着十分深厚学术友谊的西北大学，却几乎没有什么反应。原来新一代的西大人已经很少有人知道唐德刚为何许人也。如此，自然也就不清楚改革开放之初唐先生来西大讲学的历史，也就不清楚唐先生多次来西大参加学术活动的历史了！后来我们文博学院起草了一封唁电，希望表达一点对唐先生的哀思。令人不无遗憾的是，这封唁电最终竟然不知该发往哪里？面对这种情状，我既有哭笑不得的无奈，更有苦楚心碎的悲凉！当然，最令我痛心者，还在于缺少一种机制，使我们不忘历史，使我们不忘记那些曾经给予我们帮助的朋友。我衷心希望，这些只是一种暂时现象。对学人来讲，学术传承应该时时牢记，学术友谊则永远不可忘记。

2009 年 11 月 28 日在"中国思想史学科建设座谈会"上的发言；
2010 年 7 月下旬重新整理于西北大学桃园区镛音阁

中国思想史研究的新进展

江心力[①]

20世纪90年代以来，有人认为思想家淡出，学问家凸显，对中国思想史的研究产生了一些忧虑。但是综观新世纪中国思想史的研究，这种担忧大可不必。最近张岂之先生主持出版的几种新著，填补了一系列的空白，立足于学术编年厘清了中国思想的历史和时间顺序，以学说为中心分析了中国思想的特点和社会基础，通过经典语录的整理和训释阐明了中国思想的意义，从而推动了中国思想史研究的进步和发展。

一 从学术的角度厘清中国思想的历史和时间顺序

从学科属性看，中国思想史是隶属于一级学科历史学下面的二级学科专门史。这种划分一方面强调了中国思想史的历史学科特征，突出了其实证研究的特色，另一方面也限制了对中国思想的哲学认知，凸显了其理论思维的不足。从中国思想史的内涵来说，中国思想的历史应是其主体部分，中国思想代表人物的学术活动是贯穿其中的主线。

张岂之先生、刘学智先生主持编撰的《中国学术思想编年》，2005年由陕西师范大学出版社出版。该书采取我国传统编年史的特殊表现形式，按照历史和时间的顺序，将有关学术思想上的代表人物、著作、活动、影响等方面联系起来，力求使学术思想的历史演进、学派关系、学术影响、学术传承等方面系统地展现于读者之前，紧紧地把握住了中国思想史的内

---

① 江心力，山东聊城大学历史学院，教授。

涵和主线。

中国思想史的研究首先应该坚持历史分析的方法。张岂之先生在《中国学术思想编年》序言中说："在学术思想的研究中，如果研究者只是借用某些史料来佐证研究者个人的思想观点和方法，不能否认这也是一种研究方法，即通常说的'我注六经'的方法，会有一些智慧点，然而从总体上说这并不是具体的历史研究方法，不是从具体的历史运动中去发掘历史的智慧；历史与逻辑没有达到统一。我们力求在《中国学术思想编年》中运用具体的历史分析方法，去揭示历史文化的实在内容，从这个意义上说，思想史是历史学的重要组成部分。"特别强调只有通过揭示历史文化的实在内容，才能从历史运动中发掘历史的智慧。

中国思想的历史运动主体是各个历史时期的代表人物，他们的生平、著述、学术争论及其他活动是其最主要的内涵，《中国学术思想编年》对相关的事实，进行较为详细的考辨。张岂之先生在序言中说："在研究中，我们发现许多学者（特别是明清以前的）其生卒年月不准确，现行的诸多辞书也未加翔实考证，以讹传讹的情况时有发生，究其原因，是与史料本身的不一致乃至矛盾有关；有些著作的作者或撰写年代有误，或篇目、版本情况不清；有些有较大的分歧的学术争论也常与史料记载有关。因此，凡遇此类情况，我们一般都要作出考辨，提出一些看法，供学术界参考。如一时难以得出结论，也要将目前学界研究的情况加以介绍，以供读者检索。"

中国思想的历史运动的主线是思想范畴（观念文化）的流变，即以儒、道、释为主，涉及史学、哲学、宗教以及政治法律思想、文献学（包括目录、校勘、考据）、谱牒学等。对于文学仅限于学术思想方面。《中国学术思想编年》即贯穿了这一原则。对于具体个案的选取，张岂之先生在序言中说："我们把握一个基本原则，在学术思想上有较大影响的学人、著作以及对学术产生过影响的事件等。"同时还注意把握各个历史时期的主线和侧重点，如汉代经学、魏晋玄学、隋唐佛学、宋明理学、清代朴学，并从总体上突出儒、道思想和史学这两条学术主线。

总之，《中国学术思想编年》从学术的角度厘清了中国思想的历史和时间顺序，使中国思想成为有源之水，有本之木。同时涉及面广，基本囊括了中国古代各个历史时期政治、法律、文化的背景，历史、哲学、文学的活动，儒、释、道各家的观念，儒学史、易学史等学术领域，并对唐代中期以后基督教、伊斯兰教及其他外来宗教传入情况也有充分的反映，使中国思想史更加丰富多样，异彩纷呈。

二 从学说角度分析中国思想的
特点和社会基础

从研究对象看，中国思想史是以中国思想为研究对象的。如何理解中国思想，一部分学者立足于民族文化的过度认同，形成"中学为体，西学为用"的论调，一部分学者则从民族文化的虚无主义出发，无视中国思想和文化的特点，陷于"全盘西化"的圈套。我们认为这都是有失偏颇的，本着历史与逻辑相统一的精神，关注中国思想的特色，凸显古今中西学说的会通，是中国思想研究的中心工作。

张岂之先生主持编撰的《中国思想学说史》，2007 年由广西师范大学出版社出版，共六卷九册。对侯外庐《中国思想通史》以来近五十年的中国思想史研究的主要成就进行了总结，比较充分地反映了中国思想史研究的新进展；以思想学说为契入点，努力揭示思想意识产生的学术土壤，尝试对中国思想史的演变历程及其主要内容提出更加符合中国文化原貌的解析，把中国思想史写成真正在中国学术土壤中生长发育的历史；注意思想与文化发展的关系，力求揭示各个历史时期思想观念在文化形式中的渗透与表现。

中国思想史的研究必须坚持走与社会史相结合的道路，这是侯外庐学派的主要特征，也是张岂之先生继承和发扬的优良传统。张先生在《中国思想学说史》总序中说："从上个世纪 50 年代开始，我学习和研究中国思想史，对我影响最大的是侯外庐先生。1948 年，外庐先生到北京大学文学院开'中国思想史'课，我选读并坚持听到底，受益不少。他将思想家和思想学派放在具体的历史环境中进行分析，不是从概念到概念，我当时感觉是：这样去说明思想的来源及影响，力求找到根底，是很有意义的科研工作。"认为侯外庐先生强调中国历史和思想史的自身特点，将社会史研究和思想史研究结合起来。《中国思想学说史》对侯外庐先生及其他 20 世纪前辈学者的著作，有所吸取也有所前进。

中国思想的社会基础是各个历史时期的思想学说，它们的提出、繁荣、会通、流变是其最主要的内涵。思想学说的提出，在很大程度上是对时代课题的回应。同一时期不同的思想家，其理论建构虽然往往会采取不同的路径，有其独特的思路，但仍不能独立于时代思潮之外，超越其学术环境，而必然受到时代学术环境的深刻影响。也就是说，一个时代学术发展的总体趋向，同一时代学者所共同关心、探讨的话题，所选择的思想学术资源、崇尚的知识范式，使用的话语方式，都会直接影响思想学说的内容及表达方式。同时，生活于同一时期的学者之间在学术诘辩、争鸣与商讨、交流过程中的相互启发、借鉴、吸收也无疑影响思想学说的面貌。如果忽视对学术环境的考察，我们就难以理解思想理论的形成与发展过程，难以把握其特色并予以恰当的定位。《中国思想学说史》的创作正是体现了这一思路。

注重研究思想发展的连续性是思想史与社会史结合的具体体现。前人研究中国思想学说史，已经对此作过很好的讨论，例如指出近两千年来中国思想发展的经学形式，即是从思想学术形式方面指出了近两千年中国思想发展的连续性。但是由于偏重于强调各个时代新思想与旧思想的对立斗争，有时候忽视了新思想与以前思想文化之间的联系。《中国思想学说史》，在研究中国思想发展的连续性方面有新进展。先秦卷对春秋战国诸子学说与西周思想文化的关系作了考察，肯定了诸子学说与西周思想文化的源流关系。说明不仅儒家学说如此，最激进的法家学说也是如此，也与西周思想文化有渊源关系。魏晋南北朝卷对玄学的研究，宋元卷、明清卷对理学的研究，也注意揭示玄学、理学与经学的源流关系，这都是呈现中国思想连续性的努力。

总之，《中国思想学说史》从学说的角度分析了中国思想的特点和社会基础，使中国思想既不是空中楼阁，也不是地下宝藏，而是理论化的社会思维。同时涵盖了中国思想文化史上各个重要时期的重大思想及各家学说的阐述和研究。全套书结构严谨、史料丰富、文字可读性强，具有较高的学术价值。

三 从语录的角度挖掘中国思想的核心价值

从研究意义看，中国思想史不只是单纯的科学，也有人文的意义。如何认识中国思想史的意义？有学者受西方某些哲学思想的影响，认为思想史研究是一个"对话"过程，认为思想史研究的是"为什么"，而不是

"应该"。这种主张，思想史的科学性因素受到关注，人文价值意义则被刻意贬低，甚至忽略。鉴于这种情况，张岂之先生告诫学生："思想史研究难道完全是'对话'吗？要不要'结论'？要不要'判断'？如果谁要作一点'结论'，谁就是意识形态，那么思想史研究有什么意义？思想史研究是否应有一定的目的？如果没有任何目的性，只是'对话'，这样的学术研究有什么意义？"思想史学科的意义可以说是通过经典的学习提升人们的人文素质，使之成为真正理想的人，再通过他们打造一个理想的社会。

张岂之先生与叶国华先生主持编撰了《中国传统文化经典语录》丛书，2008 年由西安出版社出版。全书共 11 册。以中华人文经典史籍为素材，以普世价值为编选原则，以原文、今译、时析为呈现方式，图文并茂，具有较强的趣味性和可读性。该丛书诠释了中国传统文化的深刻思想，大力弘扬中华文化，成为中华民族精神家园建设的一大创新，是社会上正确认识和学习经典文化不可多得的教材，具有特殊价值。

中国思想史的研究坚持以哲学方法为核心，着重挖掘理论思维的结构与命题意义，这是毋庸置疑的事情。哲学是概念创制的科学，哲学史是关于哲学问题刻画和研究的历史，哲学家的工作模式是合乎逻辑地探讨抽象的概念、命题及其关系，借此不断追问人类思想的终极前提。新概念，就其与认知和心理活动的关系而言，也可以被视为核心观念，因此概念或观念的发生及其演变过程是哲学史的核心。任何思想总是通过观念抽象才能得以建构，任何专业总以达到哲学性的普遍抽象为理想。

世界观是哲学的根本问题，《中国传统文化经典语录》分三个主题进行了讨论。"天人之际"讲述古代哲学天人关系和人与自然如何和谐的问题。"道法自然"讲述道家顺应自然的核心思想。"生生不息"则从哲学的高度讲述中华民族绵延不绝的内在原因。

社会观也是哲学的重要问题，《中国传统文化经典语录》分三个专题进行了分析。"居安思危"审视自然与社会发展，讲述兴衰转换。"以民为本"讲述中国古代思想史"爱民、重民、保民、富民、乐民"观念。"仁者爱人"讲述儒家推己爱人的核心观念。

人生观同样是哲学无法回避的问题，《中国传统文化经典语录》也分三个专题进行了叙述。"慈悲为怀"讲述激励向上的人文关怀。"养生有道"讲述中国医药学与养生学关于"寿命长短与个人修养的关系"等重要内容。"明德至善"提出后天学习人人皆可成圣贤的道理。

方法论是贯穿哲学问题的主线,《中国传统文化经典语录》分两个专题进行了深入的剖析。"诚实守信"讲述了天道与人道的相互关系。"天下大同"是"天下为公"的最高准绳,讲述中国古代"和而不同"文化精神的结晶。

总之,《中国传统文化经典语录》通过语录的形式阐明中国思想的核心价值,使中国思想既不是宗教信仰,也不是文化快餐、开心的国学,而是立足于普及文化、文明和传统经典,提高人们的素质品位、完善人格,以语录的形式阐释中国思想的现实意义。

中国思想史研究的眼光"向上"与"向下"（"向内"与"向外"）

范立舟①

　　葛兆光在《道教与中国文化》中②，突出地阐述了唐宋以后中国士大夫阶层与下层民众在宗教思想及生活情趣上的差异。他认为，中国士大夫阶层与底层民众之间的文化差异，比不同的宗教信仰者之间的教派差异更为深刻。的确，就传统中国而论，流行于当时的文化风尚（包括民间鬼神信仰与巫术、婚丧礼仪习俗、节庆习俗、风水术等）所涵摄的思想内涵与士大夫阶层通常用以作为思想载体的儒家五经及其注疏和义理阐释之间所存在的巨大的差异是显而易见的。下层民众中很少有人研读过"五经"，但这并不妨碍儒家思想通过各种社会流行的文化风尚渗入民众的意识。开掘作为正统意识形态的儒家思想在士大夫阶层以理念形式展开及在民众阶层以世俗化的形象形式展开的深层原因，均是思想史研究者所宜关注之问题。当然，民众意识中拒绝或游离儒家理念的种种形态更值得今天的人们探究。美国学者本杰明·史华兹（Benjamin Schwartz）在其传世名作《古代中国思想的世界》一书中就认为③，与其将中国文化看作上层与下层文化的统一体，不如将其视作既相互影响又至少部分分离的两个领域。这就使人联想起国际文化人类学和历史学界所谓的"大传统"和"小传统"的分别。作为精英文化（elite culture）的"大传统"与作为通俗文化（popular culture）的"小传统"之间存在着相互交流和相互独立的关系。余英时认为，汉代以后，中国大、小传统逐渐趋向分隔。至唐宋时代，中国文化与宗教以及知识体系实际上已清晰地呈现出分层的格局，当时流行的文化风尚最能折射属于没有受过正式教育的大众阶层所代表的小传统的具体情况以及它在中国社会与文化中的真切地位。①

居今而言，中国思想史研究有着眼光"向上"与"向下"（实际上这同时是"向内"与"向外"的问题）之分别，两项都有强化的需要。葛兆光对中国思想史的理解，就特别关注一般知识、思想与信仰世界。要将考察的重心从发掘创新性思想转移到研究精英思想及上层文化的制度化、常识化和世俗化并重。②

就"向上"（与此同时就是"向内"）而言，应注重：

1. 经学思想研究。中国思想史上任何思想形态的出现，都有极为深刻的社会经济与文化根源，但在理论形式上，它仍要以以往的思想资料作为出发点，其主张无论如何创新，总是依傍儒家经典，从中找出立论的依据。经学研究不能流连于纷繁复杂的书面意义，而要把它作为中国传统价值理想的思想脉动来理解。在这方面，姜广辉主编的《中国经学思想史》（四卷本）给我们作出了一定意义的示范③，但其中大量的细节与具体步骤有待进一步解决。诚如蒙文通所言："清代经术之明，称轶前世，乾、嘉之间，家研许、郑氏书，博名物，穷训诂，造述之宏，不可遍计而周数也。迄乎近世，特识之士，始喟然慨清儒之无成……夫清儒序论，每喜以小辨相高，不务守大体，碎辞害义，野言乱德，究历数，穷地望，卑卑于章句文字之末，于一经之大纲宏旨或昧焉。"④ 经学作为中国思想史的知识源头之一，涵盖面甚广。从知识学的演进史（即学术史）角度看，经学是传统中国知识系统不断积累、更新的结果。

在中国学术史上，无论"汉学"还是"宋学"，都是儒学重要的学术流派和知识形态。不仅如此，自汉代始，作为凝结儒家思想的经典学说演变成统一全国的意识形态，其社会功能与政治功能及宗教功能得以强化与

---

① 参见《中国文化的大传统与小传统》，载《内在超越之路：余英时新儒学论著辑要》，中国广播电视出版社 1992 年版。

② 《中国思想史》（第一卷），复旦大学出版社 1998 年版。导论部分所讲的思想史的写法。《古代中国的历史、思想与宗教》，北京师范大学出版社 2006 年版。

③ 姜广辉：《中国经学思想史》（第一卷、第二卷），中国社会科学出版社 2003 年版。

④ 蒙文通：《经学抉原》，上海人民出版社 2006 年版，第 48 页。

持续发挥，经典中涵摄的儒家人文理念、道德理性与生活实践持续发酵，所以经学所体现的就是儒家传统的核心价值、意义世界与人文精神。杜维明说："在价值、意义和精神层面上，六经展现了既精湛又全面的人文景观：《诗经》是以情为本的美感体验，《尚书》是以德为根的政治实践，《易经》是以'乾道变化'为主轴的本体智慧，《礼记》是以'亲亲、仁民、爱物'为基础的社会关系，《春秋》是以义为褒贬的历史判断，《乐经》是中和境界的体现。它们共同建构的是人格全面发展的生命哲学与资源丰富而又井井有条的理想王国。"① 由此，我们今天的经学研究不能流连于纷繁复杂的书面意义，要搁置汉学宋学、经学子学、官学私门、考据义理。经学也不仅仅是文字、版本、校勘、训诂，也不只是注疏与诠释（无论这种注疏与诠释是作为社会—政治的经典解释学的今文经学还是作为语言—历史的经典解释学的古文经学）。尽管这些都是必需，但不是首要。

周予同早就给我们指出经学研究的任务，但后学似乎没有注意。② 我们理应重点探究经学所内含的政治价值、宗教价值、文化价值、伦理价值、哲学价值等等，一句话：即属于人文精神各个方面。例如：经学的政治价值。邓国光就意识到："经学是儒学经世的表现形态，经学义理内涵随时代损益。然始终朝向'仁义'为本的淑世关怀。经世讲修、齐、治平，是经学的主脉。"③ 以经治国与专制王朝的制度建设理念紧密相关，即以选官制度的建构理念而论，就与经学结缘。无论汉代的察举与征辟还是隋唐之后的科举，它们的基本原则、主要内容，或出于儒家经典，或合于经学之旨。经学成为选拔任用各级官吏的思想基础与理论依据，成为推动国家机器运转的精神力量。经学对传统社会的影响还表现在士大夫心态和民间文化习俗等方面。作为统治思想和官方学术，经学深深地触动了以士大夫为代表的上层精英的内心世界，使其思维方式、思想观念和价值取向都打上了明显的经学烙印。士大夫的经学造诣强化了他们对政治的关注

---

① 杜维明：《经学的时代意义》，载《中国经学》（第1辑），广西师范大学出版社2005年版。

② 参见周予同《中国经学史的研究任务》，载朱维铮编《周予同经学史论著选集》，上海人民出版社1983年版。

③ 邓国光：《孔颖达〈五经正义〉"体用"义研究：经学义理营构的思想史考察》，载《中国经学》（第2辑），广西师范大学出版社2007年版。

和干预意识，他们通过引述、阐发经义，表达自己的政治理念和社会理想，从而使他们的学术活动和观点有一定的现实意义和批判精神。

传统社会的民间生活习俗也同样闪动着经学的影子，并表现在衣食住行、婚姻家庭、丧葬礼仪等社会生活的方方面面。经学的宗旨和理念已经植根于传统社会之中。因此，"经学研究有深刻的政治含义，也有实用价值"。① 要把经学作为中国传统价值理想的思想脉动来理解，要研究经学对传统中国社会各种规范、各个领域、各个阶层的思想史意义的影响。

2. 政治思想研究。中国思想要义在于内圣外王之道，一以贯之。内圣目的性地指向外王，外王经验性地证明内圣。故而政治思想研究之重要性，就中国思想史研究来说不言而喻。南开大学以刘泽华为核心的研究团队也在一定意义上作出了示范。就中国政治思想史的研究对象而言，刘泽华界定为首先是政治哲学问题，其次是关于社会模式的理论，再次是治国方略和政策，然后是伦理政治问题，最后是政治实施理论以及政治权术理论。② 但是，以往的中国政治思想史研究，只注重历代思想家所绘制的政治蓝图，以此蓝图为中心，将历代思想家串联在一起，缺少历代政治家在政治实践中形成的丰富多彩的治国理念的研究。严格说来，以往的政治思想史研究徘徊于传统的学术视阈之内，就研究对象及范围而言，是相当不完整的，更谈不上构建自己的思想体系。政治思想史只注重一般政治原则的阐述，而这一般的政治原则，却不可能是亘古长在的不变的律令。如果政治思想形态是一条河流，则社会、经济、文化及时代问题之整体背景便是源头。唯有源与流之间的互动演替，才构成一种思想形态之完整的社会—历史演进过程。一个时代有一个时代的难题与困境，破解此难题与困境便构成此一时代的治国理念，将治国理念纳入政治思想史研究，不仅有学术价值，而且有实用价值。所以就有必要突破以往的窠臼与程式，不拘泥于思想家所建构的政治哲学与所绘制的政治蓝图，而是以政治实践为主要考察对象，开掘历代思想家在政治实践中形成的政治思想资料，以此作为研究主线。着力探索政治家与思想家关于政治组织形式、政治结构形

---

① 杜维明：《经学的时代意义》，载《中国经学》（第 1 辑），广西师范大学出版社 2005 年版。

② 刘泽华主编：《中国古代政治思想史》，南开大学出版社 1992 年版。

式、政治治理方式的思想精华的渊源。蒋庆的努力是值得肯定的①，但仍然稍显粗略。我觉得就以治国理念研究的进路而论，可以采取一种"赞成与反对"的格局与范式展开历史事实的铺陈、叙述，然后再作分析。一种思想的形成，不但受思想倾向相同的前人思想的影响，而且还要受到思想倾向不同的对立面思想的影响与制约，使其采取与论敌相反的理论路径。这后一种情形实际上也是思想的影响与渗透，而且是比前一种更深刻的思想影响，证之于北宋中后期新学与理学之相互关系，可谓如影随形。即以宋代政治思想史而言，宋兴 80 年内主要是"无为与有为"之争，是恪守清净无为的黄老之治还是改弦更张，奋发有为。北宋中后期则是"变法与守常"之争，是恪守"祖宗家法"循规蹈矩，还是有必要改变这种政治基调，对"祖宗家法"作新的理解和发挥。也就是说，治国理念究竟是一意维护还是适时变更"祖宗家法"。南宋则是"恢复与偏安"之争。在"赞成与反对"的格局下，赞成者与反对者的立场、阵线时常发生着令人眼花缭乱的变化；赞成者与反对者的态度、观点也发生着令人难以置信的调整。赞成者与反对者的内部观点的差异有时比不同的阵营之间的意见差异还要大。所以，以政治实践为中心展开的治国理念的复杂性，有时不亚于思想家所建构的政治哲学理论与社会模式理论。

就"向下"（与此同时就是"向外"）而言，应注重：

1. 民间信仰研究的思想史价值。民间宗教形态，具有明显的非制度化、非系统化的信仰与仪式。对它的研究就必须摆脱以往的那种仅从文本梳理与考证的角度出发而进行研究的工作思路，有必要运用历史学、宗教学、社会学、文化人类学的多重手法，将文本传统和社会学及文化人类学的田野调查方式成功地糅合在一起，不仅要厘清民间宗教形态在历史上的内在发展的道路，而且要着眼于这种民间宗教与下层社会发生关联后所产生的种种变异及这种变异对后中国社会的影响。具体的做法是：第一，从教义阐述与分析的角度切入，运用功能分析方法，全面阐释民间宗教的社会功能。第二，突破事件、人物阐述的模式，从文化、宗教等多方面、多层次地来反思民间宗教从宗教团体到组织形式的变迁过程与时代意义。第三，有必要淡化中国宗教史研究的"历史学"倾向，考虑文献资料与田野调查的结合。这事实上就是研究的眼光"向外"。

---

① 蒋庆：《政治儒学》，生活·读书·新知三联书店 2003 年版。

　　民间宗教所包含的内容是极为广泛的，可以说，唐宋之后发生在中国的种种"异端邪说"和"旁门左道"都可以从民间宗教那里窥见影子，并屡为下层民众所利用，作为改变现行政治及社会秩序的工具。例如，白莲教。欧大年（Daniel L. Overmyer）说：白莲教的特性是"将虔诚与政治、反叛融为一体，成为中国民间佛教教派的典型例子"。[1] 尽管我们不认同那种认为中国民间宗教存在一个统一的宗教体系，即明清所有教派都源于白莲教系统的观点。但是，白莲教的产生和发展，从教义、教理层面就存在许多有待继续探讨的问题，更何况其在元代经与下层社会紧密接触后所发生的质的变异，更是对明清时期中国民间宗教教派的发展产生了难以估量的影响，所以，解决宋元时代白莲教与下层社会关系问题，是了解明清民间宗教的先决条件。宋元时期的白莲教有一个由民间宗教结社向民间反叛组织转变的过程，此一过程的出现，当然与社会环境之变动有关。但我们同时也应看到，摩尼教成分的渗入和由弥陀信仰嬗变为弥勒信仰极大地改变了传统白莲教组织及教义的面貌，在先前，弥陀净土信仰仅是少数上层士大夫及宗教人士醉心其中的净土乐邦，因为他们并不拒绝为底层民众提供进入西方净土的指导，所以传统的净土信仰反而是传统的政治和社会秩序的稳定能源。而弥勒信仰则大为不然，由于它不仅向世人展示了一幅无比美好的理想国度的灿烂图卷，还向人们推荐了一位能够直接引导世人在世俗土地上建立乐邦净土的救世主，它强烈地迎合了长期在物质贫乏的苦难的现实世界中挣扎的下层民众的思想情绪，其宗教感染力和所展现的美好蓝图对于下层民众具有难以用语言描述的吸引力，这便是"救世战争"的信仰基础。

　　一般的宗教史研究，是从其学理层面展开的。事实上，那只是一种"精英宗教"。民间宗教则不然，对下层社会来说，宗教不仅是一种信仰，而且是一种依靠，它能使民众的具体问题得到心理上的解决。宗教团体则成为一种互助依赖对付外在世界各种压力的弱小者的组织。有鉴于此，我们不仅要研究民间宗教产生发展过程中教义、教理的演变和结果，而且注重这种变化着的教义、教理向下层社会渗透后经下层社会改造所发生的质的变异的过程。从纯宗教性的社团到民间反叛运动的组织形式，论述其间的发展变化对当今中国的社会的理论意义。还要摆脱以往的那种仅从文本

---

[1]　［美］欧大年：《中国民间宗教教派研究》，上海古籍出版社 1993 年版，第 92 页。

梳理与考证的角度出发而进行研究的思路，运用交叉学科从事研究，将文本研究和社会学、文化人类学的田野调查方式成功地结合起来。

2. 民俗文化研究的思想史意义。一个民族的生活方式与隶属于它的思想观念之间有着微妙的、不可分割的关联。谢和耐（Jacques Gernet）谈到南宋城市生活时说：杭州城内"居民之最基本的心理特征之一便是：永无止境地渴求娱乐，对任何种类的消遣、社交和饮宴均十分热衷"。[①]"直至兵临城下之前，杭州城内的生活仍是一如既往的悠哉闲哉。如所周知，中国人很有一套处世的哲学"。[②] 谢和耐意识到："人们的习惯和风俗为我们揭示了人类一般经验的一种特殊形式，某种确定的个性类型正是由此产生的。"[③] 因而，梳理传统社会文化的小传统，对于还原传统中国精神文明的"总体史"有着无论如何高估均不为过的地位，传统社会风尚具体细节的勾勒，有助于中国思想史总体结构的建立，潜隐于服装风尚、饮食风尚及节庆风尚等生活细节之中的观念与意识，有时较之成体系的思想形态更逼近思想史的真实。

有一种历史哲学认为：历史学不能仅仅关心事件，而应关心事件背后的思想。因为人只有具有某种思想，才会从事某种行动。思想在历史中所起的作用，正像原因在科学中所起的作用一样，思想就是历史的原因。"历史的过程不是单纯事件的过程而是行动的过程，它有一个由思想的过程所构成的内在方面；而历史学家所要寻求的正是这些思想过程。一切历史都是思想史"。[④]

我们认为，历史学所关心的不仅是成为思想的外部表现的那些事件，而且应是成为思想的外部表现的所有人的行为，他们的生活方式和风俗习惯以及支配这些构成日常非自觉行动的观念。历史事实是由历史思想本身所提供的，对于整个历史思想来说，前者不是出发点，而只是结果。如果不去挖掘这些证据材料，那只不过是复述和编排文献资料，只涉及外在的事实，而没有透过现象发现历史行动的思想。例如，宋代社会所充盈的生

---

① ［法］谢和耐：《蒙元入侵前夜的中国日常生活》，刘东译，江苏人民出版社 1995 年版，第 166 页。

② 同上书，第 4 页。

③ 同上书，第 186 页。

④ ［法］柯林伍德：《历史的观念》，何兆武译，中国社会科学出版社 1986 年版，第 244 页。

活方式的"奢靡"风气，又体现了怎样一种思想意义呢？无论是服饰逾制现象还是饮食无度现象，都是全民功利主义观念得到强化后的一种折射。与之相伴随的，是享乐主义的思想意识。市民及商人阶层的富有，改善了自身的形象与地位，他们在渴求幸福的同时，也表现出对欲望的赤裸裸的追求，这种追求我们可以说是对禁欲主义的道德观的长期横行造成的一种病态社会现象的反思与批判。宋代的"奢靡"风气也应该从这个角度予以同情的理解，统治阶层的禁锢恰好说明了他们也觉察到新思想意识可能会对他们的威权与地位形成挑战，对正统意识形态是一种解构。欲望和需要也是引起人类物质生产的内驱力，欲望和需要的多种多样，从根本上决定了社会历史的丰富多彩，两宋社会的多元化特性可视作这一基本原理的完美注脚。一方面宋代社会活力空前增长，市民意识与思想情感日趋解放，另一方面则又有所谓"道德沦丧，纪纲荡然"的感叹，这相当典型地展露出"伦理沦丧与历史进步的二律皆反"，有很深的文化哲学意义。

中国思想史学科的描述

童强[①]

这里的"描述",基本上是一种理论描述,即尝试性地讨论中国思想史学科应当具有的学术特点以及可能的发展路径。换言之,暂时不考虑各种现实因素,仅仅从这门学科的本身来说明它的方向和目标,讨论究竟应当在哪些方面加强建设,从而在真正学术的意义上,促进这门学科的发展。

理论思考,主要依据人们共认的合理性的标准与原则,从学理上来说明一件事情。这样的讨论容易使人摆脱个人的、团体的、地方性的视点或者利益,看清事情发展所需要的基本条件以及前后贯通一致的基本原则。当然,这种考虑的局限很明显,它可能不切合实际,特别是在目前的学术环境中,它可能不具有产生实质性影响的可操作性。但是,这样做也会有好处,如果它是一个周到而具有说服力的理论思考的话,那么,它可以促使学科的群体在某些方面达成有益的共识。

现在是这种理论描述的一个恰当时机。如果社会处于某种如 20 世纪六七十年代的特殊时期,那么,这种理论探讨显然会受到当时强烈思潮的影响而具有过于浓厚的时代特色,由此而丧失部分普遍的意义。理论,本来就强调具有普遍适用的意义。而且,这一理论探讨在今天尤其显得紧迫。因为,随着科技知识越来越处于某种主导性的地位,传统的人文知识颇有些边缘化的趋势,那么,思想史的研究如何在真正学科的意义上得到充分的发展,传递最重要的思想核心和价值观念,似乎就不是一个可有可无的话题了。

---

① 童强,南京大学中国思想家研究中心,副教授。

一　学科的目标

中国思想史学科获得官方认可，自然是它存在的重要理由，但作为一个学科，它的存在更主要地在于这门学科以及它的成果可以服务于社会。

服务于社会包括两方面的输出：一是知识的输出，即思想史的研究通过把握以往思想史发展的脉络从而为现代社会提供重要的知识。二是专业人员的输出，即受过思想史学科训练的人走向社会，成为社会需要的专门人才。

第一点与其他因素有关，暂时不讨论，我们先考虑第二点，专业人员的输出。

受过良好思想史学科训练的专业人员当然是目前我们这个社会需要的人才。但需要注意到，以技术为主要特征的现代社会需要这样的人才很少，除了相当有限的一些研究领域需要补充这样的专业人才之外，差不多就没有完全对口的需求了。

我们看到社会上有许多需要相应专业技术的职业，如电焊、钳工、机电、通信，或者医生、律师、记者等，这些职业的形成是由社会系统的运转及其技术特征决定的。与这些职业直接对应的是专业学院、大学、研究生院中相应的学科，这些学科培养出来的专业人员可以直接输送给对应的职业。这种职业后备人员的需求是目前大学学科得以存在并发展的重要动力。

除了极少的教学与研究领域需要思想史学科培养的人才之外，目前社会上看不到一种职业或者职业当中某些岗位是与这个学科直接挂钩的。这是人文学科在输出方面的普遍状况。而更令人担忧的是，技术的职业训练已经让一批批技术专家很难认同人文学科作为一种知识在专业职业领域中可能具有重大的意义，或者仅仅使人文知识具有某种表面的意义而不能对技术产生实质性的影响。尽管这一认识并非明智，但看起来并没有好转的迹象。

在面临就业时，受过思想史学科训练的人才常常改行。当然，他们会找到职业，但改行了。应该清楚，改行对于学科意味着什么。改行意味着具有思想史学科训练背景的人仅仅是作为一般受过高等教育或研究生教育的从业人员，他的专业知识、专业背景在他的职业工作领域中并不直接发挥作用，他的专业训练并没有在他的职业生涯中体现出来。

所有的人文学科目前的这种式微的状况恰好给了自身一个艰巨的任务，它必须使人文知识与思想像传统时代在职业领域中获得一席之地，并且使这种知识与思想以一种职业的方式发挥影响，就像实用的工程技术一样，在现实的领域中发挥独特的作用。

传统的人文学科，本来都是与某些职业保持着密切的联系。如传统经学，青年人只有受到经学的训练，参加特定的考试之后，才可能进入行政机构。这种"学"与"仕"、学科与职业的直接关系使经学历经千载而不衰。

当然，现代的社会环境已经发生了根本性的变化，人文知识还能否像传统时代那样发挥作用，确实令人怀疑，因此知识的状况变化了。利奥塔尔说："由于各种仪器的标准化、微型化和商品化，知识的获取、整理、支配、利用等操作在今天已经发生了变化。……在这种普遍的变化中，知识的性质不会依然如故。知识只有被转译为信息量才能进入新的渠道，成为可操作的。因此，我们可以预料，一切构成知识的东西，如果不能这样转译，就会遭到遗弃。新的研究方向将服从潜在成果变为机器语言所需的可译性条件。不论现在还是将来，知识的生产者和使用者都必须具备把他们试图发明或试图学习的东西转译到这些语言中去的手段。"① 这意味着占据支配与主导地位的语言是需要信息量的、外在化的技术性的语言，而传统人文知识则是运用了不同的语言。海德格尔区分了两种语言，一种是作为言说、试图揭示世界的语言，另一种则仅仅作为符号来传递信息，传递已经构成了的信息碎片的语言。言语的完美形式是诗歌，它开启了通向存在的语言，而符号的完美形式则是莫里斯代码或者计算机存储器的记录符号。但完美的诗的语言、切于人自身的语言，"古之学者为己"的那种知识已经不再占据主导性的知识地位，正因为这种转变，作为一种学科的思想史研究以及其他人文学科才面临着一种真正的使命，以一种历史的眼光，重申技术时代人的价值，重新给予技术时代人的中心地位。技术占据支配地位，不过是资本找到了保障利润的可靠手段，是对无甚经济效益的人文知识与经验的漠视与压抑，但这种边缘化并不证明人文思想毫无价值。

---

① ［法］让－弗朗索瓦·利奥塔尔：《后现代状态：关于知识的报告》，车槿山译，生活·读书·新知三联书店 1997 年版，第 2—3 页。

　　仅仅局限于技术的视野是无法实现技术的批判，只有在思想史、人文发展史过程中兴起的批判理性才能肩负起这一重任，正因如此，作为一门学科，并不仅仅在于获得学术界的某种形式的认可，而是在现实的职业领域中，它作为一种知识仍然专业地、技术地发挥着作用。这就是说，人文的知识能够获得超越专业技术领域的视野，能够获得对人、社会的整体性的理解。技术只能解决技术的问题，但人的问题从来就不仅仅是一种技术问题，技术垄断的话语只不过对人的深切的根本性问题视而不见罢了。它把交往工具化为手机，把居住简化为住房，把步行等同于汽车通过的距离，而其他问题，技术都看不见，现在应该已经可以看到纯粹技术观点所带来的偏颇。网络、手机并没有直接带来人之间的信任与亲近，当人均住房已经大大增加时，住房反倒成为更加严重的问题，同样汽车看似给人们出行带来便捷的同时，我们发现经常被堵在路上。这里并不是要说技术的无用，而是要说，人文的话语必须与技术的话语竞争。思想史以及人文学科在这种背景之中，看到了自己的真正使命。

二　研究范式

　　人文话语如果能与技术话语相竞争，那么至少有一条途径，即人文学科，包括思想史学科在内，应当在知识的生产方式上与科学技术旗鼓相当。当然，这并不是说，史学研究要变成一种科学研究，而是说，它可以借鉴科学研究的方法，特别是科学研究的组织方式、生产方式。科学知识的生产关键在于它具有某种范式，这一点在自然科学领域中早已引起关注，并且对实际的研究产生了一定的影响。

　　范式（paradigms）就是科学共同体中的成员共同认同的一系列规范，基于这种规范，研究者知道他们该如何着手研究，如何运用共享的知识，如何提出新的想法，如何反驳，如何发表论文、参加研讨，如何评价同行的成果。他们运用共同的术语、概念、理论，彼此熟悉对方的思维方式和表达方式，范式实际成为推动知识再生长的机制。范式的含义十分复杂，而且，围绕这一概念一直存在激烈的争论。[①]　不过，人们已经在很大程度

---

　　① 参看李创同《论库恩沉浮，兼论悟与不可通约性》的第三章"规范、范式还是学科基质"，上海人民出版社 2006 年版，第 72 页。

上，包括在科学社会学的调查中，接受了这个概念。① 事实上，对于每一位从事学术研究的工作者而言，在某种最宽泛的意义上，确实可以感受到自己的学术活动所遵循的某些学术常规、惯例。

学术活动十分复杂，涉及个人的专业研究、成果的发表、职位晋升、项目竞争、团体合作、学术交流、扩大社会影响等许多方面，因此，如果这其中确实存在着某种范式的话，那么范式本身必然很复杂，牵涉不同的层面。

范式可以从不同的角度加以分析，我们在这里所关心的是，如何形成或建立中国思想史学科的研究范式，或者说，对现有的研究模式加以不断的调整、改进、扩展，使之更有利于学科的发展。

范式的核心内容在于建立一个理论框架。从目前的思想史研究来看，似乎还难以找到学科的共同基础，也难以摸索到思想史学科的"学术增长点"。不同的研究者，根据自己的学术背景、学术兴趣、熟悉的材料以及自己对思想史的理解在从事研究。就研究者个人而言，这当然没有问题，但如果把所有个人的研究放到学科的层面上，则不难发现其中的一些问题。不同的研究者对于思想史研究的方向或者思路有时完全不同，甚至彼此矛盾。差异与矛盾至少还表明它们之间的某种关系，更需要关注的是，我们有时并没有注意到自己的研究与学科以及学科应当建立起来的基础理论之间的关系。成果都属于思想史研究，但成果之间缺乏基本的学理上的联系，缺乏理论意识与构建。对使用的术语、概念、方法本身往往缺乏严格的审视，界定比较模糊，在材料取舍甄别上有着不同的标准。这就是说，思想史学科虽然出现了许多成果，但比较分散、零散，并没有纳入到某种结构性、整体性的理论框架中，学者仿佛生产出来许多有用的建筑材料，甚至已经盖成了小房子，但就某种意义而言，尚未建构起学科的大厦。

思想史学科的重要任务应该是通过各种具体的研究，逐步建立起能够联系许多具体研究的基础理论。从这样的基础理论（可能是多种的基础理论）出发，可以展开更具有学科意识的思想史问题的研究，可以界定思想史研究的对象，弄清楚哪些思想是思想史研究擅长讨论的，哪些观念

---

① ［英］迈克尔·马尔凯：《科学社会学理论与方法》，林聚任等译，"物理学系的结构与过程"一章中所提到的"范式"，商务印书馆 2006 年版，第 73 页。

是思想史探讨习惯上不详加论述而留给哲学史或者其他学科的。思想观念的变化究竟通过什么样的内在机制与社会发展相联系。思想史研究对于思想观念的运动变化形成哪些能够得到充分论证的总体性的独立见解，而它们显然不是直接照搬其他学科的结论。在史学方法上思想史研究有什么独特之处，它有没有形成不同于其他学科的独特技巧。在文本阅读与分析方面，思想史的研究有什么独到之处。它是如何要求研究者在浩瀚的历史文本中保持对观念的敏感，等等。如果诸如此类的思考以及具体的研究中与某种基本观念、基本原则相联系，那么我们就可以说，这些思考和研究就有了某种理论的基础。

总之，对于一个学科而言，它必须独立发展出来属于自己的一整套知识与技术。

这一点对于成熟的学科几乎是不言而喻的。物理学就有一套这样的知识与技术，或者说研究范式。所有的物理学家都是在这一整套知识与技术的基础之下，进一步展开研究，扩展并丰富着这一套知识与技术。一篇论文之所以被称之为物理学的，并不是因为作者是物理学家的身份，也并不因为文章的标题，而是因为文章当中运用了得到学科认同的物理学概念、方法、理论来解决某些具体的问题，而且，论文提出的新结论和已有的物理学的理论一致。这时，他的研究至少可以获得最基本的专业认同，没有人会拒绝承认这是一篇物理学论文，而且不论这一成果贡献大小，从理论上讲，都纳入到那一整套的知识与技术的体系之中。这是学科专业的积累。所有的物理学研究都会与这一学科知识体系相关，以它作为出发点，受它的引导，并在其基础之上展开，最后又以各种形式丰富这一知识体系，促使它不断地自我更新。物理学家可以根据新的实验和观察，提供新的知识，还可能发现新的理论，促使这一套知识体系发生某种革命性的变化。物理学系的教学，传授就是这一套知识与技术（当然其中细分了许多专业与方向），它的毕业生可以走向各种职业领域，但培养未来物理学研究的人才常常被看做是最重要的。这是它的学科专业人才的再生产。

即使在一个比较年轻的学科——社会学那里，我们也能看到迅速发展起来的这种研究框架或范式。社会学形成之初，研究者实际上非常有心地借鉴了物理学的诸多规范。孔德（Auguste Comte, 1798—1857）最初把社会学称之为"社会物理学"（social physics），涂尔干也提出"要把社会事实作为物来考察"。他认为社会学的准则"既不包括任何形而上学的思想，又不包括任何关于存在的本质的思辨，它只要求社会学家保持物理学家、化学家和生物学家在他们的学科开辟新的研究领域时所具有的那种精神状态"。① 涂尔干与马克斯·韦伯都作过许多杰出的经验性研究，如涂尔干关于自杀、社会分工的经典研究，韦伯向称渊博，研究跨越诸多领域，古代和中世纪经济与法律史，罗马农业史，包括新教、儒教、印度教、犹太教在内的宗教研究等，但是，作为一门学科的奠基人，他们更重要的贡献在于为学科奠定了理论基础，基本的方向。他们提出了新概念、新的社会理论，涂尔干的社会事实、有机团结、机械团结，韦伯的合理性等，影响几代社会学家。很快，社会学就形成了功能主义、冲突理论、社会行动理论三大理论系统，随着经验性研究以及理论探讨的深入，社会学对于许多社会现象的描述、分析、解释都取得了相当大的进展，在社会学之外的领域也产生了很大的影响。社会学发展如此迅速与它最初建立起很好的研究范式不无关系。科学社会学也有同样的经历，学者在评价 R. K. 默顿时认为，科学社会学之所以具有很强的实力与朝气，很大程度上在于默顿 40 年的研究成果，而"他的著作为这一学科提供了主要的范式"。他为这一门学科提供了"这一领域的社会学家所能够运用的唯一的理论方法"，其中心思想经过诸多学者"详细的阐述、修改和重新解释，使它成了科学社会学研究唯一发展成熟的框架"。②

物理学正是因为发现了许多规律、理论，所以能够解释各种物理现象；社会学也因为探索出了许多的理论，所以它也能够描述、分析、解释各种社会现象；思想史的研究也应该摸索出自身的基础理论，这样才能够更有建设性地描述、分析、解释各种观念的形成、发展和衰落的过程，才可能抓住思想史的真正问题。正因如此，理论框架、研究范式，或者说一整套体系化的知识与技术，是思想史学科建设的关键。这是学科研究者共同努力的方向，也是学科的共同财富。

当然，学科自身的特点不同，理论会呈现各种形态。严格意义上的哲学，充满了定义严格、论证细密、高度抽象化、形式化表述的理论。作为

① ［法］涂尔干：《社会学方法的准则》，狄玉明译，商务印书馆 1995 年版，第 35、9 页。
② 见［美］R. K. 默顿《科学社会学》，鲁旭东、林聚任译，诺曼·W. 斯托勒的"编者导言"，商务印书馆 2003 年版，第 3—4 页。

自然科学，物理学所有的理论都必须归结到数学形式的表述。作为社会科学，社会学的理论则宽泛得多。作为人文学科，思想史研究的基础理论则会更加宽泛。

对于大多数学科而言，理论是指规律性的概括，但"历史学家很少在这种意义上使用该术语。对于他们而言，理论通常是指一种解释框架，它为研究的进行提供推动力并影响研究结果"。[①] 尽管对这一点仍然存在不同的意见，但西方史学家已经感到仅仅依赖史料考证技术来把握过去人们经验的意义，已经越来越不充分。"随着文化史研究领域的拓宽，历史学家越来越多地承认其他学科——心理分析、文学理论，首先是文化人类学——的深刻见解"。[②] 另一方面，自西方启蒙运动以来，有着内容异常丰富的思想传统的社会理论，"涉及社会的性质——它的结构、它的持续存在和它最终进化为一种不同的结构"[③] 的各种见解，已经不容视而不见，"实际上，寻求理解前现代和现代世界中重大变迁的历史学家，不可能承受忽视社会理论的代价"。[④]

尽管如此，仍有许多的历史学家拒绝理论的运用。原因在于，一是历史研究无法揭示历史中也许存在的模式和规则。二是历史学家的任务在于理解独特的人与事，对人类行为进行模式建构是一种虚妄，历史学中的理论建构的合法性值得怀疑。[⑤] 在中国，史学的"实证"自有传统，如清人戴震《古经解钩沉序》曰："经之至者道也，所以明道者其词也，所以成词者，未有能外小学文字者也。由文字以通乎语言，由语言以通乎古圣贤之心志，譬之适堂坛者之必循其阶，而不可以躐等。"[⑥] 钱大昕《左氏传古注辑存序》曰："夫穷经者必通训诂，训诂明而后知义理之趣。后儒不知训诂，欲以向壁虚造之说求义理所在，夫是以支离

---

① ［英］约翰·托什：《史学导论：现代历史学的目标、方法和新方向》，吴英译，北京大学出版社 2007 年版，第 181 页。

② 同上书，第 182 页。

③ 同上。

④ 大体而言，社会理论包括了三方面的历史解释，联系人类经验各个组成部分的整体观念；历史变迁的动力；历史变迁的意义。参见 ［英］约翰·托什《史学导论：现代历史学的目标、方法和新方向》，吴英译，北京大学出版社 2007 年版，第 181—183 页。

⑤ 参见 ［英］约翰·托什《史学导论：现代历史学的目标、方法和新方向》，吴英译，北京大学出版社 2007 年版，第 185 页。

⑥ 《戴东原集》卷十，《古经解钩沉序》，《四部丛刊》本。

而失其宗。汉之经师，其训诂皆有家法，以其去圣人未远。魏晋而降，儒生好异求新，注解日多，而经益晦。辅嗣之《易》，元凯之《春秋》，皆疏于训诂，而后世盛行之。"① 由经学而来的"实证"方法几乎不需要论证就推演到史学领域。20世纪，傅斯年提出："历史学只是史料学。"又说："我们反对疏通（即用文字与想象弥合缺乏证据的史事——引者）。我们只是要把材料整理好，则事实自然显明了。一分材料出一分货，十分材料出十分货，没有材料便不出货。两件事实之间，隔着一大段，把他们联络起来的一切涉想，自然有些也是多多少少可以容许的，但推论是危险的事，以假设可能为当然是不诚信的事。所以我们存而不补，这是我们对于材料的态度；我们证而不疏，这是我们处置材料的手段。材料之内使他发见无遗，材料之外我们一点也不越过去说。……历史学和语言学都是照着材料的分量出货物的。"② 20世纪六七十年代特殊时期的"理论"的滥用，更使得后来的史学对理论敬而远之。

客观上，思想史学科或者说文史学科有着自身的特殊性，它们往往包括许多非常困难的技术工作，文献收集，校勘训诂，辑佚整理，年代考订，地理制度沿革的考证等，而这些工作一向注重传统的经验方法，始终被认为与理论的兴趣无关。西方的情况也差不多，"对细节的批判性态度最终成为强有力的选择。它吸引着那些细致勤勉的历史学家来从事研究，而他们并不必然具备理论综合能力"。③ 一些史学家声称他们所要研究的是历史事件的唯一性和特殊性。④ 在很大程度上，我们尊重这种细节研究的传统并且充分重视这些成果，但显然，具体的细节个案研究并不是史学的全部内容，史学带给我们的是对人与社会发展进程的理解，就此而言，它肯定不会脱离具体的人与事，但恐怕又不会完全拘

　　① 《潜研堂文集》卷二四，《左氏传古注辑存序》，《嘉定钱大昕全集》第九册，江苏古籍出版社1997年版，第371页。
　　② 参见傅斯年《历史语言研究所工作之旨趣》，载《中国古代思想与学术十论》，广西师范大学出版社2006年版，第178页。
　　③ ［英］约翰·托什：《史学导论：现代历史学的目标、方法和新方向》，吴英译，引M. M. 波斯坦的话，北京大学出版社2007年版，第187页。
　　④ 参见［美］威廉·德雷《历史哲学》，王炜、尚建新译，生活·读书·新知三联书店1988年版，第14—20页。

泥于细节。根据卡尔·贝克尔的分析，所谓"简单的事实最后看来绝不就是一个简单的事实，而是许许多多事实的一个简单的概括罢了"。[①]奥克肖特说："事实是经验当中所获得的东西而不是被给定的东西。或者更为准确地说，事实是给定的（因为没有给定的东西不是被改造过了的），而更为完整的事实是通过将给定的东西进行改造以后获得的。事实的意义总是处于完整的世界之前，而是处于给定的世界之后。成为一件事实，就意味着在一个观念世界当中找到了一个必不可少的位置。"[②]总之，即使技术的考证也存在一些观念上的预设，也就是说，史学家绝对不是从一个白板上开始自己的工作的，因此，在根本上史学家无法回避观念问题。

理论是学科的生命力。基于学科共有的理论框架，不同的研究之间就可以形成本质的内在联系，形成一个整体。理论仿佛是不同的研究之间的黏合剂，没有这个黏合剂，各种具体研究很容易流于"事实"报道。我们已经说明，没有基本的理论预设，甚至连"事实"都无法确定。正是借助理论，学科的各种研究才可能得到不断的积累，内容越来越丰富，解决的问题也越来越复杂。

清人的考据方法已被有些研究者称之为"实证"的方法，并且与科学研究总是从事实开始、以事实为依据的说法混淆在一起。但新的探讨表明，在自然科学方面，研究从事实开始的观点已经受到激烈的挑战。

长期以来，人们一直认为，"科学——或者科学家——以观察和收集数据或者事实或者测量开始，然后着手把它们联系起来或者使其相互关联，以某种方式得出概括和理论"，即科学研究都经历了从现象到理论，从经验中归纳、抽象、导出切实可靠的理论的过程。但波普尔明确地说，这是一种误解。[③]

理论在科学研究以及学科建设中实际上具有优先地位。爱因斯坦说："没有一种归纳法能够导致物理学的基本概念。对这个事实的不了解，铸

① 参见［美］卡尔·贝克尔《什么是历史事实？》，段涓译，载张文杰等编译《现代西方历史哲学译文集》，上海译文出版社 1984 年版，第 227 页。

② ［英］迈克尔·奥克肖特：《经验及其模式》，吴玉军译，北京出版社出版集团、文津出版社 2005 年版，第 110 页。

③ ［英］卡尔·波普尔：《走向进化的知识论》，李本正、范景中译，中国美术学院出版社 2001 年版，第 122 页。

成了十九世纪多少研究者在哲学上的根本错误。……逻辑的思维必然是演绎的；它以假设的概念和公理为基础。"① 他又说："我从引力论中还学到了另外一些东西：经验事实不论收集得多么丰富，仍然不能引导到提出如此复杂的方程。一个理论可以用经验来检验，但是并没有从经验建立理论的道路。……人们一旦有了那些足够强有力的形式条件，那么，为了创立理论，就只需要少量关于事实的知识。"② 爱因斯坦说："科学思想中本质上是构造的和思辨的性质。"③ 当然，不言而喻的是，它们与经验有着联系，"从来没有一个真正有用的和深入的理论果真是由纯粹的思辨去发现的"。④ 德国物理学家玻恩（Max Born）说："用可决定性（decidability）表示科学思维的一个基本规则：只要某个概念是可以决定的就运用它，而不管它在某个特殊事例上能否应用。"⑤ 波普尔（Karl Popper）也表达了类似的观点，他说："我的认识论意味着自然科学不是以测量开始，而是以伟大的思想开始；科学的进步不在于事实的积累或澄清，而在于大胆的、革命性的思想，然后它们又受到严格的批评与检验。……自然科学不是以实证主义的方式进行，而基本上是使用'偏见'的方法进行。并且在凡是可能之处，它都使用偏见和可批评的偏见并使它们受到严格批评。"⑥用他的一句话概括就是"科学以理论开始以理论告终"。⑦

诺斯拉普（F. S. C. Northrop）说："物理学的理论既不仅仅是实验事实的描述，也不是可以从这种描述中、推论出来的某种东西；而是如爱因斯坦所强调指出的，物理学家只有通过思辨的方法才能得到他的理论。在物理学家的方法中，不是从事实推演到理论的假设，而是从假设的理论

① 爱因斯坦：《物理学和实在》，载《爱因斯坦文集》第 1 卷，商务印书馆 1976 年版，第 357 页。

② 爱因斯坦：《自述》，载《爱因斯坦文集》第 1 卷，商务印书馆 1976 年版，第 40 页。

③ 同上书，第 10 页。

④ 爱因斯坦：《理论同经验的关系》，载《爱因斯坦文集》第 1 卷，商务印书馆 1976 年版，第 107 页。

⑤ ［德］M. 玻恩：《我的一生和我的观点》（1968 年），李宝恒译，商务印书馆 1979 年版，第 90 页。

⑥ ［英］卡尔·波普尔：《反对大词》，载《通过知识获得解放》，中国美术学院出版社 1996 年版，第 125 页。更详细的论述见卡尔·波普尔《猜想与反驳》中的《科学：猜想与反驳》一文，上海译文出版社 1986 年版，第 47 页。

⑦ ［英］卡尔·波普尔：《走向进化的知识论》，李本正、范景中译，中国美术学院出版社 2001 年版，第 124 页。

推演到事实和实验数据。因而，人们必须思辨地提出理论，并且用演绎法推导出这些理论的许多结果，以便使这些理论能够接受间接的实验检验。总之，任何物理理论所作出的物理假设和哲学假设，都要比仅仅由事实所给出和隐含的假设更多。"①

　　在许多论者看来，这一看法已经得到证实。1949 年诺贝尔物理学奖获得者日本科学家汤川秀树在 1935 年 "完全靠物理学概念框架的推演，宣告了一种粒子的存在，即为人所知的 '介子'"。② 后来人们终于在追踪它的照相感光板上的踪迹时发现了这种亚原子粒子。通过演绎，概念框架就可能独立地预言数据，而概念推演又进一步导致验证技术的发展。

　　理论框架对于学科建设的重要性在物理学这样成熟的学科那里已经十分清楚，尽管思想史学科与自然科学存在巨大差异，但只要思想史研究还保留着学科的基本内涵，那么，学科建设在理论方面的这条路径就应该得到重视。事实上，思想史领域中已有的重要成果已经显现出理论在史学研究过程中的首要地位。侯外庐等著《中国思想通史》有着明确的理论基础，这一著作综合论述哲学思想、逻辑思想和社会思想，着重 "基础、上层建筑和意识形态的说明"，整个论述贯穿着唯物主义思想与唯心思想的矛盾冲突。这一理论基础使整个著作的论述体现出整体性与统一性。在今天，这一基础性的理论可以得到更大的发展，还可以具有更多的理论形态，③ 但不论怎样，以理论作为基础的研究范式对于当今的思想史领域仍有非常现实的示范意义。

　　我们强调，理论是思想史研究的基础，并不是说，先有一个预设的理论，然后就着理论再去找材料，用史实材料 "证明" 理论的正确。这种说法或者做法都没有搞清楚理论的意义与价值。如果思想史研究真的这样去做了，那就不是思想史研究，而成了某种形式的理论宣示，因为它的目

---

　　① 诺斯拉普为《物理学和哲学》英文本所作的序，载［德］海森伯《物理学与哲学》，商务印书馆 1981 年版，第 141 页。

　　② ［美］伯纳德·巴伯：《科学与社会秩序》，顾昕等译，生活·读书·新知三联书店 1991 年版，第 21 页。

　　③ 参见［英］约翰·托什《史学导论：现代历史学的目标、方法和新方向》，吴英译，对马克思主义历史学的讨论，北京大学出版社 2007 年版，第 191 页。托什说："无论从质上，还是从量上看，马克思主义都对历史编撰产生了一种史无前例的影响，其他理论在研究范围和理论的精密性上都无法与之相匹敌。只要历史学家承认理论的必要性，那他们就还会从马克思主义传统中借鉴。"见第 205 页。

标是理论、理论的正确。公式可以为具体的解题和演算服务，解题者通过公式提供的方法或路径，通过演算最终找到答案。在这里，演算的目的是解题，而非证明公式的正确。更何况，公式的证明有着完全不同的方式，严格意义上的公式证明从来不是通过解题获得的。

并非总是宏大的理论才是理论，我们一再强调理论具有多种形态。波普尔所谓的"科学以理论开始以理论告终"，所指的理论非常宽泛，实际"包括神话和各种各样的期待和猜测"等等。① 某种猜测或者预期就构成了我们研究的出发点，而预期实际上就引来了问题，事情会是如我们所猜测的那样吗？研究就从这里开始了。所以，"科学以理论开始以理论告终"又可以说成是"科学总是以问题开始，并以问题告终"。在这里，科学家"以对一个有前途的问题的敏感的选择开始——这个问题在当前的问题情境内是有意义的，而问题情境又完全受我们理论的支配"。②

当然，宽泛的理论并不意味着它最终不具有理论性或基本的理论形态。它需要严格界定相关的术语，留意论点的充分论证，考虑各个术语、概念之间的统一关系。即使对于历史研究而言，某种理论也必须具有解释力，它不仅能够比其他的说法更好地解释某一现象，而且还能够在一定程度上解释其他类似的现象，也就是说，它具有一定的适用范围。尽管它的适用性无法与自然科学理论所要求的普适性相比，但只要不再拘于特定事物而转向更一般的范围时，实际上理论的思考就开始了。

三　学术的交流

我们重视学科的范式，原因在于它是推动知识再生长的机制。如果形成这一意义上的范式，那么，思想史的研究相对而言就更具有明确的方向。

此时的研究者共享一系列术语、概念，具有共同的理论背景，那么，

① 费耶阿本德说："神话远远不是与现实世界相对立的虚构想象，而是由无数直接、有说服力的经验所支持的一个思想体系"；"科学是今天的神话，神话是过去的科学。"参见［美］保罗·费耶阿本德《知识、科学与相对主义》，陈健等译，江苏人民出版社2006年版，"序言"第2页，第46、48页。

② 参见［英］卡尔·波普尔《走向进化的知识论》，李本正、范景中译，中国美术学院出版社2001年版，第123—124页。

不论他们谈论的问题多么不同，他们之间的研究都具备了构成一个知识整体的可能性。新的术语、新的切入点、新的材料等都有可能吸引一批批学者集中讨论，不仅在相同的或相关的理论前提下研究具体的问题，而且通过具体的问题的研究丰富和发展相应的解释框架。知识体系的积累有了完全不同的机制。

范式包括了一系列成文不成文、明确不明确的认同。它不是单纯的条例，不是抽象的东西，更不是行政命令与干预的结果，而是学者在学术活动中自然体现出来共同的信念、知识以及行为方式。它体现了学科的自主性和自我意识，因此，它不可能依靠外力强行植入，而只能通过真正的学术交流构建起来。

通过不断的交流接触，学术共同体的成员才可能熟悉彼此的工作，清楚他们运用的术语、概念的含义，认同学科内部的交流与评价的方式，了解各自的研究在学科知识体系中的地位与意义，并据此对同仁的成果作出比较客观的评价。所有这一切只有通过切实的交流活动逐步形成，形成良好的传统，并对后来的学人产生引导与规范的影响。

交流不仅是了解学科研究状况及进展信息的渠道，更重要的是，它发挥着学术批评的功能。

如前所述，学科的目的在于建立学科知识体系，即在一般理论与具体研究的层面上，对思想史发展过程的充分认识。这个知识体系不仅建立在对具体历史事件的了解上，而且也体现在对历史进程的深刻领悟上，总之，它是一个知识团体复杂的技术积累的结果。

建立这样的知识体系，除了研究方面的努力之外，还必须依赖于学者之间严格的批评。面对这种知识体系，其理智的深度与广度远远超越了任何一个个体所能掌握的程度——广度表现为内容的丰富，深度表现出它对各种问题的深思熟虑，特别是理论上的周密严格以及理智上的成熟，任何一个研究者试图贡献的知识内容都有可能存在错误，理解上存在偏差，技术上存在缺陷，正因如此，学术批评显得尤为重要。不同于自然科学，思想史研究很难提供毫无争议的结论，这在一定程度上降低了人们对于学术批评的期待。人文学科的知识内容缺乏特定的实验或者数学定律来给予最终的判决，但理性的讨论确实在整体的水平上提高了我们的认识。这就是说，学术批评不仅起到学科知识体系输入阀的作用，它可以拒绝荒谬、说教、掩饰、抄袭、剽窃，而且它本身就是人文知识得以形成发展的重要手段。当然，现代学术丝毫不缺乏交流，会议研讨有很多，但交流最重要的批评功能似乎还没有完全发挥出来。如波普尔所说的，学者深感自己的义务，对同行的工作作出严格而公正的批评，真正实行起来似乎存在困难。

专业期刊是交流的重要形式。学科应当有自己的专业期刊，但目前思想史研究好像还没有这样的期刊。虽然目前一些思想史研究院所都有自己的论文集性质的集刊，但限于各种原因，它们实际上并不能替代专业杂志。目前思想史研究的论文常常都是发表在综合刊物、学报以及文史哲的专业刊物上，或者出版的论文集中。由于发表的论文过于分散，明显阻碍了思想史学科内部的交流。

专业期刊不仅能够集中反映当下的研究成果，而且它本身就是一种评价体制。从理论上讲，论文在专业杂志上发表，就表达了一定的专业认同。如果杂志具有权威地位，那么论文获得发表本身就传达了某种肯定的评价。正如大学教师在培养专业人才时所具有的范式影响力一样，具有良好专业声誉的杂志同样集中体现了学科范式的引导和制约作用。

在这里，我们试图引起研究者对于共有的学科范式的关注。范式的核心在于基本的概念和理论以及我们对于思想史的某种状况及其演变形态的一般性看法。理论或者说有着研究前景的问题构成研究的出发点，通过具体的问题研究，重新回到理论，对理论有所修正、丰富、扩展，总之对理论有所贡献。好的理论可以为思想史的研究提供某种可能的路径，可以促成知识增长点的形成，使学科的发展具有方向性，而有着一定理论意识的思想史研究才可能在获得具体成果的同时，又为学科的知识体系作出贡献。当然，理论不可能只有一种，学科的范式也可能有多种。正是通过一种或几种范式，使我们来自不同方面的思想史研究，都能够在理论的层面上形成某种联系，使人们意识到它们同属于思想史的研究范畴。

"国学"或"古典学"视野下的
中国思想史研究

方光华[①]

　　20 世纪，对于中国历史中思想性元素的研究，与对中国物质生产生活历史及社会组织历史的研究相比较，显得相对薄弱。今天，越来越多的学者已经认识到，中国历史中的思想性元素是中国历史的重要组成部分，中国历史的发展不仅是中国物质生产生活及社会组织方式的变化，同时也是中国历史中的思想性元素的成熟与发展。作为中国历史中的思想性元素的创造和传播者——中国历史中的知识群体，与中国物质生产生活的劳动者、社会组织的管理者，都是中国历史发展的重要推动力。历史的积累既表现为物质文化遗产，同时也表现为精神文化遗产，而历史文化的传承与创新与历史中的思想性创造有密切的联系。对中国历史中思想性元素研究的强调，一个突出的表现就是："国学"或"古典学"引起广泛关注，它们是否应该成为现有学科体系中相对独立的学术领域，已成为学术界所讨论的热点话题。

　　关于"国学"或"古典学"的内涵，已经有不少议论。一般认为，"国学"或"古典学"是研究以古汉语为载体的历史文献，是中国固有的学术、文化、思想、价值体系。在 20 世纪，这一学问体系的研究对象已各自建有独立的学科归属，如哲学、史学、文学等，但依然有学者认为，今天有必要将其作为一门整体的学术形态，构建新的学理依据与学术范式。但如同西方古典学的意图是复活古希腊罗马的人文主义一样，"国

学"或"古典学"的核心，不外乎是复活传统文化和古典自身的生命。而真正能代表传统文化和古典自身的生命的，是中国历史中的思想性元素。随着"国学"或"古典学"讨论的深入，它将会得到更加高度的关注。

中国历史中的思想性元素到底应该如何研究？20 世纪基本达成了三点共识：首先，中国历史中的思想性元素不能局限于儒家经学，诸子学说、宗教思想乃至关于科学与科技的思想都需要同等对待。其次，在研究方法上，除了对传统的学术史方法的继承与发展外，还需要丰富新的研究手段。如与世界其他文明的思想观念相比较、与中国社会历史研究深度结合等。再次，要提高文化自觉境界。要有对自己所拥有、所生存的文化状态的清醒认识，对自己的文化和思想要有"自知之明"，并能将自己的民族文化和思想融入到世界文化体系中，在世界文化体系中找到自己文化和思想的位置与坐标，对自身文化进行创造与建设。

关于中国历史中思想性元素的研究，需要尊重已经取得的共识，并将这些共识加以升华。

首先，要深化对中国历史中的思想性因素的整体观察。由儒家经学、诸子学说、宗教思想乃至关于科学与科技的思想所构成的中国思想，到底包含哪些内容，侯外庐曾经有所概括，指出它包含三个主要层面：世界观（哲学思想）、逻辑思想、社会意识。研究思想史关键是要揭示出哲学思想、逻辑思想和社会思想（包括政治、经济、道德、法律等方面的思想）的内在联系，以及整个思想体系发展的基本历程。今天的思想史研究不仅要更加准确地揭示思想体系各要素的内在联系，更加需要研究中国思想性因素的格局性特征，也就是各种思想体系多层次并存的复杂结构。格局结构是任何事物都具有的逻辑结构。认识事物，需要揭示事物所具备的各个层次，并对每个层次进行展开和定位。用格局分析视角观察思想史，思想史会呈现出一个由不同历史时期、不同层次的人类心灵开显的序列。我们会发现三个明显的现象：第一，思想史不完全是真理与谬误相厮杀的战场，不完全是真理不断战胜谬误的历史，而是不断发现真理、定位真理、超越真理的历史。思想史上不同时期的每个思想体系都包含真理，但都只是特定层面上的真理。第二，任何两个思想体系之间，或者逻辑上是等价的关系，或者是不同层面的关系。第三，相邻层面上的思想体系之间，具有特定的反身重构的逻辑对应关系。①

其次，要加强对中国历史中的思想性因素的文化功能的研究。思想史研究还需要更加关注思想的文化功能和文化作用。20 世纪有不少学者研究中国思想史，意识到思想历史与社会历史需要贯通，力图在剖析中国古代社会特征的基础上观察中国思想结构、思想内容、表现形式及其发展变化，力图把握社会思潮与社会历史的联系及其所反映的时代特点，阐述不同学派及其代表人物的思想特色和历史地位，并从体系化、制度化的思想形式去研究社会存在和社会意识相统一的程度。它说明思想观念的研究不能局限在以思想解释思想，只有从思想与社会历史的互动，才能准确判断思想观念的内涵与特征。这一观点显然是很深刻的洞察。但今天需要有更加宏大的视角，将思想的功能与文化联系起来。思想与文化联系密切，思想的文化作用的产生，总是要与人们的生活实践发生内在联系，它一般有三个层次。一是改变形而上的信仰。无论中国思想还是西方思想，在建立解释自然、社会、人生的知识系统时，总会有一个逻辑起点，有一个不必论证和思考的终极依据。这个依据往往成为思想最牢固的基础，它左右人们对于文化的信仰。只有当这种信仰被新的信仰所取代或补充之后，文化才会发生变化。二是渗透人们的知识体系。一定的知识系统总与当时人们的思想水平相联系。思想通过一系列相应的概念、命题转化为理性化的知识形式，并建构与思想信仰相统一的价值趋向。思想的基本内涵不变，知识体系不会发生变化。思想的基本内涵变化，知识体系也将随之变化。三是通过人们的社会生活，它既包括人们的政治生活，也包括人们的日常生活，甚至包括某些特殊的仪式和禁忌。如何准确揭示思想与文化的互动，确实需要更加深入的思考。

再次，要加强对中国历史中的思想性因素的发展特点的研究。在中国思想特色的理解方面，我们已经取得了不少进展，但对中国思想性因素的成熟与发展过程的整体特点的研究，还有不少可以拓展的空间。中国思想的创新有三个鲜明的特征：一是在连续中求创新。这种连续性主要表现为它的所有创新都须落实到中国文化的基本经典上。思想上的创新只有在经典中得到体现之后，这种创新才得以确立。中国思想史上众多的思想家提

---

① 参看方光华、胡列清《思想史研究需要引入"格局分析法"》，载《华夏文化》2007 年第 1 期。

出其思想学说时，并不是另起炉灶，重新提出自己的概念范畴系统，而往往是依托经典，通过对经典的注解与阐释来提出其思想学说。他们在理论上的创新与贡献，也往往体现在对原有概念、范畴、命题的改造或意义的重新赋予。而中国文化理念的革新，很少采取西方那种通过法典使创新性思想观念得以制度化和普世化的模式，而是更加重视通过经典这个纽带，重视将创新性思想凝结在经典之中，通过已被重新诠释的经典的传播与普及，在逐渐形成对经典意义的共通性认识中，达到对创新性文化理念的领会和消化，从而使创新性思想深入人心。二是对社会存在的思考是思想创新的基本动力。中国思想虽有对于自然世界的思索，但整体来说，中国哲人研究自然世界，并没有走上科学分析之路。他们探讨自然世界的运动规则，着重点是为人类社会政治和伦理生活立法，是为了建立政治、伦理生活的理想方式，是为人类精神生活寻找支柱。因此，与西方面对自然而认识人类自身的传统不同，中国思想的主流不是因为对自然认识的深化而升华对人类自身的认识水平，相反，它主要是因为对人类自身的认识的升华，促进自然认识水平的提高。天人之际的问题与社会政治伦理紧密相连。人们是因为出于对人事的关怀，而去探求天人关系，探求天道。如果不能满足人事的需要，对天道的探求就失去了意义。而中国思想所关注的对象虽有自然存在，但主要是社会存在。三是有由老子而庄子式的发展逻辑。在社会转型的关键时刻，中国思想往往能准确预见新的发展可能性，体现出强烈的现实批判性，有助于人们解放思想。如同没有老子，春秋时代中国社会的发展可能是另外一种样子。但随着社会变革的加剧与社会矛盾与冲突的尖锐化，中国思想往往倾向于在自己的内心实现自由。如同战国时期，庄子通过对政治本质的深刻反思，认为绝对不存在理想的政治，因而对社会变革的前景充满忧虑，认为最要紧的是保持自己心灵的自由。中国思想性因素的发展往往走在精神认识上超越有限达到无限的思路，心性论色彩十分明显。对中国思想创新的这些特点，需要有新的提升。

最后，要加强对中国思想性因素传承创新的可能途径的研究。刘述先在讨论其系统哲学时曾经提出：我们如何才能为丰富杂多的世界人生的内容寻觅到一个共同的根源或基础？"我们有没有可能建构一个系统来涵盖世界人生如此丰富杂多乃至表现了深刻的矛盾冲突的内容，把它们熔为一炉，结合成为一个整体，却又井然有序，分别在这个系统之内得到它们适当的定位？"他的这一构想与中国思想史研究的目标有相通之处。中国思想史研究需要在促进传统文化与当代社会相适应、与现代文明相协调的过程中取得新的成就。

对中国思想的现代价值的梳理，既要注重中国思想命题的特殊性，又要勾勒出它的普遍价值。由于与世界其他民族文化传统、地理环境等多种因素的差异，中国思维方式表现出明显的差异性。研究中国思想，需要准确识别民族思想特征，重视中华文明智慧的提炼与总结，但同时也要加强中国思想与世界其他民族思想的沟通。将富有中国民族特色和时代特征的智慧总结提炼出来，以世界其他文明能够接受的理论、观点和理念向世界传播，既是当代中国自身发展的需要，也是推进世界全球化进程进一步深入的需要。民族性与时代性的紧密结合仍然是当前思想史的重要课题。

试论侯外庐中国思想史研究的方法论启示

夏绍熙①

侯外庐的中国思想史研究始于 20 世纪 30 年代。从始至终，他都倡导将马克思主义理论的方法、原理和中国历史实际相结合的创造性的科学研究。他的学术生涯以此为方向，对中国思想史进行了既深且广的系统探索，取得了丰硕的成果，给我们留下宝贵的精神遗产。他的探索具有什么样的方法论特点，给我们带来什么样的启示，这是本文想要讨论的。

正如有学者所指出的那样，从整体上来看，近代以来，中国史学发生了三次跨越，即从救亡图强的史学思潮到进化论影响下的新史学再到以马克思主义唯物史观为基础的史学。②（龚自珍、梁启超、王国维、胡适、顾颉刚、吕思勉、李大钊、郭沫若等一批史家可为代表）侯外庐的学术研究是在这样的大背景下展开的，对他产生决定性影响的是由李大钊等先驱者倡导的马克思主义唯物史观。1924 年李大钊《史学要论》出版，为中国马克思主义史学开辟了道路。李大钊在马克思"唯一的科学，即历史科学"③ 的观点影响下，提出对历史进行科学的研究，建立历史科学，他说："今日的历史学，即是历史科学，亦可称为历史理论。史学的主要目的，本在专取历史的事实而整理之，记述之；嗣又更进一步，而为一般关于史的事实之理论的研究，于已有的记述历史以外，建立历史的一般理论。严正一点说，就是建立历史科学。"④ 李大钊认为历史学不仅仅只有

---

① 夏绍熙，西北大学中国思想文化研究所，讲师。

② 参见瞿林东主编《20 世纪中国史学发展分析》，北京师范大学出版社 2009 年版，第 311—318 页。

③ 《马克思恩格斯选集》第 1 卷，人民出版社 1995 年版，第 66 页。

④ 李守常：《史学要论》，河北教育出版社 2000 年版，第 14 页。

探幽访古的价值，它也可以是理论性的，历史学不是单纯地整理和记述史料，而是对史料进行系统的科学研究，发现和总结历史发展的规律。侯外庐早年与李大钊认识和接触，他对马克思主义历史科学的基本看法可以说与李大钊是一脉相承的。侯外庐认为中国思想史研究，"不在于叙述货色，陈列古董，而在于说明思想的生成和发展的所以然"。① 他要突破传统的解释框架，探寻社会思想变迁的深层原因。对历史进行理论的说明，马克思主义经典著作中的理论和方法可以为他的研究指明方向。我们从以下三个方面对侯外庐中国思想史研究的方法论特点及其给我们带来的启示作进一步的认识。

一　坚持马克思主义唯物史观带来的启示：强调思想史研究中的独立自得

侯外庐始终坚持马克思主义唯物史观，以科学的态度对思想史进行研究。这一鲜明的方法论立场是他思想史研究的特色和自得。

马克思认为我们仅仅知道一门唯一的科学，即历史科学。他认为自然史与人类史是不可分割的，只要有人存在，自然史和人类史就彼此相互制约，其关系是一而二、二而一的，它们统一于历史科学之内。因此，从方法论上说，对自然史（或自然科学）的研究和对人类史（或人类社会实践进程）的研究也应该具有一致性。这种一致性表现在，对自然科学和对人类社会历史的研究，都是为了探求一系列因果关系中起根本作用的规律，这些规律是以经验事实为基础并能够得到经验的证实的，是精确的而不是随意的。马克思从政治经济学出发对人类社会发展规律进行探索，认为政治经济学本质上是一门历史科学，以历史唯物论为指导的历史科学必须从研究经济学开始。

在侯外庐的中国思想史研究中，他强调应用政治经济学的理论和方法，研究特定历史时代生产力和生产关系的变化及其原因。这样才有可能以自然史的精确性去判明某一时代的社会性质，揭示历史发展的规律性，使历史研究具有严格的科学依据。因此，思想史研究最重要的目标就在于

---

① 侯外庐、赵纪彬、杜国庠主编：《中国思想通史》（第1卷），人民出版社1957年版，第17页。

对历史规律性的寻求，"对思想史的要求则在乎对于前人的思想学说，区别精华与糟粕，按其实际作出历史的评价。研究历史，贵在能解决疑难，抉露本质，这不同于摄影师的照像术，摄影惟肖是求，研究历史则要求透过现象，找寻本质，淘汰杂伪，探得骊珠，使历史真相呈露出来，使历史规律性跃然在眼。这与调和汗漫的研究态度相反，既不能依违于彼此之间，亦不能局促于一曲之内"。① 探求历史真相，揭示历史规律性的研究是严肃的科学研究，是对中华民族丰富的精神文化遗产进行理性的总结，它不仅要求研究者熟悉并自觉运用马克思主义唯物史观的方法，而且要求研究者有宽广的视野和充足的理论储备。因为对思想史的科学研究不只限于政治经济学的理论说明，思想史还具有综合性的一面，它综合了哲学思想、逻辑思想和社会思想，纵论经济与社会、上层建筑和意识形态的诸多方面，内容错综复杂。它试图解释人类思想形成和变化的所以然，取向又极为深刻。它不是思想史料的剪辑或某种简易的还原，而是具有思想性的历史与具有历史性的思想的交流互动，并要求在这种互动中不断深化，由此描绘出人类思想意识起伏跌宕的壮美画卷。

思想史要将潜伏在历史记载和人们思想观念背后的东西发掘出来，对其进行科学研究，发现其规律性，淘汰杂伪，探得骊珠。这就要求研究者善于发现和解决问题，科学研究的过程就是解决疑难的过程，独立自得的方法论自觉就是在此过程中产生的。侯外庐说："解决疑难只有在现象的背隐处去发掘，个人之自得愈深刻，则本质的意义愈能表露。故自得亦即所谓'资之深，取之左右而逢其源'者是。"② 侯外庐认为要想深刻理解历史上出现的思想观念，需要透过复杂的现象，揭露蕴藏其中的本质。在这个过程中，会产生各种各样的疑问，而思想史研究工作的进展就表现在努力解决这些疑问，在解决问题中求得进步。问题的提出方式（或问题的生成）与研究者有密切的关系。因为不同的研究传统为学者们提供不同的提问和解答的途径，学者要进行研究就必须进行选择，选择在更合理更有解释力的研究传统中处理问题。这种选择是构成学者自身认知系统的必要条件。学术研究的深入需要研究者对自身认知系统有清醒的自觉，将所应用的理论和方法和盘托出并且对其进行反思，也就是在探索过程中不

① 侯外庐：《韧的追求》，生活·读书·新知三联书店1985年版，第292页。
② 同上书，第269页。

断执行自我批判，检点得失，总结经验教训。

因此，侯外庐所说学术工作中的独立自得，不应狭隘地理解为仅仅是学者对思想史中某个具体问题给出自己的答案。独立自得还应包括对问题的提出、问题的解决所依据的理论方法、对自身的认知系统有高度的自觉。这样的自觉越深刻，对具体问题的解答越能够穿透现象，"左右逢源"，认清本质。也只有这样，才有可能真正做到阐微决疑。一方面用科学的方法从古文献中发掘历史的隐秘，尽力发掘不被一般论著所重视的思想家（例如对方以智思想的发掘和整理等）；另一方面关心历史上疑难问题的解决（例如亚细亚生产方式和中国古代社会的特征、老子思想的时代问题等）。

在思想史研究的具体实践中，侯外庐非常重视那些"独立自得"的思想家，在这一点上，他最推崇近代思想家章太炎（1869—1936 年），认为章氏《国故论衡·原学》中"夫为学者，非徒博识成法，挟前人所固有也。……亡自得者，足以为师保，不与之显学之名"，可以作为研究学术史的理性批判的标准。在中国哲人中，合于独立自得的，其学即为显学。侯外庐进一步阐述说："思想史却亦在继承前人之自得，而发抒自己时代的自得，此一点一点的自得之有价传统便形成人类意识的洪流。"[1]在侯外庐的思想史著作中，随处可见他对自己的研究原则和方法的明确表述。他在《侯外庐史学论文选集》的序言中明确说道："依据马克思主义的理论和方法，特别是它的政治经济学理论和方法，说明历史上不同社会经济形态发生、发展和衰落的过程；物质生活的方式制约着整个社会生活、政治生活和精神生活的过程；以及经济基础与上层建筑、意识形态之间的辩证关系，是我五十年来研究中国社会史、思想史的基本原则和基本方法。"[2] 从方法论的角度看，这是他独立自得的出发点和落脚点。在面对研究对象时，真诚地完整地说明自己的理论选择，呈现出自己怎样提问，如何解答问题的全部语境，这既是谨守学术道德的表现，也是学术自觉的表现。对自己的学术研究有自知之明，并坚信其价值，在这种情况下，诸多分散的具体的学术观点获得了一贯的整体的意义，也许这才称得

---

① 侯外庐：《近代中国思想学说史》（下册），生活书店 1947 年版，第 831 页。

② 中国社会科学院历史研究所中国思想史研究室编：《侯外庐史学论文选集》（上），人民出版社 1987 年版，第 9 页。

上是最大的"自得"。

二 讲求"横通"与"纵通"带来的启示： 注重思想史研究中的融会贯通

侯外庐在中国思想史研究的过程中，以马克思主义唯物史观为依据，分析历史上出现的社会经济形态和生产方式，同时又注意到思想观念的相对独立性。"经济发展虽然对思想史的各个领域起着最终的支配作用，但是，由于思想意识的生产又属于社会分工的特殊部门，因而思想本身有其相对的独立性。"① 虽然社会存在决定社会意识，社会意识反作用于社会存在，但是，经济基础与上层建筑，社会经济形态与思想观念之间的关系不是直接的，而是辩证的。对这种辩证关系的考察需要在全面具体的意义上进行，在不断变化的现实生活中揭示出古代思想的真实面目。探讨中国古代思想如何在人们的社会生产实践中产生、演变和发展，需要具有动态的整体的研究视野。侯外庐认为自己的思想史研究既有"横通"，也有"纵通"，横向扩展为思想观念与社会历史时代的联系，探讨某一特定历史时期经济基础与上层建筑之间的辩证关系，揭示思想与现实的联系；纵向探讨思想源流的演变，注重思潮和代表人物。纵横交织，既承认思想观念最终由社会经济基础决定，又不抹杀思想观念相对的独立性，形成既有广度又有深度的历史认识网络，在这种基础上对历史上出现的思想观念进行理性的评价。

侯外庐中国思想史研究对整体性的重视，就表现在把思想史放在现实人类社会实践的进程中进行考察，注重"横通"和"纵通"，提出社会史与思想史相结合的研究思路。这一思路具体而言就是："社会存在决定社会意识，社会意识反作用于社会存在，也就是在生产力与生产关系、经济基础与上层建筑之间的辩证运动规律的指导下，研究中国古代思想是在怎样的社会存在中产生、演变和发展，有怎样的社会作用，对今天又有什么启示。"② 这是一种融会贯通的研究思路，它不仅仅是讲述某位思想家的

---

① 中国社会科学院历史研究所中国思想史研究室编：《侯外庐史学论文选集》（上），人民出版社 1987 年版，第 12 页。

② 张岂之：《张岂之自选集》，学习出版社 2009 年版，第 3—4 页。

試論侯外廬中國思想史研究的方法論啟示 / 67

思想变化，而是探索更深层的历史原因。这种探索是始终站在现实历史的基础上，不是从观念出发来解释实践，而是从物质实践出发来解释观念的形成。承认现实历史的基础地位，也就是承认人生活在具体的历史环境之中，前一代人的生产实践为后一代人创造一定的生活基础。人生活在一定的经济、政治和社会特征下，撇开这些时时影响人们日常生活的重要因素，把注意力只集中于思想观念的变化，就不能真正理解人们思想变化的深刻原因以及思想观念在社会中的功能和作用。

侯外庐强调思想史研究中"横通"与"纵通"的整体性研究思路的直接来源是马克思和恩格斯的观点。马克思主义唯物史观中所说的"历史"并不仅仅是指狭义的社会历史领域，而是指现实人类社会实践的历史性进程。据此，要理解历史上出现的思想观念或哲学问题，首先需要从·人类社会整体存在的基础上出发，确定思想在现实世界中的位置，也就是把思想观念放在一定的历史情境中进行具体分析，才能比较准确地揭示思想的现实意义，这样一来，思想史的研究就不能局促于思想活动的一曲之内，而需要一种洞察人类历史发展的整体眼光，"只有在现实的世界中并使用现实的手段才能实现真正的解放……解放是一种历史活动，不是思想活动"。[①] 恩格斯也说："我们大家首先是把重点放在从基本经济事实中引出政治的、法的和其他意识形态的观念以及以这些观念为中介的行动，而且必须这样做。"[②]

在中国，首先明确地阐述这一观点的是李大钊，他说："他（马克思）认横着去看人类，便是社会；纵着去看人类，便是历史。历史就是社会的变动。以经济为中心纵着考察社会变革的，为历史学；对于历史学，横着考察社会的，推马克思的意思，那便是经济学，同时亦是社会学……历史既是整个的人类生活，既是整个的社会的变革；那么凡是社会生活所表现的各体相，均为历史的内容所涵括。因为文化是一个整个的，不容片片段段的割裂。文化生活的各体态，各方面，都有相互结附的关系；不得一部分一部分的割裂着看，亦不得以一部分的生活为历史内容的

---

① 马克思：《德意志意识形态》，《马克思恩格斯选集》第 1 卷，人民出版社 1995 年版，第 74 页。

② 《恩格斯致弗·梅林》（1893 年 7 月 14 日），《马克思恩格斯选集》第 4 卷，人民出版社 1995 年版，第 726 页。

全体。"① 李大钊从理论上阐述了马克思主义唯物史观中纵与横的关系，侯外庐则在具体的研究过程中将其付诸实践，进行了一系列具有创造性的工作。例如：按照中国社会史的发展阶段，论述各社会阶段的思想发展；用马克思经典著作关于亚细亚生产方式的理论武器，分析中国的古代社会；用马克思关于"土地私有权的缺乏""可以作为了解'全东方'世界的关键"的理论，分析中国自秦汉以来社会经济基础，区别地主阶级的不同阶层；发掘一些不被一般思想史、哲学史著作所论述的思想家，开拓中国思想史的研究领域，等等。这正如恩格斯所说："即使只是在一个单独的历史事例上发展唯物主义的观点，也是一项要求多年冷静钻研的科学工作，因为很明显，在这里只说空话是无济于事的，只有靠大量的、批判地审查过的、充分地掌握了的历史资料，才能解决这样的任务。"②

除了强调"横通"与"纵通"之外，侯外庐在研究哲学思想起源的理论问题时，提出"哲学的自觉，应该是拆穿了思维的秘密，是哲学由神宫回到它的自然史的地基"。③ 所谓"哲学的自觉"就是要自觉到思维或意识不是天生自成的、超自然的神秘物，思想体系不仅是命题之间的逻辑关系。人类的精神生产与劳动生产是不能截然分开的，二者有深刻的历史渊源。思想史的研究就是对这种历史渊源进行解释和说明。思想史的综合性与复杂性由此而来，正如《中国思想通史》第一卷短序所说："《中国思想通史》是综合了哲学思想、逻辑思想和社会思想在一起编著的，所涉及的范围比较广泛；它论述的内容，由于着重了基础、上层建筑和意识形态的说明，又比较复杂。"可见，思想史研究中的融会贯通并不限于思想观念的领域，而是注意到人类历史进程中物质生产和精神生产之间的动态联系，关注现实人类社会实践进程，探讨每一历史时代主要的经济生产方式和交换方式以及由此产生的社会结构，在此基础上进一步说明思想观念的变化，思想文化的社会功能。这种动态的、整体的眼光，使思想史研究不至于封闭僵化。用侯外庐的话说，这种方法就是"把思想家及其

---

① 李守常：《史学要论》，河北教育出版社 2000 年版，第 5—6 页。

② 恩格斯：《卡尔·马克思〈政治经济学批判〉》第一分册，《马克思恩格斯选集》第 2 卷，人民出版社 1995 年版，第 32 页。

③ 中国社会科学院历史研究所中国思想史研究室编：《侯外庐史学论文选集》（下），人民出版社 1987 年版，第 421 页。

思想放在一定的历史范围内进行分析研究，把思想家及其思想看成生根于社会土壤之中的有血有肉的东西，人是社会的人，思想是社会的思想，而不作孤立的抽象的考察"。[1]

三 跨学科、跨文化的研究视野带来的启示：拓展思想史研究的边界

侯外庐在中国思想史研究中，具有跨学科、跨文化的广阔视野，对具体问题进行具体分析，探寻中国思想文化的特点，拓展了思想史研究的边界。

如上所论，思想史研究具有综合性与复杂性，它既关注人的精神世界，也关注人类社会的演变与发展，对思想与社会的互动进行历史考察并作出解释。这样的研究涉及人的精神活动层面，也涉及政治、经济、文化、心理等因素。20世纪以来，哲学、逻辑学、社会学、人类学、心理学、语言学等学科的发达，为人们进一步探索人类思想观念的世界提供了门径。思想史的深入发展需要将这些学科进行有效的整合，只有这样才能解决思想史上的难题，有所创新。所以说，"在中国思想史研究中，文、史、哲和艺术、语言学等学科的交叉性和边缘性的要求越来越突出"。[2]我们需要跨学科的思想史研究。思想史的整体性和复杂性特征也会迫使研究者突破对思想观念的单一描述，关注人类历史进程的丰富内容。因为要解释思想体系所涉及的问题，需要深入体察人们的历史境况和现实处境，这不是某一个单独的学科能够胜任的。

另一方面，思想史研究者理论思维的成长和丰富也需要文、史、哲以及自然科学知识的浸润，才有望具备开阔的眼光、新颖的视角和不断更新的方法。从方法论意义上看，侯外庐的中国思想史研究是跨学科的，如果没有他早期对马克思主义基本原理和方法的系统钻研（特别是对《资本论》的翻译），如果没有他对中国古代社会从生产方式到思想观念的整体梳理，那么他的学术研究就会黯然失色。这正如他所说："历史科学的对象不仅包括具体的经济史，而且包括政治法律、思想文

---

① 侯外庐：《韧的追求》，生活·读书·新知三联书店1985年版，第327页。
② 张岂之：《张岂之自选集》，学习出版社2009年版，第90页。

化等更加广泛的领域。"① 可见，侯外庐本人对历史科学的认识具有跨学科的眼光。不仅如此，在自己的学术生涯中，他不断拓展着思想史研究的新领域。20 世纪 60 年代，他翻阅元明时代的戏曲资料，写成《论汤显祖剧作四种》，试图从文艺宝库中开拓思想史研究，可惜这一有价值的工作因为"文化大革命"的发生而中断了。

值得注意的是，侯外庐的思想史研究还具有跨文化或文化比较的特征。他努力将历史唯物论的普遍真理与中国历史文化相结合，探求中国社会思想的特征。而要准确地指认这些特征，就需要运用比较的或跨文化的思维方式，摆脱教条主义、绝对主义的偏见，对变化的问题进行变化的解答。

从现代史学史上看，较早运用马克思主义唯物史观对中国古代社会及其思想进行深入研究的代表性著作是郭沫若于 1930 年出版的《中国古代社会研究》和作于 1935 年的论文《先秦天道观之进展》，他的研究从人类社会发展的普遍规律出发，批判中国古代的社会机构和意识形态。侯外庐的中国思想史研究受到郭沫若的启发，但他着重从研究社会的一般构成即社会经济形态出发，探索中国古代社会和思想的特点。侯外庐常常将中国社会、思想和西方社会、思想进行比较，揭露中国古代社会、思想的特征。他对中国思想史进行了具体的、动态的、系统的研究，提出了很多新问题。其中最著名的就是他对中国古代社会特殊路径的研究，对氏族贵族统治的形成、发展和衰落过程的研究。在进入中国思想史研究领域之初，侯外庐就注意到中国古代文明起源的具体路径问题，认为：按照马克思的说法，以古希腊为代表的古典的古代走的是新陈代谢，新的冲破旧的，扫除以血缘关系为纽带的氏族制度的革命的路径，这是正常发育的文明小孩。而中国古代社会（即奴隶制社会）走的是"亚细亚的古代"的改良路径，和"古典的古代"的革命路径是同一个历史发展阶段的两种不同路径。亚细亚生产方式表现为，在从氏族社会走向文明社会的过程中保留了旧有氏族制度的残余，新陈纠葛，旧的拖住新的，走的是维新的路径，氏族血缘对生产关系、政权组织和社会意识发生着严重的影响，由此造成中国文明具有"早熟"的特点。侯外庐对中国古代社会和思想的研究正

---

① 中国社会科学院历史研究所中国思想史研究室编：《侯外庐史学论文选集》（上），人民出版社 1987 年版，第 9 页。

是循着氏族贵族统治的形成、发展和衰落这一线索进行的。这一重要问题就是从中西比较的角度提出的。在此基础上，他将中国古代社会思想与西方思想古希腊阶段相比较，指出希腊古代思想在起点上，表现为追求知识、力求解答宇宙根源问题的"智者气象"，而中国古代思想在起点上则表现为重视道德论、政治论和人生论的"贤人作风"。我们可以明显地看到，侯外庐提问的参照系往往是古代希腊罗马社会经济形态及其思想观念。

马克思主义唯物史观的理论和方法重视发掘社会历史发展的规律，强调将事件放到一定的历史范围内加以考察，具体问题具体分析。在此原理指导之下的中西文化比较就是系统考察自身文化传统，发掘其价值，同时承认人类文化的多样性，对其他文化传统进行深入的研究。在侯外庐的《中国古代思想学说史》、《中国古代社会史论》以及后来的《中国思想通史》等著作中，中西比较的方法和思路都贯穿始终。而进行比较的根本目的则在于从更深更广的层次上发掘中国思想史的特点。中西文化的比较并非简单的比附，思想史研究的边界需要在开放的对话中扩展，它不简单评判某种文化的是非对错，而是通过比较提出具有启发性的深刻问题，引导人们对自身所处的文化传统进行批判性反思，与其他文化传统进行交流对话。

不论从理论上还是实践上，侯外庐都能从跨学科、跨文化的视野出发，努力拓展思想史研究的传统边界。

结　语

综上所述，从方法论上看，侯外庐的中国思想史研究带给我们的启示是：运用马克思主义理论和方法对中国思想史进行一以贯之的研究，对自己所运用的研究方法有明确的认知，可谓独立自得；对中国思想史的研究重视社会存在与社会意识的辩证关系，进而强调思想史的整体性——"横通"与"纵通"，并在探讨思想观念的起源时提出"哲学的自觉"，这可谓融会贯通；他拓展思想史的研究边界，注重思想史研究的丰富性与复杂性，以跨学科和跨文化的视野探求中华文化的特点和生命力所在，可谓勇于开拓。三者合一，表现出侯外庐在学术研究中的理性精神，他评价著名思想家章太炎时说道："抽史以明因果，覃思以尊理性，举古今中外之学术，或论验实，或论理要，参伍时代，抑扬短长，扫除穿凿附会，打破墨守古法。"① 或许这也可以转用来评价坚持以马克思主义唯物史观研治中国思想史的侯外庐本人。

---

① 侯外庐：《近代中国思想学说史》（下册），生活书店 1947 年版，第 851 页。

宋明理学与经学研究

今本《诗本义》主要卷次内在关系
及意义考论

陈战峰①

　　宋代欧阳修（1007—1072 年）的《诗本义》是《诗经》学史上的重要作品之一，影响深远。《诗本义》是欧阳修晚年的重要著作，在其《年谱》中有集中的反映，其成书可能会有一个不断增益的过程，但根据欧阳修的陈述，特别是对自己身体状况（长年困于目疾）的描述，以及结集的过程记录来看，《诗本义》应在欧阳修生前已经全部完成。这样，北宋学者多称《诗本义》为"十四卷"（如欧阳发《先公事迹》、韩琦《故观文殿学士太子少师致仕赠太子太师欧阳公墓志铭》、苏辙《欧阳文忠公修神道碑》等），应是欧阳修改定的《诗本义》的原初面貌，时间则在熙宁三年（1070 年）②。接着，晁公武《郡斋读书志》卷一上称"欧阳《诗本义》十五卷"；陈振孙《直斋书录解题》卷二载"《诗本义》十六卷、《图谱》附"；南宋末年王应麟撰《玉海》卷三十八《艺文·〈诗〉》，说"欧阳修为《毛诗本义》十六卷，凡百十四篇"，是有将《诗本义》目为《毛诗本义》的举动；元托克托等修《宋史》卷二百二《艺文志》，称"欧阳修《诗本义》十六卷，又补注《毛诗谱》一卷"，如此，《诗本义》

---

　　① 陈战峰，西北大学中国思想文化研究所，副教授。
　　② 欧阳修《与颜直讲长道》中说："某衰病如昨，幸得闲暇偷安，但苦病目，不能看书，无以度日。《诗》义未能精究，第据所得，聊且成书，正恐眼目有妨，不能卒业，盖前人如此者多也。今果目视昏花，若不草草了之，几成后悔。所以未敢多示人者，更欲与二三君讲评其可否尔。"［《欧阳修全集·书简》卷九《与颜直讲长道》，中国书店 1986 年版（据世界书局 1936 年版影印），第 1319 页］该信简作于熙宁三年。

的卷次增益已昭然若揭①。元代马端临《文献通考》一百七十九《经籍考六》作十六卷,清纪昀等《四库全书总目》卷十五俱作十六卷,其羡出一卷盖《诗谱》、《补亡》,卷数殆从《直斋书录解题》。可见,《诗本义》单行于世,原本十四卷,后世学者踵事增华,遂有十五卷、十六卷的歧异。

目前,学术界对这种歧异依然存有不同看法。比较早并有代表性的观点是裴普贤教授的研究成果,她认为:"诗本义原为十四卷,其后蜀本增加诗解八首并加统序为九篇,遂成十五卷。据华孳亨增订欧阳文忠公年谱,定欧公诗本义撰于嘉祐四年五十三岁时,则此九篇,或者是其早年所撰,故弃而不用,未入诗本义中。这样,诗本义十四卷为正文,第十五卷为后人辑补。而图序诗谱,则为附录耳。"②裴氏将《诗解统序》九篇的存无作为《诗本义》卷次歧异的关键,虽多不刊之论,而其中似还有更复杂微妙的地方。也有学者怀疑今本前十四卷为原始的《诗本义》,而其余为后人所补,《诗本义》"十四卷"具体包括《诗本义》十二卷和《一义解》、《取舍义》和"三问"等两卷③。还有学者注意到《诗本义》前十二卷与后几卷的差异,相较前十二卷后几卷更具有"散论"的性质,并认定其为补充关系④;或者主张《诗本义》更像一部《诗经》研究丛书,尤其重视前十二卷本义说解(主体)和卷十四的《时世论》、《本末论》、《豳问》、《鲁问》、《序问》(专题讨论),认为它们最能反映欧阳修关于《诗经》的基本观点⑤。

当然,将《诗本义》十六卷等量齐观,视作为一个整体,也是相关研究中比较多见的做法⑥。但是这种"整体"的意义并不局限于"补充"与"被补充"的关系,其间经历了复杂的历史演变和增删的过程,如果有可能,尽可能考察和把握其中的演变脉络,以期对《诗本义》及价值有更深入的理解,将是一项有意义的工作。笔者不揣浅陋,试从今本十六

① 这也说明,《诗本义》原本十四卷,题名应为《诗本义》,《毛诗本义》为后来用法,大约在宋元之际;即使有人将《诗本义》称作《毛诗本义》时,还有典籍保留了原来的名称,如《宋史·艺文志》、《文献通考》等。

② 裴普贤:《欧阳修诗本义研究》,东大图书有限公司 1981 年版,第 7 页。

③ 顾永新:《欧阳修学术研究》,人民文学出版社 2003 年版,第 224 页。

④ 详见戴维《〈诗经〉研究史》,湖南教育出版社 2001 年版,第 272、274 页。

⑤ 洪湛侯编著:《诗经学史》,中华书局 2002 年版,第 299 页。

⑥ 刘德清:《欧阳修论稿》,北京师范大学出版社 1991 年版,第 137—138 页。

卷《诗本义》主要卷次内在关系比较中彰显《诗本义》十四卷的遗迹与版本演变的过程和意义，以进一步凸显今本《诗本义》在经典形成与传播过程中的历史性特征与学术价值。

需要说明的是，本文的今本《诗本义》（有些本子名《毛诗本义》，显系宋元时期所列，如王应麟等，只是名称差异，对内容并无实质性影响，可不予考虑），包括直接标明"十六卷"，和虽标"十五卷"但附录又有一卷两种形式。今本《诗本义》《四部丛刊》本、《通志堂经解》本、文渊阁与文津阁《四库全书》本，应都属于宋版系统①。另有关于明版系统及其判断的标准以及与宋版系统的关系考察，详可参见车行健先生的相关论述②。明版系统首冠《小序》，分列经文、《毛传》、《郑笺》、《论》与《本义》（清张金吾《爱日精庐藏书志》卷三），已非《诗本义》之旧，虽或有宋版系统的远缘，可作参考，但最主要的今本《诗本义》依然是宋版系统③。

一　关于《一义解》、《取舍义》等与《诗本义》前十二卷的关系

关于《一义解》、《取舍义》等与《诗本义》前十二卷的关系，还需要深入细致地辨析。《一义解》、《取舍义》被视为欧阳修"学习《诗经》的随笔札记"④，这可能源于这两部分文字简约、内容寡少、一诗一题的特点。但如果据此判断《一义解》、《取舍义》是欧阳修早期的作品，并未被收录到《诗本义》中，今本《诗本义》收录这两篇是后人的举动，则是需要斟酌的。

如果从前十二卷与第十三卷的关系来分析，特别是第十三卷《一义解》中所涉及的诗篇基本是前十二卷没有涉及的，虽然我们还没有足够的证据否定《一义解》早出，但至少可以考察出《一义解》与前十二卷

---

① 可参见裴普贤《欧阳修诗本义研究》，东大图书有限公司1981年版，第5—7页；车行健《诗本义析论——以欧阳修与龚橙诗义论述为中心》，台北：里仁书局2002年版，第132—138页。

② 车行健：《诗本义析论——以欧阳修与龚橙诗义论述为中心》，台北：里仁书局2002年版，第139—144页。

③ 本文所引《诗本义》文字，以文渊阁《四库全书》本为底本，校以《通志堂经解》本与《四部丛刊》本。

④ 刘德清：《欧阳修论稿》，北京师范大学出版社1991年版，第137页。

是一种互补的关系，《取舍义》也具有这种互补的功能与特征，但最典型的莫过于《一义解》。如果作竭泽而渔的考察，可以下表作形象的反映（见表1、表2）。

表1　　《一义解》所涉二十首诗与《诗本义》前十二卷的关系图表

《一义解》所涉诗篇名称	《诗经》类别	是否见于《诗本义》前十二卷	备注
《甘棠》	《召南》	卷二未及	
《日月》	《邶风》	卷三未及	
《谷风》	《邶风》	卷三未及	
《简兮》	《邶风》	卷三未及	
《木瓜》	《卫风》	卷三未及	
《萚兮》	《郑风》	卷四未及	
《野有蔓草》	《郑风》	卷四未及	
《伐檀》	《魏风》	卷四未及	
《羔裘》	《唐风》	卷四未及	
《七月》	《豳风》	卷五未及	
《南山有台》	《小雅·南有嘉鱼之什》	卷六未及	
《菁菁者莪》	《小雅·鸿雁之什》	卷六未及	
《采芑》	《小雅·鸿雁之什》	卷六未及	
《頍弁》	《小雅·鱼藻之什》	卷八、九未及	
《鱼藻》	《小雅·鱼藻之什》	卷八、九未及	
《板》	《大雅·生民之什》	卷十、十一未及	
《云汉》	《大雅·荡之什》	卷十一未及	
《召旻》	《大雅·荡之什》	卷十一未及	《一义解》曰："其义与《瞻卬》同，而毛、郑常以为斥王者，皆非也。"按：《瞻卬》见于《大雅·荡之什》，《诗本义》卷十一有"论曰"。

《一义解》所涉 诗篇名称	《诗经》类别	是否见于《诗本义》 前十二卷	备注
《有客》	《周颂·臣工之什》	卷十二未及	《一义解》曰："《诗》言'亦'者多矣，若《抑》曰'哲人之愚，亦维斯戾'者，似因上文先述庶人之愚，然庶人之愚自云'亦职维疾'，则又无所因，以此知其不然也；《卷阿》曰'凤凰（按：《四部丛刊》本，"凰"作"皇"。）于飞，亦集爰止'，郑以为亦众鸟，其义不通，已见别论。至其（按：《四部丛刊》本，"其"作"于"。）下章又云'亦傅于天'，则郑更无所说。《菀柳》曰：'有鸟高飞，亦傅于天。'郑亦无所说。盖其义不通，不能为说也。"按：《抑》见于《大雅·荡之什》，《诗本义》卷十一有详论；《卷阿》见于《大雅·生民之什》，《诗本义》卷十一有"论曰"，也即"已见别论"；《菀柳》见于《小雅·鱼藻之什》，《诗本义》卷九有详论。
《閟宫》	《鲁颂·駉之什》	卷十二未及	《一义解》曰："毛谓'上帝是依'依其子孙，郑谓依其身也。天依凭（按：《四部丛刊》本，"凭"（憑）作"冯"。）而降精气，郑之此说是用'履帝武敏歆'之说也，其言怪妄，《生民》之'论'详之矣。"按："《生民》之'论'详之矣"即《诗本义》卷十《生民》"论曰"。

表2　　《取舍义》所涉十二首诗与《诗本义》前十二卷的关系图表

《取舍义》所涉诗篇名称	《诗经》类别	是否见于《诗本义》前十二卷	备注
《绿衣》	《邶风》	卷三未及	
《旄丘》	《邶风》	卷三未及	
《出其东门》	《郑风》	卷四未及	
《敝笱》	《齐风》	卷四未及	
《载驱》	《齐风》	卷四未及	
《园有桃》	《魏风》	未及	《诗本义》前十二卷未及一首；如有，似当置于卷四。
《椒聊》	《唐风》	卷四未及	
《绸缪》	《唐风》	卷四未及	
《蜉蝣》	《曹风》	卷五未及	
《下泉》	《曹风》	卷五未及	
《楚茨》	《小雅·甫田之什》	卷八未及	
《玄鸟》	《商颂》	卷十二未及	

　　《一义解》所涉二十首诗具有这样两个特点：一是诗序均按《毛诗》顺序先后排列；二是这些诗歌均是《诗本义》前十二卷没有涉及的诗篇。《一义解》在《召旻》、《有客》、《閟宫》的诗解中，显示其与《诗本义》前十二卷有相互映照的关系，因为前十二卷已有论述，所以在《一义解》中从略。这说明《一义解》与《诗本义》前十二卷是互补关系，并且《一义解》可能完成于《诗本义》前十二卷之后。如果要坚持《一义解》为欧阳修早期作品的话，至少必须承认，在选入《诗本义》的时候，欧阳修对其作了修改，并使其与前十二卷成为一个有机的整体。

　　《取舍义》所涉十二首诗，虽然在表面上是对这些诗歌涉及毛、郑解释优长的取舍判断，但是更为重要的是，这些诗歌既不见于《诗本义》前十二卷，也不见于同卷《一义解》所列的诗歌，在客观上，《诗本义》前十二卷与《一义解》、《取舍义》所列诗篇没有重出现象，呈现出一种互补的有机的结构，而且在学术方法、基本的学术观点上也具有内在的一致性。

这样，在将《一义解》、《取舍义》与《诗本义》前十二卷比较的基础上，我们基本可以明了《诗本义》（至少前十三卷）结撰的匠心所在，对那些在它们之间分别高下、前后的意图作一拨正，也是有意义的学术努力。

在上述考察的基础上，我们认为，今本《诗本义》第十三卷《一义解》、《取舍义》与前十二卷具有内在的联系，呈现互补态势，共涉及诗歌 146 首，它们是欧阳修研究《诗经》互补互现、突出重点方法的体现。欧阳修在陈述与《诗序》、毛、郑观点的差异时，也多列出差异的部分，而相同的则叙述简略，甚至略而不提，也具有这样的特点。因此，在较早期的十四卷的《诗本义》中，结构本是经过细致考虑和安排的。这种结构特点，促使我们在阅读和研究《诗本义》时，不能将前十二卷与第十三卷割裂开来，而是要作为一个相辅相成的有机整体对待。至于《一义解》、《取舍义》与前十二卷在具体学术观点上是否存有细微的变化，还可作进一步考察和分辨。

二 《诗本义》"二论"、"三问"的后出问题

今本《诗本义》卷十四包括"二论"、"三问"，即《时世论》、《本末论》、《豳问》、《鲁问》、《序问》。它们又分别见于《欧阳修全集》卷六十一《居士外集》卷十一《经旨十八首》① 的相关内容，《通志堂经解》本、文渊阁《四库全书》本、《四部丛刊》本等与《居士外集》卷十一《经旨十八首》的文字出入并不大，基本一致。而且，"二论"、"三问"在结构与内容上也并非与《诗本义》前十三卷有内在的照应关系。如果考虑到《欧阳修全集》（包括《居士外集》）等在宋代拥有多种版本，以及《诗本义》独立于《欧阳修全集》印行的事实，可以推断，"二论"、"三问"应是从《居士外集》卷十一《经旨十八首》采撷并后续到《诗本义》中。具体编选、续接的过程则难以清楚知晓，这些内容待考。下面择要略作考察。

---

① （宋）欧阳永叔：《欧阳修全集》，中国书店 1986 年版（据世界书局 1936 年版影印）。

《诗本义》卷十四《本末论》，其中有关《诗经》研究中的"本末"问题的讨论：

吾之于《诗》，有幸，有不幸也。不幸者，远出圣人之后，不得质吾疑也；幸者，《诗》之本义在尔。《诗》之作也，触事感物，文之以言，美者善之①，恶者刺之，以发其揄扬怨愤于口，道其哀乐喜怒于心，此诗人之意也。古者国有采诗之官，得而录之，以属太师播之于乐。于是考其义类，而别之以为风、雅、颂，而比次②之以藏于有司，而用之宗庙朝廷，下至乡人聚会，此太师之职也。世久而失其传，乱其雅、颂，亡其次序，又采者积多而无所择，孔子生于周末，方修礼乐之坏，于是正其雅颂，删其繁③重，列于《六经》，著其善恶以为劝戒，此圣人之志也。周道既衰，学校废而异端起。及汉承秦焚书之后，诸儒讲说者整齐残缺，以为之义训，耻于不知而人人各自为说，至或迁就其事以曲成其己学，其于圣人有得有失，此经师之业也。惟是诗人之意也，太师之职也，圣人之志也，经师之业也，今之学《诗》也不出于此四者，而罕有得焉者，何哉？劳其心而不知其要，逐其末而忘其本也。何谓本末？作此诗，述此事，善则美，恶则刺，所谓诗人之意者，本也。正其名，别其类，或系于此，或系于彼④，所谓太师之职者，末也。察其美刺，知其善恶，以为劝戒，所谓圣人之志者，本也。求诗人之意，达圣人之志者，经师之本也。讲太师之职，因其失传而妄自为之说者，经师之末也。今夫学者得其本而通其末，斯尽善矣；得其本而不通其末，阙其所疑可也。虽其本有所不能通⑤者，犹将阙之，况其末乎？所谓周、召、邶、墉、唐、豳之风，是可⑥疑也。考之

---

① "美者善之"，疑为"善者美之"之讹，下文"善则美，恶则刺"、"事之善恶，言之美刺"、"察其美刺，知其善恶"等可作为旁证。《四部丛刊》本正作"善者美之"，当据改。《欧阳修集》卷六十一《居士外集》卷十一《经旨十八首》之《本末论》，作"美者美之"。

② 《四部丛刊》本，"比次"作"次比"。

③ 《四部丛刊》本，"繁"作"烦"。

④ 《四部丛刊》本，"或系于此，或系于彼"作"或系于彼，或系于此"。

⑤ 《四部丛刊》本，"通"作"达"。《欧阳修集》卷六十一《居士外集》卷十一《经旨十八首》之《本末论》，与《四部丛刊》本同，似优长。

⑥ 《四部丛刊》本，"可"作"何"。

　　诸儒之说既不能通，欲从圣人而质焉又不可①得，然皆其末也。若诗之所载，事之善恶，言之美刺，所谓诗人之意，幸其具在也，然颇为众说汩之，使其义不明，今去其汩乱之说，则本义粲然而出矣。今夫学者知前事之善恶，知诗人之美刺，知圣人之劝戒，是谓知学之本而得其要，其学足矣，又何求焉？其末之可疑者，阙其不知可也。盖诗人之作诗也，固不谋于太师矣。今夫学《诗》者，求诗人之意而已，太师之职有所不知，何害乎学《诗》也？若圣人之劝戒者，诗人之美刺是已②，知诗人之意，则得圣人之志矣。（《诗本义》卷十四《本末论》）

　　欧阳修关于《诗经》学中的本末的评价和论断，受到学者们的重视。南宋朱熹就曾注意到这个问题，他认为："欧阳公有《诗本义》二十余篇，煞说得有好处。有《诗本末论》。又有论云：何者为《诗》之本，何者为《诗》之末，《诗》之本不可不理会，诗之末不理会得也无妨。其论甚好。近世自集注文字出，此等文字都不见有了，也害事。如吕伯恭《读诗记》，人只是看这个，他上面有底便看，无底更不知看了。"③ 朱熹所说《诗本义》"二十余篇"，未详具体情形，但他所说"《诗本末论》"，内容自然是今天的既见于《诗本义》又见于《居士外集》中的《本末论》无疑，"今夫学者……知学之本而得其要，其学足矣，又何求焉？其末之可疑者，阙其不知可也"（《诗本义》卷十四《本末论》）可印证《朱子语类》记载。但朱熹所见的《诗本末论》是否已经包含在《诗本义》中，根据《朱子语类》等的记载，仔细审查上下语境和文脉，似乎《本末论》已经包括在"《诗本义》二十余篇"中了，但不包括在内的可能性依然存在。

　　《诗本义》卷十四《豳问》透露的消息更多。通过前文对《诗本义》卷一至十二，以及卷十三关系的考察，欧阳修在《诗本义》撰写中的确做到相辅相成、主次有别、力戒重复。《豳风》共包括诗歌七

---

　　① 《四部丛刊》本，无此"可"字。

　　② 《欧阳修集》卷六十一《居士外集》卷十一《经旨十八首》之《本末论》，"已"作"也"。

　　③ （宋）朱鉴编《诗传遗说》卷一，亦见于《朱子语类》卷八十。

首，《诗本义》卷五选释五首，即《鸱鸮》、《破斧》、《伐柯》、《九罭》、《狼跋》，卷十三《一义解》又选解《七月》，这样《豳风》中没有被单独释解的就剩《东山》一首了。《豳问》则继续探讨《七月》，与《一义解》选题似重复，虽然在内容上《豳问》较《一义解》要深广得多。《一义解》说"《七月》，陈王业也"，《豳问》主张《七月》叙"男女耕织，衣食之本，以见大（太）王居豳兴起王业艰难之事"，在本质上是一致的。如果按照欧阳修对《诗本义》前十三卷的处理，《豳问》不当单独复现于《诗本义》中，这启示我们，《豳问》可能是后来选编掺入《诗本义》中的。

《诗本义》卷十四《鲁问》也是如此。《诗本义》卷十二选释《有駜》，卷十三《一义解》选释《閟宫》，余《駉》、《泮水》两首诗。《鲁问》讨论《鲁颂》歌颂鲁僖公的史实依据。根据《春秋》与《诗》记载的相左，指出："《诗》，孔子所删正也。《春秋》，孔子所修也。《诗》之言不安，则《春秋》疏缪（谬）矣；《春秋》可信，则《诗》妄作也。其将奈何？应之曰：吾固已言之矣。虽其本有所不能达者，犹将阙之是也。惟阙其不知以俟焉，可也。"（《诗本义》卷十四《鲁问》）虽然以存疑的态度悬置了这一问题，但欧阳修通过细致的史料比较与分析，采取问难的形式，已基本上否定了《鲁颂》颂鲁僖公的成说。《诗本义》在解《有駜》时，在"论"中虽屡屡比较毛、郑诗解，以见郑《笺》增字解经的特点，其中增得比较多的就是"颂鲁僖公"的内容，尽管在其他部分，欧阳修揭示了郑玄"诗文所无，此又妄意诗人而委曲为说，故失诗之义愈远"、"诗无明文，妄为分别，非诗之本义"、"委曲生意，为衍说以自累"，但并没有明确针对"颂鲁僖公"提出质疑，相反，在该诗"本义"中则说："'有駜有駜，駜彼乘黄'者，僖公宠锡（赐）其臣车马之盛也。"（《诗本义》卷十二《有駜》）这无疑是接受和继承了郑《笺》关于《鲁颂》颂鲁僖公的看法。《诗本义》卷十三《一义解》解《閟宫》，认为"《閟宫》，颂僖公也"（《诗本义》卷十三《一义解》）。如果两相比较，《鲁问》针对的正是《诗本义》卷十二《有駜》、《诗本义》卷十三《一义解》中未有质疑的观点。这两种看法自然标志着欧阳修不同时期的《诗经》学见解，《鲁问》对《鲁颂》颂鲁僖公的怀疑与否定，在逻辑与事理上，应晚出于《诗本义》卷十二《有駜》。作为独立的论说与对学术观点的修订，自然都是正常的，但是两篇观点截然相反的文字同时出现在同一部著作中，前后抵牾，触目惊心，而《诗本义》在论《诗》解时，往往抓住的正是毛郑相互抵触处，或者是他们《诗》解与人情事理抵触的地方，因此，像这种现象，在欧阳修撰写的《诗本义》中自然可以而且也能够避免。这种矛盾的现象，唯一的指向，就是《鲁问》是后来由《居士外集》选出，缀入《诗本义》中的，而不是《诗本义》的原貌。《诗本义》卷十二《有駜》、《诗本义》卷十三《一义解·闳宫》的若合符契，正说明《诗本义》前十三卷具有内在的统一性，而十四卷多有游离抵牾，将十四卷的续貂本质揭示得更加鲜明。

《诗本义》卷十四《序问》，主要讨论《诗序》（《小序》）的作者和价值问题，欧阳修虽然没有完全废黜《诗序》，但肯定其作者不是子夏，主张将诗歌与社会时代联系起来，并划分风雅正变，关注《诗经》诗篇的大旨。我们知道，根据《论语·八佾》、《史记·儒林列传》、《史记·仲尼弟子列传》等的记载，子夏的确在文学方面很擅长。在《诗经》方面，他以礼解经，受到孔子的称赞，开创汉唐《诗经》学的先河，也是不争的事实。但是《诗序》出于多人之手的说法，后渐受到人们的重视，《诗序》不全出于子夏的观点已经得到人们的认可。欧阳修敢于将《诗序》在《周南》、《召南》方面的错讹揭示出来，他说："自汉以来学者多矣，其卒舍三家而从毛公者，盖以其源流所自，得圣人之旨多欤？今考《毛诗》诸《序》与孟子说《诗》多合，故吾于《诗》常以《序》为证也。至其时有小失，随而正之。惟《周南》、《召南》失者类多，吾固已论之矣，学者可以察焉。"（《诗本义》卷十四《序问》）当然，欧阳修注意到《毛诗》在解《诗经》时与《孟子》多合，在一定程度上为《毛诗》的地位张本。

欧阳修关于《诗序》的议论与同卷《时世论》的观点相吻合。"今《诗》之《序》曰：《关雎》、《麟趾》之化，王者之风，故系之周公；《鹊巢》、《驺虞》之德，诸侯之风，故系之召公。至于《关雎》、《鹊巢》所述一大（太）姒尔，何以为后妃，何以为夫人？《二南》之事一文王尔，何以为王者，何以为诸侯？则《序》皆不通也。""学者舍简而从迂，舍直而从曲，舍易通而从难通，或信焉而不知其非，或疑焉而不敢辨者，以去《诗》时世远，茫昧而难明也。余于《周南》、《召南》辨其不合者，而《关雎》之作取其近是者焉，盖其说合于孔子之言也。"（《诗本义》卷十四《时世论》）①"不合者"，即前文所言不合"二公所施先公之德教"；"近是者"，即前文所言"谓《关雎》为周衰之作者"。其中以"近是者"的观点论述《关雎》之指，实际是三家《诗》主张《关雎》刺康王的看法："《齐》、《鲁》、《韩》三家皆以为康王政衰之诗，皆与郑氏之说其意不类。盖常以哀伤为言，由是言之，谓《关雎》为周衰之作者，近是矣。"（《诗本义》卷十四《时世论》）

这与《诗本义》卷一所探求的《关雎》本义相一致，即"《关雎》，周衰之作也"（《诗本义》卷一《关雎》）。从表面上看，《诗本义》卷十四《时世论》与卷一《关雎》是统一的，实则不然。在《诗本义》卷一《关雎》中，虽然以是否合乎人情，探讨"君子"、"淑女"的具体所指，批评毛郑的繁琐委曲说解，"盖《关雎》之作，本以雎鸠比后妃之德，故上言雎鸠在河洲之上，关关然雄雌和鸣，下言淑女以配君子，以述文王太姒为好匹，如雎鸠雄雌之和谐尔。毛郑则不然，谓诗所斥淑女者非太姒也，是太姒有不妒忌之行，而幽闺深宫之善女皆得进御于文王，所谓淑女者是三夫人、九嫔御以下众宫人尔。然则上言雎鸠，方取物以为比兴；而下言淑女，自是三夫人、九嫔御。以下则终篇更无一语以及太姒。且《关雎》本谓文王、太姒，而终篇无一语及之，此岂近于人情！古之人简质，不如是之迂也"。"淑女谓太姒，君子谓文王也。"（《诗本义》卷一《关雎》）

根据《史记·十二诸侯年表》"周道缺，诗人本之衽席，《关雎》作"而论"周道缺而《关雎》作，盖思古以刺今之诗也"，主张"此淑女配于君子，不淫其色而能与其左右勤其职事，则可以琴瑟钟鼓友乐之尔。皆所以刺时之不然。先勤其职而后乐，故曰'《关雎》，乐而不淫'；其思古以刺今，而言不迫切，故曰'哀而不伤'"（《诗本义》卷一《关雎》），这实际上已经否定了《毛诗》中《诗序》的说法，但是全篇"论"和"本义"只字未提《诗序》，不若《时世论》、《序问》这样显豁、直接、语气肯定，这也从一个侧面折射出《时世论》、《序问》应是同一时期的作品，但与《诗本义》卷一风格不完全相合，要晚出很多。

的确，在《周南》、《召南》中，《诗本义》对《诗序》多有驳正，

① 按："或疑焉而不敢辨"之"辨"，《欧阳修集》卷六十一《居士外集》卷十一《经旨十八首》之《时世论》作"辩"，后同。

"惟《周南》、《召南》失者类多，吾固已论之矣，学者可以察焉"（《诗本义》卷十四《序问》）。但这两部分大多也是肯定、维护或补正《诗序》，主要依据《诗序》辨析毛郑的得失。虽有一些批驳《诗序》的语句，也基本与《时世论》、《序问》重复。

综上所论，在比较细致地比勘和分析的基础上，笔者认为，今本《诗本义》前十三卷为一有机整体，而卷十四《二论》、《三问》则是欧阳修后期的《诗经》学作品，后被好事者采撷自《居士外集》，并掺入《诗本义》中，遂使卷帙由十四卷增益至十五卷乃至十六卷。根据《二论》、《三问》与前十三卷之间存在的重复、抵牾和文风差异的现象，可以判断其晚出的事实。这样，《诗本义》今本的历史性特征便愈益明显，人们在使用这些材料时便不能一概而论，而作为《诗本义》原初的面貌或许也可略睹一二。

三 关于《诗解》（或《诗解统》）的考察

今本《诗本义》卷十五是由一组文章构成的，有的书目说是"十篇"，其实目前所存共"九篇"，一般疑"十"或有讹误，但根据《诗解统序》"予欲志郑学之妄，益毛氏疏略而不至者，合之于经，故先明其统要十篇，庶不为之芜泥云尔"推断，"十篇"或应有渊源，今本"九篇"若非合并篇章，则有遗失篇章的可能。欧阳修有单独行世的《诗解》（或《诗解统》），疑即指今本《诗本义》卷十五各篇①。

这组文章依次是《诗解统序》、《二南为正风解》、《周召分圣贤解》、《王国风解》、《十五国次解》、《定风雅颂解》、《十月之交解》、《鲁颂解》、《商颂解》。《欧阳修集》卷六十一《居士外集》卷十一《经旨十八首》，在此九篇排序上，略与他本不同，可资参考，依次为：《诗解统序》、《二南为正风解》、《周召分圣贤解》、《王国风解》、《十五国次解》、《定风雅颂解》、《鲁颂解》、《商颂解》、《十月之交解》。这些篇名特色独

---

① 刘毓庆先生考察"《诗解统》一卷，欧阳修撰，存"，认为《诗解统》"即今本《诗本义》之卷十五。然卷首无标题，首列《诗解统序》，其后为八篇论文。据序似此卷当作《诗解统》。《通志》及《绍兴书目》有《诗解统序》一卷，不著撰人姓氏，疑即此卷之单行本而误题者"（刘毓庆：《历代诗经著述考（先秦—元代）》，中华书局 2002 年版，第 141、142 页），可备一说。

具，主要侧重《诗经》学中的一些宏观问题，如关于《二南》是否是正风及区别，《王风》的地位和意义，十五国风编选的次序，风雅颂的区别，《鲁颂》与《商颂》的争议与看法等，而且具有一定的理论性，渗透着欧阳修对《诗经》研究的一些设想和看法。

这些问题在《诗解统序》中有明确的表述，即"《二南》牵于圣贤，《国风》惑于先后，《豳》居变风之末，惑者溺于私见而谓之兼上下，二雅混于小、大而不明，三颂昧于《商》、《鲁》而无辨。此一经大概之体皆所未正者，先儒既无所取舍，后人因不得其详，由是难易之说兴焉"（《诗本义》卷十五《诗解统序》）。以下的八篇文章基本是对这段论述的展开和具体化，因此，《诗本义》卷十五整体上呈现为一种有机的结构系统，具有相对的独立性。直至清代，不少学者还不能避开这些问题，如马瑞辰《毛诗传笺通释》、皮锡瑞《经学通论》等，也能窥见欧阳修探讨这些《诗经》学问题的影响和意义。同时，这些篇目多以"某某解"的形式出现，而序又是"诗解统序"，且《诗解统序》中说"先明其统要，庶不为之芜泥云尔"，因此，这组文章原名应为《诗解》或《诗解统》，主要在于阐明《诗经》学中的一些基本理论问题。相较而言，它可能也要早于《诗本义》前十三卷，是欧阳修早年所撰后弃而不用的作品①。这些文章基本是通论，但《十月之交解》所涉及的《十月之交》诗已见于《诗本义》卷七《小雅·节南山之什》，可以折射《诗解》（或《诗解统》）与《诗本义》前十三卷的隐秘关系。《十月之交解》指出"《小雅》无厉王之诗，著其恶之甚也"，"今考《雨无正》已下三篇之诗，又其乱落归向，皆无刺厉王之文"②，而《诗本义》卷七《十月》在解说时虽与《十月之交解》意义大体一致，但要丰富细致得多，比较诗歌的方法也更加灵活细腻，使粗陈梗概的《十月之交解》相形见绌，顿显单薄浅陋。这种现象在《鲁颂解》和《商颂解》等中也同样存在。因此，我们有理由认为，《诗解》（或《诗解统》）是欧阳修早期的作品，后被吸收到《诗本义》中。这是我们在比较《诗本义》卷七和卷十五后，得出的基本看法。

---

①　裴普贤：《欧阳修诗本义研究》，东大图书有限公司 1981 年版，第 7 页。
②　按："又其乱落"之"落"，《四部丛刊》本作"说"。《欧阳修集》卷六十一《居士外集》卷十一《经旨十八首》之《十月之交解》与《四部丛刊》本同，似当据改。

关于《诗解统序》九篇的考察，裴普贤教授在《欧阳修诗本义研究》中有比较细致和集中的考察，这里虽没有太多的新的论述，但通过一些细节略作补充，作为对该九篇系早年之作而并非《诗本义》原貌结论的注脚。

四 《〈诗谱补亡〉后序》的"续貂"痕迹

今本《诗本义》卷十六，所蕴含的"续貂"痕迹亦很明显。该卷包括《诗图总序》、欧阳修补亡的《郑氏诗谱》、《〈诗谱补亡〉后序》三部分①。

关于《诗本义》卷十六的附录性质，几乎是从《郡斋读书志》、《直斋书录解题》、《四库全书总目》、《郑堂读书记》等以来一贯的看法，似乎无须辩论。但是这个"附录"到底是后出的呢，还是原本就有，其来源脉络怎样，有何意义？历来论述不详。这里以该卷《〈诗谱补亡〉后序》为例，探讨至少《〈诗谱补亡〉后序》系后人赘加，文字上也多有弄巧成拙的改易，而且这种改易在《四部丛刊》本及《通志堂经解》本、《四库全书》诸版本系列中未得到矫正，以讹传讹，但毕竟不是欧阳修所亲自芟夷的文字。之所以这样判断，是因为在《欧阳修全集》② 中的《居士集》卷四十一《序》保留了一篇《〈诗谱补亡〉后序》，这为我们反思和校订《诗本义》卷十六《〈诗谱补亡〉后序》提供了绝好的参照。

《欧阳修全集》中的《居士集》是欧阳修本人手订过的，具有更加重要的价值。庆元二年（1196 年）二月十五日胡柯"参稽众谱，傍采史籍，而取正于公之文"（《欧阳修全集·年谱》），编撰定稿《庐陵欧阳文忠公年谱》，详细记录了欧阳修著作的状况："凡《居士集》、《外集》，各于目录题所撰岁月，而阙其不可知者。奏议表章之类，则随篇注之，定为文集一百五十三卷。《居士集》五十卷，公所定也，故真（置）于首。《外

---

① 《四部丛刊》本，《诗图总序》居于《〈诗谱补亡〉后序》之后，与《通志堂经解》本、文渊阁《四库全书》本等编排顺序不同。

② （宋）欧阳永叔：《欧阳修全集》，中国书店 1986 年版（据世界书局 1936 年版影印）。

集》二十五卷，次之。《易童子问》三卷，（原注：《诗本义》别行于世。）《外制集》三卷，《内制集》八卷，《表奏书启四六集》七卷，《奏议》十八卷，《杂著述》十九卷，《集古跋尾》十卷，又次之。《书简》十卷，终焉。考公行状，惟阙《归荣集》一卷，往往散在《外集》，更俟博求。别有《附录》五卷，纪公德业。此谱专叙出处，词简而事粗备，览者当自得之。"（《欧阳修全集·年谱》）

下文将《诗本义》卷十六《〈诗谱补亡〉后序》与《居士集》卷四十一《序》中的《〈诗谱补亡〉后序》作一比较（详见表3），其中舛讹彰然在目。

表3　　《诗本义》与《居士集》两《〈诗谱补亡〉后序》之比较

《诗本义》卷十六 《〈诗谱补亡〉后序》	《居士集》卷四十一 《〈诗谱补亡〉后序》	差异	备注
昔者圣人已没，《六经》之道几熄于战国而焚于秦	昔者圣人已没，《六经》之道几熄于战国而焚弃于秦	《居士集》"焚"下衍一"弃"字	《居士集》似为优
传于今者，岂止一人之力哉	传于今者，岂（一有"止"）一人之力哉	《居士集》无"止"	《居士集》似为优
若使徒抱焚余残脱之经，伥伥于去圣人千百年后	若使徒抱焚余残脱之经，伥伥于去圣千百年后	《居士集》无"人"	《诗本义》似为优
先儒之论，苟非详其终始而抵牾	然则先儒之论，苟非详其终始而抵牾	《居士集》"先儒"前有"然则"	《居士集》为优
质诸圣人而悖理	质于圣人而悖理	《居士集》"诸"作"于"	《诗本义》为优
有不得已而后改易者，何以徒为异论以相訾也	有不得已而后改易者，何必徒为异论以相訾也	《居士集》"以"作"必"	《居士集》为优

续表

《诗本义》卷十六《〈诗谱补亡〉后序》	《居士集》卷四十一《〈诗谱补亡〉后序》	差异	备注
与其风俗善恶、方言训诂	与其风俗善恶、方言训故（一作诂）	《居士集》"诂"作"故"	《居士集》似为优
予疑毛、郑之失既多，然不敢轻为改易之，意其为说不止于《笺》、《传》而已，恨不得尽见二家之书，不能遍通其旨	予疑毛、郑之失既多，然不敢轻为改易者，意其为说不止于《笺》、《传》，而恨已（一作己恨）不得尽见二家之书，未能遍通其旨	《居士集》"之"作"者"，"意其为说不止于《笺》、《传》而已，恨不得尽见"作"意其为说不止于《笺》、《传》，而恨己不得尽见"，"恨己"标"一作己恨"；"不能"作"未能"	《居士集》为优
不尽人之辨（按：《四部丛刊》本，"辨"作"辩"）而欲断其讼之曲直	不尽人之辞（一作"辩"）而欲断其讼之曲直	《居士集》"辨"作"辞"	《居士集》为优
其能使之自服乎	其能使之必服乎	《居士集》"自"作"必"	《居士集》为优
悉皆颠倒错乱，不可复序	悉皆颠倒错乱，不可复考	《居士集》"序"作"考"	《居士集》为优
《周南》、《召南》、《邶》、《鄘》、《卫》、《王》、《郑》、《齐》、《豳》、《秦》、《魏》、《唐》、《陈》、《曹》，此孔子未删之前，周大（太）师乐歌之次第也。	《周南》、《召南》、《邶》、《鄘》、《卫》、《王》、《郑》、《齐》、《豳》、《秦》、《魏》、《唐》、《陈》、《曹》，此孔子未删诗之前，周大（太）师乐歌之次第也	《居士集》"删"下有"诗"	《居士集》为优

续表

《诗本义》卷十六 《〈诗谱补亡〉后序》	《居士集》卷四十一 《〈诗谱补亡〉后序》	差异	备注
《周》、《召》、《邶》、《鄘》、《卫》、《王》、《郑》、《齐》、《魏》、《唐》、《秦》、《陈》、《桧》、《曹》、《豳》（按：《四部丛刊》本，无"齐"字），此郑氏《诗谱》次第也。黜《桧》后《陈》，此今《诗》次第也	《周》、《召》、《邶》、《鄘》、《卫》、《王》、《桧》、《郑》、《齐》、《魏》、《唐》、《秦》、《陈》、《曹》、《豳》，此郑氏《诗谱》次第也。黜《桧》后《陈》，此今《诗》次比也	《居士集》，"桧"置于"郑"前，"今《诗》次第"作"今《诗》次比"	《居士集》为优。据下文"黜《桧》后《陈》"语，《居士集》为妥当，而《四部丛刊》本、《通志堂经解》本，文渊阁《四库全书》本"《陈》、《桧》"则显系"黜《桧》后《陈》"，而与前文不侔
仍存其图，庶几一见予于郑氏之学尽心焉尔	仍存其图，庶几以见予于郑氏之学尽心焉耳	《居士集》"一"作"以"，"尔"作"耳"	《居士集》为优
夫尽其说而不通，然得以论正，予岂好为异论哉	夫尽其说而有所不通，然后得以论正，予岂好为异论者哉	《居士集》"不通"前有"有所"二字；"然"下有"后"字；"异论"下有"者"字	《居士集》为优
补《谱》十有五，补其文字二百七	补其《谱》十有五，补其文字二百七	《居士集》"补"下有"其"字	《居士集》为优
统　　计	异文22处，其中《居士集》为优者占17处，《居士集》似为优者占3处，《诗本义》似为优者占2处		

通过上述比较，不难发现，今本《诗本义》卷十六《〈诗谱补亡〉后序》与《居士集》中的同名作品存在较大差异，短短篇幅内，异文共有22处，从语言表达习惯、语意轻重、语义关联等角度分析，这些异文具

有重要的学术意义，相互比较，《居士集》中《〈诗谱补亡〉后序》表达更加通畅准确，能够反映欧阳修下笔的慎重与谨严。在这 22 处异文中，《居士集》优胜者占到 17 处，而《诗本义》卷十六《〈诗谱补亡〉后序》，《四部丛刊》本、《通志堂经解》本与《四库全书》诸本则区别不大，文字改动略有可观的大约两处，这意味着，《居士集》的《〈诗谱补亡〉后序》更加可靠。尽管《居士集》《〈诗谱补亡〉后序》在表述中有 6 处标明存有一二字的异文，或系乙倒，或系虚词，但对整体文本意义的影响并不大，所以不会改变这里进行比勘所得出的基本结论。

　　其中尤为重要的是，关于《诗谱》与《诗经》诗篇顺序的比较，《诗本义》卷十六《〈诗谱补亡〉后序》："《周》、《召》、《邶》、《墉》、《卫》、《王》、《郑》、《齐》、《魏》、《唐》、《秦》、《陈》、《桧》、《曹》、《豳》，此郑氏《诗谱》次第也。黜《桧》后《陈》，此今《诗》次第也。"其中，《四部丛刊》本，无"齐"字。《欧阳修全集》之《居士集》卷四十一《序·〈诗谱补亡〉后序》，"桧"置于"郑"前，据下文"黜《桧》后《陈》"语，《居士集》为妥当，而《四部丛刊》本、《通志堂经解》本、文渊阁《四库全书》本"《陈》、《桧》"则显系"黜《桧》后《陈》"，与前文表义不侔。这是一个重要关目，无论是《四部丛刊》本、《通志堂经解》本、《四库全书》诸版本都没有发现这个蛛丝马迹，不能不说是一件遗憾的事情。它昭示我们，《诗本义》卷十六《〈诗谱补亡〉后序》经过后人改动，而且弄巧成拙，远不是欧阳修笔下的《〈诗谱补亡〉后序》，更不可能是《诗本义》原本卷次中的组成部分。

　　如果将今本《诗本义》卷十六《〈诗谱补亡〉后序》视作初稿，《居士集》卷四十一《〈诗谱补亡〉后序》自是修订和改稿无疑，而基本完成于同时期［熙宁三年（1070 年）］的《诗本义》修订稿，也不可能采用初稿而弃置修改稿。从这个细节着手，我们认为，《诗本义》卷十六《〈诗谱补亡〉后序》不仅是附录，而且是后世赘加的。至于第十六卷《诗图总序》、欧阳修补亡《郑氏诗谱》，则或许亦在十四卷《诗本义》中，因为这两部分并不见于《欧阳修全集》或《文忠集》等。《直斋书录解题》已经著录《诗本义》"补亡"、"附"云云，并以"十六卷"自题，今本卷次最晚不晚于《直斋书录解题》著录时间，此后大多以"十六卷"相传。《直斋书录解题》并言"补亡郑《谱》及《诗图总序》附于卷末"，而未提《〈诗谱补亡〉后序》，因此，颇疑《〈诗谱补亡〉后序》赘加不早于陈振孙《直斋书录解题》的著录时间。

　　总之，今本《诗本义》前十三卷是一有机结构，十四卷本是《诗本义》最初的版本形态，十五卷、十六卷是《诗本义》不断发展、经后世学者屡次附加修改而形成的。十四卷本《诗本义》，虽未能使人清晰目睹其完全面貌，但至少应大体包括今本《诗本义》前十二卷、第十三卷等（或许第十六卷《诗图总序》、欧阳修补亡《郑氏诗谱》亦在其中）。根据《直斋书录解题》卷二的记载，陈振孙所见的十六卷本似基本涵括今本前十二卷，以及十三、十四卷与附录，而疑没有《诗解统》十（或"九"）篇①。这种版本变迁和存在的异文也具有重要的思想学术意义，它使我们更好地理解了典籍与文化的传播和流传过程，并会对典籍自身结构与关系的理解提供帮助。在把握《诗本义》思想学术的思想内涵与学术意义上，作这样的历时性的考察尤为重要和必要。

---

　　① "《诗本义》十六卷、《图谱》附，欧阳修撰。先为论，以辨毛、郑之失，然后断以己见。末二卷为《一义解》、《取舍义》、《时世》《本末》二论、《豳》《鲁》《序》三问，而补亡郑《谱》及《诗图总序》附于卷末。大意以为毛、郑之已善者皆不改，不得已乃易之，非乐求异于先儒也。"（（宋）陈振孙：《直斋书录解题》卷二，徐小蛮、顾美华点校，上海古籍出版社1987年版，第36—37页。）

二程和张载的礼学思想比较

王云云①

北宋是礼学高度发展的时期，不仅传统的《周礼》、《仪礼》、《礼记》的三礼学研究在历史上仅次于清代，更重要的是宋儒对"礼"的哲学探索与理学思潮之间密不可分，从而使儒家传统礼学有了新面貌。二程和张载对礼学经典也有自己的认识，但其礼学成就主要体现在哲学思想层面。史称张载："其学尊礼贵德，乐天安命。"（《宋史》卷427，《张载传》）《宋元学案》也指出张载为学"以礼为体"。（《宋元学案》卷17，《横渠学案上》）程颐概述程颢的学术宗旨是"明于庶物，察于人伦。知尽性至命，必本于孝悌；穷神知化，由通于礼乐"。（《河南程氏文集》卷11，《明道先生行状》）程颐在弟子眼中也是"谨于礼四五十年"，并且他自认为这是"日履安地"。（《河南程氏遗书》卷1，《端伯传师说》）由此可见，二程和张载都将"礼"作为探索自然和人生的目标之一，并自觉将其贯彻在日常生活中。二程和张载在学术交往中，也曾以"礼"为话题。二程一方面称赞张载："子厚以礼教学者，最善，使学者先有所据守。"（《河南程氏遗书》卷2上，《元丰己未吕与叔东见二先生语》）另一方面，程颐与张载交流"礼俗"意义时，对关中地区"用礼渐成俗"又有所保留，表示："关中学者正礼文，乃一时之事尔。必也修身立教，然后风化及乎后世。"（《河南程氏粹言》卷1，《论事篇》）这表明二程和张载在推进礼学发展过程中又有所不同。

---

① 王云云，西北大学中国思想文化研究所，博士研究生。

一 从"天之自然"到"理之当也"

礼学在宋代再次引起学人的高度关注，与社会历史条件的改变以及礼学自身的特色密切相关。在经历了晚唐五代的政治失序、社会动乱、道德沦丧的历史痛楚后，北宋君臣及一般学人都意识到和平稳定的社会秩序对于新王朝发展的必要。"礼"早在孔子那里就有"道之以德，齐之以礼"的政治意义，自荀子全面系统反思礼乐价值以后，"以礼治国"更成为儒家政治思想的理想追求。宋太祖即位后，即着手新王朝的礼乐建设。聂崇义的《三礼图》就是在此背景下及时进呈，并于太宗时期画于国子监的。当时，判监李至指出："安上治民、移风易俗，礼乐之本也；玉帛钟鼓，礼乐之末也……惟圣人务其本以求其理，存其末以致用，故能通天下之变而至于道也。"(《析城郑氏家塾重校三礼图》，《三礼图记》)以"礼"追求"治道"的实现，是宋代礼学发展的核心内容。因此，"秩序"的内涵及其来源成为礼学思考的首要问题，张载和二程的礼学思想也是由此出发的。

第一，张载表明"天序"、"天秩"是"礼"的发生依据："生有先后，所以为天序；小大、高下相并而相形焉，是谓天秩。天之生物也有序，物之既形也有秩。知序然后经正，知秩然后礼行。"(《正蒙》，《动物篇第五》)在张载看来，秩序是在万物形成过程中产生的，因而有时间次序上的先后以及空间结构上的上下之别。秩序形成的时空依据，表明"礼"是一种客观存在；也意味着万物存在的差异格局是一种自然而然的状态，非人力所为。这就使"礼"的存在及其价值具有了天然合理性，也使国家政治生活中的等级结构成为一种必然存在。

第二，"太虚"是"天"的内涵，是产生"礼"的根源。张载说："由太虚，有天之名；由气化，有道之名；合虚与气，有性之名；合性与知觉，有心之名。"(《正蒙》，《太和篇第一》)"天"、"道"、"心"、"性"四个范畴内在关系的说明，表明"太虚"是决定万物存在和发展的根源，而气本论哲学则是张载礼学思想的理论根据。据南宋卫湜的《礼记集说》记载，张载曾提出："大虚（太虚）即礼之大一（太一）也。今天之生万物，其尊卑小大，自有礼之象，人顺之而已，此所以为礼。或者专以礼出于人，而不知礼本天之自然。"(《礼记集说》卷58)将"礼"

取法自然秩序的根源植基于气本论的宇宙创生思想中，是为"礼"规范社会尊卑秩序的价值基础寻找到了最终依据。

第三，"心"、"性"是"礼"存在的道德基础。孟子思想中，"礼"是人的本质属性之一，是儒家以"礼"为道德实践原则和标准的根源。张载认为人伦道德实践中的"礼"是发自人心本性的内在自觉："礼非止着见于外，亦有无体之礼。盖礼之原在心，礼者圣人之成法也，除了礼天下更无道矣。"（《经学理窟》，《礼乐》）"仁义礼智，人之道也；亦可谓性。"（《张子语录》，《语录中》）"人情所安即是礼也。"（《礼记集说》卷58）可见，规范人伦秩序的"礼"是在道德原则指导下的实践，是人的品性的表现；"礼"并非外在于人的偶然行为，而是人心本性的自觉自愿。

张载礼学有将宇宙根源与道德伦理合一的明确意图，力求解决"礼"的天人、内外相合。他将"秩序"作为"礼"的内核，并从宇宙万物生成的角度说明"太虚"是"礼"的最终来源，以此赋予"礼"天然合理性的同时，也表明"礼"是一种外在规范性的存在；而当"秩序"体现在人伦实践中时，张载又指出"礼"是人的道德品德之一，这又说明人的内在心性修养是外在伦理秩序实现及维持的基础。张载礼学围绕这种外在规范秩序与人的内在心性修养的二者统合而展开，其实这也是二程礼学所要解决的核心问题。尽管二程在"礼"可以有效地维持社会秩序上与张载处于同一阵线，但在"礼"的来源问题上，二程与张载则有根本区别，从而在"理"与"礼"的互动中，迈出了实质性的一步。

程颐首先认为"礼"与国家的存在与发展相始终，其实质就是"序"。他说："人往往见礼坏乐崩，便谓亡，然不知礼乐未尝亡也。如国家一日存时，尚有一日之礼乐，盖由有上下尊卑之分也。除是礼乐亡尽，然后国家始亡"，"推本而言，礼只是一个序，乐只是一个和。"（《河南程氏遗书》卷18）程颐探求"礼"的方式与张载有所不同：张载由差异秩序的发生根源说明"礼行"的依据；而程颐则从现实政治生活中差异秩序的存在表明"礼"的必要性，由此断言"礼"的本质就是"序"，更强化了"礼"的政治意义。

其次，二程以"理"释"天"，与张载"太虚"决定"天"的内涵不同。程颢提出："天者理也"（《河南程氏遗书》卷11，《师训》），"有道有理，天人一也，更不分别"。（《河南程氏遗书》卷2上，《元丰己未吕与叔东见二先生语》）程颐也表示："理便是天道也。且如说皇天震怒，终不是有人在上震怒？只是理如此。"（《河南程氏遗书》卷22上，《伊川杂录》）因此，"理"是一个囊括自然与社会的普遍原理，是天、人存在的一致基础。"理"取代了"天"的位置，成为二程思想的最高范畴，是二程与张载的最大区别。张载以天生万物为"礼"的根源，而二程的"理"则是一个立足于现象界，进而探求事物本质的范畴。程颐说："凡眼前无非是物，物物皆有理。如火之所以热，水之所以寒，至于君臣父子间皆是理。"（《河南程氏遗书》卷19）"理"是决定事物存在的本质，它不仅是自然现象水寒火热的原理，也是人伦关系的规范，所以，二程指出"人伦者，天理也"。（《河南程氏外书》卷7）

再次，二程以"理"释"礼"，使"理"最终成为"礼"的根据。二程对"礼"政治意义的强化，使得上下、尊卑之分的人伦秩序即"礼之本"，立足于"理"的必然性基础上，指出："父子君臣，天下之定理，无所逃于天地之间"（《河南程氏遗书》卷5），"天而在上，泽而处下，上下之分，尊卑之义，理之当也，礼之本也"。（《周易程氏传》卷1）程颐也借助自然界上天下地的客观事实，形象地表征"礼"维持差异秩序的本质，但"礼"是涵盖在"理"的普遍存在之下，就扫除了"天"的痕迹，成为二程礼学与张载礼学区别的关键所在。

"理"是"礼"的根据，"礼"则是"理"在人伦秩序中的具体展现，这是二程礼学的出发点。程颢针对《论语》中林放提出"礼之本"的问题，提出："礼者，理也，文也。理者，实也，本也。文者，华也，末也。"（《河南程氏遗书》卷11，《师训》）孔子曾将"仁"作为"礼"的内在根据，"礼"作为"仁"的外在表现，使仁、礼之间呈现出双向互动的关系。程颢则以"理"作为"礼"的根据，"礼"则是"理"的外化表现，理本礼末，将孔子的"仁"置换成"理"，反映出儒家思想的理论提升。孔子的"仁"很大程度上是以人的心理体验作为道德情感的普遍原则赋予"礼"活力；而程颢从宇宙本体论的角度，以"理"作为"礼"的根据则为"礼"提供了哲学依据。二程也肯定人的品性之一的"仁"是"理"，但这不等于"理"就是"仁"，其中差异主要取决于"理"的落实和实现。也正在这一点上，二程兄弟也呈现出一定差异。大体上说，程颢虽然提出"理"是"礼"的根据，但他仍期望通过"仁"之体验，淡化规范性存在与心性修养的界限，将"礼"纳入"仁"之全体中，主张"识仁"是学者的首要工夫；程颐则努力解决外在规范与内在心性修养的统合，提倡履行"礼"要"心"安"理"得，关注"格物穷理"的意义，主张敬、知双修的修养工夫论。

二 "合内外之道"、"内外之两忘"、心"安""理"得的递进

二程和张载都表示"礼"是一种差异秩序，在人伦社会中具有道德约束意义，是衡量人们言行的标准，表明"礼"具有外在客观性。但他们又意识到"规范"和"约束"的对象是"人"，意味着"礼"的履行和实现也要取决于人的意志。因此，张载肯定礼的性情基础，即便有天生万物的自然而然，还需要人的顺从，其礼学有天人、内外相合的意图；二程则根本未将天和人分作两途，而是认为"理"就是天人一致的基础，但如何将"礼"的践行化作人心的自觉自愿，他们也作了细致研究。孟子的仁、义、礼、智、信五种道德活动的根源在于人的"良心"、"本心"的思想，成为张载和二程解决"礼"的外在规范性与内在心性基础二者关系的理论来源。

张载提出"礼"的践行要"合内外"："学者有专以礼出于人，而不知礼本天之自然，告子专以义为外，而不知所以行义由内也，皆非也，当合内外之道。"（《经学理窟》，《礼乐》）"天"是宇宙万物和人伦秩序的来源，"人"则是道德实践的主体；"外"指人伦秩序的道德原则"义"，"内"指主体所具有的能力。张载由人伦道德实践的主观能动性表现礼的天人、内外相合。同时，他又赋予宇宙创生以道德内涵，将人伦道德实践纳入道德活动的普遍存在之下，遵循由天到人的合一思路。张载说："礼即天地之大德也"（《经学理窟》，《礼乐》），"天地以虚为德，至善者虚也。虚者天地之祖，天地从虚中来"。（《张子语录》，《语录中》）气化流行的万物生成过程是一种具有最高价值的活动，这与《易传》"天地之大德曰生"的说法并无二致。因为宇宙万物的创生就是一种道德实践活动，那么，由此而生的秩序即"礼"作为道德原则，在与万物具有同源性的人身上，也是人内在含有的，它并非仅是人伦规范的外在要求。张载对"礼"的这种探讨思路，充分表明了"礼"是道德活动中的原则，是在动态发展的过程中实现内外相合的。

张载的思路从理论上来说是统合"礼"的内、外基础的方案之一，但如同孟子一样，这是以道德的先天存在为前提的，即使"礼"的秩序是自然而然形成的，也被赋予了道德内涵；而在人伦实践中"礼"的实现，更需要主体的道德能力作为必要保证。因此，人的道德能力究竟需要达到何种程度才能保证"礼"的现实实现，就是一个亟待解决的问题。孟子承认道德本心具有的活动能力只是善端，并且不排除外部环境对本心的消极影响，所以主张"养心"、"收放心"才能成就道德完人。其实，张载也从未否认人性恶的现实存在，甚至他还从理论上解决了孟子性善与荀子性恶的历史争辩，在人性认识史上具有重要地位。那么，排除"恶"的现象，保证道德修养过程中不受外在不良因素的干扰，对于道德能力的发挥以及礼制规范的实现就至关重要。但张载通过身体力行，发现"定性未能不动，犹累于外物"（《河南程氏文集》卷2，《答横渠张子厚先生书》），表明外在规范很容易沦为心性修养的累赘。

张载就上述问题真诚地向程颢求教。程颢提出："所谓定者，动亦定，静亦定，无将迎，无内外。苟以外物为外，牵己而从之，是以己性为有内外也。且以性为随物于外，则当其在外时，何者为在内？是有意于绝外诱，而不知性之无内外也。既以内外为二本，则又乌可遽语定哉？"（《河南程氏文集》卷2，《答横渠张子厚先生书》）程颢一语点破张载的问题所在：人性有内外之分是导致外在规范牵制心性修养的根本原因。程颢思想中就根本不存在内、外相合的问题，"天理"决定的人伦秩序从来就不曾有任何变动，一直潜存于人的道德本心之中："'寂然不动，感而遂通'者，天理具备，元无少欠，不为尧存，不为桀亡。父子君臣，常理不易，何曾动来？因不动，故言'寂然'；虽不动，感便通，感非自外也。"（《河南程氏遗书》卷2上，《元丰己未吕与叔东见二先生语》）他建议张载："与其非外而是内，不若内外之两忘也。两忘则澄然无事矣。无事则定，定则明，明则尚何应物之为累哉！"（《河南程氏文集》卷2，《答横渠张子厚先生书》）将张载所提的内、外存在作为"忘"的内容，并没有彻底否认内、外的客观存在这一前提，按照程颢的"浑然与物同体"的"识仁"工夫，道德实践中的规范性要求其实是主体由内而外的一种自我约束，"礼"只是一种自律性的道德原则，是自我修养提高的自然表现。然而，遵循张载的思路，"忘"则解决不了"定性"问题，这可能是张载最终坚持以礼为教、期望通过礼俗改善外在道德环境的根本原因所在。

与程颢相比，程颐更正视礼学实践中外在规范要求与内在心性基础的二者关系。他既承认伦理规范的必要，也不否认内心自觉的意义，而是认为二者是谐和统一的，由此倡导一种"由乎中而应乎外，制于外所以养其中"（《河南程氏文集》卷8，《四箴·序》）的行礼原则。这一原则是程颐针对孔子的"非礼勿视、非礼勿听、非礼勿言、非礼勿动"的礼学具体要求，而创作"视箴"、"听箴"、"言箴"、"动箴"时提出的。在他看来，孔子以"礼"作为人身视、听、言、动的根据，是对人的身心内外关系的充分认识。他说：

> 心兮本虚，应物无迹；操之有要，视为之则。蔽交于前，其中则迁；制之于外，以安其内。克己复礼，久而诚矣。（《河南程氏文集》卷8，《视箴》）
> 人有秉彝，本乎天性；知诱物化，遂亡其正。卓彼先觉，知止有定；闲邪存诚，非礼勿听。（《河南程氏文集》卷8，《听箴》）
> 人心之动，因言以宣；发禁躁妄，内斯静专。矧是枢机，兴戎出好；吉凶荣辱，惟其所召。伤易则诞，伤烦则支；己肆物忤，出悖来违。非法不道，钦哉训辞！（《河南程氏文集》卷8，《言箴》）
> 哲人知几，诚之于思；志士励行，守之于为。顺理则裕，从欲惟危；造次克念，战兢自持；习与性成，圣贤同归。（《河南程氏文集》卷8，《动箴》）

"四箴"是对先秦儒家关于人性修养及行为方式的高度凝练。其中，"视箴"有荀学色彩，强调对外物亲眼所见的切身经验，是检验内心是否达到安宁的标准；"听箴"有思孟学派的特色，强调人固有的先天善性由于外在因素的诱惑，容易失去本来状态，因此，听从先知先觉的教化，就可以保持本真；"言箴"强调外在的语言表达，是内心心理活动的反映，只有内心静安专一，言语才不会急躁狂妄；"动箴"则强调人的行为方式需要理性的指导和约束，遵从理性的要求则会游刃有余，而一味顺从欲望的驱使则是危险的。"四箴"的核心精神是孔子揭示的"性"和"习"二者相辅相成的关系，即人在上天赋予的德性基础上，加以后天的学习受教，才能成就集外在表现与内在修养于一体的符合道德规范要求的理想人格。因此，程颐强调"谨于礼四五十年"的躬行实践，是"日履安地"，他人"非礼"而行则是"日践危地"(《河南程氏遗书》卷1,《端伯传师说》),表明内心的自觉自愿即心"安"是长期依"礼"而行的内在动力,只有这样,"礼"背后的"理"才能在日常生活中无所不在。

三 "知礼成性"、"识仁"、敬知双修的嬗蜕

张载的亲身实践表明,行"礼"达到"合内外之道"并非易事,内、外之间有一定的张力;程颢建议"内外之两忘"需要"万物为一体"的"识仁"工夫作保证,无法用到张载那里缓解内外张力的存在;程颐"由乎中而应乎外,制于外所以养其中"的礼学践行原则,凭其自身经历说明心安理得是"礼"融入日常生活的根本所在,也是"理"为根据的礼学新貌所在。尽管三人的礼学目标有一定差异,但都形成了以"礼"为中心的修养工夫论。

张载认为主体的道德能力是保证"礼"顺利实现的前提,是以孟子人性包含礼的善端思想为依据的。张载说:"人之刚柔、缓急、有才与不才,气之偏也。天本参和不偏,养其气,反之本而不偏,则尽性而天矣。性未成则善恶混,故亹亹而继善者斯为善矣。恶尽去则善因以成,故舍曰善而曰'成之者性也'。"(《正蒙》,《诚明篇第六》)气的偏滞使现实人性含有"恶"的因素,但通过去恶成善的"成性"修养则可以返归到"性"的至善状态,即变化气质之性,回归天地之性。张载将"礼"作为修性的"大器",说:"礼,器则大矣,修性而非小成者与!"(《正蒙》,《至当篇第九》)还提出"持性"也依赖于"礼":"礼所以持性,盖本出于性,持性,反本也。凡未成性,须礼以持之,能守礼已不畔道矣。"(《经学理窟》,《礼乐》)以"礼""变化气质"就是:"居仁由义,自然心和而体正。更要约时,但拂去旧日所为,使动作皆中礼,则气质自然全好。"(《经学理窟》,《气质》)"变化气质"是"仁"、"义"为原则指导下的心性修养工夫和"礼"为行为原则指导下的道德实践的统一。此外,张载认为对"礼"的认知、学习也能改变气质之恶:"如气质恶者学即能移,今人所以多为气所使而不得为贤者,盖为不知学。"(《经学理窟》,《气质》)"学者且须观礼,盖礼者滋养人德性,又使人有常业,守得定,又可学便可行,又可集得义。"(《经学理窟》,《学大原上》)

"诚意"和"行礼"的关系,是张载礼学"合内外"的核心内容。

他说："诚意而不以礼则无征，盖诚非礼无以见也。诚意与行礼无有先后，须兼修之。诚谓诚有是心，有尊敬之者则当有所尊敬之心，有养爱之者则当有所抚字之意，此心苟息，则礼不备，文不当，故成就其身者须在礼，而成就礼则须至诚也。"（《经学理窟》，《气质》）"诚意"是"行礼"的内在基础和动力源泉，"行礼"则是"诚意"的外在表现和必然结果。"诚意"是对主体提出的心理要求，"行礼"则是对外在行为的约束。张载认为内心"至诚"是外在合"礼"行为的基础，也是"礼"以"成身"、"成性"的必要条件。"行礼"主要从"洒扫应对"的一些基本工夫做起，因为"洒扫应对是诚心所为，亦是义理所当为也"，"从基本一节节实行去，然后制度文章从此而出"。（《经学理窟》，《学大原下》）张载重视"行礼"过程中包含的制度意义，是他在关中地区倡导礼俗的直接原因，但张载并非不注重"礼"的修性意义，而是强调道德氛围更加易于推行礼的教化功能："知礼成性而道义出，如天地设位而易行。"（《正蒙》，《至当篇第九》）

程颢认为张载在心性修养过程中出现的问题，从根本上说就是人性有内外之分，但其实二程都吸收了张载将人性分为天地之性与气质之性的思想。[①] 二程的人性思想建立在"理"的基础上，与张载以太虚作为人性来源又根本不同。程颐断言："性即理也，所谓理，性是也。"（《河南程氏遗书》卷22上，《伊川杂录》）"性"是"理"在人身上的落实和表现，是二程兄弟的一致看法："上天之载，无声无臭。其体则谓之易，其理则谓之道，其用则谓之神，其命于人则谓之性"。（《河南程氏遗书》卷1，《端伯传师说》）"上天之载"的自然而然表明"性"和"理"是从不同层次和角度对这种状态的表述，这比较接近程颢的风格，与其主张"仁者以天地万物为一体"（《河南程氏遗书》卷2上，《元丰己未吕与叔东见二先生语》）的修养境界有着内在一致性。二程和张载一样遵循了孟子的人性思想，将"礼"作为"性"的内容之一加以探讨。

程颢将"仁"作为包罗义、礼、智、信四者之"理"，以至于黄宗羲评论其学术时认为："明道之学，以识仁为主。"（《宋元学案》卷13，《明道学案上》）"识仁"也是程颢告诫吕大临，使其最终由关学转向洛学的缘由所在。吕大临"初学于横渠，横渠卒，乃东见二程先生。故深淳

---

① 蒙培元：《理学范畴系统》，人民出版社1989年版，第234页。

近道，而以防检穷索为学。明道语之以识仁，且以'不须防检，不须穷索'开之，先生默识心契，豁如也"。（《宋元学案》卷31，《吕范诸儒学案·正字吕蓝田先生大临》）这说明程颢的"识仁"就是针对张载关学，突出"仁"与"礼"二者在为学修养上的先后差异。程颢认为："学者须先识仁。仁者，浑然与物同体。义、礼、智、信皆仁也。识得此理，以诚、敬存之而已，不须防检，不须穷索。若心懈则有防，心苟不懈何防之有？理有未得，故须穷索。存久自明，安得穷索？此道与物无对，大不足以名之，天地之用皆我之用。孟子言'万物皆备于我'，须反身而诚，乃为大乐。若反身未诚，则犹是二物有对，以己合彼，终未有之，又安得乐？"（《河南程氏遗书》卷2上，《元丰己未吕与叔东见二先生语》）"识仁"是对孟子良知、良能的道德本心思想的继承和发展，是将人的道德本心的自我活动作为道德意识和道德实践的源泉和基础，因此，在道德修养工夫上，人应该做的就是反身而诚、存养本心。程颢并没有将"礼"单独提出来，而是将其作为"仁"的内容之一加以认识。

程颢以"识仁"促进"礼"的自然表现，与孔子以"仁"作为"礼"的内核有一定的相似性，但孔子也并未否定"礼"的实在性，更何况内、外的客观存在原本就是张载礼学的基础，如何又能以"忘"字就草草了事？因此，程颐心安理得的行礼要求确有过人之处。程颐的"四箴"并非只有箴言警句的形式，而是有着具体内容可以操作落实的，这就是"涵养须用敬，进学则在致知"、"格物穷理"的修养工夫。黄宗羲认为伊川的这套工夫是对周敦颐主静和明道主敬思想的修正。（《宋元学案》卷16，《伊川学案下》）"敬"、"知"双修的最大特色在于试图将道德论和知识论融合，突出知识论的作用，并将其纳入到道德论的范围内，使得求知最终以道德为指向。

一方面，程颐提出内心"主敬"则外在的思虑杂念无从而入，是解决人心不为外物牵制的有效办法："人心不能不交感万物，亦难为使之不思虑。若欲免此，唯是心有主。如何为主？敬而已矣。有主则虚，虚谓邪不能入。无主则实，实谓物来夺之……所谓敬者，主一之谓敬。所谓一者，无适之谓一。"（《河南程氏遗书》卷15，《入关语录》）内心专注即"敬"是避免外物干扰的根本，这就是程颐在"视箴"中指出"心兮本虚"的"虚"的内涵。另一方面，程颐也指出："人患事系累，思虑蔽固，只是不得其要。要在明善，明善在乎格物穷理。穷至于物理，则渐久后天下之物皆能穷，只是一理。"（《河南程氏遗书》卷15，《入关语录》）表明"格物穷理"以"明善"也是避免为外在事物牵累的办法。程颐强调："格物穷理，非是要尽穷天下之物，但于一事上穷尽，其他可以类推。"（《河南程氏遗书》卷15，《入关语录》）"类推"是认识万物一理的关键所在，它既要求对外物的经验认识作为前提条件，同时也对主体的能力提出了要求。因此，程颐指出"格物"其实是对人本性的恢复，并非外在强加的："知者吾之所固有，然不致则不能得之，而致知必有道，故曰'致知在格物'"，"'致知在格物'，非由外铄我也，我固有之也。因物有迁，迷而不知，则天理灭矣，故圣人欲格之。"（《河南程氏遗书》卷25）这就是"听箴"中所强调的由于外在因素影响，使得上天赋予的本性迷失，故而"格物"是恢复天理、修养心性的必需。

"涵养须用敬，进学则在致知"的修养工夫论中，并没有明确区分道德论和知识论。在程颐那里，"明"侧重知识论的意义，只有对事物的本质有所认识，才可以称得上"明"；而"善"则是"明"的对象，是对事物作出的一种道德判断；"明善"意味着这种道德判断必须符合事物的本质。因此，"明善"的入手"格物穷理"，就是对某一具体事物的本质先要有所认识，这就使知识论上的"求真"成为道德修养上"善"的基础，而"善"也成为衡量"真"的标准。应该说，程颐意识到了人的心灵中"真"和"善"的统一，只是道德修养上的"善"在其所处的时代有着特定要求，所以父慈子孝、君仁臣敬也就成为"善"的历史内容，这是不能回避的。

因此，程颐说："敬即便是礼"（《河南程氏遗书》卷15，《入关语录》），"视听言动，非理不为，即是礼，礼即是理也。不是天理，便是私欲。人虽有意于为善，亦是非礼。无人欲即皆天理"。（《河南程氏遗书》卷15，《入关语录》）这就将"礼"最终融汇在理学思潮内，使得言行举止的规范合"理"化成为"礼"的根本内涵。程颐的这一发展，一方面使"礼"成为更具普遍意义、绝对性和超越性的道德律令，另一方面又使得"天理"更加真实、具体地融入到人们的日常生活之中。

四　结语

面对北宋立国以后稳定社会秩序、巩固政治统治的需要，二程和张载都肯定"礼"是一种差异秩序，有规范人伦秩序君臣、父子等关系的现实意义，但在秩序来源上，他们又有不同认识：张载从宇宙生成的角度说明"太虚"决定的"天"是产生"礼"的根源，二程则认为决定万物存在本质的"理"是"礼"的根据，使得"礼"的存在更具政治意义。二程和张载都接受了孟子的"礼"为人性内容之一的思想，力求解决外在伦理规范要求与内在心性修养的统合，但张载发现人性中"礼"的能力的发挥，受外在因素的影响，因而，在"知礼成性"修养工夫上，又倡导"礼俗"以改善道德氛围推进"礼"的便利实现；程颢则从根本上否定"礼"的内外界限，将"礼"纳入"仁"之中作为"理"的内容，主张"礼"是在"识仁"工夫上由内而外的自我要求，是自我修养提高后的自然表现；程颐认为伦理规范的外在要求与内心自觉自愿是谐和统一的，主张礼学践行的目标是"心安理得"，通过"敬"、"知"双修来实现"礼"的内外和谐。有必要指出的是，张载也曾探讨过"礼"和"理"的关系，说："盖礼者理也，须是学穷理，礼则所以行其义，知理则能制礼，然则礼出于理之后。今在上者未能穷，则在后者乌能尽！"（《张子语录》，《语录下》）表明对"理"的认知是制定礼制规范的基础，与二程以"理"作为"礼"的终极依据大为不同。二程以"理"释"礼"标志着礼学发展的转向，使礼学融入了理学思潮中。

张栻《论语解》的学风旨趣与思想意蕴
——兼论朱熹对张栻《论语解》的辨析

肖永明①

张栻（1133—1180 年），字敬夫，一字钦夫，号南轩，学者称南轩先生。南宋时期著名理学家，湖湘学派代表人物，与朱熹、吕祖谦并称"东南三贤"。张栻一生著述甚丰，编撰的经学著作有《诗说》、《书说》、《四家礼范》、《南轩易说》、《论语解》、《孟子说》、《中庸解》等，大部分已经散佚不存。《论语解》自南宋乾道三年（1167 年）前后开始撰作，经反复推究、删改，至乾道九年始成，是年岁在癸巳，故名为《癸巳论语解》。该著为张栻倾注心力之作，在《论语》学史上有很大影响。

在《论语解》序中，张栻谈道："《论语》之书，孔子之言行莫详焉，所当终身尽心者，宜莫先乎此也"。② 河南二程先生有关《论语》的论断"以穷理居敬之方开示学者，使之于致知力行有所循守，以入于尧舜之道"，因此其《论语解》就是"因河南余论，推以己见"。③ 本文依据张栻所述，对《论语解》的学风旨趣与思想意蕴加以探讨。

一　解经原则:宗奉二程之学

二程非常推崇《论语》，在北宋中期的儒学复兴运动中，将《论语》、《孟子》抬高到为学根本与尺度标准的地位。二程认为："学者当以《论

---

① 肖永明，湖南大学岳麓书院，教授，副院长。
② 张栻：《论语解》，《南轩先生论语解序》，载《张栻集》，岳麓书社 2010 年版，第 3 页。
③ 同上书，第 4 页。

语》、《孟子》为本",① "《论》、《孟》如权衡尺度相似,以此去量度事物,自然见得长短轻重"。② 在对《论语》的解说方面,二程也留下许多精辟见解,开辟了《论语》解说的新方向。可以说,二程是最早从理学视角对《论语》进行阐释发挥的代表性人物,其《论语》解说在理学学派《论语》学中具有奠基性的作用。

张栻为二程的三传弟子,与二程学脉相通。后来又以杨时《河南程氏粹言》重订而成《二程粹言》,对二程思想学说有很深的了解。他推尊二程,认为"道之不明久矣,自河南二程先生始得其传于千有余载之下"。③ 在与友人的书信中,张栻多次颂扬二程之学:"近来读诸先生说话,惟觉二程先生完全精粹,愈看愈无穷,不可不详味也。"④ "二程先生之言真格言也"。⑤ "解经义处,惟伊川先生之言看得似平易,而研究其味无斁"。⑥ 在《论语解》中,其宗奉二程之学的特点表现得十分明显。

《论语解》大量引述二程之言,并在此基础之上进行进一步的引申、发挥。如解《学而》篇"学而时习之,不亦说乎"一句,张栻解说道:"学贵于时习。程子曰:'时复绅绎,浃洽于中也。'言学者之于义理,当时绅绎其端绪而涵泳之也。浃洽于中故说。说者,油然内慊也"。⑦ 在这里,张栻在简明扼要地点明主旨之后,即引用二程之说对此句内涵进行解说,进而通过发挥二程之意说明"学而时习之"的含义以及由此产生内心愉悦的原因,整个解说均以二程之学为依归。

又如《为政》篇"温故而知新,可以为师矣"一句,汉唐以来古注多解为温故知新可以为人之师,何晏注及皇侃疏均将"可以为师"解为"可以为人师"。⑧ 宋代学者也往往如此立论。如朱熹解云:"言学能时习旧闻,而每有新得,则所学在我,其应不穷,故可以为人师。"⑨ 但张栻

---

① 程颢、程颐:《二程集》,中华书局 1981 年版,第 322 页。

② 同上书,第 205 页。

③ 《南轩先生文集》卷二十六,《答陈平甫》,《张栻集》,第 733 页。

④ 《南轩先生文集》卷二十五,《寄吕伯恭》,《张栻集》,第 718 页。

⑤ 《南轩先生文集》卷二十二,《答朱元晦》,《张栻集》,第 695 页。

⑥ 《南轩先生文集》卷二十六,《与吴晦叔》,《张栻集》,第 761 页。

⑦ 《论语解》卷一,《学而》,《张栻集》,第 5 页。

⑧ 何晏集解,邢昺疏《论语注疏》卷二,《为政》,《十三经注疏》,中华书局 1980 年版,第 2462 页。

⑨ 朱熹:《四书章句集注·论语集注》卷一,《为政》,中华书局 1983 年版,第 57 页。

的解说与此不同："可以为师者，言其温故知新为可师也。"① 这种解说，本于二程。张栻直接引用了二程之言作为其解说的依据："程子曰：'如此处极要理会。若只认温故知新可以为人师，则气象窄狭矣。'"②

《论语解》极少专门对字、词进行训释，但在少数对文字进行训释之处，也多引述二程之说。如《学而》篇中"夫子温良恭俭让以得之"一句，张栻直接引二程之说进行解释："程子曰：'温，和厚也。良，易直也。恭，庄敬也。俭，节制也。让，谦逊也。'"③ 在解《公冶长》篇"由也好勇过我，无所取材"时，张栻援引二程"材"与"裁"通用之说，将此句解释为"夫圣人之勇，不可过也。而过焉，是未知所裁度也"。④

《论语解》的许多解说，虽然并不直接引述二程之说，但从中不难见到对二程之学的汲取。如《子罕》篇"子在川上曰：'逝者如斯夫！不舍昼夜'"一段，张栻解云："此无息之体也。自天地日月以至于一草木之微，其生道何莫不然？体无乎而不具也。君子之自强不息，所以体之也。圣人之心，纯亦不已，则与之非二体矣。"⑤ 这一解说，从精神旨趣到具体内容，都与二程的解说颇为一致。二程说："此道体也。天运不已，日来则月往，寒往则暑来，水流而不息，物生而不穷，皆与道为体，运乎昼夜，未尝已也。是以君子法之，自强不息。及其至也，纯亦不已焉。"⑥ 二程从"道体"的高度对文本进行解说，发掘出"君子法之，自强不息。及其至也，纯亦不已"的内涵。张栻的解说与此有很明显的渊源关系。

又如《宪问》篇"子曰：'古之学者为己，今之学者为人'"一章，张栻解云："学以成己也；所谓成物者，特成己之推而已。故古之学者为己而已，己立而为人之道固亦在其中矣。若存为人之心，则是徇于外而遗其本矣。本既不立，无以成身，而又将何以及人乎？"⑦ 这一解说，把"为人"解释为"成物"，则为己与为人的关系就被阐释为成己与成物的

---

① 《论语解》卷一，《为政》，《张栻集》，第14页。
② 同上。
③ 《论语解》卷一，《学而》，《张栻集》，第8页。
④ 《论语解》卷三，《公冶长》，《张栻集》，第35页。
⑤ 《论语解》卷五，《子罕》，《张栻集》，第74页。
⑥ 《四书章句集注·论语集注》卷五，《子罕》，第113页。
⑦ 《论语解》卷七，《宪问》，《张栻集》，第121页。

关系。成己成物之说出于《礼记·中庸》："诚者，非自成己而已也，所以成物也。成己，仁也；成物，知也。性之德也，合内外之道也。"意指自身德性充盈，而后事天济众，成就他人。张栻在解说中所强调的是学者应该以追求自我完善为根本，专注于修身养性，外在的事业只是其内在德性的自然推衍与外在显现而已，不能舍本逐末，离开己立、己达而追求立人、达人。

这一解说，迥异于汉唐诸儒之说。孔安国将为己、为人解释为："为己，履而行之；为人，徒能言之。"范晔则解为："为人者凭誉以显物，为己者因心以会道也。"①两种解释均排斥"为人"之学。在历代众多的儒者看来，为己、为人二者是互相对立的，为人之学是应当鄙弃的、为儒者所深戒的。朱熹也指责张栻此说为"错解"，认为"此'为人'，非成物之谓。伊川以'求知于人'解之，意可见矣"。② 朱熹试图援引程颐之解说服张栻，但实际上张栻此解恰恰本于二程。二程说："蛊之象，'君子以振民育德'。君子之事，惟有此二者，余无他为。二者，为己、为人之道也。"③《河南程氏遗书》卷十九中还载有二程与弟子的一段问答："问：'古之学者为己。不知初设心时，是要为己，是要为人？'曰：'须先为己，方能及人。初学只是为己。郑宏中云："学者先须要仁。"仁所以爱人，正是颠倒说却。'"④从上引二程之语可以看出，二程在这里把为己、为人理解为为己以及人、育德以振民。按照这一理解，则为己、为人只有本末、先后之别，并无价值取向上的褒贬与相互对立。张栻的解说，所体现的正是这一精神。

《雍也》篇中"子曰：'中庸之为德也，其至矣乎！民鲜久矣'"一章，张栻解云："德合于中庸，则至当而无以加矣。中者，言其理之无过不及也；庸者，言其可常而不易也。世衰道微，民汩于私意，以沦胥其常性，鲜有是德久矣。"⑤ 这一解说实际上是基于二程之说而作出的。二程说："中庸，天下之正理。德合中庸，可谓至矣。自世教衰，民不兴于

---

① 《论语注疏》卷十四，《宪问》，《十三经注疏》，第2512页。
② 朱熹：《晦庵先生朱文公文集》卷三十一，《与张敬夫论癸巳论语说》，《朱子全书》，上海古籍出版社、安徽教育出版社2002年版，第1377页。
③ 《二程集》，第140页。
④ 同上书，第247页。
⑤ 《论语解》卷三，《雍也》，《张栻集》，第50页。

行，鲜有中庸之德也。"① "中者，无过不及之谓也。"② "不偏之谓中，不易之谓庸。"③ 从文字到义理，张栻的解说均源于二程。

从总体上看，张栻《论语解》全书直接引述二程之说共 32 处，约占全书所引述的前人注解训释的 40%，从中不难看出对二程之学的崇重。全书直接引述的其他训解，也基本上来自张载及二程的门人弟子，其中引述张载 9 处，杨氏 10 处，尹氏 8 处，谢氏、范氏、吕氏兄弟、侯氏各 3 处。他们与二程之学精神旨趣接近，二程诸弟子的《论语》解说更是受到二程的强烈影响。《论语解》引述其解说，同样体现了对二程之学的尊崇。至于在义理发挥中对二程及其弟子门人之说加以阐发或汲取二程一派观点的情形，在全书中更是比比皆是。宗奉二程之学的倾向十分明显。

南宋中期，二程之学在学界已经产生很大影响，出现了"二程先生之说天下知诵之"④ 的情形。因此，在《论语》诠释中推尊二程之说，自然成为当时众多理学学者的共同倾向。朱熹在隆兴元年（1163 年）编成《论语要义》时曾经谈到，其《论语要义》是在早年所编的有关《论语》的集解之作基础上修订而成："隆兴改元，屏居无事，与同志一二人从事于此，慨然发愤，尽删余说及其门人朋友数家之说，补缉订正，以为一书。"⑤ 后来朱熹作《语孟精义》，其编次原则也是将二程之说"搜辑条流，以附本章之次，既又取夫学之有同于先生者，若横渠张公、范氏、二吕氏、谢氏、游氏、杨氏、侯氏、尹氏，凡九家之说，以附益之"。⑥ 据邱汉生先生的统计，朱熹《论语集注》前三篇 90 处引述中，二程之说多达 30 处，程门弟子共 31 处。⑦ 可见，在朱熹那里，对二程一派之学的尊崇同样表现得很明显。

但是值得注意的是，朱熹在推尊二程之学的同时，也对二程之学有不少批评。他曾经指出程颐解经的弊病，认为"伊川解经，是据他一时所

---

① 《二程集》，第 1143 页。
② 同上书，第 608 页。
③ 同上书，第 100 页。
④ 《南轩先生文集》卷二十七，《答宋教授》，《张栻集》，第 747 页。
⑤ 《晦庵先生朱文公文集》卷七十五，《论语要义目录序》，《朱子全书》，第 3614 页。
⑥ 《晦庵先生朱文公文集》卷七十五，《语孟集义序》，《朱子全书》，第 3630 页。
⑦ 邱汉生：《四书集注简论》，中国社会科学出版社 1980 年版，第 31—32 页。

见道理恁地说，未必便是圣经本旨"，① 因而往往对二程的解经之说加以辨析驳正。钱穆先生说："语类载朱子于二程遗说诤议驳正，就其事题，约略计之，当近两百之多。若论条数，有一事而言之异时，记者异人，重复至二三条七八条者，则总数至少当在三四百条以上。"② 这些诤议驳正的内容，有不少与二程的《论语》学成果有关。钱穆先生曾论及朱熹对二程之学的态度说："朱子治论语，其先乃从程门以上窥二程，奉二程以上窥论语。稍后乃摆脱程门，专主二程。更后则一本论语本书，多纠二程之失。"③

与上述情形不同的是，在张栻留下的文字中，未见对二程之学的任何批评与非议，而只有称颂与尊崇。在与友人的信中，张栻多次要求他们反复研读玩味二程之学。事实上，张栻虽然为人平易宽厚，但在学术上并不缺乏批判精神。张栻对程门的几位弟子都有过批评，如认为"上蔡《语解》偏处甚多，大有害事处"，④ "吕与叔游伊川、横渠之门，所得非不深，而至论中处，终未契先生之意"，⑤ "侯师圣之说多可疑"。⑥ 甚至对张载也颇有微词："近来读《系辞》，益觉向者用意过当，失却圣人意脉。如横渠亦时未免有此耳。"⑦尤其值得注意的是，张栻对于其师胡宏的《知言》也曾有所质疑："《知言》之说，究极精微，固是要发明向上事，第恐未免有弊，不若程子之言为完全的确也。"⑧ 朱熹曾经作《知言疑义》对胡宏的某些观点加以辩驳，张栻在很多问题上赞同朱熹而并不株守师说。他评论胡宏之父胡安国的《春秋传》说："栻近因读《春秋胡氏传》，觉其间多有合商量处。"⑨ 可见，张栻并未落入为尊者、亲者讳的窠臼，在学术问题上有其独立的思考。张栻在这一问题上甚至还表现出相当程度的自觉，在书信中向友人坦言其唯学术之真是求的心志："前辈未容轻看。

① 黎靖德编：《朱子语类》卷一〇五，中华书局 1986 年版，第 2625 页。
② 钱穆：《朱子新学案》下册，巴蜀书社 1986 年版，第 1437 页。
③ 同上书，第 1581 页。
④ 《南轩先生文集》卷二十四，《答朱元晦》，《张栻集》，第 713—714 页。
⑤ 《南轩先生文集》卷二十六，《答刘宰》，《张栻集》，第 736 页。
⑥ 《南轩先生文集》卷二十，《答朱元晦秘书》，《张栻集》，第 681 页。
⑦ 《南轩先生文集》卷二十一，《答陈平甫》，《张栻集》，第 688 页。
⑧ 《南轩先生文集》卷二十五，《答胡伯逢》，《张栻集》，第 724 页。
⑨ 《南轩先生文集》卷二十四，《答朱元晦》，《张栻集》，第 708 页。

然吾人讲学,则不可一毫有隐尔。"① "后生何足以窥先辈,但讲论间又不可含糊耳。"②

以张栻如此认识及如此埋性的态度,他对二程之学的种种推崇、尊重恐怕只能理解为一种基于自身理解领悟的服膺与由衷钦敬。因此,宗奉二程之学也就成为《论语解》必然的立场选择。

二 解经风格:玩索经义、阐发己见

在宗奉二程之学,大量吸取二程一派《论语》学成果的同时,张栻也对《论语》文本进行了创造性的阐释与独具特色的发挥。在其阐释、发挥的过程中,张栻不重名物制度的考订与字词的训释,其关注点乃在于对文本的义理阐发,所追求的是义理的连贯和意义的圆通,往往不下一字训诂,而直接阐发义理,发挥己意。如《里仁》篇"朝闻道,夕死可矣"一章,张栻解云:"人为万物之灵,其虚灵知觉之心,可以通夫天地之理,故惟人可以闻道。人而闻道,则是不虚为人也,故曰'夕死可矣'。然而所谓闻道者,实然之理,自得于心也,非涵养体察之功精深切至,则焉能然?盖异乎异端惊怪恍惚之论矣。"③ 整段文字议论风发,不拘一格,直抒胸臆,在新的学术视阈中对原文进行了全新的解读,将其道德认识论、修养工夫论表达得淋漓尽致。

又如《雍也》篇"子曰:觚不觚,觚哉!觚哉!"一章,仅仅寥寥数字,汉唐注疏对此较少措意。但张栻则由此生发出大段议论:"觚而失所以为觚之制,其得谓之觚乎?故有是物必有是则,苟失其则,实已非矣,其得谓是名哉?故凡言君不君、臣不臣、父不父、子不子,皆以失其则故也。至于人生于天地之中,其所以名为人者,以天之降衷,善无不备也。失其所以为人之道,则虽名为人也,而实何如哉?圣人重叹于觚,意盖深远矣。"④在这里,张栻对其人性论与道德观进行了阐述。在他看来,这才是孔子重叹于觚的深远之意。但是平心而论,张栻的这种诠释发挥似乎已

---

① 《南轩先生文集》卷二十七,《答胡广仲》,《张栻集》,第744页。
② 《南轩先生文集》卷二十七,《答乔德瞻》,《张栻集》,第748页。
③ 《论语解》卷二,《里仁》,《张栻集》,第29页。
④ 《论语解》卷三,《雍也》,《张栻集》,第49页。

经超出了文本内容，成为其自身思想的阐发。甚至可以说，《论语》文本仅仅是触发其议论的话头，他的解说与文本并无内在的关联，这些解说即使脱离文本，仍然不失其意义的独立性与完整性。

朱熹曾经对张栻的解经风格提出批评，认为张栻"天资明敏，从初不历阶级而得之。故今日语人亦多失之太高。湘中学子从之游者，遂一例学为虚谈，其流弊亦将有害"。[①] 朱熹所言的"矫激过高"的学风，在《论语解》中有明显体现。在《论语解》成书过程中，张栻曾多次将书稿寄给朱熹，"望便中疏其谬见示"，[②] 希望收探讨切磋之益。朱熹在《与张敬夫论癸巳论语说》中提出讨论驳正，[③] 从几个方面直陈其《论语》解说之弊。

朱熹批评张栻立言太高，以致凌虚蹈空而无实："其立言造意，又似欲高出于圣言之上者。解中此类甚多恐非小病也。""今为此说，是又欲求高于圣人，而不知其言之过、心之病也。"

批评最多的还是张栻之解好发明言外之意，失却圣人本旨："今以心无不溥形容，所包虽广，然恐非本旨，殊觉意味之浮浅也。""此等既无考据，而论又未端的，且初非经之本意，未言亦无害也。""大率此解多务发明言外之意，而不知其反戾于本文之指，为病亦不细也。""窃谓高明更当留意，必如横渠先生所谓'濯去旧见，以来新意'者庶有以利圣贤之本心耳。""理固如此，但此处未应遽如此说，夺却本文正意耳。"在朱熹的批评中，"本旨"、"本意"、"本心"被反复提及，他认为张栻解经不能去除成见，所说的是自己的道理而非经文之义。因此他建议张栻应当将自己的发挥与经文本意区分开来，避免以己意乱圣人之意："不应遽说以乱夫子之意。向后别以己意推言则可耳。""经文未有此意……若欲发明，当别立论而推以及之，不可只如此说，无来历也。"

朱熹的批评，主要针对《论语解》立言造意过高，自信过重，对文本原有的语境与义理脉络缺乏尊重，直申己见，却往往失之穿凿，以致以己意强加于圣人，偏离乃至违戾了经文本意。在他看来，此书虽为依托

---

① 《晦庵先生朱文公文集》卷四十二，《答石子重》，《朱子全书》，第 1922—1923 页。

② 《南轩先生文集》卷二十三，《答朱元晦》，《张栻集》，第 704 页。

③ 《晦庵先生朱文公文集》卷三十一，《与张敬夫论癸巳论语说》，《朱子全书》，第 1357—1384 页。

《论语》的解经之作，但由于发挥己意太过，其意义已经溢出了经文，实际上几乎成为一部与《论语》平行的著作："今读此书，虽名为说论语者，然考其实，则几欲与论语竞矣。"①

这种批评相当严厉，未尝假以辞色。虽然朱熹之言并非定评，四库馆臣更以"讲学之家，于一字一句之异同，务必极言辨难，断不肯附和依违，中间笔舌相攻，或不免于激而求胜"视之，认为"不必执文集旧稿，以朱子之说相难"②，但是，研读《论语解》，我们可以发现，张栻解经的确不重字词训释，而重在阐发义理，发挥己意。我们不必以朱熹之说为依据非难张栻，却不能忽视朱熹的批评中所透露的信息。

这种解经风格的形成，与时代学术风尚有密切关系。北宋中期义理之学的兴起，使学者摆脱了汉唐烦琐学风的影响，不再拘囿于经传注疏而注重对经义的自我体认与自由发挥。在他们看来，解经不必一味受到经书文字束缚，只要义理通达，即使文义解错也无妨。二程说："善学者，要不为文字所梏。故文义虽解错，而道理可通行者不害也。"③ 以这种观念看，解经是否得当，主要在于能否使道理通达。而在他们看来，解经者的主观体认才是衡量义理通达的标准。张载说："心解则求义自明，不必字字相较。"④ 二程说："思索经义，不能于简策之外脱然有独见，资之何由深？居之何由安？非特误己，亦且误人也。"⑤ 这种学风，促进了新的儒学体系的建立，有其历史意义，但是，这种学风也存在着矫枉过正之弊，其流风所及，致使后来很多学者解经，往往忽视对经文本义的探究，着重发挥己见，自立其说。在南宋时期，这种现象已经蔚然成风。朱熹谈到当时学风说："近世说经者，多不虚心以求经之本意，而务极意以求之本文之外，幸而渺茫疑似之间略有缝罅如可钩索，略有形影如可执搏，则遂极笔模写，以附于经，而谓经之为说本如是也。"⑥ 这种时代风气，很容易对

---

① 《晦庵先生朱文公文集》卷三十一，《与张敬夫论癸巳论语说》，《朱子全书》，第1370页。
② 纪昀等：《钦定四库全书总目》卷三十五，《癸巳论语解》，中华书局1997年整理本，第464页。
③ 《二程集》，第378页。
④ 张载：《张载集》，中华书局1978年版，第276页。
⑤ 《二程集》，第1186页。
⑥ 《晦庵先生朱文公文集》卷五十一，《答万正淳》，《朱子全书》，第2415页。

个人治学风格产生影响。

张栻《论语解》解经风格的形成，也与他对《论语》的认识有关。在《论语解》序中，张栻说："《论语》之书，孔子之言行莫详焉……圣人之道至矣，而其所以教人者，大略则亦可睹焉。盖自始学，则教之以为弟为子之职，其品章条贯不过于声气容色之间，洒扫应对进退之事。此虽为人事之始，然所谓天道之至赜者，初亦不外乎是，圣人无隐乎尔也。故究其始则有致知力行之地，而极其终则有非思勉之所能及者，亦贵于行著习察，尽其道而已矣。"① 在张栻看来，《论语》中"声气容色之间，洒扫应对进退之事"，虽为人事之始，但实际上其中蕴涵了高深幽邃的天道。日用常行之事是致知力行的本原，不断致知力行，努力察识，"极其终"就能把握"非思勉之所能及"的天道。这种对人事与天道关系的认识，使张栻非常关注从具体而微的人事之中发掘、体会抽象深奥的天道，由此也决定了张栻《论语解》注重阐发事中之理、重视从性与天道层面立论的旨趣。

在《论语解》解经风格的背后，有其方法论的支撑。张栻强调对于《论语》应当沉潜其中，熟读精思，反复玩味："《论语》不可一日不玩味"。② "且当熟读《论语》，玩味圣人所以教人与孔门弟子学乎圣人者，则自可见。"③ 这里所谓玩味，是指涵泳于文本之中，反复体察、思索，领会把握其精神实质。这种玩味、体察所强调的是通过心思专一、精神集中的"持敬"工夫，进入经典的义理世界，达到与圣人在精神意蕴中的契合。因此，张栻反对仅从语言文字入手解经，认为仅通过语言的辨析、文字的训解，不可能达到对经文的真正理解："大抵读经书须平心易气，涵泳其间……要切处乃在持敬。若专一，工夫积累多，自然体察有力。只靠言语上苦思，未是也。"④ 在与友人讨论读《二程先生遗书》时，张栻说："若只靠言语上求解，则未是。须玩味其旨，于吾动静之中体之，久久自别也。"⑤

显然，张栻关注的重心不在言语训释，而在于对经义的玩索。玩索经

① 《论语解》，《南轩先生论语解序》，《张栻集》，第 3 页。
② 《南轩先生文集》卷二十七，《答潘端叔》，《张栻集》，第 750 页。
③ 《南轩先生文集》卷二十六，《答周允升》，《张栻集》，第 704 页。
④ 《南轩先生文集》卷十九，《答潘端叔》，《张栻集》，第 667 页。
⑤ 《南轩先生文集》卷二十三，《答胡季随》，《张栻集》，第 726 页。

义，重在对经义的深入体会，通过对文本精神实质的把握实现与圣人的精神沟通。如果局限执著于语言，则会堵塞与圣人心心相契的通道。然而，玩索经义达到与圣人之心相通的标准为何？恐怕就只能是类似张载"心解"之类的自我体认与证悟了。这一思路体现在解经过程中，解经者的主体地位无疑会被大大凸显。就这一点而言，朱熹批评张栻《论语解》"尽黜其言而直伸己见"，"自信太重，视圣贤太轻，立说太高"，① 批评的立场可以商榷，但的确已经触及了问题的实质。

不难看出，在解经方法论上，张栻与朱熹是存在差异的，而差异的关键在于对经文字词的态度。朱熹曾在给张栻的信中自称"熹则浅暗迟钝，一生在文义上作窠窟"。此语含有明显的反讽意味，针对的乃是张栻"见理太明，故于文意琐细之间不无阔略之处"。② 在朱熹看来，训释、理解文字是求得经文义理的基础，其重要性不言而喻："学者之于经，未有不得于辞而能通其意者。"③ 因而张栻对语言文字的轻视，在朱熹看来就不免疏阔。这种解经方法论的差异，是导致张栻与朱熹解经风格不同的根本原因。朱熹对张栻之学的批评，根源也可以追溯到方法论的不同。

在对《论语》玩索体察过程中，张栻在很多问题上都提出了自己的见解，其中不乏精辟之论，为历代的《论语》解说者所重视和关注。与张栻就《论语》解说反复诘辩的朱熹在其自认为"添一字不得，减一字不得"的《论语集注》中也多次称引张栻之说。王若虚（1174—1243年）是金元之间著名学者，被吴澄称为"博学卓识，见之所到，不苟同于众"。④ 王若虚对宋儒解经从总体上多有批评，但其《论语辨惑》则对张栻《论语解》不乏揄扬肯定之处。如他谈到，《学而》篇中"行有余力，则以学文"一段，二程解为："弟子之职，力有余则学文，不修其职而先文，非为己之学也。"张栻则解为："非谓俟行此数事有余力而后学文也，言当以是数者为本，以其余力学文也。"相较而言，张栻之解更为通达，"说甚佳"。⑤ 宋末撰有《四书集编》的著名理学家真德秀则认为

---

① 《晦庵先生朱文公文集》卷三十一，《与张敬夫论癸巳论语说》，《朱子全书》，第 1375 页。

② 《晦庵先生朱文公文集》卷三十，《与张敬夫论程集改字》，《朱子全书》，第 1324 页。

③ 《晦庵先生朱文公文集》卷八十一，《书中庸后》，《朱子全书》，第 3831 页。

④ 《钦定四库全书总目》卷一百六十六，《滹南遗老集》，第 2200 页。

⑤ 王若虚：《滹南集》卷四，《论语辨惑》，文渊阁《四库全书》第 1190 册，上海古籍出版社 1987 年版，第 292 页。

张栻与朱熹"二先生之书旁贯群言，博综世务，犹高山巨海，瑰材秘宝，随取随足"，张栻《论语解》、《孟子说》与朱熹《四书章句集注》、《或问》一样"于学者为尤切，譬之菽粟布帛，不容以一日去者也。"① 从这些学者的评价中，我们或许可以略窥《论语解》的地位和影响。

三 《论语解》的理学意蕴

玩索经义、发挥己见的解经方式，使张栻得以依托《论语》文本而大量阐发其思想观点。在解说过程中，张栻将其理学观念熔铸于《论语》文本之中，赋予《论语》以理学的精神面貌。

"理"、"天理"是理学中集宇宙本体与价值本体为一的核心范畴，张栻以"理"、"天理"对《论语》中"天"、"中"、"礼"等范畴的内涵进行了阐发。

如"天"，是儒家思想中的重要范畴，《论语》中多次提及。自二程体贴出"天理"二字，以"天者，理也"② 沟通了"天"与"理"的内涵之后，理学学者多沿袭这一思路，以理释天。《论语·宪问》中"子曰：不怨天，不尤人，下学而上达。知我者其天乎"一段，张栻解云："所谓天者，理而已。圣人纯乎天道，故其发言自然如此。"③ 在这里，张栻按照二程等理学家的思路，直接将"天"等同于"理"，使二者实现了内涵上的相互置换，完成了对"天"范畴的理学化改造。

又如，"礼"是古代社会政治、伦理生活的基本原则与秩序规范。从周敦颐、二程开始，理学学者就以理释礼，将人伦社会之"礼"提升为贯通宇宙万物、社会人生的最高本体原则。周敦颐说："礼，理也"，④ 二程说："视听言动，非理不为，即是理，礼即是理也。"⑤《论语解》也按照这一思路，以"理"对"礼"的内涵进行了阐释。《八佾》中"林放问礼之本"一章，张栻解云："礼者理也，理必有其实而后有其文。文

---

① 真德秀：《西山文集》卷四十，《劝学文》，文渊阁《四库全书》第1174册，第617—618页。
② 《二程集》第125页。
③ 《论语解》卷七，《宪问》，《张栻集》，第124页。
④ 周敦颐：《周敦颐集》卷二，《通书·礼乐》，中华书局2009年版，第25页。
⑤ 《二程集》，第144页。

者，所以文其实也。若文之过，则反浮其实而害于理矣。"① 《为政》"孟懿子问孝"一章，"生事之以礼，死葬之以礼，祭之以礼"一段，张栻解云："礼者，理之所存也。"②

基于对"礼"与"理"内涵的沟通，张栻进一步把"得其理"、"失其理"作为判断是否合乎礼的标准。《先进》中"颜渊死，门人欲厚葬之"一章，张栻解云："葬以礼者，谓得其理也。颜子箪食瓢饮，居于陋巷，及其死，门人乃欲厚葬之，则失其理矣。"③ 对于礼在社会伦理政治生活中的应用，张栻也从"理"的高度予以解释。《八佾》中"或问禘之说"一章，张栻解云："夫礼者，天之秩也。禘之为礼，惟天子得用之，而诸侯不得用之者，盖天理之所当然也。天下万事皆有所当然者，天之所为也。苟知禘之说，则于治天下之道如指诸掌之易明，亦曰循其理而已矣。"④ 在这里，张栻以"天理之所当然"说明了"礼"所强调的等级秩序的神圣性、合理性，突出了其不可逾越的特点。由此他认为，在社会生活中循理而行，则无往不利。张栻还以"循其理"对礼的因革损益的必然性进行了说明。《为政》中"殷因于夏礼，所损益可知也；周因于殷礼，所损益可知也；其或继周者，虽百世可知也"之说，张栻解云："三王之礼各因前世而损益之，盖曰随时循理而已。以殷、周已验之迹而推之，则夫百王继承损益之常道盖可得而知矣。"⑤ 礼须因时而变，这是"理"的内在要求，而礼的因革损益只不过是遵循理的法则而已。

《论语》中有"中"的范畴，在宋代理学话语系统中，"中"的重要性被大大凸显。二程等理学家都对"中"进行了大量理学化的阐释。如二程说："圣人与理为一，故无过无不及，中而已矣。"⑥ 张栻在《论语解》中，进一步对"中"进行更为明确的理学化的诠释。《雍也》中"中庸之为德也，其至矣乎！民鲜久矣"一段，张栻解云："中者，言其理之无过不及也。"⑦《尧曰》中"允执其中"一段，张栻解云："允执其

① 《论语解》卷二，《八佾》，《张栻集》，第 20 页。
② 《论语解》卷一，《学而》，《张栻集》，第 12 页。
③ 《论语解》卷六，《先进》，《张栻集》，第 90 页。
④ 《论语解》卷一，《八佾》，《张栻集》，第 22 页。
⑤ 《论语解》卷一，《为政》，《张栻集》，第 18 页。
⑥ 《二程集》，第 307 页。
⑦ 《论语解》卷三，《雍也》，《张栻集》，第 50 页。

中，事事物物皆有中，天理之所存也，惟其心无所倚，则能执其中而不失，此所谓时中也。"① 《子罕》中"可与立，未可与权"一段，张栻解云："事事物物，莫不有中。中者，天理之当然，不可过而不可不及者也。"② 在上述解说中，张栻以"理"诠释"中"，进一步突出了"中"范畴的理学内涵，使"中"范畴完全理学化，成为其理学范畴系统中的重要内容。

对于《论语》中的其他思想资料，张栻多从"理"的高度进行了多角度的阐发，使这些在理学的视阈中呈现出新的意义。《论语》中多次以君子、小人二者对举，讨论二者之别。在《论语解》中，张栻从其天理人欲观出发，以天理人欲的理论框架对君子、小人进行了界定。《子路》中有"君子和而不同，小人同而不和"一章，张栻解云："和者，和于理也；同者，同其私也。和于理则不为苟同，同其私则不能和义，天理、人欲不两立也。"③ 《里仁》中有"君子喻于义，小人喻于利"，张栻解云："盖君子心存乎天下之公理，小人则求以自便其私而已。"④ 《宪问》中"君子上达，小人下达"一章，张栻解云："达者，达尽其事理也。上达者反本，天理也；下达者趋末，人欲也。"⑤《为政》"君子周而不比，小人比而不周"一章，张栻解云："君子小人之分，公私之间而已。周则不比，比则不周，天理人欲不并立也。"⑥ 在张栻的理论框架中，心存天理抑或心怀私欲，成为判定君子、小人的标准，理欲之辨成为君子小人之别的真正内涵。通过张栻的诠释，君子、小人这两个概念具有了新的内涵，在其理学思想体系中占有重要地位。

除了对《论语》中的范畴及其他思想资料进行理学化的阐释外，张栻还在《论语》解说过程中，依托经文对理学中的性与天道、天地之性与气质之性、性情关系等主题进行阐述。

理学的一个重要思路是为人性寻求天道的依据，因此性与天道成为理学的重要主题。但是在《论语》中却并无太多直接探讨性与天道的内容，

---

① 《论语解》卷十，《尧曰》，《张栻集》，第165页。
② 《论语解》卷五，《子罕》，《张栻集》，第77页。
③ 《论语解》卷七，《子路》，《张栻集》，第112页。
④ 《论语解》卷二，《里仁》，《张栻集》，第32页。
⑤ 《论语解》卷七，《宪问》，《张栻集》，第120页。
⑥ 《论语解》卷一，《为政》，《张栻集》，第15页。

甚至子贡有"夫子之文章可得而闻也，夫子之言性与天道不可得而闻也"之叹。在宋代以前，注疏之家仅以"夫子之道深微难知"① 进行解说，并未肯定天道性命乃圣人之学的重要内容。为了突出性与天道的主题，肯定圣人对性与天道的重视，为理学重视探求天人性命之奥的致思方向寻求理论依据，二程、张载等理学家对子贡之语进行了种种解说与发挥。张栻把子贡之语解释成为耳之闻不是真正的闻，凭耳目之官不可能真正深入领悟、体会圣人所谈的性与天道："不以苟知为得，不以了悟为闻。"② 二程则肯定性与天道"可自得之，而不可以言传"③。张栻在此基础之上进一步加以发挥："文章谓著于言辞者。夫子之文章，人人可得而闻也；至于性与天道，则非闻见之所可及，其惟潜泳积习之久而有以自得之。自得之，则性与天道亦岂外乎文章哉？"在张栻看来，性与天道非常深邃，无法以闻见达到对性与天道的把握。但性与天道虽然具有超越性，却不外乎文章之中，只要反复涵泳、长期积累，才有可能深造自得，达到对性与天道的体认、领悟。通过张栻的解说，子贡之言被赋予了丰富的理学意蕴："曰性，又曰天道者，兼天人性命之蕴而言之也。"④

二程、张载等理学学者提出了独具特色的人性理论。他们将人性分为天命之性与气质之性，由此建构起一套颇为完整的人性理论。在解说《论语》的过程中，张栻按照理学人性论将人性区分为天命之性与气质之性的基本义理间架，对其人性理论进行了阐发。《述而》"天生德于予，桓魋其如予何"一句，张栻解云："人受天地之中以生，天之生斯人，无不具德于其性也，人则自息之耳，惟圣人为能全夫天之所命。曰'天生德于予'，而所为与天理无间者，亦自可见矣。"⑤ 这是对人的天命之性本然至善的说明。张栻认为，人皆受天命而成性，天命之性，纯粹至善，人人皆具，但只有圣人能够保全其天命之性。《阳货》中"性相近也，习相远也"一句，张栻解云："原性之理，无有不善，人物所同也。论性之存乎气质，则人禀天地之精，五行之秀，固与禽兽草木异。然就人之中不无清浊厚薄之不同，而实亦未尝不相近也。不相近则不得为人之类矣，而人

<hr>

① 《论语注疏》卷五，《公冶长》，《十三经注疏》，第 2474 页。
② 《张载集》，第 307 页。
③ 《二程集》，第 1253 页。
④ 《论语解》卷三，《公冶长》，《张栻集》，第 37 页。
⑤ 《论语解》卷四，《述而》，《张栻集》，第 57 页。

贤不肖之相去或相倍蓰，或相什百，或相千万者，则因其清浊厚薄之不同，习于不善而日远耳。习者，积习而致也。善学者克其气质之偏，以复其天性之本，而其近者亦可得而一矣。"① 在这里，张栻指出，从性之理看，人、物之性皆善，但从气质之性的角度看，人禀受天地之精，五行之秀，而人与人的气禀虽有清浊、厚薄之不同，但同为人类，仍相去不远。最终贤者与不肖之人之所以在现实表现中有天壤之别，则是由于在气质清浊、厚薄不同的基础上习染不同而导致的。善学者，就应当克去其气质偏弊，恢复本然至善的天性。张栻通过诠释经文，对其人性理论进行了颇为详细的阐发，而"天生德于予"、"性相近，习相远"等文本在理学的视阈中又呈现出了崭新的意义。

性情关系是宋代理学家集中讨论的问题。张栻在《论语》解说中，也非常重视从性情角度予以发挥。《子罕》中"吾未见好德如好色者也"，张栻解云："好德，因人之秉彝；而目之于色，亦出于性也。然此则溺其流而不止，彼则汩其情而不察，是何歟？则以夫物其性故耳。故君子性其性，而众人物其性。性其性者，天则之所存也；物其性者，人欲之所乱也。若好德如好色，则天则存而人欲遏，性情得其正矣。"② 在张栻看来，人具有至善的德行，同时也具有耳目口腹之欲，这是气质之性的表现，如果拘于形气，诱于物欲，则会汩乱其情，使感性情欲占据支配地位，从而失去其本性之正。君子就能够使情感欲望符合天理的要求，而众人则往往放纵感性情欲而乱其性。所谓"好德如好色"，在张栻的阐述中，就是天理存而人欲遏，性情得其正。

在对《论语》中孔子论《诗》的诸多言论进行解说时，张栻也多从性情关系角度加以阐发。《八佾》中孔子曰："《关雎》乐而不淫，哀而不伤。"张栻解云："哀乐，情之为也，而其理具于性。乐而至于淫，哀而至于伤，则是情之流而性之汩矣。乐而不淫，哀而不伤，发不逾，则性情之正也。"③《泰伯》中有"兴于《诗》"一语，张栻解云："学《诗》，则有以兴起其性情之正，学之所先也。"④《为政》中有"《诗》三百，一

① 《论语解》卷九，《阳货》，《张栻集》，第145页。
② 《论语解》卷五，《子罕》，《张栻集》，第74页。
③ 《论语解》卷二，《八佾》，《张栻集》，第24—25页。
④ 《论语解》卷四，《泰伯》，《张栻集》，第64页。

言以蔽之，曰思无邪"一章，张栻解云："学者学夫《诗》，则有以识夫性情之正矣。"①按照张栻的解说，孔子论《诗》，之所以有"乐而不淫，哀而不伤"、"思无邪"、"兴于《诗》"之类的评价，是因为《诗》能得"性情之正"，或者能借以识"性情之正"，或者能够兴起其"性情之正"。很显然，性情关系已经成为张栻解说《论语》中孔子《诗》论的立论基点与切入点。

总体而言，张栻立足其理学立场对《论语》进行了具有浓厚理学色彩的阐释。张栻对《论语》的思想资料阐发的过程，实际上就是赋予这些思想资料以理学意蕴、将《论语》纳入理学轨道的过程。可以说，《论语解》是张栻的解经之作，也是阐述其自身思想的理学著作。

① 《论语解》卷一，《为政》，《张栻集》，第11页。

王阳明一体之仁及其现代意义

韩星[①]

一 儒家天地人一体观

儒家的天地人一体观认为人类与天地及万物是一个有生命的整体。

在中国古代人的观念中，天与地是不同的，是各有功能、不可替代的，最典型的就是《易传》对天地本性的阐述。《易传》中《象》、《彖》、《文言》、《序卦》、《说卦》都以乾为天，坤为地。《象》强调乾坤两卦代表天地，提出"天行健，君子以自强不息"，以乾为天之运动的刚健性质，要求君子取法于天行的健动不止，在个人的修养方面自强不息；又提出"地势坤，君子以厚德载物"，以坤代表地的厚重顺承的性质，要求君子像大地一样，以博厚的德行待人待物。

又《彖》云："大哉乾元！万物资始，乃统天。云行雨施，品物流形，大明终始。六位时成，时乘六龙以御天。乾道变化，各正性命。保合大和，乃利贞。"乾者，天之功能也。孔颖达说："此乾卦本以象天"，"而谓之乾者，天者定体之名，乾者体用之称，故《说卦》云：'乾，健也。'言天之体以健为用。圣人作《易》本以教人，欲使人法天之用，不法天之体，故名乾不名天也。"这就是说，天道是一切的根源，万事万物，流变凝聚，成为万有品类的形质，都是它的功能。它是宇宙光明自始至终的能源。它的生长、发展、变化的过程，包含了六个位序，形成宇宙的作用，犹如六龙驾驭天体运行一样。由于乾道变化，万有物类各得性命，保持了与原初状态的和谐一致，这才更有利于贞洁的生命体。《彖》

① 韩星，中国人民大学国学院，教授。

云："至哉坤元，万物资生，乃顺承天。坤厚载物，德合无疆。含弘光大，品物咸亨。"古往今来万物赖地生长，坤体柔顺地承受了天道法则而资生万物，其德性正大而以至达到无边疆域，并含有弘博光明远大的功能，使万类都因此而亨通成长。

《序卦》云："有天地然后万物生焉……有天地然后有万物，有万物然后有男女，有男女然后有夫妇，有夫妇然后有父子，有父子然后有君臣，有君臣然后有上下，有上下然后礼仪有所错。"这就是说，天地间阴阳二气交合才能化生万物，有万物才能产生男女、夫妇、父子、君臣、上下、礼仪，万物离开天地就无法生存。

《系辞下》云："天地缊缊，万物化醇，男女构精，万物化生。"天地间阴阳二气交融，万物才能变化而完美；阴阳雌雄两性交合，万物才能产生变化。这就从男女两性交合衍生后代直观地得出天气与地气相交产生万物的思想，说明是把天和地看成性质不同而又可以和合的两体。

至于人，在天地之间是处于一个居中的地位，具有天地之性，能够沟通天地。人在天地之间的特殊性决定了只有人才能使天地人三者合为一体。对此，儒家学者多有论述。

《文言》说："夫大人者，与天地合其德，与日月合其明，与四时合其序，与鬼神合其吉凶。"这是从大人即圣人，即人格的最高理想和最终境界来论述人与天地的合一。

《郭店楚简》不仅强调天和天命，也很强调"地"的作用。如《语丛一》第12、14、6、7简云："有天有命，有地有形，有物有容，有尽有厚。有地有形尽，而后有厚。"第19简云："地能含之生之者。"说明天地之间的"生物"（有生命的存在，包括人在内）的生成都是天赋其命，地予其形，有天有地，两相合作的结果。《语丛一》："易，所以会天道、人道也"，这是最明确的"天人合一"思想的表述。

孟子有句名言："天时不如地利，地利不如人和。"（《孟子·公孙丑下》）把天地人放在一起进行讨论。他的"万物皆备于我"（《孟子·尽心上》）追求人与宇宙冥合为一的境界，实即人与万物为一体之意，只是有点宗教神秘的意思在里面。值得注意的是，从孟子开始大量出现了天地合言而与人对举，或单言天（包含并代替地）而与人对举的倾向。如孟子讲天人合一，即"尽心"、"知性"、"知天"，认为人的心性是沟通天人关系的桥梁，要求人以道德规范约束自己，扩充善端，来实现知天达命、天性与人性、天心与人心的统一。孟子又说："是故诚者，天之道也；思诚者，人之道也。"（《孟子·离娄上》）。然而，其内涵仍不失"三才"之意蕴，所以清人程瑶田说："诚者，实有而已矣。""天实有此天也，地实有此地也，人实有此人也。人有性，性有仁义礼智之德，无非实有者也。"[①] 说明"诚"是沟通天、地、人的"实理"而非虚言。

荀子有"礼三本"之说，《荀子·礼论》云：

> 礼有三本：天地者，生之本也；先祖者，类之本也；君师者，治之本也。无天地，恶生？无先祖，恶出？无君师，恶治？三者偏亡，焉无安人。故礼，上事天，下事地，尊先祖，而隆君师，是礼之三本也。故王者天太祖，诸侯不敢坏。

《大戴礼记》的文字和《荀子》相差无几："故礼，上事天，下事地，宗事先祖，而宠君师，是礼之三本也。"（《礼三本》）这样，就以礼统摄了"三才"，或者说是三才成为礼的本质特征。

《周易》积淀了深厚的原始文化观念，《易传》对这些观念作了更系统的总结和发展，尤其是对天地人一体的议论更显精当完备。《易传·系辞下》："《易》之为书也，广大悉备：有天道焉，有人道焉，有地道焉，兼之而两立，故云。六者，非它也，三才之道也。"这就是说，《易》这部书的内容之所以广大而完备，博大而精深，就因为它专门系统地研究了天、地、人三才之道。六画卦之所以成其为六画卦，就是由于它兼备了天、地、人三才之道而两两相重而成的。所以说，六画卦，并非是别的什么东西，而就是天、地、人三才之道。易卦以天、地、人三才作为基本内容，用六爻作为象征说明天、地、人三者及其关系。三才虽各有其道，但又相互联系而贯通。"道"就是规律和法则，通过卦画可以表现出来。它们交错成文，道一成而三才备，卦一成而六位备，由此可以穷尽世间所有的规律、运动或性命之理。

《易传·谦·象传》："天道方盈而益谦，地道变盈而流谦，鬼神害盈而福谦，人道恶盈而好谦。"通过对"谦"和"盈"的比较强调无论天地人乃至鬼神都会护佑有"谦"德的人。

[①] 阮元：《十三经注疏》上册，中华书局 1979 年版，第 77 页。

《说卦》论"三才之道"说:"昔者圣人之作易也,将以顺性命之理,是以立天之道曰阴与阳,立地之道曰柔与刚,立人之道曰仁与义,兼三才而两之,故易六画而成卦。"这是对天、地、人三才之道内涵的界定。所谓天道为"阴与阳",是就天之气而言的,指阴阳之气。所谓地道为"柔与刚",是就地之质而言的。所谓人道为"仁与义",是就人之德而言的,指仁义之德。而人道之所以为"仁与义",乃是由于人禀受了天地阴阳刚柔之性而形成的。"性"即万物的本性,"命"即事物发生、消亡的规定,"理"即天地万物的规律,"顺性命之理"就是指《易》的卦爻系统及其规则都是为了顺应人及万物的本性与规律。这就是说,《周易》通过六画成卦,还表达了阴阳、刚柔、仁义之理。依《易》之说,易的符号体系是根据天、地、人三才的关系建立起来的,其结构就生动地体现在卦象中。易每卦六爻,分天、地、人三位。其中初爻、二爻为地位,三爻、四爻为人位,五爻、上爻为天位。也就是说,易六卦,上面二爻为天,下面二爻为地,中间二爻为人,这样,就象征了人立天地之间,能够沟通天地,参而和之。

天地人一体的思想在帛书《易之义》与《二三子问》、《要》中也有明显的表现,不过是以易道与三才之道合言的。在《易之义》中,是易义与天义、地义、人义(文臣之义、武将之义)、物义合一。义犹道也。而在帛书《要》中尤为集中。《要》云:"易又(有)天道焉,而不可以日月生(星)辰尽称也,故为之以阴阳;又(有)地道焉,不可以水、火、金、土、木尽称也,故律之以柔刚;又(有)人道焉,不可以父子君臣夫妇先后尽称也,故要之以上下;又(有)四时之变焉,不可以万勿(物)尽称也,故为之以八卦。故《易》之为书也,一类不足以亟之,变以备其请(情)者也,故谓之易;又(有)君道焉,五官六府不足尽称之,五正之事不足以至之……不问于古法,不可顺以辞令,不可以志善。能者由一求之,所谓得一君(群)毕者,此之谓也。"天地人的阴阳、柔刚、上下、变化都用《易》的符号语言刻画描绘出来了,这似乎比《易传》阐释得更为详尽,贯穿了易道与天道、地道、人道合一的思维模式。

董仲舒论天地人一体云:

　　天地人,万物之本也。天生之,地养之,人成之。天生之以孝

悌，地养之以衣食，人成之以礼乐。三者相为手足，合以成体，不可
一无也。（《春秋繁露·立元神》）

意即天地人是一个相互联系、共生共养、和谐一体的生命系统。

张载在《横渠易说·系辞下》中明确指出："天人不须强分。《易》
言天道，则与人事一滚论之；若分则只是薄乎云尔。自然人谋合，盖一体
也。人谋之所经画，亦莫非天理。"这是说，天道与人道有共同点，所以
《周易》将天道同人事统而论之，天道的变化同人谋自然相合，人之经营
谋划皆顺从天理，此即天人一体。张载《西铭》的说法最为著名：

乾称父，坤称母；予兹藐焉，乃混然中处。故天地之塞，吾其
体；天地之帅，吾其性。民吾同胞，物吾与也。大君者，吾父母宗
子；其大臣，宗子之家相也。尊高年，所以长其长；慈孤弱，所以幼
吾幼。圣其合德，贤其秀也。凡天下疲癃残疾、惸（qióng 同"茕"）
独鳏寡，皆吾兄弟之颠连而无告者也。（《正蒙·乾称篇》）

张载继承《尚书·泰誓》"惟天地万物父母"的说法，将天地视作父
母，将人与人、人与物之间的阻隔全面破除，对天地人一体的境界作了形
象论述：乾坤就是天地，人与天地万物同处于一个无限的生命链条和整体
之中，同在天地乾坤之德的创生中同生共长，浑然无别。这样，塞乎天地
之间的阴阳之气即形成吾人之形体，而主宰天地之常理，即为吾人之本
性。人与人，人与物之间，犹如同胞手足，也如朋友同侪，彼此血肉相
连，痛痒相关，休戚与共，构成一种和谐共生的关系。这里的乾父坤母主
要是象征意义上说的，它并不是说天地就是人的父母，而是强调超越性的
天地对于人而言的根本意义，也就是它对于人的本体论意义。诚如朱子所
云："《西铭》首论天地万物同体之意，固极宏大。"嗣后，程朱理学、阳
明心学对"天地万物一体之仁"之说加以进一步深化。

程颐说："天地人只一道也，才通其一，则其余皆通。"（《程氏遗书》
卷十八）以道贯通天地人，即认为三者在道上是通而为一的。

陆象山说："儒者以人生天地之间，灵于万物，贵于万物，与天地并
而为三极。天有天道，地有地道，人有人道。人而不尽人道，不足与天地
并。"（《象山全集》卷二《与王顺伯》）

　　王阳明认为："夫圣人之心，以天地万物为一体，其视天下之人无外内远近，凡有血气，皆其昆弟赤子之亲，莫不欲安全而教养之，以遂其万物一体之念。天下之人心，其始亦非有异于圣人也，特其间于有我之私，隔于物欲之蔽，大者以小、通者以塞，人各有心，至有视其父子昆弟为仇雠者。圣人忧之，是以推其天地万物一体之仁以教天下，使之皆有以克其私，去其蔽，以复其心体之同然。"（《传习录中·答顾东桥书》）在王阳明看来，就"心"的本来面目而言，每个人与圣人一样，都是以天地万物为一体的，这种一体主要表现为相互之间的诚爱无私。

　　刘蕺山说："仁者以天地万物为一体，真如一头两足合之百体然。"① 这是一个形象生动的比喻，就是人们常说的"人体小宇宙，天地大人体"。

　　戴震把天文与人文分为"天文、地义、人纪"三纲，认为三者既有联系又有区别，既有合又有分，共处于文化宇宙的大化流行之中。他说："凡天之文、地之义、人之纪，分则得其专，合则得其和。分也者，道之条理也；合也者，道之统会也。"（《戴东原集》第八《法象论》）这就是说，天文、人文本为一文，天道、人道本为一道。古代圣贤仰观天文，俯察地理，中通人事，达到与天地合其德，与四时合其序。

　　"天地人一体"思想具有客观性、整体性、统一性与和谐性的特点，而这些特点是建立在朴素的系统哲学基础上的。

二　以人为主体

　　中国文化强调天地人一体，但人在天地之间又有特殊的地位。天地虽然创造了人，但没有人这天地又为何而存在？这样，中国文化又逐渐发展出以人为主体的传统。天人一体观重视人类生命活动的实践意义和社会意义，从而实现了人的主体性，表现出主体思想的特征。所谓主体思想，就是重视主体即人在天地之间的地位和作用，强调人作为主体在实现天地人一体方面能起到决定性作用。

　　《尚书·泰誓上》强调"惟天地万物父母，惟人万物之灵"。《诗经·玄鸟》有"邦畿千里，维民所止"之句，同书《绵蛮》有"绵蛮黄鸟，

---

　　① 黄宗羲：《宋元学案·横渠学案上》第1册，中华书局1986年版，第667页。

止于丘隅”之句。这些诗句所包含的意蕴长期以来没有被人们认识清楚。相传孔子曾经对这两句有独到的见解，他说：“于止，知其所止，可以人而不如鸟乎！”（《礼记·大学》）孔子的意思是鸟都知道选择可居之处而居住，人怎么能够不如鸟呢？朱熹曾经阐释孔子之意，指出孔子之语的意思是在反问“岂可人为万物灵，而反不如鸟之能知所止而止之乎？”（朱熹《四书或问·大学》上篇）朱熹的阐释是有道理的。由此可以推测孔子已经有了人为万物之灵的意识。《孝经·圣治章》中则借孔子的名义说：“天地之性，人为贵。”这句话中的“性”字，是“生”的意思。宋人邢昺解释说：“性，生也。言天地之所生，唯人最贵也。”“夫称贵者，是殊异可重之名。”（《孝经注疏》卷五）

《易传》强调人的道德主体性集中地通过与天地万物以及鬼神可以沟通的圣人体现出来。《易传·文言》上说：“夫大人者，与天地合其德，与日月合其明，与四时合其序，与鬼神合其吉凶。先天而天弗违，后天而奉天时，天且弗违，而况于人乎！况于鬼神乎！”这里的“大人”就是“圣人”，这在《孟子》中时或见之，《史记·索隐》引向秀《易·乾卦》注云：“圣人在位，谓之大人。”就是说，圣人与天地相融合并沟通天地，并参与天地之中，仿效天地，建立了一套类通天地的人间秩序；同时圣人又融汇进阴阳的相摩相荡之中，融入到天地的变化之中，成了宇宙整体的一部分。这样，圣人就与天地变化的精神（德）感而通之。《易传·系辞上》还指出：“圣人以神道设教”，“观乎天文，以察时变；观乎人文，以化成天下”。只有这样，才能达到“圣人感人心，而天下和平”的境地。

《荀子·王制》说：“水火有气而无生，草木有生而无知，禽兽有知而无义，人有气有生有知亦且有义，故最为天下贵也。”无道德礼义，人便与禽兽无异。荀子用比较的方法，从现象上说明了为什么天地万物中人最为贵的道理。《荀子·非相》讲人之所以为人者：“人之所以为人者，何已也？曰：以其有辨也。饥而欲食，寒而欲暖，劳而欲息，好利而恶害，是人之所生而有也，是无待而然者也，是禹、桀之所同也。然则人之所以为人者，非特以二足而无毛也，以其有辨也……夫禽兽有父子而无父子之亲，有牝牡而无男女之别。故人道莫不有辨，辨莫大于分，分莫大于礼，礼莫大于圣王。”所以，人类社会有礼义制度是区分人与动物的根本，也可以说是确立人的道德主体性的基础。

《礼记·礼运》认为：“人者，其天地之德，阴阳之交，鬼神之会①，五行之秀气也。”在天地万物之中，人有突出的价值，人是一个具有感性、能够创造、能够进行自我发展的万物之灵。

汉儒承继了这一思想，继续肯定“人为万物之灵”、“天地之性人为贵”的观念。董仲舒说：“天德施，地德化，人德义。天气上，地气下，人气在其间……故莫精于气，莫富于地，莫神于天。天地之精所以生物者，莫贵于人。”（《春秋繁露·人副天数》）“人受命于天，固超然异于群生……是其得天之灵，贵于物也。”（《汉书·董仲舒传》）人和万物都禀气而生，由于人禀精秀之气故而人为贵。桓谭在《新论·正经》中说：“人抱天地之体，怀纯粹之精，有生之最灵者也。是以貌动于木，言信于金，视明于火，听聪于水，思睿于土。五行之用，动静还与神通。”人为天地之间最为灵动的生物，因为人的感觉器官和道德行为高于其他万物。

周敦颐在《太极图说》中说：“二气交感，化生万物，万物生生，而变化无穷，唯人也得其秀而最灵。”邵雍说：“人之所以能灵于万物者，谓其目能收万物之色，耳能收万物之声，鼻能收万物之气，口能收万物之味。”（《皇极经世书·观物内篇》）“唯人兼乎万物，而为万物之灵。如禽兽之声，以类而各能其一，无所不能者人也。推之他事亦莫不然。唯人得天地日月交之用，他类则不能也。人之生，真可谓之贵矣。”（《皇极经世书·观物外篇》）人能够兼收万物之能，得天地日月之用，故可云为万物之灵，贵于万物。这是对人在天地万物之间尊贵地位的肯定。

张载认为要达到天人合一，必须尽人谋。《正蒙·诚明》云：“天能谓性，人谋谓能。大人尽性，不以天能为能，而以人谋为能。故曰‘天地设位，圣人成能。’”“天能”是说天地之所能，指气化万物，无心无为，自然而然，故称为“性”。“人能”是指人的思虑谋划。认为大人君子要发扬人的本性，即竭尽其思虑谋划，不以自然无为为自己的本能，此即《周易》所说的“天地设位，圣人成能”。其所谓“圣人成能”，即充分发挥人的主观能动性，以自己的聪明才智把握天道，经营万物万事，以成就天之所能，以救济天下之人，如《周易》所说的“知周乎万物而道

---

① “鬼神之会”是指形体与精神的会合。如唐孔颖达解释说：“鬼谓形体，神谓精灵。《祭义》云：‘气也者，神之盛也；魄也者，鬼之盛也’，必形体精灵相会，然后物生，故云‘鬼神之会’。”（孔颖达《礼记正义》卷二十二）

济天下"。显然，张载相当看重人为，强调人不仅应该尽天职，还需要尽人谋，以补天地之不足。这也就是张载所谓："天地设位，圣人成能。圣人主天地之物，又智乎万物而道济天下，必也为之经营，不可以有忧付之无忧。"（《横渠易说·系辞上》）"圣人主天地"，即圣人心怀"忧患"，努力"经营"，依据天地万物的性能及其变化规律，在与天地万物并立一体的情况下主持之。这样，"主天地"三字，就把张载天地人一体，人为主体的精神淋漓尽致地凸显出来了。张载提出"为天地立心"的命题就是在天地人一体和谐的构架中贯通天道、地道与人性，强调人对天地万物的主动性、能动性和主体性。"天地之心"就是仁心，儒者只有弘大其心才能真正"为天地立心"。

陆九渊提倡人在天地之间要"自立"，要认识自己，实现自己，就是要提高人在天地之间的地位。"天地人之才等耳，人岂可轻，'人'字又岂可轻！""上是天，下是地，人居其间。须是做得人，方不枉。""宇宙之间，如此广阔，吾身立于其中，须大做一个人。"（《语录》，《象山全集》卷三十五）在陆九渊心学中，"天"、"地"、"人"都是有生命的存在。"天"，"位乎上而能覆物"；"地"，"位乎下而能载物"；"人生天地间，灵于万物，贵于万物，与天地并而为三极"。"位乎上而能覆物"是"天"之才；"位乎下而能载物"是"地"之才；"灵于万物，贵于万物"是"人"之才。故曰"天地人为三才"，"天地人之才等耳"。

王阳明认为，"人者天地万物之心也，心者天地万物之主也。心即天，言心则天地万物皆举之矣。"（《答季德明》，《阳明全书》卷六）这里以心为天，突出了人的主体地位，表现了人的主动性、能动性，强调要实现人与天地万物一体的理想，就必须充分发挥人的主观能动作用。王阳明进一步向他的弟子解释说："天没有人的灵明（心）谁去仰它高？地没有人的灵明（心）谁去俯它深？鬼神没有人的灵明谁去辨它吉、凶、灾、祥？"意思是说，如果没有人心和人的思维，就不会存在天高地深的观念，也不会产生关于鬼神的吉、凶、祸、福的思想。正是在这一意义上，王阳明说："充塞天地之间，只有这个灵明（心）。"（《传习录》下，《阳明全书》卷三）"所谓天地万物一体境界，靠灵明之心来实现，如果没有这个灵明，天地万物就失去了主宰。"[1] 也正是在这一意义上，王阳明认

---

① 蒙培元：《理学范畴系统》，人民出版社 1989 年版，第 444 页。

为人是天地宇宙的主体。

朱熹发挥《荀子》"水火有气而无生，草木有生而无知，禽兽有知而无义，人有气有生有知亦且有义，故最为天下贵也"一段云："天之生物，有有血气知觉者，人兽是也；有无血气知觉而但有生气者，草木是也；有生气已绝而但有形质臭味者，枯槁是也。是虽其分之殊，而其理则未尝不同；但以其分之殊，则其理之在是者不能不异。故人最为灵，而备有五常之性，禽兽而昏而不能备，草木枯槁则又并与其知觉者而亡焉。"（《文集》卷五十九《答余方叔》）这就进一步探讨了天地之间人之所以尊贵的原因，即人具有禽兽草木所没有的知觉和道德。

清初黄宗羲继承了王阳明"充塞天地之间，只有这个灵明"的思想，提出了"盈天地间皆心也"的命题，认为离开了人心，无所谓"物"，"物"总是与心联系在一起的物。他说："盈天地间无所谓万物，万物皆因我而名。"山川、河流、森林、沙漠，都是因为有了人，它们才有了相应的称呼。如果没有人的存在，宇宙间的一切事物就只是一团混沌的空寂物。这就突出了人在天地之间的独特地位与作用。

清代戴震也肯定人的价值，他说："卉木之生，接时能芒达已矣；飞走蠕动之俦，有觉以怀其生矣；人之神明出于心，纯懿中正，其明德与天地合矣……是故人也者，天地至盛之征也，唯圣人然后尽其盛。"（《原善》卷中）人有知觉，有道德，是天地之间最高等的生物。

儒家强调人在天地之间的主体地位并不是人类中心主义。人类中心主义总是作为一种价值和价值尺度而被采用的，它是要把人类的利益作为价值原点和道德评价的依据。人类中心主义实际上就是把人类的生存和发展作为最高目标的思想，它要求人的一切活动都应该遵循这一价值目标，以人对自然的全面控制与利用为标志的现代生活方式，及其在世界范围内的普及与发展。儒家强调人在天地之间的主体地位主要强调人在尊天重地前提下人的尊贵性和主动性、能动性。儒家人的主体性从根本上说是禀受"天地生物之心"而成的仁性，而不是由"自我意识"所决定的"自我"。人之为主体是"人为天地立心"的主体，而不是"人为自然立法"的主体。其基本特征是承认天地万物都有其内在的生命价值，但也承认人与天地之间的万物有差异，这种差异形成了一个层级，人的价值必须通过人这一德性主体的道德实践活动得以实现。人的价值的实现与天地万物的存在与发展不但不矛盾，而且是相反相成，相互促进，和谐共生的。

三 如何做到与天地万物为一体?

如何做到与天地万物为一体? 答曰: 感通。

什么叫做感通? 就是不需要任何外在机制就能心心相印, 息息相通。有一句古诗叫"身无彩凤双飞翼, 心有灵犀一点通"。这个灵犀是什么? 就是人的一种情感。心意感通机制具有两个方面的逻辑, 一是将心比心; 二是以心换心。在中国思想中, "感"的概念最初源自《周易》的"咸"卦, "《易》之咸, 见夫妇"。《易传·咸·象传》: "咸, 感也; 柔上而刚下, 二气感应以相与……天地感, 而万物化生。圣人感人心, 而天下和平。观其所感, 而天地万物之情见矣。"可见, "咸"最初是对男女性感的指称和说明, 随后被泛化为宇宙事物的普遍规定, 并提出"圣人感人心而天下和平", 从男女之感同时推出了"天下之和"。《易传·系辞上》: "《易》无思也, 无为也, 寂然不动, 感而遂通天下之故。"朱熹注说: "无思、无为, 言其无心也。寂然者, 感之体。感通者, 寂之用。人心之妙, 其动静亦如此。"无心之感, 其实是一种身心相融、物我两忘, 人与天地万物浑然一体的状况。《论语·述而》: "我欲仁, 斯仁至矣。"每个人都可以在自己生命内部找到价值的泉源——仁, 借以确立自我的主体性。而"仁"又以"感通"为本性, 有此内心真诚的感动与感通, 人不仅能自我觉醒, 认识自己、悦纳自己, 也能觉察别人的感受与需求, 进入他人的心灵, 产生相应的尊重与关爱。后来宋明儒者发展孔子的思想成"一体之仁", 强调"仁者"不仅与人类社会感通, 而且也与天地万物感通。张载在《正蒙·太和篇》中提出: "感而后有通, 不有两则无一。"在《西铭》中他认为人和天地万物从本源上说也是一体的: "天地之塞吾其体, 天地之帅吾其性。民吾同胞, 物吾与也。"我们人与万物同在天地乾坤之德的创生中, 同生共长, 浑然无别。天地之性就是我(人)之本性, 天地间阴阳之气即形成我(人)之形体, 天人本一体。人与人, 人与物之间, 犹如同胞手足, 也如朋友同侪, 彼此血肉相连, 痛痒相关、休戚与共。

程颢说: "医书以手足痿痹为不仁, 此言最善名状。仁者以天地万物为一体, 莫非己也。认得为己, 何所不至; 若不属己, 自与己不相干。如手足之不仁, 气已不贯, 皆不属己。"(《河南程氏遗书》卷二)医学上通常说人的手足麻木不仁，意思就是指手足与己无干。人得了痿痹病，就表现为手足麻木不仁，觉得手足与自己没有关系。反之，仁爱则是指手足与己相干而为一体。具有仁爱之德的人与天地万物的关系与此非常相似，凡有"仁"德的天性的人都能与天地万物（既包括人，也包括物）密切相干而为一体，能够体现仁爱的人能够与天地万物感通，把天地万物看成是与自己息息相关的有生命力的整体，把天地万物看成是自己的生命的一部分，故能爱人爱物，如同爱己。程颢以"手足痿痹为不仁"取譬，旨在强调仁的特质在于感通。有此感通，人与天地万物相互连属，成为一体，而天地万物也成为自己的一部分，不可分割。无此感通，就如同手足麻木不仁，吾人不会感到麻痹的手足是自身的一部分。

如何与天地万物感通？答曰：心（良知）。

王阳明对心的理解具有宋明儒的共同特征，如他说："理一而已，以其理之凝聚而言则谓之性，以其凝聚之主宰而言则谓之心，以其主宰之发动而言则谓之意，以其发动之明觉而言则谓之知，以其明觉之感应而言则谓之物。"（《传习录》中）这里的心就涵括了性、知、意等方面的含义。但作为心学家，王阳明更多地站在心性合一的立场理解心的内涵，认为心即"本心"或"心之本体"。关于心之本体（阳明又称"心体"）的内涵，王阳明有多种界说，但具有实质性规定的主要包括三个方面，即"良知"（或"知"）、"天理"、"性"是心之本体。以天理、性为心之本体是二程以来宋明儒的共识，王阳明对其加以继承；以良知为心之本体则是王阳明在孟子的基础上的创新。在这三者之中，王阳明又以良知为心之本体的首要的、最基本的规定性。有学生问："知如何是心之本体？"王阳明说："知是理之灵处。就其主宰处说，便谓之心，就其禀赋处说，便谓之性。孩提之童无不知爱其亲，无不知敬其兄，只是这个灵。"（《传习录》上）"知"即是良知，在王阳明看来，理、性、良知皆指心之本体，内容相同，不过，良知是理（或性）之"灵处"，只是因为有良知灵明主宰的功能，心之本体才表现出爱亲敬兄的道理。在王阳明看来，良知最根本的特征是具有一种觉察感知的能力，主要表现在两个方面：一是能对外在事物进行感知并作出反应。王阳明曾说："知是心之本体。心自然会知，见父自然知孝，见兄自然知弟（悌），见孺子入井自然知恻隐，此便是良知，不假外求。"（《传习录》上）当见到父亲、兄长时，或见到小孩掉到井里时，良知自然能进行感知，即能"知孝"、"知弟"、"知恻隐"。

二是良知能对内心的意念进行觉知、判断。王阳明说："凡意念之发，吾心之良知无有不自知者。其善欤，唯吾心之良知自知之，其不善欤，亦唯吾心之良知自知之。"（《大学问》，《王阳明全集》卷二十六）良知不但能清楚察觉意念的发动，而且能对意念的是非善恶作出判断，这就是良知对内心意念进行觉察感知的功能。

良知的觉察感知能力不同于知识论中认知主体的认知能力，而是一种直觉，是一种具有创生性的感通力量。这种感通能力可以说是感应无外，无限广大。王阳明在《大学问》中说：

> 大人者，以天地万物为一体者也：其视天下犹一家，中国犹一人焉。若夫间形骸而分尔我者，小人矣！大人之能以天地万物为一体也，非意之也，其心之仁本若是其与天地万物而为一也。岂惟大人，虽小人之心亦莫不然，彼顾自小之耳。是故见孺子之入井，而必有怵惕恻隐之心焉，是其仁之与孺子而为一体也；孺子犹同类者也，见鸟兽之哀鸣觳觫，而必有不忍之心焉，是其仁之与鸟兽而为一体也；鸟兽犹有知觉者也，见草木之摧折而必有悯恤之心焉，是其仁之与草木而为一体也；草木犹有生意者也，见瓦石之毁坏而必有顾惜之心焉，是其仁之与瓦石而为一体也。是其一体之仁也，虽小人之心亦必有之。是乃根于天命之性、而自然灵昭不昧者也，是故谓之"明德"。

这就是说"大人"是这样一种境界，就是"以天地万物为一体"；而之所以可能达到这种境界，乃是出于"其心之仁"的显现，全然无私利计较之意。而这个仁心，人人固有，只是小人因躯壳的自我限定，蔽于私欲，不能时时呈现仁心的感通的作用，所以有物我之分，而无一体之感。虽然如此，当仁心一旦真实呈现时，感通之情油然而生。故见孺子入井，恻隐之心自然流露，思以救之，不救则心不安。由此而言，恻隐之心已与孺子相感通，成为一体，孺子之伤痛即我之伤痛。同样地，人见鸟兽、草木与瓦石不得其生、不得其所，也会有不忍、悯恤、顾惜之心。也就是说，人通过这些感应活动就与鸟兽、草木、瓦石成为一体。

这种感通能力是人的主体性的体现。阳明说：

> 盖天地万物与人原是一体，其发窍之最精处是人心一点灵明。风

雨露雷、日月星辰、禽兽草木、山川土石与人原只一体，故五谷禽兽之类皆可以养人，药石之类皆可以疗疾，只为同此一气，故能相通耳。人的良知就是草木瓦石的良知。若草木瓦石无人的良知，不可以为草木瓦石矣。岂惟草木瓦石为然，天地无人的良知亦不可为天地矣。

阳明认为，天地万物已进入人的生活的领域，与人的生活息息相关，不可须臾相离，风雨露雷、日月星辰、禽兽草木、山川土石本是自在之物，但作为人生存的条件，已与人类生活融为一体。所谓"人心一点灵明"是其发窍之最精处，意即人的良知对天地万物的关照。"以五谷养人"、"以药石疗疾"则体现了"人心的灵明"对自然之物的利用，这是人与万物的一体和谐共生的充分体现。阳明还说："夫人者，天地之心。天地万物本吾一体者也。生民之困苦荼毒，孰非疾痛之切于吾身者乎？不知吾身之疾痛，无是非之心也。"（《传习录》中）可见，正因为人是天地之心，人才可以与天地万物一体同感；正因为天地万物本来与我就是一体，所以人能够感知吾身即天地万物的疾痛，所以也就有"是非之心"。这里的"是非之心"就是良知。要言之，良知即是以天地万物为一体之仁心。只有"致良知"，天地万物为一体才能真正实现。

阳明还将此感通能力作为道德实践的原动力，以此契接孔子的生命。阳明对孔子有如下的感悟："然而夫子汲汲遑遑，若求亡子于道路，而不暇于暖席者，宁以蕲（qí）人之知我信我而已哉？盖其天地万物一体之仁，疾痛迫切，虽欲已之，而自有不容已。故其言曰：'吾非斯人之徒与而谁与？''欲洁其身，而乱大伦。''果哉末之难矣！'呜呼！此非诚以天地万物为一体者，孰能以知夫子之心乎？"同时，阳明也以感通来描述自我生命的存在处境："仆诚赖天之灵，偶有见于良知之学，以为必由此而后天下可得而治。是以每念斯民之陷溺，则为之戚然痛心。忘其身之不肖，而思以此救之，亦不自知量者。天下之人见其若是，遂相与非笑而诋斥之，以为是病狂丧心之人耳。呜呼！是奚足恤哉？吾方疾痛之切体，而暇计人之非笑乎？"阳明更真切地疾呼："呜呼！今之人虽谓仆为病狂丧心之人，亦无不可矣。天下之人心，皆吾之心也。天下之人，犹有病狂者矣，吾安得而非病狂乎？犹有丧心者矣，吾安得而非丧心乎？"（《传习录》中）孔子与阳明，先圣后圣，其揆一也，都"以天地万物为一体之仁"心与天地万物感通，彰显儒家悲天悯人的仁者情怀和保合太和的理想境界。

结　语

王阳明一体之仁的思想是对儒家天地人一体观和与之相关的以人为主体思想的集中表达，是儒家仁者爱人的人道精神的集中体现，他对儒家仁爱思想的深化和拓展，在中国思想史上有非常重要的贡献。

当今世界，随着科学技术的发展，人类征服自然的能力极大提高，人类为了满足自己的欲望，贪婪地向大自然索取，移山填海，上天入地，乱砍滥伐树木，乱捕滥杀饕餮野生动物，无所不用其极。其结果导致人与自然的关系日益紧张，近几年来，各种自然灾害已在很多国家和地区相继发生，森林变成了荒川，绿洲变成了沙漠，气候异常，沙尘暴、泥石流、地震、飓风、海啸接踵而至，许多珍奇动物灭绝，生物链条遭到严重破坏，给人类带来了极大的灾难，已经严重地威胁到人类的生存和发展。

人类不能把自己当做万物的主宰，任意破坏和掠夺自然资源，要仁爱万物，视万物为自己身体的一部分，如王阳明"万物一体"说所述，在对待万物时，内心应该产生"不忍人之心"、"怜恤之心"和"顾惜之心"，以"一体之仁"对待万物，使物物各就其位，各得其所，从而达到人与自然的和谐。人与自然的统一和谐从最终意义讲，即保护环境、保护自然，也就是保护人类自身。我们应该认识到，人类从大自然那里已经获取太多，应该抱着一颗感恩的心去保护它。今天，王阳明"与天地万物为一体"的思想越来越显现出它的智慧和现代价值，值得我们重视和弘扬光大，为当今和谐社会建设和生态文明建设提供宝贵的思想资源。

宗教思想史研究

孔子的宗教思想

张茂泽[①]

引 言

何谓宗教思想？"孔子的宗教思想"一词能否成立？这需要首先讨论。

我们可以从哲学角度看孔子的思想，讨论孔子的哲学思想；同理，也可以从宗教角度看孔子的思想，讨论孔子的宗教思想。

欧洲学界有神学思想、宗教哲学、宗教学（如宗教社会学、宗教心理学）等词语。"宗教思想"一词在汉语里也是新词，它所涉及的内容应当将神学、宗教哲学思想、宗教学思想都包含在内。国内著名宗教学者吕大吉定义宗教有四个基本要素：宗教组织、宗教行为、宗教情感、宗教观念。他所谓宗教观念就包括宗教教义和宗教观、信仰观等，他还提出了"宗教学说"概念，著有《西方宗教学说史》一书。本文所谓宗教思想，和"宗教观念"、"宗教学说"词义接近，包括三个方面的内容：宗教教义、对宗教和信仰的看法，以及人们对寻求安身立命之所、求证信仰或信念历程的反思。

据此，中国历史上的宗教思想内容有三个大的方面：

一是天（或神）人关系观，讨论信仰对象和人的关系，属于宗教教义的基本内容。只要有宗教，就必有天人关系观念。

二是宗教观，是人们对宗教现象、宗教史、宗教的结构、性质和作用等的认识，涉及宗教学、宗教哲学、宗教史、比较宗教学、教派关系、宗教人类学、宗教社会学、宗教心理学、宗教教育学等思想；信仰观也包括

---

① 张茂泽，西北大学中国思想文化研究所，教授。

在内。只有在宗教产生后，才可能出现宗教观；在宗教发展、分化后，才有自觉的宗教观。早期的宗教思想总是以天人关系观为主；越到近现代，宗教观就越占据显要地位。

三是历史上人们对求证信仰或信念，解决人生终极关怀问题的人生活动的反思。马克思说："每一个人都应当有可能实现自己的宗教需要，就像实现自己的肉体的需要一样，不受警察干涉。"不过和资产阶级只是"容忍各种各样的宗教信仰自由"不同，"工人党却力求把信仰从宗教是妖术中解放出来"①。马克思肯定人都有肉体需要一样的追求安身立命之所的精神需要或宗教需要，有求证自己信仰或信念的人生追求，只是要摒弃"宗教妖术"而已。所以，凡从终极关怀角度讨论人生，即从永恒、无限、绝对、普遍、必然等方面刻画可信对象的特征，以及讨论现实的人们应如何认识、信仰其对象，提升自己以与信仰对象接近，如何践行、传播其信仰，以使整个社会和信仰对象接近等的思想，也属于宗教思想范围。

上述第二、三两个方面的宗教思想，并不局限于历史上各种宗教的思想范围，而是涉及历史上每一个思想家。可以肯定，历史上精致的宗教的教义固然包含了天人关系内容，但非宗教的学术思想也可能思考这方面的问题，使自己不完全具备宗教组织、崇拜仪式等宗教形式，却具有宗教性因素，能够满足人们的宗教需要，起到宗教的作用。中国历史上的儒学正是这方面的代表。孔子作为儒家学派的创始人，不是某一宗教的教主，他也可以有其宗教思想，就像马克思不仅有批判宗教的宗教观，还有肯定人们固有宗教需要的宗教观或信仰观一样。

儒学是不是宗教？近现代以来，国内外学人见仁见智。德国哲学家黑格尔早已注意到中国古代哲学思想和宗教思想之间互相纠缠的特点，他写道："我们所叫做东方哲学的，更适当地说，是一种一般东方人的宗教思想方式——一种宗教的世界观，这种世界观我们是很可以把它认作哲学的。"② 西方汉学家的看法互不相同，比较持平的意见是，从超自然神灵

---

① 马克思：《对德国工人党纲领的几点意见》、《哥达纲领批判》，《马克思恩格斯全集》第19卷，人民出版社1963年版，第34页。

② ［德］黑格尔：《哲学史讲演录》第1卷，贺麟、王太庆译，商务印书馆1997年版，第115页。

信仰看，儒学无超自然教义作为其教化象征，不是完全神学意义上的宗教①。其实，国内学者从学术思想史角度对此已经作了不少论述。如萧萐父、许苏民著《王夫之评传》第七章，以"宗教思想"为题，专门对王夫之的天命观、鬼神观、佛道观进行讨论②。饶宗颐曾谈到儒道两家是中国传统文化的"宗教思想基础"③。他还著有《中国宗教思想史新页》，讨论儒释道三教的关系。20世纪80年代开始，国内著名马克思主义宗教学者任继愈公开提出儒学不仅是哲学，而且由于封建自然经济、大一统政治等的制约，儒学逐渐宗教化，演变成为儒教。他的看法引起学界很大的争议。我认为，从学术研究角度看，任继愈的看法对于我们进一步研究儒家的宗教思想史是有许多启发的④。上述例子说明，先悬置儒学是否是宗教的定性问题的争论，从历史材料出发，站在宗教思想史角度研究儒学思想，讨论儒家的宗教思想史，用历史上的具体材料说明儒学和宗教信仰的内外联系，不仅可以尝试，而且是非常必要而紧迫的学术工作。

向前追溯，近代以来，受西学冲击，儒学是否应强化其宗教性，也早有争议。康有为有见于欧洲宗教对于近代化和社会和谐的积极作用，并注意到基督教在近代中国的迅猛发展，佛教也致力于近代化，因此在《孔教会序》里明确提出要搞孔教；但他也注意到，他所谓孔教，不同于基督教、伊斯兰教、佛教等神道教，而是"人道教"。蔡元培、胡适、冯友兰等则针锋相对，分别提出"以美育代宗教"、"以哲学代宗教"等命题，反对将中国文化宗教化；这一思潮，最终发展成为"非基督教运动"⑤。改革开放以来，国内外学人逐渐摆脱中国文化是否应该宗教化这一价值性很强的判断，并认识到这一客观事实：由于儒学在古代中国以至东亚地区长期占据精神世界的主导地位，研究孔子等儒家如何解决人的安身立命问题或精神家园问题，乃是有世界意义的课题。1988年，杜维明提出："如何把《论语》中所蕴藏的'终极关切'展现出来，是阐发儒家宗教性必

① ［美］杨庆堃：《中国社会中的宗教》，范丽珠等译，上海人民出版社2007年版，第225页。

② 萧萐父、许苏民：《王夫之评传》，南京大学出版社2002年版，第496—553页。

③ 饶宗颐：《预期的文艺复兴工作》，载杨振宁、饶宗颐等《中国文化与科学》，江苏教育出版社2003年版，第7页。

④ 张茂泽：《任继愈的儒教观及其宗教思想史意义》，载《人文杂志》2009年第5期。

⑤ 参见张茂泽《中国思想文化十八讲》，陕西人民出版社2008年版，第4—10页。

须通过的学术课题。"① 放眼世界几大文明体系，总结古代中国宗教思想的成绩，特别是提炼出长期占主导地位的儒家宗教思想的特色，为建设中华民族共有精神家园提供有现实意义的思想资源，成为当前学术界的迫切要求。

事实上，孔子讨论到了一些问题，如"天命"、"鬼神"等问题，他参加祭祀活动，"祭如在，祭神如神在"（《八佾》）等等。这些都非哲学思想或科学思想所能包容、所能道尽其中委婉曲折。因为哲学是理性认识活动的收获，主要是通过逻辑推理考察世界的本原（根源、根据和归宿等），并讨论如何认识此本原。科学则用归纳或演绎方法考察经验世界的事实，总结自然的因果联系。天命鬼神等问题却涉及人的信仰或信念对象，涉及人在信仰或信念下的修行实践活动，显然应该划入宗教思想史的研究范围。从这一点看，孔子的修养观、礼仪观等，宗教思想意义都大于哲学思想意义，其人性论、教化观等也有浓郁的宗教思想色彩。

在国内外学界，不少学者已经从哲学史或思想史角度探讨过孔子的天命观、鬼神观、礼仪观、修养观，也有学者讨论过孔子的宗教观或宗教思想②。本文以《论语》为本，希望在中西宗教比较视野下，勾勒出孔子改造传统宗教思想取得的成绩，揭示其宗教思想的结构、要点和特色。

一　宗教观

在孔子的宗教思想中，与宗教观有关联的是他的教化观，如"有教无类"（《卫灵公》）的教化对象原则、因材施教的教化方法、"君子德风"（《颜渊》）的教化规律认识、人口生产（"庶矣"）和经济生产（"富之"）基础上的德教或礼教（"教之"）治国观（《子路》）等，特别强调发挥政府的教化职能，注意政府官员提高修养对教化工作的积极意义。孔子重视理性的教育，而非传教；师友、师生论学，自然形成学派，而非构

---

①　［美］杜维明：《孔子：人的反思》，《国际孔学会议论文集》，国际孔学会议大会秘书处，1988 年。

②　国内以孔子宗教思想为名进行讨论的论文有：宇汝松《孔子宗教观浅议》，《孔子研究》2007 年第 5 期；罗建新《孔子宗教信仰新论》，《太原师院学报》2007 年第 6（2）期；欧阳祯人《孔子的宗教思想研究》，载王中江、李存山主编《中国儒学》第 3 辑，中国社会科学出版社2008 年版。

建教会；这和他将自己定位为学者或教师而非教主、救主有关。孔子教化观奠定了儒家教化观的基础。

孔子确立了儒家信仰观的大纲。从宗教思想角度看，儒家所谓"信"不只是道德规范，还应该有道德规范的基础——信仰或信念的意义，在后一意义上，孔子说"笃信好学"（《泰伯》）。私淑于孔子的孟子说："有诸己之谓信。"（《尽心下》）在儒家看来，"信"德是人的天赋，也是后天修养有得的收获；作为言行活动规范，通过内在诚信修养而与最高信念紧密相连；信仰观和天命观、修养观不可分割。孔子讲修养，主要是指学习（《学而》）、克己（《颜渊》）等理性的实践活动，修养对象是自己，称为"修己"，标准是礼、仁等构成的"道"，社会实践目的在"安人""安百姓"（《宪问》），这就使"信"变成让现实的人成为理想的人、使现实的社会成为理想的社会的学问之一。将"信"问题的解决交给理性的人文学术活动，可谓信学。在孔子那里，"信"这样的收获，是人现实生活的基本条件。孔子"人而无信，不知其可"（《为政》）说，可理解为：信义、诚信、信念等，乃人之所以为人的必要条件；"笃信好学，守死善道"（《泰伯》）说则将信仰和理性的学习实践活动结合起来，信仰对象是理性求证的"道"；以"学而时习"的收获为诚笃信念的基本内容，以"安"为信念诚笃的心理特征，快乐而自信是这种心理特征的表现；其社会功能在于建立和维护社会规范，保障社会和谐，让个人讲诚信，不迷信；人们理性认识中的谦虚向学和人生实践、社会历史确证以后的诚笃信念不矛盾。

具体内容还有：（1）理想人格观：依人生境界高低而有不同层次。在孔子看，圣人尧是最高理想人格的代表。他感叹："巍巍乎！唯天为大，唯尧则之"（《泰伯》），只有尧才能高明地效法天，与天为一；崇高的理想人格可以激发人的神圣使命感，这体现出孔子人生观的理想主义风格。孔子还提出了一些较低层次的理想人格，如"不忧"、"不惑"、"不惧"（《子罕》）的仁者智者勇者，如"博之以文，约之以礼"（《雍也》）、"怀德怀刑"（《里仁》）、胸怀坦荡（《述而》）、"无适无莫"（里仁）、"和而不同"（《子路》）的君子等，作为达到圣人境界的修养阶梯。（2）崇高的文明历史使命感：孔子创造性地将"天命"和文明史结合，将它们的具体内容落实为文明的建设和繁荣，体现在孔子一生中，就是他志道、闻道、行道等活动隐含的以复兴和发展三代文明为己任的历史使命感①；这种历史使命感的具体内容则由优秀历史文化传统（"文"）来充实和丰富。"人能弘道"（《卫灵公》）说则从人的主体性根据方面肯定了人能完成文明历史使命。（3）为理想献身的人生观：在理想人格感召下，在文明历史支持下，树立为远大理想献身的人生观，充满"闻道可死"（《里仁》）、"杀身成仁"（《卫灵公》）的豪迈情怀，洋溢着为道而生、为道而死的宗教精神，启发、激励和吸引了无数中华民族精神家园的建设者。

二 "知天命"

孔子宗教思想主要集中在天人关系观上。在儒家那里"天"即天命，"人"指个人和社会群体，"礼"被认为是源于天命的人类社会活动规范，礼和人的内在德行修养一起，沟通天人关系。孔子明确说："不知命，无以为君子也。不知礼，无以立也"（《尧曰》），肯定"知天"、"知礼"等宗教色彩很浓的修养是儒家理想人格的基本修养；"天命"论和"礼"论也就构成儒家宗教思想的核心内容。

在儒家宗教思想中，"天命"观讨论信仰的对象，占据了中心位置。孔子遵从习俗，肯定"天"有主宰世界的能力，能给世人降罪（《八佾》："获罪于天，无所祷也"）、"丧"害世人（《先进》："天丧予"）、"弃绝"世人（《雍也》："天厌之"）、决定世人生死富贵（《颜渊》：子夏说："死生有命，富贵在天"）、"丧斯文"或不"丧斯文"（《子罕》）；天有微弱人格色彩，有一定的超自然超人间意义，但他也认为天就是"四时行焉，百物生焉"（《阳货》）的大化流行；天能"生德"（《述而》）于人，使世人天性"直"（《雍也》）。天就是自然运动，没有人格色彩。

"命"表面上指命运，即"天"主宰或运动的过程和结局在人类社会的表现，非人力所能左右。孔子谈到两种命运：一是"天"决定人长寿或夭折、生或死。如孔子的弟子伯牛，得了某种不治之症；孔子最欣赏的弟子颜回，"短命"而夭折等。他遵从习见，将富贵还是贫贱、健康长寿

---

① "周监于二代，郁郁乎文哉！吾从周。"（《八佾》）"久矣吾不复梦见周公。"（《述而》）"文王既没，文不在兹乎？天之将丧斯文也，后死者不得与于斯文也；天之未丧斯文也，匡人其如予何？"《子罕》。

还是疾病夭折等个人遭遇都归于命。[①] 二指文明能否发展，人"道"能否实现，人的使命能否最终完成等文明事业的成败结局。(《宪问》："道之将行也欤，命也。")如孔了尽自己最大努力"弘道"，但最后结果，并不符合自己的主观愿望。

在孔子那里，"命"还有隐含意义，即人的使命。它源于天的自然生成，如"天生德于予"之类；它不是事实上的人生际遇或事业成败结果，而是人人具备，还没有经验现实的可能，是人没有完成但应努力完成而且可以完成的；它对于人生有普遍必然的指导和规范作用，是人生意义和价值的源泉、标准和主体。人的使命所代表的天命，上天没有预定结果，需要人后天学习、克己，通过了解文明进程等理性的修养活动来争取。孔子宗教思想的重大创新在于，围绕人的使命，以"知命"说为中心，发展出一套人学的宗教思想系统。其中，孔子特别注重人成为真正的、理想的人的使命，各诸侯国"为政以德"的使命，人类文明发展繁荣、"天下有道"的使命等。儒家天命观的要旨正在于使人成为理想的人、社会成为理想的社会树立神圣使命感。

孔子对"天命"，除传统的承认、尊重、敬畏外，创造性地提出了"知天命"说。他自己"五十而知天命"(《为政》)，断定"不知命，无以为君子"(《尧曰》)。将天命纳入理性认识对象，开创了中国宗教思想的人文理性新方向。需要注意，能纳入理性认识对象的天命，和主宰人富贵贫贱、生死寿夭的命运有别；后者不能为人的理性所认识，只能用某种神秘方法直观猜测，即占卜算命。孔子所谓"知"是理性认识还是直观猜测？换言之，是理性认识人的使命还是直观猜测预定的宿命？这是一个问题。后儒或将天命和阴阳五行说相联系，试图依靠占卜算命来破晓命运的奥秘；或将天命和人称为理想的人，与推动社会和谐、文明繁荣的人的使命相联系，分别走了迷信和理性两条不同的道路。孔子赞成哪一种倾向？可以肯定，孔子并不是算命先生。他自己学而不厌，下学上达，非常理性，并不重视算命，也未见其谈及算命；对于预测命运，他确实"罕言"(《子罕》)。联系孔子"务民之义"(《雍也》)的风格看，孔子所知的天命不能是主宰人间祸福的超自然超人间力量，"知天命"也不能是对

---

① 东汉时的王充对此已有准确认识，认为"命"不过就是"自然之道"中的偶然性而已。见王充《论衡·偶会》和《命义》诸篇。

超自然力量的神秘认识，应该指认识内在于人的、人能够认识掌握的天命，即理性地认识上天赋予人的特别使命；上天赋予人使命的形式既有"天生"，也有文化历史影响和自己后天的理性修养，其实就是自然的产生、形成、演变和发展过程；这种天命的具体内容被孔子断定为和人性相关的"德"，断定为和文明史相关的"与于斯文"（《子罕》）等。展开来，就是通过学习、克己等理性修养活动，将自己的天赋发挥出来，变成现实，推动社会和谐、文明繁荣，这就是人的天职。而所谓"知"，也不只是认识，还包括实践在内，是认识实践相统一的理性认识过程。

对于不能理性认识的神秘天命，孔子特别提到"不受命"。《论语》记载，子曰："赐不受命，而货殖焉，亿则屡中。"（《先进》）子贡不接受（贫穷）命运安排，从事经商，他猜测、预估多准确，结果发了财，改变了贫穷命运。子贡经商成功，是他"不受命"的表现。孔子称述子贡"不受命"这一事实，表明他同情理解"不受命"现象；这是他"知天命"思想合乎逻辑的引申，意味着人凭借理性能力可以向宿命挑战。孔子作为儒家创始人，并不像某些学者说的"相信命运和先决论"[1]。

孔子天命观是他改造传统天命观的结果，其改造有二：一是在"天命"内涵上，将天命和现实人生、文明史相结合，降低了天命的人格，发展了其中的人文理性内涵，天命被落实为文明史使命。二是在天人关系上，将天命和"务民之义"相联系，突破了殷周上帝、天命为治国者所垄断的限制，将"天"扩展成为生成、主宰、照顾天下所有人的"天"，天命也被落实为每一个体的人成为真正的理想的人（"成人"）的使命，增加了人文精神成分。三是孔子创建儒学，为一般社会成员提供了一套通过学习、克己等理性活动，实现人的使命、实现文明历史使命的可操作方法，这就是他提出的一系列修养活动。在解决人的精神家园问题上，孔子运用无过无不及（《先进》）的"中庸"辩证法，创造性发展出理性的信仰、世俗的超越、人文的神圣因素，高明地处理了神圣信仰和人的世俗理性之间的紧张：既着力发掘天命中的人文理性因素，又努力让人发挥天赋能力，通过世俗理性修养而求"安"，实现人身价值，具有了崇高性、庄严性和神圣性。在这种信念里，人们遭遇困难或挫折，只是"不怨天不

---

① ［美］杨庆堃：《中国社会中的宗教》，范丽珠等译，上海人民出版社 2007 年版，第 229 页。

尤人，下学而上达"（《宪问》），追求现实地解决问题，脚踏实地逼近远大理想。孔子人学的宗教思想是三代有神学色彩的宗教思想向理性化、人文化方向的革命性进展；它在后来几千年中演变成为国人的主流信念，确立了古代中国人精神家园的基本形态。

三 "敬鬼神而远之"

鬼神是信仰对象的人格化，鬼神观和天命观有密切联系。孔子不否认也不承认"鬼神"存在，但其平时言论生活，却"敬鬼神而远之"（《雍也》），对鬼神情意上敬畏，行为上远之，表达上"不语"（《述而》）。周人早已"事鬼敬神而远之"（《礼记·表记》），孔子鬼神观的不同在于：将对鬼神的虔敬祭祀纳入礼仪活动范围，又将事鬼神的宗教礼仪活动归入人的文明修养活动，纳入理性考察范围，努力使礼仪人文化，这就抑制了传统鬼神观包含的迷信因素。

所以，孔子对于鬼神是否存在，他不表态，既不说有，也不说无。孔子很重"礼"，人死后举行的丧礼和祭礼，是礼的一部分。《论语》载："祭如在，祭神如神在。子曰：'吾不与祭，如不祭。'"（《八佾》）据朱熹注，前两句乃"门人记孔子祭祀之诚意"[1]，后为孔子的感慨。"如在"，指祭祀对象不在，因祭祀者诚心而俨然见之。朱熹注对于鬼神是否存在，也未明确表态。

但清楚的是，孔子明确用人事活动限制鬼事活动。《论语》载：季路问事鬼神。子曰："未能事人，焉能事鬼？""敢问死？"曰："未知生，焉知死。"（《先进》）孔子将死亡与生存发展、事鬼和事人联系起来考虑。"未知……焉知……"一句，或解为"能够事人，就能事鬼；知生，也就知死"[2]；但在语型上，孔子的话，恐怕只能看成必要条件句式，逻辑意义是：前件是后件的必要条件。孔子认为，人的问题、生的问题的认识和解决，是认识和解决死亡、鬼神问题的必要条件；前者没有认识和解决，后者就不可能认识和解决。"未知……焉知……"思路，用对生的"知"、人的"事"，限制了对死亡、鬼神的知和事。它所表达的死亡观、鬼神观

---

① 朱熹：《四书章句集注》，中华书局 1983 年版，第 64 页。
② 李申：《中国儒教史》上卷，上海人民出版社 1999 年版，第 180 页。

是，人们只有在认识和解决了生存、生活、生产等"生"的问题后，只有在认识解决了人成为理想的人的问题，推动文明繁荣后，才可能认识和解决死亡和鬼神问题。而认识和解决"人"、"生"问题，又被理解为一个无限的过程，这就在事实上限制了将鬼神、死亡当做儒学问题重心的空间。孔子悬置鬼神、死亡等问题，引导儒学向人文理性的方向前进，在儒学起点处就抑制了荒诞迷信的泛滥。

孔子祭祀鬼神虔敬，但不祷告祈求；他还批评见神就拜、祭非其鬼是谄媚（《为政》）。在他看来，人一生只要为了"成人"（《宪问》）和文明而学习、克己，不断进步，就是最好的祷告了。孔子潜在的意思是，将现实世俗的人事做好，人生的意义和价值得到实现，就"已合于神明"①，亦即最好的祷。明代大儒王阳明发挥此意说："盖君子之祷，不在于对越祈祝之际，而在于日用操存之先。"② "日用操存之先"，在孔子那里，就是现实理性的学习、克己等人生修养活动。

四　修养观

在孔子宗教思想中，人生修养是天人联系的桥梁；修养观理应是宗教思想的组成部分。孔子谈人生修养，要根据天赋，结合社会现实情况，通过学习、克己等，成就理想人格，充实、丰富、发展和实现人性；孔子的人生修养其实就是人性修养，像"知天命"的知、"敬鬼神而远之"的敬和远，皆属人性修养内容。孔子认为"性相近，习相远"（《阳货》），相近的人性内容是什么？今人或以为无善无恶，可以为善恶；或以为善，即是德性③。其实，孔子在此是对人的一般性质进行经验观察，得出结论，似不能以善恶论；但孔子对于现实中的这种人性状况又不满意。他的努力在于，针对不圆满的现实人性状况，力求开掘出和礼仪规范相应的人的真正本性来。理性的学习、克己等，是孔子提出的主要修养方法；修养成绩体现在人身上，内含道、德、仁等品德，外现为习俗、言行规范、社会制

---

① 朱熹：《四书章句集注》，第 101 页。

② 王阳明：《答佟太守求雨》，《王阳明全集》上，上海古籍出版社 1992 年版，第 800 页。

③ 分别参见孙叔平《中国哲学史稿》（上），上海人民出版社 1980 年版，第 68—69 页；李存山《中国哲学纲要》，中国社会科学出版社 2008 年版，第 151 页。

度，即礼。故孔子的人性论、"德"论、"礼"论都可纳入宗教思想中讨论。这里着重谈谈孔子对传统宗教礼仪的改造。

孔子小时"常陈俎豆，设礼容"（《世家》），学习、演练礼仪，后又常向人请教，他很熟悉周礼；平时谨守礼仪，祭祀虔敬庄严，"不敢不勉"（《子罕》），多次批评时人违背礼仪。他的"礼"论，是他改造传统宗教礼仪的思想收获，其改造有三方面：其一，按本义，礼乃是人事神的活动，周人将礼发展为个人言行活动规范与国家治理的一套制度系统，已经增加了礼的人文理性因素。孔子则站在人类文明高度，肯定"礼"代表了夏商周三代的文明成绩，断定这样的礼是建设理想社会、成就理想人生必需的准则和保障，值得后人珍惜、恢复。他提出"克己复礼"（《颜渊》），与其说主张复古，毋宁说希望在现实社会里再造文明辉煌。其二，不像前人那样强调"礼"的天命根源，而是强调"知礼"，将礼纳入理性考察（"征"）范围，根据"文献"（《八佾》）材料，认识礼的实际；孔子深入挖掘"礼"的精神内涵"仁"，肯定"仁"是人成为理想的人的核心修养；断定如无仁支持，礼将不成其为真正的礼。仁和礼由此构成人性修养内外两大基本面，也就是孔子所谓"道"的基本内容，礼和"道"的联系也由此确立，为礼仪发展为后来的"敬道"礼仪[1]准备了思想条件。其三，提出"立于礼"（《泰伯》）主张，肯定"礼"是人成为合格社会成员的条件；将知礼、为礼纳入个人学习内容，使"礼"成为可以学习、传授[2]、实践的人文修养；强调"为国以礼"，将好礼、行礼、复礼当做治国要点；在"礼"系统里，四海之内皆兄弟（《颜渊》）。孔子礼论，从言行活动规范方面对所有人提出了基本要求；这突出了"礼"对于现实的人成为理想的真正的人的意义，强化了"礼"作为建设和谐社会的人文教化措施功能，打破了贵族对于礼仪活动的垄断，扩展了礼在人文活动中的意义；也将礼学成功纳入了人学范围，淡化了礼的鬼神迷信色彩。

五 人文的理性的信念

所谓人文指以人和文明为中心而非神为中心，但在成人和文明史基础

---

[1] 参见张茂泽《"敬道"礼仪》，《华夏文化》2007年第3期。
[2] 《礼记·檀弓上》引孔子"夫礼，为可传也，为可继也"之语，可以参证。

上又有超越性；所谓理性指以理性认识、求证为途径而非直接信仰，但在实践基础上系统化、制度化以后又有信念或信仰功能。这种人文的理性的信念来源于人在社会实践中的学习、教育而非神的启示，表达方式是不断的理性认识和不懈的实践探索而非虔诚崇拜或祈祷。

与宗教神学比，孔子"天命"观重人而轻神。他提到的"天命"有一定的主宰权能和人格色彩，但不是全知全能的人格神；他敬畏、尊重外在天命，但又悬置它，不直接探讨、追求它；他着力发掘天命中的人文理性因素，凸显人文理性活动的神圣和庄严，创建人学的宗教思想，追求以理性建立信念，求证信仰，用人学代替神学在人们精神世界中的作用。孔子是一位人文学者，不是教主或神学家或传教士。在孔子看来，天人关系中，"天命"支撑着人的地位和作用，人有自己的天职或使命，这使人们现实的理性努力，有神圣性，人生可以乐观自信；同时，人自身的禀赋又受天的制约，人的生死寿夭、事业成败、历史命运等，受着天命决定，人的终极价值也只在于实现自己的使命或天职。在天面前，孔子没有像古罗马神学家奥古斯丁批评的那样"骄傲"① 起来。

这说明，孔子的宗教思想重心不在于天（神），而在于人，属于人学，不属于神学；但人又不与天对立，人学不与天学对立。孔子宗教思想有一定的神道色彩，但很有限；它重在总结人生和历史经验智慧，构建理想人格框架，高扬人的世俗生活的神圣价值，而不在以神的启示建立神学系统，凸显神的全知全能，令人虔敬崇拜。其一，孔子被后人奉为"儒教教主"，他却自认是学而知之的凡人，从未刻意神化自己；他有做文王、周公后继者的使命感，而没自我装扮为神仙下凡或上帝使者；后儒主流也没有神化孔子。其二，孔子整理诠释经典，提出新的思想学说，用经典教育学生，并未将经典当做僵硬不变的教条或信条；后儒有视之为教条的倾向，也一直受到主流的抑制，在不同时代经典诠释不同，先后有两汉经学、魏晋玄学、宋明理学、明清实学、近代新学思潮出现，新义迭出，儒学不断发展，宗教思想上找不出各派认同服膺的教条。其三，孔子谈到了"天命"的主宰意义，但尽力发掘的是其德性意义，道德毕竟是人文

---

① ［古罗马］奥古斯丁：《论三位一体》，周伟驰译，上海人民出版社 2005 年版，第 144 页。奥古斯丁说："有一些人却认为，他们可以凭着一己的力量，本性的能力，使自己得到净化，从而可以冥观上帝，攀近上帝——这只不过显示了他们受骄傲沾染有多深。"

因素，只是有根源于天命的神圣性而已。孔子肯定"天何言哉"，其实就是说天不言；既然天无言，以诠释神（"天"）言为职志的神学便无从产生；孔子以"天"为中心建立的思想学说是人学，而不是神学。他提出两大基本范畴"仁"、"礼"的意义，重点在人文地爱人而非敬神，在理性地治理社会国家而不在神治。其四，在修养方面，孔子祭祀虔敬，但不祈祷；强调现实的人应学习、克己、求安，应志道据德依仁游艺（《述而》），人生境界会经历不同经验层次，在事业上应像大禹那样"尽力乎沟洫"（《泰伯》）等，都说明他强调修养活动在理性的学习、实践基础上的逐渐进展，而不追求突然的天启或神秘的直观。

宗教是人对超自然超人间力量的信仰；人信仰超自然超人间力量，归根到底要关怀人的现实生活和命运；以人事为出发点，从原始宗教向理性宗教发展，理性认识地位越来越高，是宗教发展的特点①。西方宗教学说史，把神还原为人，把神性还原为人性，把宗教还原为社会，并因此而把人从神的奴仆变为自己命运的主人，从而成为启蒙思想的发展史②。孔子的宗教思想早已天才般顺应了宗教及宗教思想这一历史发展趋势，从而能很早就凸显出宗教的人文理性价值内涵。

按马克思看，宗教是人的本质幻想地在对超人间超自然力量信仰中的实现。以孔子为代表的儒家宗教思想，其幻想色彩非常有限：其一，承认既存现实宗教，但不评论、不反对、不赞成，总之不表态；其二，在现实生活实践、学习基础上，理性地发掘现有宗教中的人文理性因素，着力探讨人性中的超越性、无限性、神圣性因素，使其宗教思想走上理性求证道路。它继承传统宗教的天命观、礼仪仪式等，同时又以新发掘出的人文理性思想充实其内涵，抑制其中的迷信成分；它承认超自然超人间的天命、命运等力量，但更强调人为的学习、克己等世俗活动对人成为理想的人的神圣意义；孔子虽然讨论到鬼神，但又不语、不祷，敬而远之，将知死、事鬼等宗教活动纳入"未知……焉知……"逻辑框架，尽力排除现实宗教中的神秘、迷信因素；这些都说明儒家宗教思想不是为了宣传天命鬼神等超自然力量的神圣性，而是为了弘扬西周以来宗教思想中的人文理性因素，凸显世俗的人理性求道活动必要性、重要性和神圣性，使现实的社会

---

① 参见谢扶雅《宗教哲学》，山东人民出版社 1998 年版，第 84—93 页。
② 参见吕大吉《西方宗教学说史》（上），中国社会科学出版社 2005 年版，第 3 页。

人生具有崇高、庄严色彩，世俗的人类历史可以超越现实，昂首阔步迈向未来。孔子的宗教思想最终提升了人之所以为人的价值，而非高扬神的价值。

孔子宗教思想这一历史性成就，是当时社会生产力水平提高、人的理性思维水平进步的表现。斯宾诺莎说："天意是无知的避难所。"① 尚不可知不可控的偶然因素，构成天命的认识根源；天命观的人文化理性化改造，建立在人们对于社会、人生和历史实践的一定理性认识基础上。钱穆已注意到，孔子不语怪力乱神，是因为他对社会、人生"已有一种开明近情而合理之解答"。② 夏商西周三代千年以上的文明史留下了足够文献供孔子总结历史经验，孔子又十分善于在生活中学习和总结；将这些材料运用于人生和历史的解释，是可以得出一些如实、合理而有效的解答的。孔子宗教思想成就表明，在社会生活实践基础上，人可以发展出更强的能力认识自然、社会、人生，通过理性认识和实践活动有效消除迷惑，把握人类自身命运。马克思批判蒲鲁东天命目的论说，当生产方式条件成熟时，无产阶级理论家"只要注意眼前发生的事情，并且有意识地把这些事情表达出来就行了"。③ 孔子当然不是无产阶级理论家，但他也在当时条件下减少了天命的人格色彩，尽力"注意眼前的事情"，将天命拉回人间，落实到人的社会生活中，落实到文明历史中，通过观察社会生活变化、文明历史的因革损益，丰富和充实人的使命内涵；他的宗教思想实质上只是按照宗教文化形式，把这些生活经验、历史智慧如实表达了出来。孔子宗教思想的革命性进步反映了当时生产方式的变革和进步；他所取得的思想成就在生产方式变化不大的古代中国历史长河中自然能发生深远影响，成为古代中华民族精神家园的代表性思想。

---

① ［荷兰］斯宾诺莎：《伦理学》，贺麟译，商务印书馆 1958 年版，第 38 页。
② 钱穆：《国史大纲》，商务印书馆 1996 年版，第 99 页。
③ 马克思：《哲学的贫困》，《马克思恩格斯全集》第 4 卷，人民出版社 1958 年版，第 157 页。

弥勒信仰与宋元白莲教

范立舟[①]

南宋创立的白莲教，其教义与佛教弥陀净土信仰相关联，以往生净土为修行之终极目的，是一种带有明显的出世特点的佛教信仰形式。而具体的途径除净土宗的口念阿弥陀佛名号外，更是宣讲"悟自性弥陀，达唯心净土"，靠晨朝忏仪，励志自律，来脱离尘世，往生极乐。但是，元代的白莲教却倡导"弥勒降生，明王出世"，转而仅信奉弥勒佛，希望通过"弥勒下生"谶言的实现，往生兜率天的美妙世界，拯救黎氓于水火之中，同时激起下层民众改变困境与卑微身份的冲动。至此，晨朝忏仪一变而为"烧香集众，夜聚晓散"、"称弥勒佛出世以惑众"的民众反叛运动的组织工具，白莲教"对于中世纪中国文化观念的'急进的左翼'——弥勒劫变观念形成了开放的新态度。在接下来的史料记载中，白莲教将宣布弥勒佛的到来和摩尼光佛的降临"。[②] 在此，我们提出并试图解决的问题是：元代白莲教出现前弥勒信仰如何显现在中国精神世界里。弥勒信仰在中国传播中所形成的特点是什么？弥勒信仰为什么具有为下层社会所利用作为反叛组织形式的价值？白莲教为什么在元代转而与弥勒信仰融汇？我们试图从宗教社会学的角度对上述问题作出解释。[③]

---

① 范立舟，杭州师范大学国学院，教授。

② ［美］欧大年（Daniel L. Overmyer）：《中国民间宗教教派研究》，刘心勇等译，刘昶等校，上海古籍出版社1993年版，第114页。

③ ［日］重松俊章：《初期的白莲教会》（陶希圣译，原载《市村博士古稀纪念东洋史论丛》，东京富山房1933年版；译载《食货》，第1卷第4期，1935年1月）讨论了中国佛教的异端教门白莲教会的发生及其教团、白莲教会的教义及其法脉系统，重点考察了元律中的白莲教会。但并未涉及白莲教在元代的转向。陶希圣：《元代弥勒白莲教会的暴动》（《食货》，第1卷

一　弥勒信仰的流传与弥勒净土的感召

　　"弥勒"乃是梵文"Maitreya"、巴利文"Metteya"的音译，其他音译还有梅呾利耶、末怛利耶、迷底屦、弥帝礼等，意译则为"慈氏"，盖

第 4 期，1935 年 1 月）却着重研究了白莲教会以弥勒下生号召民众的暴动，行文与资料征引都甚浅陋，对白莲教会与弥勒信仰的关系着墨甚少。［日］矢野仁一：《关于白莲教之乱（含续完）》（杨铁夫译，《人文》，第 6 卷第 1 期、第 2 期，1935 年 2—3 月）尽管着重研究清代乾隆、嘉庆年间的白莲教之乱，但也注意到白莲教教理所"固有革命之性质"乃出自弥勒，"弥勒佛者，白莲教之守护佛也"。可惜论证粗略。戴玄之：《白莲教的本质》（《台湾师范大学学报》，第 12 期，1967 年）对白莲教的宗旨、源流及其与弥勒教的关系进行了梳理，认为该教纯属邪术。《白莲教的源流》（《中国学志》，第 5 本，东京泰山文物社 1969 年版）认为，白莲教起源于摩尼教教派，恐非事实。《白莲教之反元运动》（《国立政治大学历史学报》，第 3 期，1985 年）将红巾反元运动分为北派与南派，但未触及白莲教与弥勒教内在联系的探寻。黄清连：《元初江南的叛乱》（《中央研究院历史语言研究所集刊》，第 49 本第 1 分，1978 年）讲到了叛乱的背景、经过、政府处置，但未提及宗教元素在江南叛乱中的作用。关于弥勒信仰在中国政治与社会中所扮演的独特角色，重松俊章：《唐宋时代の弥勒教匪》（《史渊》，第 3 号，1931 年 3 月）已着先鞭，但史料引用与分析简略，不够厚重。重松氏的另一篇论文《宋元时代の红军と元末の弥勒白莲教匪について》（《史渊》，第 24 号，1940 年）则讲到白莲教与弥勒教的交汇，但从今日学术眼光看，深度显然有限。［日］松本文三郎：《弥勒净土论》（张元林译，宗教文化出版社 2001 年版）尽管初版是在 1911 年，但这部百年前的著作对弥勒经典、弥勒信仰的原型及其发展经典成立的顺序及彼此间的关系都作出论述，对研究弥勒信仰和中国社会、政治之关系深有帮助。［日］三石善吉：《中国的千年王国》（李遇玫译，上海三联书店 1997 年版）的一小部分篇幅涉及弥勒信仰的佛教政治学意义。王见川：《从摩尼教到明教》（新文丰出版公司 1992 年版）阐论摩尼教入华后活动之经过，对宋代的宗教结社与明教的事实考量论证甚详。对元明明教与弥勒信仰及政治的关系有自己独特的看法。黄柏棋：《古代印度与儒家的神圣秩序观：以弥勒思想的救世观之转变为例》（《世界宗教学刊》，2005 年第 5 期）以弥勒在中国的思想意义为例，探讨了早期印度跟中国儒家思想有关神圣秩序安排之展现风貌，透过比较参照，考察弥勒下生思想在印度和中国所表现出的一些细微差别之处及其意涵，指出对政治秩序优先性之深信不疑乃为儒家思想重要特色之一，弥勒跟儒家革命思想相融汇。在英语世界里，［美］哈尔（B. J. Ter Haar）：《中国宗教史上的白莲教教义》（*The White Lotus Teachings in Chinese Religious History*）介绍了作为异端学说的白莲教教义。［美］谢克（Richard Shek）：《伦理与政治：佛教、弥勒信仰与早期白莲教的异端》（*Ethics and Polity: The Heterodoxy of Buddhism, and the Early White Lotus*），此文刊载于刘广京和谢克合编的《晚期帝国的异端》（*Heterodoxy in Late Imperial China*），认为宗教总是含有革命的因子，在本质上是反对现有制度的。至于［美］韩书瑞（Susan Naquin）、［英］王斯福（Stephan Feuchtwang）、［美］韦思谛（Stephen C. Averill）等人的论著，或未直接涉及本文主题，或关涉明清两朝相关内容，故此不一一述略。中国大陆当代学者的论述，本文在阐述自己的见解时，会适时提及。

其本即慈悲之意。① 弥勒原本是古代婆罗门的姓氏之一，有此姓氏者不止一人，现存最早的佛教经典中就出现弥勒之名，当时是作为佛陀弟子之一，但到后来，弥勒成为佛教中的一位神祇，或称为"菩萨"（梵文Budhisattva，巴利文Budhisatto），意思是既能自觉本性，又能普渡众生，与文殊、普贤和观音等列为一类。围绕对他的崇拜，便形成弥勒信仰或弥勒教。大约出现于公元前 2 世纪的印度，② 至迟在部派佛教时就已经在上座部中广为流传。部派佛教与大乘佛教的兴起，导致"十方佛"与菩萨等的出现，于是对弥勒的崇拜也就逐步形成。据传，弥勒也有生身父母，他的父亲是修梵摩，母亲是梵摩越，居住在翅头末城，弥勒出生不久便出家修道，最终在龙华树下证得了智慧。弥勒的形象，如同释迦牟尼佛："身紫金色，三十二相，众生视之，无有厌足。身力无量，不可思议，光明照耀，无所障碍，日月火珠，都不复现。身长千尺，胸广三十丈，面长十二丈四尺，身体具足，端正无比，成就相好，如铸金相。肉眼清净，见十由旬，常光四照，面百由旬，日月火珠，光不复现。但有佛光，微妙第一。"③ 弥勒的眼睛、面部、肤色及体形同佛陀一样，妙相庄严。通身光彻玄朗："身紫金色，光明艳赫，如百千日，上至兜率陀天。"④ 部派佛教思想的兴起及大乘佛教的出现，信奉十方佛的多元思想逐渐萌芽发展。印度的弥勒信仰，是由公元前二世纪至公元二世纪间形成的，这与大乘佛教

---

① 季羡林：《梅呾利耶与弥勒》（原载《中国社会科学》，1990 年第 1 期，收入《季羡林文集》第 12 卷，江西教育出版社 1996 年版）对汉译佛典中弥勒与梅呾利耶这两个译名所本的文字及其出现的先后顺序进行了缜密的考证，认为"弥勒"一名不是来自梵文，而是来自吐火罗文，汉文译经中最早出现的就是"弥勒"，而不是"梅呾利耶"，足证佛教传入最初不是直接的，而是通过新疆一带古代少数民族的媒介。

② 关于弥勒信仰产生的时间与地点，乃一相当复杂的学术问题，此处依据李玉珉博士的界定，参见 Lee, Yu - min, The Maitreya Cult and its Art in Early China, Ph. D. Diss. , Ohio State University. 1983. 方立天：《弥勒信仰在中国》（《方立天文集》第 1 卷，《魏晋南北朝佛教》，中国人民大学出版社 2006 年版）也认为弥勒信仰产生时间较早。但是日本学者香川孝雄《弥勒思想的开展》（译载张曼涛主编：《现代佛教学术丛刊》，第 69 册《弥勒净土与菩萨行研究》，北京图书馆出版社 2005 年版）则从佛像雕刻方面来推定弥勒信仰的年代为公元二世纪中叶。

③ 《佛说弥勒下生成佛经》，（后秦）鸠摩罗什译，《大正新修大藏经》第 14 册，第 424 页中。关于弥勒是否实有其人，学术界争议非常大，也非常复杂。对于弥勒在印度的起源时间及存在的真实性，我们可作如此之认识：弥勒及其故事传说的原型植根于社会真实中，是在印度社会曾经存在过的一个原型的再加工，他们通常集中了许多人物的优点，最后逐渐凝固在某一个人身上，形成典型，弥勒的形象，由此凝聚而成。

④ 《弥勒上生兜率天经》，（北凉）沮渠京声译，《大正新修大藏经》第 14 册，第 419 页。

的兴起关系密切。公元四至五世纪时的印度，弥勒信仰深入人心，成为佛教中受重视的菩萨和未来佛。

弥勒是未来佛的观念，须同兜率天（Tusita）信仰一并理解。据佛教经籍，娑婆世界过去依次有毗婆尸佛、尸弃佛、毗舍婆佛、拘楼孙佛、拘那含佛、迦叶佛等六佛，后释迦牟尼成为第七佛（合称过去七佛）。释迦弟子弥勒，先佛入灭，生兜率天宫为菩萨。兜率天是佛教三界（欲界、色界、无色界）二十八重天中的第四重天。欲界在三界的最下层，由六重天组成，最底层起是四天王天、三十三天、夜摩天，此三天依附大地，故又称地居天，此上的诸天均浮在天空，称空居天，兜率天为空居天的第一天（二十八天之第四天），距娑婆世界相对较近。《方广大庄严经》对兜率天宫的描写是："彼天宫中，有三万二千微妙安乐所住之所，高阁重门，层楼大殿，轩栏窗牖，花盖缯幡，宝铃垂饰，珠网交络，散以曼陀罗花，摩诃曼陀罗花，处处盈满。诸天彩女百千拘胝那由他，奏天伎乐。"[①] 香花瑞鸟盈阶漫天，妙乐匝地，除一切烦恼。弥勒当于未来五十六亿七千万年后下生娑婆世界，先投胎为婆罗门子，最终坐于翅头城华林园中龙华树下，[②] 成正等觉，并前后分三次说法。昔时释迦牟尼佛教法下未曾得道者，悉可得道。是为"龙华三会"。第一会说法，九十六亿人悟道；第二会说法，九十四亿人悟道；第三会说法，九十二亿人悟道。[③] 弥勒寿命八万四千岁，[④] 之后有师子佛、光炎佛、柔仁佛等诸佛显身娑婆世界，延绵不绝。而事实上，除释迦牟尼佛与弥勒佛之外，其余诸佛不过空存名号，自释迦牟尼佛入灭，娑婆世界五十六亿七千万年无佛降临，直至弥勒下生。[⑤] 所以，弥勒是未来佛。弥勒未来下生，是为了教化众生。在弥勒净土观念里，两种信仰相得

---

① 《方广大庄严经》卷一，《兜率天宫品第二》，（唐）地婆诃罗译，《大正新修大藏经》第3册，第540页。

② 其树名龙华者，言其枝干高大如龙盘空，且能开灿烂之花，结丰硕之果。

③ 参见《佛说弥勒下生经》，（西晋）竺法护译，《大正新修大藏经》第14册，第421—423页。

④ 同上书，第423页。然而，（后秦）鸠摩罗什译《佛说弥勒下生成佛经》却说弥勒寿命六万岁，参见《大正新修大藏经》第14册，第425页）。（后秦）鸠摩罗什译《佛说弥勒大成佛经》也说住世六万岁，参见《大正新修大藏经》第14册，第434页。

⑤ 此际娑婆世界无佛住世，然而，极乐世界有阿弥陀佛，此世界乃阿弥陀佛成佛时依因地修行所发四十八大愿所感之庄严、清净佛国净土。东方净琉璃世界有药师佛，此世界以琉璃为地，是与阿弥陀佛的极乐世界相互辉映的佛国净土。阿弥陀佛和药师佛都是"现世佛"。

益彰：一是弥勒降生前所居的兜率天净土；一是弥勒未来降临时能够在人间成就的庄严净土。这庄严、华贵、美妙的兜率天净土代表着苦难的现实世界人们的一种期盼，芸芸众生的期待在苦难的衬托下显得热切而又执著。信众若能凭自力往生兜率天净土，是谓"上生"，若期盼弥勒未来下生阎浮提世，于龙华树下三会说法，以救度众生，建立人间净土，安养喜乐富足，是谓"下生"。① 如此，弥勒既是现在时态的佛，住兜率天宫；又是未来时态的佛，将来"龙华三会"，度人无数。

自张骞凿空西域，中国与印度的文化交流就有了蓬勃生发的地理条件。弥勒信仰作为佛教传播的一项重要内容也伴随着这种交往而传入中国。现今发现于新疆境内的公元二世纪的石窟壁画和弥勒佛像以及梵文残卷均是明证。② 最引人关注的是佛教经典的译出，弥勒信仰也随之带入，东汉末年（公元二至三世纪之交）小乘佛教的翻译家安世高所译《佛说大乘方等要慧经》，就曾提到弥勒的名号，"佛告弥勒，菩萨有八法具足"。"一者内性清净，二者所行成就，三者所施成就，四者所愿成就，五者慈成就，六者悲成就，七者善权成就，八者智慧成就"。③ 比安世高稍微晚来中国的月氏国僧人、大乘译经家支娄迦谶也曾翻译过包含有弥勒思想的经典，如他译的《道行般若经》，该经中的《不可计品第十一》中有如下的描述："若复有菩萨从兜术（率）天上来生是间，或从弥勒菩萨闻是深经中慧，今来生是间，持是功德，今逮得深般若波罗蜜。"④ 这里虽然只是简单地提到了弥勒菩萨在兜率天说法的一些情况，但是毫无疑问，已经体现出弥勒信仰的一些基本内涵。西晋时期的译经家无罗叉译出的《放光般若经》，其中《大事兴品第五十一》中有这样的描述："须菩提，当知是菩萨摩诃萨从兜术（率）天上，亦复具足功德善本。何以故？

① 王雪梅在《古代印度弥勒信仰研究》（西北大学 2007 年博士学位论文，分类号 B94，学校代码 10697，学号 200710074，导师李利安教授）中认为古代印度弥勒信仰包括未来佛信仰、下生信仰与上生信仰三种信仰形态，虽然有皈依对象、皈依教法、皈依心态的不同，但弥勒作为继承释迦佛的未来佛地位是相同的。参见该论文第 101—114 页。本文主要论证中国弥勒信仰情形，印度的信仰内涵仅作参考。

② 参见季羡林《弥勒信仰在新疆的传布》，载《文史哲》2001 年第 1 期。季先生此文根据对吐火罗文、于阗文、粟特文、回鹘文等文献的详细考察，推论弥勒信仰在新疆传布很广，最集中的地区是龟兹和焉耆。弥勒在佛教由印度传入中国的过程中起到了重要的作用。

③ 《佛说大乘方等要慧经》，（东汉）安世高译，《大正新修大藏经》第 12 册，第 186 页。

④ 《道行般若经》，（东汉）支娄迦谶译，《大正新修大藏经》第 8 册，第 451 页。

是菩萨从弥勒菩萨所闻是深经,以是故今来生是间,得深般若波罗蜜,闻便即解信乐守行"。① 《放光般若》与《道行般若经》同为般若类经典,因此,所包含弥勒信仰的内容也比较相近,而且都属于上生信仰的范畴。相关的经典在两晋南北朝时相继译出,这便是"弥勒六部经":《佛说观弥勒菩萨上生兜率天经》、《佛说弥勒下生经》、《佛说弥勒来时经》、《佛说观弥勒菩萨下生成佛经》、《佛说弥勒下生成佛经》、《佛说弥勒大成佛经》。② 这些经典的主要内容就是描绘了无比美妙的兜率天净土,主旨即在于超拔人生,摆脱现实世界的种种苦难,往生兜率天净土,此界是"清净庄严"的"无量妙土"。有内外两院。内院是即将成佛者(即所谓补处菩萨)居处,现为弥勒所住;外院则为天人所居。兜率天中的生命体,被称为"兜率天子",他们形象高大,容貌庄严,能够充分享受五欲之乐,弥勒在此宣讲佛法,度脱众生。兜率天是三界中最底层欲界的一片净土,这里有琼楼玉宇,金碧辉煌;这里有天女如云,宫娥曼舞;这里有天籁之音,玉润珠圆。信众"若有得闻弥勒菩萨摩诃萨名者,闻已欢喜,恭敬礼拜。此人命终,如弹指顷,即得往生"。"此人命欲终时,弥勒菩萨放眉间白毫大人相光,与诸天子雨曼陀罗花,来迎此人。此人须臾即得往生"。③ 修行方法最为简便。进入弥勒净土就可以超越轮回,将来随同弥勒下生阎浮提,助人解脱成道。当阎浮提岁五十六亿七千万时,弥勒菩萨就会从兜率天下生世间,此时的阎浮提又是何等的面目呢?据释迦牟尼佛对阿难陀的预言是:"尔时阎浮地,东西南北千万由旬,诸山河石壁皆自消灭,四大海水各减一万。时阎浮地极为平整,如镜清明。举阎浮地内

---

① 《放光般若经》,(西晋)无罗叉译,《大正新修大藏经》第8册,第80页。

② 《佛说观弥勒菩萨上生兜率天经》,(南朝宋)沮渠京声译;《佛说弥勒下生经》,(后秦)鸠摩罗什译;《佛说弥勒来时经》,译者不详;《佛说观弥勒菩萨下生成佛经》,(西晋)竺法护译;《佛说弥勒下生成佛经》,(唐)义净译;《佛说弥勒大成佛经》,(后秦)鸠摩罗什译。"弥勒六部经"均载《大正新修大藏经》第14册。"弥勒六部经"以外的大乘弥勒经典,亦为数不少,据中国现存最早的佛教文献目录书,南朝齐、梁僧祐撰《出三藏记集》卷三、卷四所载。有关弥勒的经大致尚有:《弥勒经》一卷、《弥勒当来生经》一卷、《弥勒菩萨本愿待时成佛经》一卷、《弥勒下生经》(异出本)一卷、《弥勒为女身经》一卷、《弥勒受决经》一卷、《弥勒作佛时经》一卷、《弥勒难经》一卷、《弥勒须河经》一卷。专题论述可参见〔日〕松本文三郎《弥勒净土论》,张元林译,宗教文化出版社2001年版,第3章。

③ 《佛说观弥勒菩萨上生兜率天经》,(南朝宋)沮渠京声译,《大正新修大藏经》第14册,第420页。

谷食丰贱，人民炽盛，多诸珍宝。……尔时法王出现，名曰儴佉。正法治化，七宝成就。……尔时弥勒菩萨，于兜率天观察父母不老不少，便降神下应，从右胁生。如我今日右胁生无异。弥勒菩萨亦复如是。兜率诸天各各唱令，弥勒菩萨已降神生。是时修梵摩即与子立字，名曰弥勒。"① 此时的阎浮地（又称阎浮提）已经不再是释迦牟尼佛出世时的那个三恶五趣杂会的"五浊恶世"，而是无有怨贼劫窃之祸，饥馑毒害之难的富足安乐的煌煌盛世。人间净土就是弥勒的"本愿"："使得作佛时，令我国中人民无有诸垢瑕秽，于淫怒痴不大殷勤，奉行十善，我尔乃取无上正觉。"②

端正肃穆，光照环宇的弥勒，是真善美的化身，是拯救世界于水火之中的主人，随着他的降生，现世的诸恶终将结束。而弥勒下生的目的并不在拯民于水火之中，而在于度化释迦牟尼佛未度之众生，尘俗世界已化为清净乐土。弥勒降临现实世界救世度人、解脱众苦的理念，最能迎合中国普通民众的愿望，兜率天净土的美妙构想，与魏晋南北朝之际的动荡苦难的社会现实又有如此巨大的反差。功德庄严、品物咸宜的净土，对饱尝饥饿与颠沛流离之难的底层民众而言，具有如此强有力的精神感召力，无有瑕秽，无有差别的兜率天宫，有着巨大的魅力，诱导并启迪着一代又一代的人们为之奋战。依佛典之说，皈依佛法的内驱力，以怖畏、依怙、向上三种心理机能为主因。犹如贝克尔（Ernest Becker）所论，生命的唯一目标是生存，生存冲动具有对痛苦的排斥性和对欢乐的趋向性，人既是生理性的肉体，又是符号性的自我。前者意味着人是被造物，后者却让人成为创造者，成为自然界中小小的神祇。③ 佛教就是要求依靠自己的理性和智慧，去开辟超越之路径。而依怙心则来自人自身的无力感，"人依赖宗教以抗拒威胁，就像儿童通过对父亲的依赖和敬畏以排遣自己的不安全感一样。"④ 佛教弥勒信仰实有引导信众超出生死轮回的旨意，兜率净土，是真正的皈依处。不过，弥勒信仰以依怙心达至的目的，在于同所依的弥勒

---

① 《佛说弥勒下生经》，（西晋）竺法护译，《大正新修大藏经》第 14 册，第 421 页。

② 《弥勒菩萨所问本愿经》，（西晋）竺法护译，《大正新修大藏经》第 12 册，第 189 页。

③ 参见［美］厄内斯特·贝克尔（Ernest Becker）《反抗死亡》，林和生译，贵州人民出版社 1988 年版。

④ ［美］埃利希·弗洛姆（Erich Fromm）：《精神分析与宗教》，孙向晨译，上海人民出版社 2006 年版，第 35 页。

完成平等位阶，弥勒与信众，乃是以先觉觉后觉，而非主奴关系。众生与其所依怙的弥勒菩萨，体性平等。向上心是一种超越心理，此类心理是高级宗教产生的重要根源。[①]"信仰某一种目标或某种思想，或某种超人的力量如上帝，都是追求生命过程完整的表达方式"。[②] 所有信仰都有超越或向上的性质，皈依弥勒，上生兜率天也涵摄于向上心之中。向上心驱动信仰者通达真实的智慧，生发出超出生死的"出离心"和普度众生的"菩提心"，直趋生命自我变革的顶峰，为达无限、永恒、绝对自由而奋进不已。这种直趋无限、无休无止的向上心或超越心理，能产生取之不竭的动力，推动信仰者为崇高的目标奋斗不息。

二　白莲教生发前弥勒信仰的特点

自弥勒经典传入中国起，就出现了弥勒信仰者。如东晋的支道林、道安和昙戒。文道林（314—366 年），是一位在中国佛学史与玄学史上留下浓墨重彩的僧侣，他写过一篇关于弥勒的赞文：

> 大人轨玄度，弱丧升虚迁。师通资自发，释迦登幽闲。弥勒承神第，圣录载灵篇。乘乾因九五，龙飞兜率天。法鼓振玄宫，逸响亮三千。晃晃凝素姿，结跏曜芳莲。八音畅自然，恬智冥微妙。缥缈咏重玄，磬纡七七纪，应运莅中播。挺此四八姿，映蔚花林园，亶亶玄轮奏，三虑在昔缘。[③]

这里表现的是弥勒菩萨上升兜率天宫，并在那里为大众演说佛法，显示出其宏大的气势和壮观的场面，并暗示弥勒佛将继承释迦佛成为未来佛。

另一位弥勒信仰者道安（312—385 年），原籍冀州扶柳县（今河北省冀州市），师法佛图澄（232—348 年），常代后者说法，辩才无碍。因北

---

① 参见［德］马克斯·舍勒（Max Scheler）《死、永生、上帝》，孙周兴译，张志扬校，香港汉语基督教文化研究所 1996 年版。

② ［美］埃利希·弗洛姆（Erich Fromm）：《为自己的人》，孙依依译，生活·读书·新知三联书店 1988 年版，第 98 页。

③ （东晋）支道林：《弥勒赞》，载（唐）道宣撰《广弘明集·佛德篇》，《大正新修大藏经》第 52 册，第 197 页。

方战乱，南下襄阳，居十五载。东晋孝武帝太元四年（379 年），前秦苻坚攻克襄阳，曾说："朕以十万之师攻取襄阳，唯得一人半。"① 自东汉以来，佛学有两大系，一为禅法，一为般若，道安实为二系之集大成者。译经传教，妙尽玄旨；禅定止观，大净行正。此等自不待言。道安之师佛图澄，以神变见称，这给道安很深的启示。欲弘扬佛法，走上层路径见效快而成效亦大，所以道安乃张扬弥勒。以一种顺世的精神，启发权势集团皈依弥勒，实现弘教的历史使命。他原先就"每与弟子法遇等，于弥勒前立誓愿生兜率"。② 归秦后，苻坚曾送与从西域传入的弥勒像。

> 送外国金箔倚像，高七尺；又金坐像、结珠弥勒像、金缕绣像、织成像各一尊。每讲会法聚，辄罗列尊像。布置幢幡。珠佩迭晖，烟华乱发。使夫升阶履闼者。莫不肃焉尽敬矣。③

据说道安最终的确得到菩萨的指点，如愿以偿。

> 秦建元二十一年正月二十七日，忽有异僧形甚庸陋，来寺寄宿，寺房既迮处之讲堂。时维那直殿，夜见此僧从窗隙出入，遽以白安。安惊起，礼讯问其来意。答云相为而来。安曰：自惟罪深，讵可度脱。彼答云：甚可度耳。然须臾浴圣僧情愿必果。具示浴法。安请问来生所往处，彼乃以手虚拨天之西北，即见云开，备睹兜率妙胜之报。尔夕大众数十人悉皆同见。安后营浴具，见有非常小儿伴侣数十来入寺戏，须臾就浴。果是圣应也。至其年二月八日，忽告众曰：吾当去矣。是日斋毕，无疾而卒。葬城内五级寺中。是岁晋太元十年也。④

在道安的引领下，弥勒净土信仰在上层社会和民间迅速传播，高僧大德多发愿往生兜率净土。弥勒净土信仰有上生和下生两个层次。弥勒修成正

① （南朝梁）慧皎撰：《高僧传》卷五《道安传》，汤用彤校注、汤一介整理，中华书局1992 年版，第 180 页。
② 同上书，第 179 页。
③ 同上。
④ 同上书，第 183 页。

果，现居兜率天，故愿求往生兜率天，为上生信仰。上层社会贵族华妇或高僧大德多为上生信仰者。如道安的弟子，出身官家的昙戒。

> 居贫务学，游心坟典。后闻于法道讲《放光经》，乃借衣一听，遂深悟佛理。废俗从道，伏事安公（道安）为师。博通三藏，诵经五十余万言，常日礼五百拜佛。晋临川王甚知重。后笃疾，常诵弥勒佛名不辍口。弟子智生侍疾，问何不愿生安养。戒曰：吾与和上等八人，同愿生兜率。和上及道愿等皆已往生，吾未得去，是故有愿耳。言毕即有光照于身，容貌更悦，遂奄尔迁化。春秋七十。仍葬安公墓右。①

除了比丘之外，比丘尼也是坚持弥勒信仰的一个重要群体，如比丘尼道琼。

> 年十余，博涉经史。成戒已后，明达三藏，精勤苦行。晋太元中，皇后美其高行，凡有所修福，多凭斯寺。富贵妇女，争与之游。以元嘉八年（431 年），大造形像，处处安置，彭城寺金像二躯，帐座宛具。瓦官寺弥勒行像一躯，宝盖璎珞。②

另有比丘尼慧玉：

> 初，玉在长安，于薛尚书寺见红白色光，烛曜左右，十日小歇。后六重寺沙门四月八日于光处得金弥勒像，高一尺云。③

身婴重疾、良药难愈的比丘尼若真心皈依，忏悔求愿，终究得到甄济。

> （玄藻）扶疾稽颡，专念相续。经七日初夜，忽见金像，高尺

---

① （南朝梁）慧皎撰：《高僧传》卷五，《昙戒传》，第 204 页。

② （南朝梁）宝唱撰：《比丘尼传》卷二，《建福寺道琼尼传》，《大正新修大藏经》第 50 册，第 938 页。

③ （南朝梁）宝唱撰：《比丘尼传》卷二，《江陵牛牧寺慧玉尼传》，《大正新修大藏经》第 50 册，第 937—938 页。

许。三摩其身，从首至足。即觉沉痾，豁然消愈。既灵验在躬，遂求出家。住太玄台寺。精勤匪懈，诵《法华经》。菜食长斋，三十七载。常翘心注想，愿生兜率。宋元嘉十六年出都造经，不测所终。①

道琼、慧玉和玄藻等人都是修行精勤尼师。道琼在晋宋时深受华妇的重视和欢迎，她除了建立寺院之外，还造弥勒像，这是她弥勒信仰的一个重要展现。慧玉在寺中得到金弥勒像，而当时弥勒造像多为石质，她以其神通感应获得金弥勒像，说明她在修行的过程中是以弥勒为观想对象，弥勒信仰已经沦肌浃髓。两晋南北朝期间的南方僧侣中的弥勒信仰者，或造弥勒佛像，或建弥勒精舍，或诵经弥勒，属念兜率，或梦睹弥勒，或见真容，或升兜率天。所采用的修持方式也是多种多样。但总体而言，均属于弥勒上生信仰的范畴。应该说，弥勒信仰在中国经历了世俗化与民族化的过程。最初的弥勒信仰表现在上生信仰上，基本上全是依照印度佛教经典，没有多少创新之处，其信奉者也主要是信仰坚定、文化层次较高的高僧大德。由于此时的弥勒尚为菩萨，因而上生信仰就是对弥勒菩萨和弥勒净土的信仰。东晋南朝的情形就是如此。

北朝的弥勒信仰有别于此。北朝是由游牧民族建立政权，由于游牧民族所处的环境及其文化与中原的差异，使得民族心理上的抵触情绪自然萌生，一向被视为异族宗教的佛教便很容易为他们所接受。后赵的石虎回答"佛是外国之神，非天子诸华所可宜奉"。"朕生自边壤，忝当期运，君临诸夏。至于飨祀，应兼从本俗。佛是戎神，正所应奉"。② 在这一时期，佛教迅速传播："自晋、宋、梁、陈、魏、燕、秦、赵，国分十六时经四百，观音、地藏、弥勒、弥陀称名念诵，获其将救者，不可胜纪。"③ 造像艺术将这种情况反映得淋漓尽致。据清人叶昌炽《语石》所云：

> 所刻之像以释伽（迦）、弥勒为最多，其次则定光、药师、无量寿佛、地藏菩萨、琉璃光、卢舍那、优填王、观世音。④

---

① （南朝梁）宝唱撰：《比丘尼传》卷二，《吴太玄台寺释玄藻尼传》，《大正新修大藏经》第 50 册，第 938 页。

② （南朝梁）慧皎撰：《高僧传》卷九，《佛图澄传》，第 353 页。

③ （唐）道宣撰：《释迦方志》卷下，《大正新修大藏经》第 51 册，第 972 页。

④ （清）叶昌炽：《语石》卷五，辽宁教育出版社 1998 年版。

唐长孺说这个估计只能单论北魏,若通论北朝至唐代的实际则不合。[①] 但有一点是确凿无疑的,那就是造像统计表明了北魏乃至整个北朝时期弥勒信仰极为流行,兜率天宫对西方极乐世界占据压倒性的优势。汤用彤所谓"北朝法雨之普及,人民崇福热烈,可于造像一事见知。……其宗旨自在求福田利益:或愿证菩提,希能成佛;或冀生安乐土,崇拜弥陀;或求生兜率,得见慈氏(弥勒)。或于事先预求饶益;或于事后还报前愿。或愿生富贵;或愿出征平安;或愿病患除灭"。[②] 在北朝诸帝和皇室炽热的宗教热诚鼓舞下,贵族豪门舍宅为寺,蔚然成风;平民百姓建寺造像,广作功德,所在皆是。在举国上下倾力为之的造像运动中,兴建了成千上万的寺庙与塔窟,造像壁画之多,难以计数。弥勒信仰之影响压过弥陀信仰。弥勒佛则成为仅次于释迦牟尼而先于阿弥陀佛的民间崇拜偶像。伴随着弥勒信仰的流行,人们为了能够往生兜率天净土,或者是获得弥勒的福佑,他们往往通过使用各种可能有效的方法,去潜修弥勒法门。北朝社会出现了数目众多的佛教社团,并在下层民众中逐渐拓展,这些组织,以一个村落或更大的乡里地域为范围,大多数由当地豪族与僧侣发起,社区居民共同参与造佛像、建寺院、读诵佛经、举行斋会仪式的社区信仰团体。乡里豪族共同体成员以佛教信仰为精神纽带,他们有共同的价值观念、共同的归属感与集体行为,或许我们可以将这些施行佛教活动的社区性豪族共同体称为"佛教社区共同体"。对弥勒佛像的供养、膜拜是弥勒信仰中的一项重要佛事活动,通过这种具体的行为来表现他们的弥勒信仰。北朝流行

---

① 参见唐长孺《北朝的弥勒信仰及其衰落》,载《魏恶南北朝史论拾遗》,中华书局 1982 年版,第 196 页。唐氏又引日本塚本善隆《支那佛教史·北魏篇》(弘文堂书房 1942 年版)与佐藤智勇《北朝造像铭考》(《史学杂志》第 86 编第 10 号)研究结果为证,力言此际释迦、观音信仰高过弥勒。此固有据,然与本文主旨无涉。刘凤君《山东省北朝观世音和弥勒造像考》(《文史哲》1994 年第 2 期)认为观世音和弥勒像自北魏迄北齐,自始至终是造像的主要内容,这是山东北朝造像最突出的特点。在九处摩崖造像题记中,其中五题写造像的名称是弥勒像。侯旭东《五六世纪北方民众佛教信仰》(中国社会科学出版社 1998 年版)统计,4—5 世纪,北方的弥勒像占造像总数的 10.1%,尤其是五世纪的六七十年代全部造像中 30% 以上为弥勒,社会影响相当可观。侯氏以为,大体说来,弥勒在北魏末期以前是平民中流行的崇奉对象,北魏灭亡后,平民中崇奉弥勒者日趋减少。官吏信徒中崇拜弥勒的现象出现时间晚于平民流行期。参见该书第 108—110 页。

② 汤用彤:《汉魏两晋南北朝佛教史》,北京大学出版社 1997 年版,第 364 页。

的弥勒经典数目众多，诵读经典、抄写经卷也是弥勒信仰修持中的一项重要内容。营造寺院，并以该寺院作为进行弥勒信仰者活动的主要场所更是此项精神活动的重中之重。僧侣与信众在邑义与寺院称念弥勒名号，如"南无弥勒如来应等正觉"、"南无当来下生弥勒尊佛"等名号，以求速成正觉。但是，正如唐长孺所说，在这分裂动乱的岁月里，饱受灾难的人自然对弥勒兜率净土有很强的向往力，皇室贵族华妇也念念不忘身后往生兜率，但是，苦难深重的民众却要求立即在人间实现那令人向往的儴佉圣王治世。① 从造像中我们能够发现弥勒信仰此时已经成为人们的主流信仰。尽管弥勒信仰的经典翻译过来许多，弥勒造像也大量出现，这些似乎仍然不能完全表达出信众们对弥勒信仰所具有的热忱。上层社会贵族华妇或高僧大德多为上生信仰者，下层社会的民众则显然对弥勒下生救度众生更感兴趣。《弥勒下生经》中对弥勒的形象描述即带有浓郁的神异色彩，端正肃穆，光照环宇，是真善美的化身，是拯救世界于水火之中的主人，随着他的降生，现世的诸恶终将结束。

北魏时，一批假托弥勒下生而发起的反叛运动席卷中原大地。其中最著名者是延昌四年（515 年）冀州（今河北省冀州市）僧人法庆组织的暴动。

> 时冀州沙门法庆既为祆幻，遂说勃海人李归伯，归伯合家从之，招率乡人，推法庆为主。法庆以归伯为十住菩萨、平魔军司、定汉王，自号"大乘"。杀一人者为一住菩萨，杀十人为十住菩萨。又合狂药，令人服之，父子兄弟不相知识，唯以杀害为事。于是聚众杀阜城令，破勃海郡，杀害吏人。刺史萧宝夤遣兼长史崔伯骥讨之，败于煮枣城，伯骥战没。凶众遂盛，所在屠灭寺舍，斩戮僧尼，焚烧经像，云"新佛出世，除去旧魔"。诏以遥为使持节、都督北征诸军事，帅步骑十万以讨之。法庆相率攻遥，遥并击破之。遥遣辅国将军张蚪等率骑追掩，讨破，擒法庆并其妻尼惠晖等，斩之，传首京师。后擒归伯，戮于都市。②

---

① 参见唐长孺《北朝的弥勒信仰及其衰落》，载《魏恶南北朝史论拾遗》，中华书局 1982 年版，第 197—199 页。

② （北齐）魏收撰：《魏书》卷十九上，《元遥传》，中华书局 1974 年版，第 445—446 页。

　　　　大乘余贼复相聚结，攻瀛洲，刺史宇文福讨平之。①

　　法庆以“大乘”为号召的反叛事件起延昌四年（515 年）九月，余波迁延，至熙平二年（517 年）正月方才彻底荡平，为时一年有四月。之所以能够迁延岁月，除组织之严密、谋事之缜密外，还有地方大族势力之介入有以致之。李归伯乃渤海大族，据《魏书·李叔虎传》，渤海李氏除李归伯外，另有李台户等参与其事。② 正是因为渤海李家是豪族巨户，所以才有可能“合家从之”，并且“招率乡人”。《魏书·元遥传》只说“凶众遂盛”，而元遥指挥讨平法庆叛乱的魏军人数是“步骑十万”，并不载法庆叛军人数。《北齐书》卷二一《封隆之传》说：“大乘之众五万余”；《魏书》卷六十四《张彝传》则从元遥平乱后的一个侧面揭示：“多所杀戮，积尸数万。”参与的人数在数万以上是不争的事实。法庆封李归伯为“十住菩萨”，即佛教所讲的“十地菩萨”。“十地菩萨”是真正的大菩萨，是仅次于释迦牟尼的果位。菩萨至此第十地，则修行功满，化利众生，大慈如云。③ 法庆自号“大乘”，亦别有深意，大乘即菩萨的法门，以救世利他为宗旨，最高的果位是佛果。大乘从凡夫修到成佛，立五十二个阶位，当然高于“十地菩萨”。大乘同时也内蕴着以普度众生自命的含义。“新佛出世，除去旧魔”应该如何理解？“新佛”就是从兜率天宫降

---

　　① （北齐）魏收撰：《魏书》卷九，《肃宗纪》，第 225 页。
　　② （北齐）魏收撰：《魏书》卷七十二，《李叔虎传》，第 1617 页。
　　③ 大乘菩萨十地，是菩萨修行的十个阶位。1. 欢喜地。初地的菩萨，不再有执著恐怖、颠倒、梦想。不忧虑生活，不惧怕死亡，不怨人毁谤。能绍隆佛种，能弘法度生，因为分证了佛陀的法身，相应了菩提，欢喜踊跃，故曰欢喜地。2. 离垢地。二地的菩萨，自己修行十善，也劝人勤修十善，远离垢染，获得三业清净，故曰离垢地。3. 发光地。三地的菩萨，受持佛法，能忍一切外境，精修定学，圣格升华，犹如光明四射，故曰发光地。4. 焰胜地。四地的菩萨，精进修习，智慧的光像火焰一样炽盛，故曰焰胜地。5. 难胜地。五地的菩萨，修满禅定，证悟真空，不住生死，不住涅槃，极难到达的阶位，所以叫做难胜地。6. 现前地。六地的菩萨，圆满了般若智慧，经常安住在灭尽定中，照见缘起性空，彻悟诸法自性，可说真实的佛法已现前，故曰现前地。7. 远行地。七地的菩萨，安住在灭尽定中，出定入定，随念自由，行佛法、度众生而有无限方便，远大目标，已咫尺可到，故曰远行地。8. 不动地。八地的菩萨，功德任运增进，烦恼不再现行，唯大愿度生，故曰不动地。9. 善慧地。九地的菩萨，清净法力，守护佛法。以纯善的智慧开示众生，故曰善慧地。10. 法云地。十地的菩萨，所谓补处菩萨，即可成佛。有大慈悲，大神通，法身如虚空，智慧如大云，发为电光，震大雷音，降大法雨，伏诸魔外，终成佛道。参见《大方广佛华严经·十地品》，（东晋）佛驮跋陀罗译，《大正新修大藏经》第 9 册，第 542—543、544—547 页。

临人世的弥勒，因为弥勒是未来佛。而"旧魔"自然是世间一切蝇营狗苟的邪恶。① 奉"弥勒下生说"者宣称自释迦牟尼涅槃后，一切罪恶次第彰显，只有弥勒佛降世，世界方能重入净洁之境地。所以，法庆的"新佛"，就是弥勒佛，他本人实际上就是以普度众生的"新佛"自居。

法庆起事的失败，并未宣告借弥勒下生号召民众反叛事件的终结，恰好相反，它预示着同类事件的大幅增长，而在这大幅增长的同类事件的背后，就是弥勒下生信仰在民间大幅度、深层次的精神影响。法庆失败后七年，即北魏孝明帝正光五年（524 年）又有平阳山胡之乱。

> 时有五城郡山胡冯宜都、贺悦回成等以妖妄惑众，假称帝号，服素衣，持白伞白幡，率诸逆众，于云台郊抗拒王师。（大都督、章武王元）融等与战败绩，贼乘胜围城。（裴）良率将士出战，大破之，于阵斩回成，复诱导诸胡令斩送宜都首。又，山胡刘蠡升自云圣术，胡人信之，咸相影附，旬日之间，逆徒还振。②

山胡乃魏晋后流离于汾州、并州一带的五部匈奴后裔，《魏书》中所载录的山胡叛服之事甚多甚杂，至此刘蠡升起义是山胡反魏各色事件的最高峰，达到了与北魏政权分庭抗礼的地步。"以妖妄惑众，假称帝号，服素衣，持白伞白幡"。"自云圣术，胡人信之"。这几句话不经意间透漏了此次反叛事件的某些特质，那就是宗教的品性，而且与弥勒信仰有关联。中国弥勒信仰中，信众服饰尚白是一个非常显著的特征。按道理讲，佛家

---

① 据（隋）法经《众经目录》卷二《众经伪妄六》（《大正新修大藏经》第 55 册，第 126 页）有《弥勒成佛伏魔经》一卷。唐长孺在《北朝的弥勒信仰及其衰落》（《魏晋南北朝史论拾遗》，中华书局 1982 年版，第 197 页）讲到，《隋众经目录疑伪部》有《弥勒成佛伏魔经》，正与此相应。然而，检视《大正新修大藏经》第 55 册，隋代所撰《众经目录》共有两部，分别为法经（七卷）、彦悰（五卷）撰，另有唐人静泰撰《众经目录》（五卷）。《弥勒成佛伏魔经》著录于法经撰《众经目录》卷二《众经伪妄六》，《众经疑惑五》别有著录。这些弥勒疑伪经同真正的弥勒经典一样，也体现出了弥勒信仰中的成佛思想和下生信仰思想，而上生信仰在疑伪经中却忽视了。北朝以及隋唐民间社会重视下生信仰，强调弥勒与主流佛教信仰的融摄以及消除人们在现实社会中的苦难和增进人们福祉方面的作用，这种同佛教主流信仰的兼容与弥勒扶危除厄、济世救人的思想恰恰反映了民间佛教信仰的一个重要侧面，是佛教在中国世俗化与弥勒信仰中国化的重要体现。同时，也正是由于弥勒在未来能够下生并解救众生苦难的吸引力，使弥勒信仰常常成为民间组织用来反抗现实权威的利器。

② （北齐）魏收撰：《魏书》卷六十九，《裴元俊传附裴良传》，第 1531 页。

历来的观念，出家修行的僧人，服饰是尚黑的，所以他们自称是"染衣人"，而民间弥勒信仰的崇奉者恰恰尚白，这里面的宗教意味的观念性因素值得探究。在《阿含经》中，弥勒的身份并不是固定的，有时是比丘，有时是菩萨，① 而早期的菩萨其实多指白衣居士。在《弥勒上生经》中，佛弟子优波离便指责弥勒未断诸漏，实为凡夫，"其人今者虽复出家，不修禅定，不断烦恼"，② 这表明弥勒似乎未得阿罗汉果，不像是一个严格的出家僧人。白衣习俗既是其在本土故国之穿戴习惯，也是其宗教要求。可以肯定的是，这种白衣习俗自弥勒信仰传入中国后得到了一定程度的强化，其中必定蕴涵着极为深刻的象征意义。③ 那就是在中国，弥勒信仰来自佛教的"光明"的观念得到更强烈的彰显。例如"过去七佛"中的第一佛毗婆尸佛："尔时毗婆尸佛。从兜率天降下阎浮。入于母腹，住胎藏中。放大光明，照诸世间，无有幽暗。而诸恶趣、一切地狱，日月威光，亦不能照。佛光所及，忽得大明。"④ 不仅是第一佛，而且各佛均有"光明相"："弥勒菩萨，贤劫尊者，亦放光明，当至此处。此处吉祥，安隐无为，诸佛所游，牟尼生地，名涅槃窟，慧者智度。尔时世尊，入忉利宫，即放眉间，白毫相光。其光化作七宝大盖，覆摩耶上"。⑤ 尽管光明的观念在佛教中有不止一个的特定的讲究，如"智慧光"，破一切心暗，

① 汉译四部《阿含经》及《阿含部》其余经典中与弥勒相关的内容是在《中阿含经》卷十三《说本经》，（东晋）瞿昙僧伽提婆译，《大正新修大藏经》第1册，第508—511页。《长阿含经》卷六《转轮圣王修行经第二》，（后秦）佛陀耶舍共竺佛念译，《大正新修大藏经》第1册，第39—42页。《增壹阿含经》卷一《序品》、卷十一《善知识品》、卷十九《等趣四谛品》、卷三十《六重品》、卷三十二《力品》、卷三十五《七日品》、卷三十七《八难品》、卷四十四《十不善品》、卷四十五《不善品》、卷四十八《礼三宝品》、卷四十九《非常品》，均见（东晋）瞿昙僧伽提婆译，《大正新修大藏经》第2册，第549—821。此外，《大正新修大藏经》中《阿含部》的《佛说古来世时经》（《中阿含经》卷十三《说本经》的异译本）、《般泥洹经》（以上载于第1册），《佛说三摩竭经》（载于第2册）等，也有与弥勒相关的内容。

② 《佛说观弥勒菩萨上生兜率天经》，（南朝宋）沮渠京声译，《大正新修大藏经》第14册，第418页。

③ 芮传明在《弥勒信仰与摩尼教之关系探讨》（《东方摩尼教研究》，上海人民出版社2009年版）中注意到了弥勒信仰的白衣特色，他把这种特色的成因归结为摩尼教的影响，他花了很长的篇幅论证这两者的文化关联，他甚至认为，弥勒信仰者的白衣特点与琐罗亚斯德教的光明神"密特拉"有关。

④ 《佛说七佛经》，（南朝宋）法天译，《大正新修大藏经》第1册，第152页。

⑤ 《佛说观佛三昧海经》卷六《观四无量心品》，（东晋）佛陀跋陀罗译，《大正新修大藏经》第15册，第677—678页。

达成四圣谛光明。但同时"光明"也象征着高尚的品行和理想的境地，在那里，免除了人间的一切厄难，没有水旱灾荒，没有饥寒困苦。所以，光明尽管不是佛教，也不是弥勒信仰的核心概念，但也有着重要的地位。基于此种认识，就不难理解隋代发生的弥勒出世的预言以及与此相连的行动。

> （大业）六年（610），春正月癸亥朔，旦，有盗数十人，皆素冠练衣，焚香持华，自称弥勒佛，入自建国门。监门者皆稽首。既而夺卫士仗，将为乱。齐王暕遇而斩之。于是都下大索，与相连坐者千余家。[①]

又见《隋书·五行志》载：

> 六年正月朔旦，有盗衣白练裙襦，手持香花，自称弥勒佛出世。入建国门，夺卫士仗，将为乱，齐王暕遇而斩之。[②]

此起事件的内在基因，正与北魏孝明帝正光五年（524年）的平阳山胡之乱相似，他们都穿戴白色的衣冠，与山胡之乱不同，建国门乱者明确自称是弥勒佛信徒，法庆之变以"新佛出世，除去旧魔"相煽，但也没有打出弥勒旗号。所以建国门之乱，称得上是有史以来明确假借弥勒出世为号召，指向现实政权的民变。隋代还有两起借弥勒出世的变乱：

> （大业）九年（613），帝在高阳。唐县人宋子贤善为幻术，每夜，楼上有光明，能变作佛形，自称弥勒出世。又悬大镜于堂上，纸素上画为蛇为兽及人形，有人来礼谒者，转侧其镜，遣观来生形像。或映见纸上蛇形，子贤辄告云：此罪业也，当更礼念。又令礼谒，乃转人形示之。远近惑信，日数百千人。遂潜谋作乱，将为无遮佛会，因举兵，欲袭击乘舆。事泄，鹰扬郎将以兵捕之。夜至其所，绕其所居，但见火坑，兵不敢进。郎将曰：此地素无坑，止妖妄耳。及进，

---

① （唐）魏征撰：《隋书》卷三《炀帝上》，中华书局1973年版，第74页。
② （唐）魏征撰：《隋书》卷二十三《五行志下》，第662页。

无复火矣。遂擒斩之。并坐其党与千余家。其后复有桑门向海明，于扶风自称弥勒佛出世，潜谋逆乱，人有归心者，辄获吉梦，由是人皆惑之。三辅之士，翕然称为大圣，因举兵反，众至数万，官军击破之。京房《易飞候》曰：妖言动众者，兹谓不信，路无人行，不出三年，起兵。自是天下大乱，路无人行。①

宋子贤与向海明之乱有几个特点：第一，他们都有广泛的群众基础。宋子贤"远近惑信，日数百千人"，向海明"众至数万"。这两起变乱上距参与人数不会太多的建国门之乱不过三年，而已经能够号召起数以万计的群众参与，可见起码关中地区的民众已有深厚的弥勒信仰的基础。第二，他们起事的指向性都非常明确，要么是"袭击乘舆"，要么是"举兵反"，这些事件，实际上成为反隋民众大起义的前奏曲。第三，借以起事的宣传与组织形式，弥勒信仰的色彩更加浓烈。向海明之乱另见载于《隋书·炀帝纪》："扶风人向海明举兵作乱，称皇帝，建元白乌"，白乌之白色，亦与弥勒信仰的白色崇拜有内在联系。并且宋、向之乱与传统中国的某些法术相联系，法术增强了弥勒的神秘感和吸引力，成为动员与组织大规模群体性事件的手段，对后世的相应事件有启示作用。

正是因为隋代有这样的假借弥勒下生而发起的变乱，所以上层僧侣与政府都对此相当反感和警惕。隋唐之际的高僧昙选就曾告诫徒众："自佛法东流，矫诈非少。前代大乘之贼，近时弥勒之妖，诖误无识，其徒不一，闻尔结众，恐坏吾法。"② 他把"大乘之贼"同"弥勒之妖"相提并论，由此可见此两者在昙选那里本无区别，在昙选、道宣这些大德眼中，这样的事件既伤害了社会，威胁现实政权的合法地位，又戕害佛教自身的形象与传法的合法性，是要坚决去除的。然而，事与愿违的是，唐朝立国后，仍然有借弥勒反叛者。武德元年（618年）"怀戎沙门高昙晟，因县令设斋，士民大集，昙晟与僧五千人拥斋众而反，杀县令及镇将，自称大乘皇帝，立尼静宣为邪输皇后，改元法轮。遣使诏（高）开道，立为齐

---

① （唐）魏征撰：《隋书》卷二十三《五行下》，第662—663页。
② （唐）道宣撰：《续高僧传》卷二十四《昙选传》，《大正新修大藏经》第50册，第641页。

王。开道帅众五千人归之，居数月，袭杀昙晟，悉并其众"。① 怀戎当时属幽州，是边远地区，就在这里，有沙门自称"大乘皇帝"，犹如北魏时法庆自称"大乘"，这无疑是对昙选谆谆教诲的极大反讽。即便是政权完全稳固下来很久，唐朝仍然有弥勒之变。玄宗开元元年（713 年），贝州（今河北省清河县）人王怀古煽惑云："释迦牟尼末，更有新佛出。李家欲末，刘家欲兴。今各当有黑雪下贝州，合出银城。"② 法庆之乱以"新佛出世，除去旧魔"相煽惑，实质上已注入政权更替的内容，王怀古鼓动一种宿命论的舆论，更具有诱惑力，这自然引起唐玄宗的注意，于是在开元三年（715 年）下诏：

> 释氏汲引，本归正法，仁王护持，先去邪道。失其宗旨，乃般若之罪人；成其诡怪，岂涅槃之信士？不存惩革，遂废津梁，眷彼愚蒙，将陷阬阱。比有白衣长发，假托弥勒下生，因为妖讹，广集徒侣，称解禅观，妄说灾祥，或别作小经，诈云佛说，或辄蓄弟子，号为和尚，多不婚娶，眩惑闾阎，触类实繁，蠹政为甚。刺史县令，职在亲人，拙于抚驭，是生奸宄。自今已后，宜严加捉搦，仍令按察使采访。如州县不能觉察，所由长官并量状贬降。③

在这里，"白衣长发"成为弥勒信仰者的一种新标识，"白衣"已见上文的分析，"长发"其实也不难理解，既然是在家修行的居士，而非以缁衣为正式着装的出家人，"长发"自然如此。事实上，从北魏至唐代以至后世的借弥勒信仰发难者，心中萦绕的是一种救赎的情结，大凡宗教都带有救赎的功能，在传布过程中，"小传统"场境里的下层民众，常常是他们的信众，而那些具有政治和经济特权的阶级几乎不会接受救赎的观念。对于广大的下层民众而言，寻求救赎的动机不外乎内心的需要及外在的苦难。韦伯准确地讲出："所有的救赎需求皆为某些'困穷'的表现。社会

---

① （宋）司马光：《资治通鉴》卷一百八十六，唐纪二，武德元年十二月壬辰，中华书局1956 年版，第 5833—5834 页。

② （宋）王钦若撰：《册府元龟》卷九百二十二《妖妄二》，中华书局 1960 年版，第 10889页。

③ （宋）宋敏求编：《唐大诏令集》卷一百十三，苏颋：《禁断妖讹等敕》，中华书局 2008年版，第 588 页。

性或经济性的压迫是救赎信仰出现的一个有力源泉（虽非唯一的）。在其他条件不变的情况下，享有优势社会与经济特权的阶层极少会有救赎需求的"。① 就救赎的途径而言，原始佛教不论是自力还是他力的救赎，皆并非以救世主降临的方式来拯救众生，而是端赖信徒一心持诵其佛名，发愿往生其净土，临命终，一心不乱，佛便会接引此人至西方世界。他所凭依的是宗教的工夫，从静坐冥想思维悟入佛与一切众生同一性，一心无二，心性体空，于心性中无染、无垢、无舍、无得、无失、无生、无灭，则清净觉心生，犹如虚空，容受一切云云。然而，弥勒信仰者展现的救赎情境，则是下层民众的迫切需求所呼唤出来的，弥勒信仰提供了离苦得乐的良方，它切合中土人心的归向。而且，佛教本身并不强调崇拜人格神，对于下等根器的民众而言，是无法通过自身的苦修来达到涅槃寂乐，永断轮回的境界。只有信仰人格神，而且坚信他会在适当的时机、适当的地方，展示他的慈悲而得到救赎。

韦伯还说过："虽然在政府官员中的确也可见到特殊的救赎类型宗教之倾向的萌芽"，但是，这并不是一种一般意义上的倾向，"这并不是一个支配性的官僚体制对宗教的态度，这种官僚体制一向都是包含广泛的、冷静的理性主义之担纲者；此外，它也是一种有纪律之'秩序'的理想与绝对价值标准之保障的担纲者。官僚制的特征经常是，一方面极度蔑视非理性的宗教，然而另一方面却又将之视为可利用来驯服人民的手段"。② 历史上中国的政治统治阶层，对待宗教一向就有政治功利主义的思想意识，唐时，武则天借弥勒信仰而达致替代李唐皇室的行动，可谓别有意境。鉴于唐代民间盛行的弥勒信仰，③ 武则天借势起事。弘道元年（683年）高宗去世后，就开始散布武氏本人是弥勒化身的谣言，即是弥勒化身，那么武氏就是下生的弥勒，自然应登大宝：

（薛）怀义与法明等造《大云经》，陈符命，言则天是弥勒下生，

---

① ［德］马克斯·韦伯（Max Weber）：《宗教社会学》，康乐、简惠美译，广西师范大学出版社 2005 年版，第 136—137 页。

② 同上书，第 116 页。

③ 对唐代流行的弥勒信仰的一般情形，参见黄敏枝《唐代民间的弥勒信仰及其活动》，《大陆杂志》第 78 卷第 6 期，1989 年；张子开、张琦《映照安史之乱的唐代民间弥勒信仰实物：敦煌写本〈救诸众生一切苦难经新探〉》，载《西南民族大学学报》2009 年第 1 期。

作阎浮提主，唐氏合微。故则天革命称周，怀义与法明等九人并封县公，赐物有差，皆赐紫袈裟、银龟袋，其伪《大云经》颁于天下，寺各藏一本，令升高座讲说。①

张仁愿，华州下邽人也。本名仁亶，以音类睿宗讳改焉。少有文武材干，累迁殿中侍御史。时有御史郭霸上表称则天是弥勒佛身，凤阁舍人张嘉福与洛州人王庆之等请立武承嗣为皇太子，皆请仁愿连名署表，仁愿正色拒之，甚为有识所重。②

薛怀义、法明和郭霸这些宵小造舆论，暗示武则天革命称周，是弥勒化身在人间建立兜率天宫的实践。事实上，"以女身当国王"的传说，在武后策划登基前不久就曾发生过，"永隆二年（681年）九月一日，万年县女子刘凝静，乘白马，著白衣，男子从者八九十人，入太史局。升令厅床坐，勘问比有何灾异。太史令姚玄辩执之以闻"③。隋朝连续三起弥勒之乱都发生在关中地区，此地有较为厚实的弥勒信仰的土壤自无可疑，刘静凝的白马白衣有明显的弥勒信仰标识，与隋代的建国门之乱一样，这起事件也具有随意性、突发性的特点，事件的平息也是迅速和富有戏剧性的。至于弥勒化身为女主，君临天下，则不能不提及《大云经》。《大云经》又作《大方等无想经》，是古印度人昙无谶北凉时在敦煌译出的，武则天于天授元年（690年）颁《大云经》时，《大云经》已存在了二百六十年左右。经中有两处提到女王：

尔时众中有一天女名曰净光，复以香华幡盖伎乐供养于佛。合掌恭敬白佛言：世尊，如是二贤成就甚深微妙智慧，能开如来秘密之藏，从何处来惟愿演说。佛言：善哉善哉。天女，汝为众生故问是义。……尔时如来在大众中作师子吼，宣说如是大云经典。时彼城中有王名曰大精进龙王。王有夫人名曰护法。……天女，时王夫人即汝身是，汝于彼佛暂得一闻《大涅槃经》，以是因缘今得天身，值

① （后晋）刘昫撰：《旧唐书》卷一百八十三，《薛怀义传》，中华书局1975年版，第4742页。
② （后晋）刘昫撰：《旧唐书》卷九十三，《张仁愿传》，第2981页。
③ （后晋）刘昫撰：《旧唐书》卷三十六，《天文志下》，第1320页。

我出世，复闻深义。舍是天形，即以女身当王国土，得转轮王所统领处四分之一。得大自在，受持五戒，作优婆夷，教化所属城邑聚落男子女人大小，受持五戒，守护正法，摧伏外道诸邪异见，汝于尔时实是菩萨。为化众生，现受女身，是时王者。①

有一小国名曰无明，彼国有河名曰黑暗，南岸有城名曰熟谷，其城有王名曰等乘。其王夫人产育一女，名曰增长。其形端严，人所爱敬。护持禁戒，精进不倦。其王国土以生此女，故谷米丰熟，快乐无极，人民炽盛，无有衰耗、病苦、忧恼、恐怖、祸难，成就具足一切吉事。邻比诸王，咸来归属。有为之法，无常迁代。其王未免，忽然崩亡。尔时诸臣，即奉此女，以继王嗣。女既承正，威伏天下。阎浮提中所有国土，悉来承奉，无拒违者。女王自在摧伏邪见，为欲供养佛舍利故，遍阎浮提，起七宝塔。赍持杂彩，上妙幡盖。栴檀妙香，周遍供养。见有护法持净戒者，供养恭敬。见有破戒毁正法者，呵责毁辱，令灭无余。具足修习十波罗蜜，受持五戒，拯济贫穷。教导无量一切众生，说《大云经》以调其心。②

把娑婆世界一转而为"净洁浣濯"世界的强势人物是女子，这在传统社会是难以想象也难以相信的事情，但借助宗教的感召力，就有可能化解传统观念的阻力，以神秘感抵消传统伦理理性。不过，《大方等无想经》并没有提到过弥勒菩萨，御史郭霸上表称，武则天是弥勒佛身，完全可看作是宵小的联想附会。当然，武则天颁布讲说此经，是想利用此经的某些预言，作为革故鼎新的符瑞之应。只不过，从前帝王勃兴的符瑞出于国人的肇造，而武氏则想利用现有的佛教经典。③ 在当时的政治文化氛围里，儒家官僚集团显然对武周权力组织缺乏认同，而我们知道，政治认同是指特定个体或群体认为某一政治系统（包括政治理念、政治价值、执政方式和政治构成等等）内在于自己的价值观念与人格结构中，并自觉循之以

---

①　《大方等无想经》卷四《大云初分如来涅槃健度第三十六》，（北凉）昙无谶译，《大正新修大藏经》第 12 册，第 1097—1098 页。

②　《大方等无想经》卷六《大云初分增长健度第三十七之余》，（北凉）昙无谶译，《大正新修大藏经》第 12 册，第 1107 页。

③　王国维在《唐写本〈大云经疏〉跋》中说："以文义观之，盖武后载初元年所作《大云经疏》也。卷中所引'经曰'及'经记曰'云云，均见后凉昙无谶所译《大方等无想经》。此经

评价政治决策，规范政治行为。政治认同不但是对特定政权，而且是整个国家与民族凝聚力的重点支点，这种认同对整个国家的维系和促进作用是难以估量的。缺乏政治认同，就缺乏政治参与，缺乏政治参与，就会失去政治基础，缺乏政治基础，就失去政治合法性。合法性体现一种价值判断，凡是建立在价值基础之上，并以此得到公共舆论承认的即为合法。合法性主要关心的问题是统治、政府或政权怎样及能否在社会成员的心理认同的基础上进行有效运行。合法性就是统治者的正统性和正当性。①武周政权要获取官僚士大夫的认同，就要先造出打动他们内心的舆论。就此而论，武则天是有意识的，所以当一场灾难降临的时候，武氏操控的政治集团也能将之朝有利于武周政治权力巩固的那一面牵引：

又有竺法念译本，名《大云无想经》（此本已佚，上虞罗氏藏六朝人所书一卷，系第九卷，亦阙前半），昙公译本中亦屡见'大云'字，故知此为《大云经疏》也。案《旧唐书·则天皇后本纪》：'载初元年，有沙门十人，伪撰《大云经》，表上之，盛言神皇受命之事。制颁于天下，令诸州各置大云寺，总度僧千人'。又《薛怀义传》：'怀义与法明等造《大云经》，陈符命，言则天是弥勒下生，作阎浮提主。唐氏合微，故则天革命称周，其伪《大云经》颁于天下，寺各藏一本，令升高坐讲说'。《新唐书·后妃传》所纪略同。宋次道《长安志》记大云经寺亦云：'武太后初，光明寺沙门宣政进《大云经》，经中有女主之符，因改为大云寺'。皆以此经为武后时伪造。然后凉译本之末，固详说黑河女主之事。故赞宁《僧史略》谓'此经晋代已译，旧本便曰女王，于时岂有天后'云云，颇以唐书之说为非。志磐《佛祖统纪》从之，故于武后载初元年书敕沙门法朗九人重译《大云经》，不云伪造。今观此卷所引经文，皆与凉译无甚差池，岂符命之说皆在疏中，经文但稍加缘饰，不尽伪托欤"？载《观堂集林》卷二十一，河北教育出版社2001年版，第630页。就是说，《大云经》非武氏遣人伪作，附会弥勒，则是佞人为之。而在陈寅恪看来，《大云经》与武则天的关系牵扯到佛教文化和儒家传统之间的差异。按照儒家传统的思维，"牝鸡无晨，牝鸡之晨，惟家之索"，（《尚书·牧誓》）武则天以女身称帝，只能从佛典中寻找根据，而《大云经》里女菩萨为转轮圣王的预言正好适合她。《大云经》和《大般涅槃经》都出自天竺，经由于阗传入汉地，并非中国人伪造。敦煌石室内发现的《大云经疏》残卷，与昙无谶所译《大方等大云经》几乎完全吻合。薛怀义不过是依据旧译，附以新疏，借以阐发新义。因此武则天颁布的《大云经》，既非重译，更非伪造。参见陈寅恪《武曌与佛教》，《金明馆丛稿二编》，生活·读书·新知三联书店2001年版，第153—174页。此文伟见卓识，解释疑滞，考订是非，周延辗转，堪称典范。

① ［美］罗伯特·W·杰克曼（Robert W Jackman）在《不需要暴力的权力》（欧阳景根译，天津人民出版社2005年版）里讲："在政治学词汇里，很少有比'合法性'（Legitimacy）因明确的原因引起更大麻烦的术语"，它根据"同意"的基础来判定。参见该书第124—141页的相关论述。［法］让-马克·夸克（Jean-Marc Coicaud）的《合法性与政治》（佟心平、王元飞译，筱娟校，中央编译出版社2002年版）则提出了"共同体体验"的概念作为衡准合法性的参照，发人深省。

明堂火，后欲避正殿，应天变。（姚）璹奏：此人火，非天灾
也。昔宣榭火，周世延；建章焚，汉业昌。且弥勒成佛，七宝台，须
臾散坏，圣人之道，随物示化，况明堂布政之宫，非宗庙，不宜避正
殿，贬常礼。①

这种解读，过于露骨，马上就有正直的臣僚指出，左拾遗刘承庆奏称，
"当弥勒初成佛道时，有天魔烧宫，七宝台须臾散坏，斯实诡妄之邪言，
实非君臣之正论"。② 但这些话语已经无法冲淡更无法扭转武则天为取得
政权而造作的舆论的神秘感和有效性，他只能增添一位谏臣直言的形象，
给儒家官僚加一个直言的范例。

塚本善隆认为，由于受到本土传统文化与道教及神仙信仰的影响，
唐代开始礼拜无量寿佛的风气大为盛行。阿弥陀佛的名号在净土信仰者
那里得到普遍的采用，无论在宗教性的知识还是实践性宗教性的感情方
面都在促进净土信仰从弥勒信仰到弥陀信仰的转变。③ 应该说，唐以
后，弥勒信仰朝向两个方向延续，一是进一步的世俗化，更深更广地渗
入中国社会的底层世界，嵌入民众的心灵，尤其是人们对理想幸福的认
知，它使得民众的理想与幸福真实而感性，是一种形而下的接受与获
得，理想与幸福同时具有强烈的"此世"意味，即所谓"现世报"。二
是弥勒信仰逐渐与白莲教、摩尼教及道教相融合，成为民间信仰的重要
组成部分。

---

① （宋）欧阳修、宋祁撰：《新唐书》卷一百二《姚璹传》，中华书局1975年版，第2877页。
② （后晋）刘昫撰：《旧唐书》卷二十二《礼仪二》，第765页。
③ 参见塚本善隆《从释迦、弥勒到阿弥陀，从无量寿到阿弥陀》，施萍婷译、赵声良校，
《敦煌研究》2004年第5期。张子开以为，弥勒净土与弥陀净土有一定的融合性，也可以兼修，而
且弥勒类经典也包含了弥勒净土的因素，弥勒净土信仰包含有弥勒上生或下生信仰的痕迹。参见张
子开《试论弥勒信仰与弥陀信仰的交融性》，载《四川大学学报》2006年第1期。松本文三郎早就
有这样的看法，见《弥勒净土论》，张元林译，宗教文化出版社2001年版，第166页。有一种观点
认为，唐代开始，弥勒信仰衰微，弥陀信仰强势崛起，民众起义利用弥勒信仰而遭到统治者的忌恨
是弥勒信仰消歇的重要原因之一，参见吴先核《弥勒信仰衰落原因简论》，载《宗教学研究》2008
年第1期。华方田在《隋朝的弥勒信仰：以弥勒信仰的兴衰为主线》（《华林》2001年第1期，《中
国人民大学复印资料·宗教学》2001年第4期）里就讲过阿弥陀信仰到南北朝后期因昙鸾的大力
倡导而影响剧增，更易为大众所接受，入隋之后，又有智顗、道绰等人盛赞弥陀信仰之优，故而弥
勒信仰衰落。说两种净土交融，是有根据的，说弥勒信仰衰竭，远非事实。

弥勒净土思想从北朝到唐代之所以有强大的吸引力，首先在于它所倡导的救世思想与其宣传的彼岸净土兜率天的美好密切关联。它与乱世和苦难的社会现实恰成鲜明对照，进而启发了不甘现实苦难的民众，为在地上建立佛国净土起而抗争。别有用心的政治家对弥勒信仰的利用，更加强了此种信仰在世间的影响力，也暗示佛国净土可以凭借政治权力在人世间得以构建，而不必身前行众三昧，深入正受，读诵经典，等到身后往生兜率。所以，宋代弥勒信仰依然在民间潜行默运，且愈演愈烈，是不足为奇的。北宋中期，同样在贝州（今河北省清河县），发生了与唐代王怀古相类似的王则"贝州之乱"，时值庆历七年（1047年）十一月戊戌：

> 是日，贝州宣毅卒王则据城反。则本涿州人，岁饥，流至贝州，自卖为人牧羊，后隶宣毅军为小校。贝、冀俗妖幻，相与习《五龙》、《滴泪》等经及图谶诸书，言释迦佛衰谢，弥勒佛当持世。初，则去涿，母与之诀别，刺"福"字于其背以为记，妖人因妄传"福"字隐起，争信事之。而州吏张峦、卜吉主其谋，党连德、齐诸州，约以明年正旦断澶州浮梁，乱河北。……则僭号东平郡王、以张峦为宰相，卜吉为枢密使，建国曰安阳，榜所居门曰中京，居室厩库皆立名号，改元曰得圣，以十二月为正月。百姓年十二以上，七十以下，皆涅其面曰："义军破赵得胜。"旗帜号令，率以佛为称。城以一楼为一州，书州名，补其徒为知州，每面置一总管。然缒城下者日众，于是令守者伍伍为保，一人缒，余悉斩。①

唐玄宗开元元年（713年），贝州人王怀古在贝州倡言"释迦牟尼末，更有新佛出"，提出"合出银城"。三百多年后，还是在贝州，王则倡言"释迦佛衰谢，弥勒佛当持世"。提出建立"安阳"国。所谓银城，又叫云城，是唐代以后民间宗教追求的天堂。王则建国号曰安阳，是"安养"的讹音，安养即佛教所说的极乐世界，即佛教的安养净土，又称"阿弥

---

① （宋）李焘：《续资治通鉴长编》卷一百六十一，庆历七年十一月戊戌，中华书局1985年版，第3890页。

陀佛净土"。① 无论王怀古还是王则都希望在人间建立佛国净土世界，即平等世界。故王则又自称"东平王"。释迦牟尼佛于净土诸经中，将极乐世界介绍给众生，说其位于此界西方，依于阿弥陀佛于因地修行时所发之四十八大愿而成，已历十劫，距此娑婆世界有十万亿佛土之遥，虽然在时空的相隔上是如此的不可思议，然而念佛往生之人，因有佛威德神力方便接引，一弹指间，顷可到达，各依所作业品而皆往生。这里，重要的内涵是要借着佛的神力的接引，某种意义上要靠他力。神佛的接引遥不可及，当下权力拥有者的接引却打开了方便之门，只要民众臣服于他的脚下。这里需要指出的是，贝州之乱揭示出弥勒信仰与弥陀信仰的融合。在弥陀经典中，就含有弥勒净土的思想，这在《佛说无量寿经》中明白表述过。因为弥陀净土思想乃属于后起者，它自然会吸纳、包含弥勒净土理念。融合之要点是往生，而弥勒信仰的入世性格，则强化了拯救意识，王则及元代白莲教利用的就是这种意识，它是人们迫切要求改变生存环境的愿望的情绪反应。所谓的"《五龙》、《滴泪》等经及图谶诸书"，是王则等人物乐意宣讲的意识形态的依据，这些伪经的内容义理乖背、文词浅鄙，从内容上看，这些伪经无法与真经相媲美。不过，"伪经虽然并不是佛教真正的经典，而是混融了其他思想的东西，甚或是采撷了民间信仰故意炮制的东西，但是站在冷静的客观的角度观看，以学理的态度对待，其实它们也是具有丰富意味的很有作用的研究资料"。② 这些弥勒伪经同真正的弥勒

① "阿弥陀佛净土"，是佛教中阿弥陀佛成佛时依因地修行所发四十八大愿所感之庄严、清净佛国净土。《佛说阿弥陀经》（鸠摩罗什译，《大正新修大藏经》第 12 册，第 346—348 页）说道："尔时佛告长老舍利弗，从是西方，过十万亿佛土，有世界名曰极乐，其土有佛，号阿弥陀，今现在说法。舍利弗，彼土何故名为极乐？其国众生，无有众苦，但受诸乐，故名极乐。又舍利弗，极乐国土，七重栏楯，七重罗网，七重行树，皆是四宝周匝围绕，是故彼国名为极乐。又舍利弗，极乐国土，有七宝池，八功德水，充满其中，池底纯以金沙布地，四边阶道，金、银、琉璃、玻璃合成。上有楼阁，亦以金、银、琉璃、玻璃、砗磲、赤珠、玛瑙而严饰之。池中莲华，大如车轮，青色青光，黄色黄光，赤色赤光，白色白光，微妙香洁。舍利弗，极乐国土，成就如是功德庄严！又舍利弗，彼佛国土，常作天乐，黄金为地，昼夜六时，天雨曼陀罗华，其土众生，常以清旦，各以衣械，盛众妙华，供养他方十万亿佛。……极乐国土成就如是功德庄严！……彼佛国土，微风吹动诸宝行树，及宝罗网，出微妙音，譬如百千种乐同时俱作。闻是音者，自然皆生念佛、念法、念僧之心。舍利弗，其佛土成就如是功德庄严！……彼佛何故号阿弥陀？舍利弗，彼佛光明无量，照十方国，无所障碍，是故号为阿弥陀。"晚明吾杭智旭（蕅益大师）作《佛说阿弥陀经要解》云：极乐世界"乃永离众苦，第一安隐之谓"。

② ［日］小野玄妙：《佛教经典总论》，杨白衣译，新文丰出版公司 1983 年版，第 414 页。

经典一样，也体现出了弥勒信仰中的成佛思想和下生信仰，而弥勒上生信仰却被有意地忽视了，它们重视下生信仰，暗示当下成佛，强调弥勒信仰在消除人们在现实社会中的苦难和给予并保障人们福祉方面的作用，这就是弥勒信仰世俗化的一种体现。也正是由于弥勒下生并解救众生苦难的吸引力，使弥勒信仰常常成为反政府组织的工具。

北宋的统治者对弥勒信仰向来持一种高度警觉的态度，太祖乾德元年（963 年）"禁民赛神，为竞渡戏及作祭青天白衣会，吏谨捕之"。① 真宗天禧三年（1019 年）也曾"禁兴、剑州等州，三泉县白衣师邪法"。② 仁宗宝元二年（1039 年）又有"知河南府宋绶言：'府界民间讹言有寇兵大至，老幼皆奔走入城郭。又乡民多为白衣会以惑众。请立赏募告者。'从之。又诏告官吏不即捕系，当重置其罪"。③ 我们知道，白衣就是弥勒信奉者的身份标识，宋政府从来也没有放松过对此类人物与事件的关注，只要认为是潜在威胁，就会断然斩草除根。从宋朝时弥勒信仰的群众面上看，王则贝州之乱不是一件简单的偶发事端。但是，弥勒下生的意绪在下层社会弥漫而又深固，弥陀只想在接引众生脱离五浊恶世上有所作为，没有意思想要对恶世作当下的彻底改造，使之成为能与佛国净土媲美的人间净土，而弥勒净土则提供了这种可能。

三 南宋白莲教之蕤生与其品性

白莲教与佛教弥陀净土信仰的关系最为密切。白莲教创自南宋绍兴三年（1133 年）昆山（今江苏昆山）僧人茅子元，④ 其教义与佛教弥陀净土信仰相纠结。弥陀净土信仰自汉魏之际传入中国后，主要经典《无量

---

① （宋）李焘：《续资治通鉴长编》卷八，乾德五年夏四月戊子，中华书局 1979 年版，第 194 页。

② （宋）李焘：《续资治通鉴长编》卷九十四，天禧三年冬十月丙申，中华书局 1985 年版，第 2169 页。

③ （宋）李焘：《续资治通鉴长编》卷一百二十三，宝元二年夏四月乙丑，中华书局 1985 年版，第 2902 页。

④ 最早记载茅子元创教事迹的是宗鉴的《释门正统》卷四《斥伪志》："所谓白莲教者，绍兴初吴郡延祥院沙门茅子元曾学于北禅梵法主会下，依仿天台出《圆融四土图》、《晨朝礼忏文》，偈歌四句，佛念五声，劝诸男女同修净业，称白莲导师。其徒号白莲菜人，亦曰茹茅阇黎菜。"（见杨讷编《元代白莲教资料汇编》，中华书局 1989 年版，第 280 页）。

寿经》即由安世高译出（其后由康僧铠重译）①。以《无量寿经》为代表的弥陀净土信仰的主旨即在于超拔人生，往生西方佛国净土。西方净土被描绘成"清净庄严"的"无量妙土"，无量寿佛（阿弥陀佛）则是光被四维，化生万物的巨神。弥陀净土信仰给人们展示了一幅无比美好的理想国度的蓝图，且往生净土之方法又极为简便，只要口念阿弥陀佛名号，死后便可往生净土。② 弥陀净土信仰之所以能获得众多信徒，即在于此。

东晋时，慧远对弥陀净土信仰的定型与发展有着不同凡响的作用。是他首先在庐山结社念佛，礼崇阿弥陀佛。慧远是中国佛教净土宗之初祖。是时，谢灵运为慧远凿池东林寺，植以白莲，故而后世净土宗亦被称为白莲宗。③真正为净土宗确立主导理论的是南北朝时的昙鸾。昙鸾的弥陀净土信仰可归结为"二道二力说"。"二道"指的是"难行道"，和"易行道"，"二力"指的是"自力"和"他力"。依"自力"难以达到正定聚，是谓"难行道"；反之，只要信仰阿弥陀佛，以此因缘愿生弥陀净土，便可依阿弥陀佛愿力，死后被接引到弥陀净土，达到正定聚，是为依"他力"而"易行道"。昙鸾对净土宗的贡献即在于将原本简单的修行方法更加简约化了，只主张口称念佛，念阿弥陀佛名号，愿生安乐，死后便可进西方极乐世界。入隋之后，净土宗又得到大师智𫖮、道绰等的弘扬。二人说法各异，但有一共同点，即扬弥陀而抑弥勒，弥陀净土优于弥勒净土，④隋唐之际道绰又创"圣道净土二门"之说。所谓"圣道门"，是指"净土门"外的一切佛法。唯有净土一门可通西方世界。其弟子善导集净土宗各派之说与行仪轨制之大全，使净土宗具备完整的教派形态，从而风行天下。⑤"有唐一

————

① 弥陀信仰的经典，影响最大的有四部，即《无量寿经》、《观无量寿经》、《阿弥陀经》及《无量寿经论》（《往生论》），合称"三经一论"。

② 《佛说无量寿经》卷上，（三国魏）康僧铠译，《大正新修大藏经》第12册，第268页，中有阿弥陀佛四十八愿，第十八愿谓："设我得佛，十方众生至心信乐，欲生我国，乃至十念，若不生者，不取正觉。唯除五逆、诽谤正法。"

③ 佛教史家向有十八高贤立莲宗之说。依此之说，慧远在庐山邀集僧俗十八人，立"白莲社"，倡弥陀净土，是为净土宗正始。但据近人汤用彤、任继愈、方立天等学者考订，十八高贤立莲宗之说不能成立。参见陈扬炯《中国净土宗通史》，凤凰出版社2008年版，第103—107页。

④ 参见陈扬炯《中国禅宗通史》，第231—240、279—284页。

⑤ 善导破除了世间一切人往生弥陀净土的全部阻碍，如"善恶凡夫同沾九品"，"五逆谤法俱得往生"等提法，最大限度地展示了弥陀净土的魅力。善导净土宗贡献参见陈扬炯《中国净土宗通史》，第303—356页。

代，净土之教深入民间，且染及士大夫阶层，盖当时士大夫根本之所以信佛者，即在作来生之计，净土之发达以至几独占中华之释氏信仰者盖在于此"。①是为确论。至宋代，净土宗的广泛流传，导致信众结社念佛之风盛行。莲宗七祖省常（959—1020年）于北宋太宗淳化年间（990—994年）在杭州昭庆寺创立净行社，士大夫闻风而动，踊跃加入。"朝贤高其谊，海内籍其名，由是宰衡名卿邦伯牧长又闻公之风而悦之。"②天台宗大师知礼的弟子本如（982—1051年）居明州，"慕庐山之风，与丞相章郇公（章得象）诸贤结白莲社"。③宋仁宗曾亲自封赠本如为"神照"，赐以"白莲"匾额。北宋的结社之风由名僧倡导，士大夫推波助澜，加之帝王钦许，故而风行大江南北。哲宗绍圣元年（1094年），元照说："近世宗师公心无党者，率用此法（结社会佛）诲诱其徒，由是在处立殿造像，结社建会，无豪财，无少长，莫不归诚净土。"④这种情形在南宋时仍所在多有。两浙西路副都总管张抡"凿池种莲，仿慧远结社之遗意，日率妻子课诵万过，而又岁以春秋之季月谓良日，即乌成普静之精舍，与信道者共之。于是见闻随喜，云集川至，倡佛之声，如潮汐之腾江也"。⑤高宗亲书"莲社"二字以为题匾。

　　两宋时期净土信仰社团的大量出现和频繁活动是早期白莲教得以产生和发展的直接背景。南宋立国，现实世界的苦难，更加激起人们对彼岸世界的向往。宋金战争造成中国北方社会秩序大乱，大量的流亡人口背井离乡，南奔躲避战争烽烟，他们脱离了原有的生活轨迹和家族组织，在动荡的社会中生活上孤立无援，精神上惶恐不安，渴求建立一种新的社会联系。这种精神渴望和当时残酷的民族战争造成的极度苦难的现实生活是结社念佛之风于两宋之际特为盛行的思想基础和社会背景，正是在这样的背景和基础之上，白莲教产生了。

---

　　① 汤用彤：《隋唐佛教史稿》，中华书局1982年版，第193—194页。关于东晋至唐代弥陀信仰的生成与鼎盛，还可参见刘长东《晋唐弥陀净土信仰研究》，巴蜀书社2000年版。

　　② （宋）宗晓编：《乐邦文类》卷三，智圆《钱唐白莲社主碑》，《大正新修大藏经》第47册，第184页。

　　③ （宋）志磐撰：《佛祖统记》卷十二，第576页。

　　④ （宋）宗晓编：《乐邦文类》卷三，元照《无量院造弥陀像记》，《大正新修大藏经》第47册，第187页。

　　⑤ （宋）宗晓编：《乐邦文类》卷三，张抡《高宗皇帝御书莲社记》，《大正新修大藏经》第47册，第188页。

　　欧大年认为：两宋时净土信仰社团的教义存在着一些明显的特点，即天台宗哲学与阿弥陀信仰结合，世俗领袖和平民的大批参加，集体礼拜，简化仪式，采用方言经文和祈福形式。①加上对普渡众生的净土信仰的极度关注。而白莲教与此数项特性完全吻合。茅子元创始的白莲教与其他净业社团一样，依然崇拜阿弥陀佛，以往生净土为修行之终极目的。②将原来就很简便的修行工夫"十念"改为念佛五声，宣扬"念念弥陀出世，处处极乐现前"。③茅子元撰《弥陀节要》，力劝信众念佛，"但有信愿念佛……不断烦恼，不舍家缘，不修禅定，但念佛名，临终弥陀接引"。④需要人们付出的仅是"念念不忘于净土，心心不离于弥陀"⑤的代价。在他眼中，弥陀和净土乃是修行者明心见性的产物，"悟自性弥陀，达唯心净土，入诸佛境界，成就无上菩提"，⑥只不过是举手之劳，有道是"白莲正教，直截无多，超凡越圣，只个弥陀。我今常念常不舍，普愿修行出爱河"。⑦南北朝时的净土宗师昙鸾倡"二道二力说"以为靠"自力"难达正定聚，凭阿弥陀佛愿力，死后方可往生净土。而到南宋茅子元这里，凭"自信、自行、自修、自度"便可做到往生净土。所以说，

---

　　① 参见［美］欧大年《中国民间宗教教派研究》，刘心勇等译，刘昶等校，上海古籍出版社1993年版，第105页。

　　② 欧大年认为，白莲教并没有普遍公认的创始者，至多不过是由于有相同的信仰和经文，在某些场合下由于教首之间的联系而联系起来的教派团体。有很多净业社团均冠之以"白莲"名号。茅子元本人不过是一位成功的教义普及者。所以，这就不难理解为什么元代和明初有关白莲教的记载均未提及茅子元。见《中国民间宗教教派研究》，第107—111页。陈扬炯认为净土宗大师茅子元只不过创立了一纯粹的宗教社团——"白莲宗"。元代白莲宗融合弥勒信仰及其他宗教因素，演变为造反的白莲教，所以，白莲教与茅子元的白莲宗无涉。见《中国净土宗通史》，第464—467页。不过，以杨讷为首的大多数研究者都不持上述看法，见《元代的白莲教》，载《元史论丛》（第二辑），中华书局1983年版。

　　③ （元）普度撰：《庐山莲宗宝鉴》卷二，《离相念佛三昧无住法门》，杨讷编：《元代白莲教资料汇编》，中华书局1989年版，第35页。

　　④ （元）普度撰：《庐山莲宗宝鉴》卷二，《慈照宗主圆融四土选佛图序》，《元代白莲教资料汇编》，第44页。

　　⑤ （元）普度撰：《庐山莲宗宝鉴》卷一，《深信因果》，《元代白莲教资料汇编》，第27页。

　　⑥ （元）普度撰：《庐山莲宗宝鉴》卷七，《念佛正愿说》，《元代白莲教资料汇编》，第115页。

　　⑦ （元）果满编：《庐山白莲正宗昙华集》卷下，《我念弥陀》，杨讷编：《元代白莲教资料汇编》，中华书局1989年版，第242页。

茅子元是继承了净土宗的基本信仰，将修行方式更加简约化了，这样做的一个直接后果，就是争取到大量的"在家清信之士"。

茅子元创立的白莲教从一开始就不仅是弥陀净土宗发展的一种结果，它还大量地吸取天台宗的教义，是天台宗和净土宗融合的产物。对茅子元和白莲教持排斥态度的南宋晚期僧人和佛教史家志磐在《佛祖统纪》中，就意识到此教中有天台宗的成分。

> 吴郡延祥院僧茅子元者，初学于梵法主，依放台宗，出《圆融四土图》、《晨朝礼忏文》，偈歌四句，佛念五声，劝诸男女同修净业，自称白莲导师，坐受众拜。①

宗鉴《释门正统》卷四《斥伪志》也提到："茅子元曾学于北禅梵法主会下，依仿天台出《圆融四土图》、《晨朝礼忏文》，偈歌四句，佛念五声，劝诸男女同修净业，称白莲导师。"《圆融四土图》全称是《圆融四土三观选佛图》，可能是唯一一份比较完整地保存下来的茅子元作品。②"四土"是天台宗对佛土划分的等级，智顗称：

> 佛国差别之相，无量无边，今略为四：一染净国，凡圣共居；二有余国，方便人居；三果报国，纯法自居；四常寂光，妙觉所居。③

茅子元鉴于宋代净土宗传法有失次之处，"致使利钝不分，因果俱失，只言净土，不知净土高低，只说唯心，不知心之深浅，故见诸家相毁，各执一边，谁知自破宗风，非魔能坏"。④所以，他觉得有必要"述出四图，削去迷情，顿明心地，然后河沙法界该收一纸之中，无量法门出乎方寸之内

---

① （宋）志磐撰：《佛祖统纪》卷四十七，第 2009 页。

② 参见杨讷《元代的白莲教》，《元史论丛》（第二辑），中华书局 1983 年版，第 189—216 页。

③ （宋）宗晓编：《乐邦文类》卷四，智顗《维摩经疏示四种佛国》，《大正新修大藏经》，第 47 册，第 197 页。

④ （元）普度撰：《庐山莲宗宝鉴》卷二，《慈照宗主圆融四土选佛图序》，《元代白莲教资料汇编》，第 43 页。

耳"。①也就是通过图画的形式表述四种净土理论。茅子元对佛土的等级划分自低向高依次是：一是"凡圣同居土"，"此土皆是僧俗男女人等，但有信愿念佛，皆得往生，不断烦恼，不舍家缘，不修禅定，但念佛名，临终弥陀接引。一生净土，便获神通，入无生忍"。②二是"方便胜居土"，"此土皆是定性小乘根性"。三是"实报庄严土"，"此土皆是大乘、圆修三观，十住十行，十向十地，等觉法身大士"。③四是"常寂光净土"，"此土是最上乘境界，惑尽情忘，诸法不生，般若不生，不生不生，名大涅槃究竟"。④智颛创四种果极土，是基于人根性不同，根性利者可直接受大乘教，行顿法；而根性钝者，难悟大乘，行渐教，故而在往生净土时也应迥然有别。茅子元制作圆融四土图显然是借鉴了台宗四土说的特质，所以说白莲教在很大程度上是台、净交融的产物。然而，如果是特别强调四土之歧异，则又与"此心即是弥陀佛，弥陀即是自心源"，⑤人人都先天地具备往生净土之潜质，人人都可以通过明心见性而达唯心净土之说相凿枘。因此，茅子元在制四土图、说的同时，也格外声明"四土为一土"，净土或许有层次上的不同，但决不存在本质上的差别，"四土收心，各登彼岸"，⑥"四土圆融不可分，应知分处不可分，虽然一所灵光寺，何妨佛殿及三门"。⑦四土图及说不仅不会妨碍"根性钝者裹足不前，见图起畏惧之意"，反而能适应下层民众之所需，"愚夫愚妇，转相诳诱，聚落田里，皆乐其妄"。⑧

茅子元还曾制《白莲晨朝忏仪》为礼佛忏悔的仪式，这也被人认为是模仿天台宗的忏仪。志磐《佛祖统纪》卷四十八云："《晨朝忏》者，则撮略慈云七忏，别为一本，不识依何行法。"在中国佛教史上，天台宗确实是以制作忏仪而著名的，尤其是宋代台宗大师遵式，作《金光明忏仪》、《往生净土忏愿仪》等七种忏法。北宋真宗乾兴元年（1022 年）遵式在天竺寺为赵宋皇室行忏，并造金光明忏堂，故号慈云忏主。其影响力

---

①　（元）普度撰：《庐山莲宗宝鉴》卷二，《慈照宗主圆融四土选佛图序》，《元代白莲教资料汇编》，第 43 页。

②　同上书，第 44 页。

③　同上书，第 45 页。

④　同上书，第 46 页。

⑤　同上书，第 54 页。

⑥　同上书，第 52 页。

⑦　同上书，第 50 页。

⑧　（宋）志磐撰：《佛祖统纪》卷四十七，第 2009 页。

是如此之巨，故志磐说茅子元忏法"撮略慈云七忏"也不是捕风捉影之说。①茅子元《白莲晨朝忏仪》之特质在于口号式诗句比较多，而扬弃了遵式忏法中那些不便于记诵的发愿文。②此外，遵式忏仪分礼忏门、十念门、系缘门、众福门四种，要求比较复杂，而茅子元的忏法则简单得多，主要就是早晚两次礼忏念佛五声。念佛是白莲教忏仪的首要程序：

> 大凡念佛，先要发心。欲超生死，往生净土，须以大愿自为主意。常须念佛，早晚专心礼拜弥陀，如朝帝王，两不失时，日近日亲，心口与佛相应，去佛不远，口念心想，心愿见佛，发深重愿，决信无疑。日久岁深，工夫纯熟，自然三昧成就，临命终时弥陀接引，净土现前。③

口念心想阿弥陀佛既是白莲忏法之主要修持仪式，也是往生净土的必要前提。白莲教正是最大幅度地简化了修持的过程，方得到下层民众的热情参与，信徒日多。

白莲教的戒律，与佛教其他门派的戒律没有什么不同，不过是"劝人皈依三宝，受持五戒，一不杀，二不盗，三不淫，四不妄，五不酒"④而已。五戒中最重要的是不杀生，茅子元道："欲趣菩提，慈心为本；凡修净业，济物为先。"⑤即便是对白莲教持批评态度的佛教史家志磐，也承认白莲教"戒护生为尤谨"。⑥"谨葱乳，不杀，不饮酒，号白莲菜。"⑦为何称其为"白莲菜"？因白莲教持护生之戒而不杀生，又谨葱乳，不饮酒，故而纯为素食者，持批评意见者贬斥其信众为"白莲菜人"。对白莲教持批评意见者多为天台宗僧人。其原因不外有三：一是茅子元宣扬的净

---

① 参见马西沙、韩秉方《中国民间宗教史》，上海人民出版社1993年版，第126—130页。

② 参见杨讷《元代的白莲教》，载《元史论丛》（第二辑），中华书局1983年版，第193页。

③ （元）普度撰：《庐山莲宗宝鉴》卷七，《慈照宗主示念佛人发愿偈并序》，《元代白莲教资料汇编》，第117页。

④ （元）普度撰：《庐山莲宗宝鉴》卷四，《慈照宗主》，《元代白莲教资料汇编》，第85页。

⑤ （元）普度撰：《庐山莲宗宝鉴》卷六，《放诸生命》，《元代白莲教资料汇编》，第105页。

⑥ （宋）志磐撰：《佛祖统纪》卷五十四，第2305页。

⑦ （宋）志磐撰：《佛祖统纪》卷四十七，第2009页。

土信仰及修持仪式与天台宗祖师所说不完全吻合；二是白莲教自立组织体系，"愚夫愚妇，转相诳诱"，教首居然"妄托于祖"，"僭同于佛"。[①]三是天台宗本来便是一个宗派情结极为严重的佛教门派，山家、山外长期势同水火，内部尚且如此，对借台宗教义立说的白莲教就决不可能心平气和地平等对待，必欲置之死地而后快。[②]

综上所述，南宋时以信仰弥陀为旨归的净土宗及其世俗形式白莲教，是一种平和的修行方式。他们持名念佛，禅净兼修，摄台归净，圆融具足。南宋孳生之白莲教与净土信仰一样，以"三经一论"为自宗所依，以念佛三昧为要务，以见佛往生为目的。同时，不离世务，慈心不杀，孝亲尊长，修十善业，具足重戒，不犯威仪。白莲教的诞生，是佛教世俗化的重要表征，它同时也意味着社会基本机制的变化，它说明了社会文化多元化的出现及其社会成员对此种多元文化的认同程度已大幅增进。传统宗教势力减弱，宗教边缘化成为宗教热心人士的新选择，宗教世俗化在社会、制度和个人层面都得到认可。正如贝格尔所云："所谓世俗化意指这样一种过程，通过这种过程，社会和文化的一些部分摆脱了宗教制度和宗教象征的控制。"[③] 白莲教脱离了见证并管制个人一生的宗教组织，舍弃了规模庞大、信众数量巨大的集中和机构型的信仰方式，寺庙与严格的宗教仪式不再是信徒表达情感的唯一方式，白莲教徒尝试实现自我灵性的觉醒和与佛的沟通，体证人生的终极意义。但是他们并没有仇视现实，盲目膜拜教主，更没有通过各种强制性的精神手段和暴力行为来控制教徒，也没有制造政治与法律的事件，而所有的这一切，却在元代的白莲教中得到了充分的表演。

四　白莲教在元代的变异及其与弥勒信仰的关系

宋元时期的白莲教是一种为下层社会提供信仰和依靠的组织。茅子元所创的白莲教与先前的净业社团相比较，最突出的特性就是在组织方面。先前所有以白莲冠名的净业社团，无论是主持人与参加者之间，还是参加

---

① （宋）志磐撰：《佛祖统纪》卷四十七，第 2010 页。
② 参见马西沙《白莲教辨证》，载《世界宗教研究》1993 年第 4 期，第 1—13 页。
③ ［美］彼得·贝克尔（Peter Berger）：《神圣的帷幕》，高师宁译，上海人民出版社 1991 年版，第 128 页。

者们之间，关系比较松弛，且因参加者文化与职业层次较高，故而参与此类净业社团的宗教活动纯属个人的情趣。而茅子元的白莲教则不然，他将主持人与参加者之间的关系，变成了师徒关系，并试图将位于淀山湖的白莲忏堂变成永久性的教团中心。他接受高宗所赐"白莲导师"、"慈照宗主"的称号，①俨然以活菩萨自处，并将徒众以"普、觉、妙、道"四字定名。此举用意极为深远，分散在各地的信徒均可由此而确立白莲宗门关系，并反过来巩固茅子元的宗师地位。② 白莲教因教义浅显，修行简便，在南宋后期得到广泛的传播。其堂庵遍布南宋境内，里面供奉着弥陀、观音、势至等佛像。堂庵的主持者大多是名为"白莲道人"的职业传教人，他们不同于一般的佛教僧侣，可以娶妻生子，又被叫做"在家出家"。往往父死子继，世代相传。与摩尼教相比，白莲教流传较晚，却有后来居上之势。度宗咸淳年间（1265—1274 年）正统的佛教徒就有"今摩尼尚扇于三山，而白莲、白云处处有习之者"的观察。③事实上，南宋时，摩尼教的流传以闽、浙为盛，而白莲教的传播则不限于这个区域。茅子元之后，白莲教扩张的势头似乎受到一些遏制，戒律也逐渐松弛，《释门正统》卷四《斥伪志》说：茅子元殁后，其子"小茅阇黎复收余党，但其见解不及子元，又白衣展转传授，不无讹谬，唯谨护生一戒耳"。④不过，不管怎么说，"其余党效习，至今为盛"的情况，⑤乃是事实。总体上说，南宋朝廷对白莲教并没有一个明确的政策，加之各地白莲教堂庵的活动也不一致，所以很难说宋廷对白莲教传教的态度是鼓励、放任，抑或厉禁。⑥ 但有一

① 参见（元）普度撰《庐山莲宗宝鉴》卷四，《慈照宗主》，《元代白莲教资料汇编》，第84—85 页。但是，包括志磐《佛祖统纪》在内的几乎所有佛教史籍均众口一词地指称茅子元是"自称导师"。

② 以上申论参见杨讷《元代的白莲教》，《元史论丛》（第二辑），中华书局 1983 年版，第 193 页。

③ （宋）志磐撰：《佛祖统纪》卷五十四，第 2306 页。

④ 小茅阇黎是否茅子元之子，史书记载不详。杨讷在其名作《元代的白莲教》中也未加考证，陈扬炯《中国净土宗通史》（江苏古籍出版社 2000 年版，第 467 页），认为这样推断，有其合理性，"但史料缺乏，不能妄断"。

⑤ （宋）志磐撰：《佛祖统纪》卷四十七，第 2010 页。

⑥ 参见杨讷《元代的白莲教》，载《元史论丛》（第二辑），中华书局 1983 年版，第 194—195 页。秦宝琦似乎并不同意这种看法，《中国传统社会中秘密教门与其他社会群体的关系》（《清史研究》1997 年第 2 期）认为南宋后期，白莲宗遭到取缔，到元代才复兴。李世瑜《民间秘密宗教史发凡》（《世界宗教研究》1989 年第 1 期）说南宋查禁秘密宗教是十分严厉的，白莲教也不能例外，该文还认为当时习白莲教者，未必尽是白莲忏堂的信徒。

点是肯定的。元代南方的许多白莲教堂庵均始建于南宋后期，由此可折射出南宋朝廷对白莲教的态度。因此，南宋中后期白莲教获相当的发展的论断，是可以站得住脚的。

入元以后，白莲教获得重大发展。其堂庵遍布南北各地，规模堪与佛寺道观相比肩。元成宗大德年间（1297—1307 年），刘埙说：

> 历都过邑无不有所谓白莲堂者，聚徒多至千百，少不下百人，更少犹数十。栋宇宏丽，像设严整，乃至与梵宫道殿匹敌，盖诚盛矣。①

英宗至治元年（1321 年）的情形则是：

> 佛法之外，号曰莲教，历千年而其教弥盛，礼佛之屋遍天下。②

据杨讷编《元代白莲教资料汇编》所收集的元人有关记载看，白莲教在元朝初中叶的传播范围的确是相当广泛的，东至福建、浙江，中经江西、安徽，西迄四川，均有白莲堂庵的存在，甚至在大都城内，都有人建白莲社，"买地十亩于太庙之西，作无量寿庵。树佛殿四楹，屋宇像设，无不具足"。③总体上说，在元世祖、成宗时期，白莲教是得到官方承认和奖掖的。元贞元年（1295 年），成宗赐庐山东林寺白莲宗善法堂，封该寺住持祖阁为白莲宗主。原茅子元创教时的据点淀山湖白莲堂香火也相当旺盛，当时已扩建为普光王寺。庐山东林寺和淀山湖白莲堂是白莲教在元代前期传教的两个中心。尤其是元仁宗爱育黎拔力八达嗣位后，因其"通达儒术，妙悟释典"，④对作为佛教支派存在的白莲教较有好感，乃下诏优崇白莲教：

> 这远公法师起立来的教法勾当，《大藏经》里也载着有，似这般教

---

① （元）刘埙：《水云村稿》卷三，《莲社万缘堂记》，文渊阁四库全书本，上海古籍出版社 1987 年影印本，第 1195 册，第 356 页。

② 《会善堂记》，见《永乐大典》卷七千二百四十二引《抚州罗山志》，中华书局 1986 年版。

③ （元）危素《危太朴文集》卷四，《无量寿庵记》，新文丰出版公司影印"康熙五十一年张深钞本"，载《元人文集珍本丛刊》第 7 册，第 418 页。关于白莲教在元代前期的传播情况，杨讷《元代的白莲教》有相当详尽的叙述。

④ （明）宋濂撰：《元史》卷二十六，《仁宗纪三》，中华书局 1976 年版，第 594 页。

法有体例勾当，俺一般和尚每提奏道有么道奏来，自在先起立来的念阿弥陀佛精持斋戒好勾当有。如今白莲宗和尚每、清信的优婆塞每，似在先一等夜聚晓散的勾当休做者，各自庵堂在家，依着在先远公法师起立来的供念阿弥陀佛精持斋戒的勾当休交断绝了，与俺根底祈福祝寿者。①

令人关注的是，在仁宗阐教之前三年，即武宗至大元年（1308 年）五月，元廷鉴于白莲教徒聚众闹事者增多，曾下令禁绝其教，且"禁白莲社，毁其祠宇，以其人还隶民籍"。②具体的诱发事由则是由于："建宁路等处，有妻室孩儿每的一枝儿白莲道人名字的人，盖着寺，多聚着男子妇人，夜聚明散，佯修善事，扇惑人众作闹行有，因着这般，别生事端去也。"③当时的蒙元朝廷还是有相当权威的，这项禁令在各地都得到了认真的执行，以至于"或燃一香、点一烛，而小吏巡军见之，便以犯禁之罪加之，乘时胁作，靡不至焉。甚者，拆其堂，毁其像，破家散室者有诸"。④实际上，由于白莲教在元代下层社会得到迅速而广泛的传播，早已引起了统治者的关注。据《元典章》卷三十二所载，至元十八年（1281 年）元廷因"都昌县贼首杜万一等指白莲会为名作乱"，拟禁断一切"左道乱正之术"。而在至大三年（1310 年）普度为白莲复教上书皇帝的《上白莲宗书》中也承认确有"游荡之民""诈称白莲名色，不知理法，妄修妄作"，

---

① （元）果满编：《庐山复教集》卷上，《宣政院榜》，载《元代白莲教资料汇编》，第 188 页。

② （明）宋濂撰：《元史》卷二十二，《武宗纪三》，第 498 页。

③ 《通制条格校注》卷二十九，《僧道·俗人做道场》，方龄贵校注，中华书局 2001 年版，第 730 页。

④ （元）果满编：《庐山复教集》卷上，《上白莲宗书》，载《元代白莲教资料汇编》，第 182 页。白莲教在元代何时正式遭禁，学术界分歧较大。日本学者重松俊章在《初期的白莲教会》（陶希圣译，载《食货》1 卷 4 期）认为"世祖统一江南之至元十八年，已禁止这个教会"，依据是《通制条格》卷二十八中的一条制令，依陶希圣译文标点，中有一段云："照得江南见有白莲会等名目，五公符、推背图、血盆及应合禁断天文图书，一切左道乱世之术，拟合禁断。"所以重松俊章称白莲教在至元十八年之后的一切活动是"潜行"。但中国学者杨讷不以为然，他认为上引《通制条格》中的这段话，应标点为："照得江南见有白莲会等名目五公符，推背图、血盆及应合禁断天文图书一切左道乱世之术，拟合禁断。"如此"白莲会等名目"乃"推背图"等所禁之术的修饰语，而非与"推背图"等同在禁断之列。杨讷引《元典章》卷三十二《礼部》五《禁断推背图等》为证，认为《元典章》中的文字，是未经删前的制令原文。参见《元代的白莲教》，载《元史论丛》（第二辑），中华书局 1983 年版。今从杨说。

并列举其人十大罪状。①有些朝廷重臣从一开始就不喜欢白莲教，如耶律
楚材曾说过："夫杨朱、墨翟、田骈、许行之术，孔氏之邪也；西域，九
十六种，此方毗卢、糠瓢、白经、香会之徒，释氏之邪也；全真、大道、
混元、太乙、三张左道之术，老氏之邪也。"②这一切都表明，早在武宗至
大元年下诏禁白莲教之前，就有许多"假借"白莲教组织的民间反叛行
动。最显著的事例是江西都昌杜万一于世祖至元十七年（1280 年）、河南
彰德朱帧宝、广西柳州高仙道于成宗大德四年（1300 年）利用白莲教反
抗朝廷的事件。实际上，没有直接的证据证明这三次反叛事件中的组织者
为白莲道人。我们只是依元廷对他们指控方知他们是借白莲教而起事。而
发生在元贞元年（1295 年）河南远安（今属河北）的袁普昭事件则极有
可能是元廷未觉察到的一次白莲教徒反叛运动。该事件的中心人物是远安
县太平山无量寺僧人袁普昭，"自号无碍祖师，伪造论世秘密经文，虚谬
凶险，刊板印散，扇惑人心"。③普昭，分明系白莲道号。如前所述，茅子
元创宗，便以"普、觉、妙、道"四字命法名，各地白莲道人的道号中
均有此四字，元末红巾军头领更是多以普字命法名。④白莲道人均住寺，
此云普昭住无量寺，无碍祖师之名号亦与净土宗有关，弥陀佛又称无碍光
佛。所以尽管元廷没有将袁普昭视作白莲教信徒，但他却极有可能是一位
利用白莲教为组织形式而准备反叛运动者。这些反叛运动总的说来规模有
限，有的还来不及发动便被朝廷迅速地打压下去，但其中所蕴涵的意义却
很深刻，这样一个原本组织结构健全的宗教教团有充足的经济支持，因为
皇帝祈福祝寿而得到官方的承认和奖掖，此时却反复被民间反叛势力所利
用（不管这些反叛势力的组织者本人是否为白莲信徒），这本身就表明，
这个宗教体系从教团和教义方面都开始发生分化，其上层人物趋于保守，
恪守原初白莲教义教规，其下层则植根于民间，接受了另类信仰的影响，
成为民间反叛运动的利器。

①　（元）果满编：《庐山复教集》卷上《上白莲宗书》，载《元代白莲教资料汇编》，第
184—185 页。

②　（元）耶律楚材：《湛然居士集》卷八《西游录序》，文渊阁四库全书本，第 1191 册，
第 565 页。

③　杨讷、陈高华编：《元代农民战争史料汇编》上编，引《元典章》卷五十二《刑部》一
四《诈伪·伪造佛经》，中华书局 1985 年版，第 122 页。

④　参见杨讷《天完大汉红巾军史述论》，载《元史论丛》（第一辑），中华书局 1981 年版。

英宗至治二年（1322 年），元廷再度下令"禁白莲佛事"，[①]然而，这项禁令似乎更加刺激了白莲教在下层社会的发展，愈益成为反元者用以组织民众的工具。元末南北红巾军首领均是白莲教徒。如顺帝至元四年（1338 年）在袁州（今江西宜春）发动反元暴动的彭莹玉与其徒周子旺就出自白莲教门。而在北方，无论是至元三年（1337 年）"以烧香惑众，妄造妖言作乱"[②]的棒胡起义还是"以白莲会烧香惑众"，"倡言天下大乱，弥勒佛下生"，[③]掀起吞没蒙元政权滔天巨浪的韩山童都与白莲教有关。[④]这从起事后韩山童的宣传中也可获证据。韩山童宣传自己是"弥勒佛下生，明王出世"。[⑤]这里的"明王"，出自白莲教所渊源的弥陀净土信仰的一部主要经典《大阿弥陀经》："佛言，阿弥陀佛光明明丽快甚，绝殊无极，胜于日月之明千万亿倍，而为诸佛光明之王，故号无量寿佛，亦号无量光佛……其光明所照，无央数天下幽冥之处，皆常大明。"[⑥]所以，韩山童崇奉并以之自居的"明王"是白莲教本身就具有的，同明教无涉。[⑦]

最令人关注的问题在于，尽管我们可以理解白莲教教义和组织随时代变迁而发生的变化，但令人感兴趣的就在于，白莲教从组织上由一个趋附于上层社会的宗教社团分化出大量的无法计算的具有激进反政府色彩的秘

---

① （明）宋濂撰：《元史》卷二十八《英宗纪三》。杨讷《元代的白莲教》中认为，至大元年是"禁白莲社"，这次是"禁白莲佛事"，一个是取缔组织，一个是限制活动，二者应有区别，不宜等量齐观。

② （明）宋濂撰：《元史》卷三十九《顺帝纪二》，第 838 页。

③ （明）宋濂撰：《元史》卷四十二《顺帝纪五》，第 891 页。

④ 吴晗认为韩山童父子均属明教（摩尼教）徒，参见《明教与大明帝国》（载《读史札记》，生活·读书·新知三联书店 1956 年版）一文，事实上这种说法恐难成立。马西沙则认为彭莹玉、韩山童等均非白莲教徒，他们发动的反元暴动亦与白莲教无关。元末反元起义在开始阶段几乎与白莲教没有关系，而是杂糅弥勒教与摩尼教的"香会"组织发动的。详见《中国民间宗教史》，上海人民出版社 1992 年版，第 148—156 页），笔者认为，元武宗禁白莲教前后，白莲教除迅速向下层社会渗透之外，其教义也发生很大的变化，原弥陀信仰逐渐淡化，民间传承已久的弥勒信仰开始契入其教理之中，正由于这一点，白莲教就可以很快由素心念佛的净业社团分化成倡行武装暴动组织的工具。

⑤ 《鸿猷录》卷二《宋事始末》，上海古籍出版社 1992 年版，第 36 页。吴晗因此判断韩及追随者为明教徒。

⑥ 《佛说大阿弥陀经》卷上，（南朝宋）王日休校辑，《大正新修大藏经》第 12 册，第 331 页。

⑦ 参见杨讷《再谈"扶箕诗"》，载《元史论集》，人民出版社 1984 年版。

密教团；从教义、教规上除上层一部分仍然恪守原始白莲教理外，复杂的另类信仰（主要是弥勒信仰）被吸纳入白莲教，白莲教开始急速地转化。事实上，白莲教头面人物在它迅速扩展于下层社会时，就觉察到某些变异，如普度"尝谓教门之利害有四"：

> 一曰师授不明，邪法增炽而丧其真；二曰戒法不行，纲常紊乱而犯其禁；三曰教理未彰，谬谈非义而惑其众，四曰行愿不修，迷入邪歧而堕于魔。由是乱名改作，聋瞽后学，非止一端，可伤乎哉。①

其中既涉及教门之"弊"，又说到教理"未彰"而容易导致的不良后果。在《上白莲宗书》中，普度还列举了"妄修妄作"的十大罪状。实际上，普度这位正统白莲道人眼中的大弊大害，已是白莲教发生分化、变异的最明显表征。而改变白莲教的主要因素则是弥勒信仰的注入。白莲教"对于中世纪中国文化观念的'急进的左翼'——弥勒劫变观念形成了开放的新态度。在接下来的史料记载中，白莲教将宣布弥勒佛的到来和摩尼光佛的降临"。②但是，据弥勒经典，弥勒下生的目的并不在拯救民众于水火之中，而在于度化释迦未度之众生，将尘俗世界化为清净乐土。故而这些说法原本与暴力反叛毫无关涉，然而，在现实社会受尽专制暴政虐待的人民，出于对理想社会的强烈憧憬和对现实世界的极度不满，终于将弥勒改造成一位救世的主人，认为命运会在这位救世主人的引领下得到彻底的改变，因而，弥勒下生信仰成了改造世界的法器。现实世界的苦难仿佛就像测试人们精神信仰的法码，其重量越重，人们对美丽新世界的向往、期盼和挣脱苦海的意志力就越强。白莲教所勾勒和憧憬的弥陀净土其庄严、高贵和美丽与弥勒净土并无二致，只不过缺少一位能够引领下层民众前往的救星，但正是这一缺乏，使得弥陀净土与任何意义上的民间反叛运动毫无干涉。然而，蒙元统治者在禁白莲社，毁其祠宇 [武宗至大元年（1308年）] 后又禁白莲佛事 [英宗至治二年（1322年）]，白莲教遂成为一种秘密宗教，他们与统治者的关系由合作演化为对抗，他们也无法禁止下层

---

① （元）普度撰：《庐山莲宗宝鉴》卷十《念佛正论》，载《元代白莲教资料汇编》，第138 页。

② ［美］欧大年（Daniel L. Overmyer）：《中国民间宗教教派研究》，第 114 页。

民众利用改造过的白莲教义来作为反抗现政权的法器。白莲教在教义里缺乏一位引领民众前往乐土的领袖，但在现实的宗教生活中，这样一位领袖似乎并不缺少，他们的首领实际上有着超凡的权威，信徒对这种权威的虔信深度是任何世俗的国家元首所不可比拟的。他们所要做的一件事，不过是这位首领声称自己就是那位能够引导民众前往极乐世界的弥勒佛罢了。所以，"当一个超凡的首领发布逼迫世界变革的消息时，当他号召跟随者团结起来，把力量放到已经变动的宇宙变化的车轮上时，我们看到的是太平盛世的起义"。[1]

普度所严厉谴责的妄托"弥勒下生"的做法，在白莲教遭禁后普遍地被白莲教徒接受。《元史》记载，泰定二年（1325 年），"息州民赵丑厮、郭菩萨妖言弥勒佛当有天下，有司以闻"。[2]12 年后棒胡又以弥勒为号召，起事于信阳。[3]袁州彭莹玉"能为偈颂，劝人念弥勒佛号，遇夜燃大炬名香，念偈拜礼，愚民信之，其徒遂众"。[4]因彭莹玉、徐寿辉势力而割据四川的明玉珍集团则干脆在其管辖范围内"去释老教而专奉弥勒法"。[5]元末士大夫说"至正壬辰，蕲黄寇贼生发，念佛烧香，俵散六字，以红巾为号"。[6]"六字"，即是"南无弥勒尊佛"。[7]弥勒信仰渗入白莲教，由此而掀起狂飙的划时代大事件当数韩山童反元起义。《元史》有两处提到韩山童是以白莲教起家的：一处是卷四十二《顺帝记》五："栾城人韩山童祖父，以白莲会烧香惑众……至山童，倡言天下大乱，弥勒佛下生，河南及江淮愚民皆翕然信之。"韩之家族，有白莲教背景无疑，至山童，又杂糅进拯民出水火的弥勒教义，由之而发动反元暴动。第二处是在卷一百八十六《张桢传》："颍上之寇，始结白莲，以佛法诱众，

① ［美］克里斯蒂安·乔基姆（Christian Joachim）：《中国的宗教精神》，王平等译，中国华侨出版公司 1991 年版，第 123 页。

② （明）宋濂撰：《元史》卷二十九，《泰定帝纪一》，第 657 页。

③ （明）宋濂撰：《元史》卷三十九，《顺帝纪二》，第 838 页。

④ （明）叶子奇：《草木子》卷三上，中华书局 1959 年版，第 51 页。

⑤ 《明实录·太祖实录》卷十九，中文出版社（日本）1984 年影印本。

⑥ （明）刘炳撰：《春雨轩集》卷八《代侄斯干预书墓志铭》，文渊阁《四库全书》本，第 1476 册，第 470 页。

⑦ 《庐山复教集》卷下《高丽国王劝国人念佛疏》称"弥陀六字之名"是"南无阿弥陀佛"。元果满编《庐山白莲正宗昙华集》卷下《千种弥陀》也认为"六字"为"南无阿弥陀佛"。杨讷《元代的白莲教》不能判定是哪一种。今姑从前说。

终饰威权，以兵抗拒。"又，何乔远《名山藏》卷四十三《天因记》云：韩林儿"自其祖父为白莲会惑众，众多从之。元末山童倡言：'天下乱，弥勒佛下生，明王出'。江淮之人骚然皆动"。[1]我们不能排除此时的白莲教除吸纳弥勒信仰外还曾有摩尼教的成分孱入，但弥勒信仰之渗入白莲教，由此而极大地改变了传统白莲教组织及其教义的面貌，可以被认定是确凿无疑的。在先前，弥陀净土信仰及弥勒上生信仰仅是少数上层士大夫及宗教人士醉心其中的净土乐邦，因为他们并不拒绝为底层民众提供进入西方净土的指导，所以传统的净土信仰反而是传统的政治和社会秩序的稳定能源。而弥勒下生信仰则大为不然，由于它不仅向世人展示了一幅无比美好的理想国度的灿烂图卷，还向人们推荐了一位能够直接引导世人在世俗土地上建立乐邦净土的救世主，它强烈地迎合了长期在物资贫乏的苦难现实世界中挣扎的下层民众的思想情绪，其宗教感染力和所展现的美好蓝图，对于下层民众具有难以用语言描述的吸引力，这便是"救世战争的信仰基础"。[2]

五　最后的审思

吉登斯认识到教会与教派的区别，认为教会是一个规模较大、建制完善的宗教实体；而教派则是一个较小的、组织化程度不高的信徒群体。而且，教会具有一个正规的管理机构和职员阶层，由于与现存的制度秩序联系在一起，因此更倾向于地表宗教保守性的一面；教派的规模相对要小，

---

① 杨讷在《再谈"扶箕诗"》（载《元史论集》，人民出版社 1984 年版）及《元代的白莲教》［《元史论丛》（第二辑），中华书局 1983 年版］中阐明此处的"明王"出自弥陀净土的一部主要经典《佛说大阿弥陀经》，与摩尼教（即明教）无涉。然而吴晗在其《明教与大明帝国》（载《读史札记》，生活·读书·新知三联书店 1956 年版）坚称"明王"出自摩尼教（明教），"韩氏父子及其徒众胥属明教徒，或至少孱入明教成分"，"证以元末明初人之记载，如徐勉《保越录》、权衡《庚申外史》、叶士奇《草木子》、刘辰《国初事迹》诸书，记韩氏父子及其教徒事（包括明太祖在内）均称为红军……为香军。言其特征，则烧香、诵偈、奉弥勒。无一言其为白莲教者，则知《元史》所记，盖明初史官之饰辞，欲为明太祖讳，为明之国号讳，盖彰彰明甚矣"。（该书第 261 页）这种论断显然是不能成立的。记韩山童为白莲教的著作，《元史》以外，明代仍有多种（如上引何乔远《名山藏》），而记韩山童为明教徒的著作，元明清三代全然无有。关于这一点，杨讷《元代的白莲教》中就已经指出。

② 参见［美］欧大年（Daniel L. Overmyer）《中国民间宗教教派研究》，第 115 页。

他们的目标往往是去发现和遵循"真正的道路"，并倾向于从他们周围的社会中脱离出来以组成他们自己的群体。① 从元代白莲教的各种现象分析，显然他们是一种教派组织。这种教派组织，是已经高度世俗化的组织，他们有着一项显著的特点，那就是拒绝尘世（world‐rejecting）。他们严厉地批评外部世界，要求立即改变种种令人气恼的现状，并对之付诸行动。② 正规的佛教团体是既定的制度和社会结构中的一个稳定成分，有着完备的规范，传统的价值，扮演着既定的角色，执行着合法的活动，在社会中履行着重要的功能。而弥勒信仰者及其渗入弥勒教义的白莲教作为教派则致力于改变正规佛教宣讲的信仰、价值和实践的系统，在标识性的符号系统上，后者也想颠覆传统，他们是一类同当时的社会文化环境具有高度张力的教派组织，他们力图使自己的信仰成为社会的主导信仰。除去武则天集团别有用心的情况外，中国史上的弥勒信仰者与白莲教徒，无一不是长期在物资贫乏的苦难的现实世界中挣扎的下层民众，他们组成的教派，可以看做是对底层社会的人们所表现的一些缺陷的补偿形式，这类缺陷，或叫做短缺，是一些群体所共有的并相互发现的，当他们难以以世俗的方式改变短缺时，他们就会以宗教的手段寻求突破，于是，与现实社会具有高度张力的宗教或教派就产生了。③ 尤其当政治腐败、社会失控或大危机（如饥荒）来临时，由于社会秩序的混乱，社会主导价值的缺位以及社会成员心理上的失范，使得人们无论在物质上还是精神上都感受到巨大的紧张，焦虑感、挫折感和反社会情绪因之强化，弥勒信仰者或白莲教之类的不满现实社会的宗教集团就认为，这个世界是腐败和有罪的（不仅仅是社会和政府），它鼓吹，现存的世界秩序由于救世主的到来正急促走向死亡；信奉并皈依弥勒者，在世界大灾难中注定会幸存；决定胜利和拯救世界的最后一战已经到来。这三部分的结合可以产生非常强烈的暴力行为。

对于白莲教的追随者来说，死并非生命的终结，而是获取新生命的一

---

① 参见［英］安东尼·吉登斯（Anthony Giddens）《社会学》（第 4 版），赵旭东等译，刘琛等校，北京大学出版社 2003 年版，第 515—516 页。

② 同上书，第 529—531 页。

③ 参见［美］罗纳德·L. 约翰斯通（Ronald L. Johnstone）《社会中的宗教：一种宗教社会学》，尹今黎、张蕾译，袁亚愚校，四川人民出版社 1991 年版。约翰斯通在此区分了五种类型的短缺，认为正是短缺，包括心里的短缺使得这些同病相怜的人们联合起来。

个机会，于是死便被视为他们所得到的最后奖赏。因而，其成员从不畏惧死亡，因为他们相信，死会把他们带入天堂。"当杀戮被解释为救世，死亡就是一种解放"。结果便是"暴力畅行无阻"。① 勒庞就曾指出，这类群体冲动、易变和急躁，易受暗示和轻信，群体情绪夸张和单纯，偏执、专横和保守，他们"漫游在无意识的领地，会随时听命于一切暗示，表现出对理性的影响无动于衷的生物所特有的激情，它（他）们失去了一切批判能力，除了极端轻信外再无别的可能。在群体中间，不可能的事不可能存在，要想对那种编造和传播子虚乌有的神话和故事的能力有所理解，必须牢牢地记住这一点"。② 所以，在各朝各代的弥勒信仰与白莲教那里，神奇的传说，热切的憧憬，炽热的情绪，暴戾的手段，是那样的天衣无缝，圆融无碍。千年盛世的神话与群众不能化解的情绪，就能创造一切可能。③ 社会阶级及其力量、自然生态与社会文化环境都对这类群体性运动（哪怕是极短时间内的突发事件）产生影响，它不仅导源于政治和宗教，而且具有社会生态和大众文化的因素。④ 如同涂尔干对宗教的社会性的分析那样，宗教作为一种"集体表象"（Collective Representation），是社会存在，即使具有"超自然"和"反经验"的特性，却始终不可能超越于社会之外，而是始终"镶嵌"于其中。⑤ 它生成并作用于当时的社会，弥勒信仰与白莲教确切地讲也不能算是独立的宗教组织，它也没有独立于世

① 参见谢克（Richard Shek）《宗教末世学与暴力》，纽约州立大学出版社 1990 年版，第107 页。*Sectarian Eschatology and Violence*, in Violence in China, ed. Lipman and Harrell. Albany: State University of New York Press, 1990. p107.

② ［法］古斯塔夫·勒庞（Gustave Le Bon）：《乌合之众：大众心理研究》，冯克利译，中央编译出版社 2000 年版，第 28 页。

③ ［美］韩书瑞（Susan Naquin）：《中华帝国后期白莲教的传播》（韦思谛编：《中国大众宗教》，陈仲丹译，江苏人民出版社 2006 年版）主要讲明清两朝的白莲教传播，但在论述白莲教的某些品性时，还是与元代白莲教有相同性的。如认为白莲教"对那些不能通过正常方式得救以及没有通常群体体系可用的个人特别有吸引力"。参见该书第 19 页。她的另一本著作《山东叛乱：1774 年王伦起义》（刘平、唐雁超译，江苏人民出版社 2009 年版）则重点论述王伦及白莲教信众坚信所谓的"千禧年末劫"，正是出于对未来新秩序的狂热笃信和强烈执著，使他们走上了对抗政府的叛乱之路。

④ 从诸种因素相关联的角度分析一项宗教—社会—政治—环境复合现象的经典之作品，当属美国汉学家周锡瑞（Joseph Esherick）的《义和团运动的起源》，张俊义、王栋译，江苏人民出版社 1994 年版。

⑤ 参见［法］爱弥儿·涂尔干（Emile Durkheim）《宗教生活的基本形式》，渠东、汲喆译，上海人民出版社 2006 年版，第 8—16 页。

俗的社会体系之外，而是镶嵌于世俗社会中。弥勒信仰与白莲教的理念与愿景，也是和社会文化所能提供的行为逻辑及运行机制相一致，也受到世俗社会行为规范和价值系统的引导与制约，具有着历史文化的共同性，他们与自己的历史与文化存在着镶嵌的关系，所以，他们是理解中国历史多样性的一个范例。

从自然人性到因果佛性

宋玉波[1]

　　个体的幸福与社会的至善，是人类永恒追求的目标，然而，这些目标能否实现以及如何实现，都与人性问题的认识和探讨有关。就个体而言，生活中总会遭遇到某些看似错位的现象，即善行之人或无好报，恶行之人反得其善终，此类问题需要解释。就社会而言，如何能够使群体的力量成为个体完善的助缘而非障碍，亦是有志之士苦苦思索的问题。对人性的本质加以探索，以便借此指引个体获得其自身人格的成就，并在此认识基础上谋求社会整体的共同实现，这是我国哲人历来都非常重视的话题。佛教传入我国之后，这些话题就在佛教因果缘起的话语下得到了某种程度的曲折表达。而佛性论学说的进一步开展，更是直接地对我国固有的人性论探讨带来了挑战或契机。从某种意义上来说，佛性论实际上也是人性论见解的一种阐发。我国原有的人性论学说，能否借此新的思想而产生一定程度的转化，进而在社会认知上带来一种新思路，是一个值得我们深思的问题。因此，从学理的角度出发，剖析我国传统所固有的自然人性论学说，并与佛教所特有的因果佛性论[2]交相比对，或许能够给我们带来某些启发，抑或能从中发现时代思潮的转变与学术交流间的变化因果关系。

---

　　① 宋玉波，西北大学中国思想文化研究所，讲师。
　　② 佛性论问题是晋朝竺道生法师首先倡明的，在南北朝时期因《大般涅槃经》的传译而得到更为热烈的探讨，人们往往称之为涅槃佛性论的探讨。本文以因果佛性论为佛性论探讨的主要着眼点，并非否定涅槃佛性论的提法，而是在佛性论与传统人性论探讨中，试图借此找到一个可供比较的突破口。

一 自然人性论:道德的根据就摆在那里

我国固有的文化特别重视自然这一概念,人性论上就体现为自然人性论的立论与立场。从自然现象出发,凭借对自然现象某一面向的解读与形上化升华,我国古代的哲人建立起不同的人性学说。自然在此不仅具有起源与根据的价值,而且具有目的指向的地位,即人以之立足的天道的确立。假若此种看法能够成立的话,我们再从佛性论的论理方式出发,来看待我国固有的人性论探讨取向,经由因果学说的视阈,从因果关系的哲学视角出发,或许能够揭示出传统自然人性论学说中所存在的问题,进而在人性立论与佛性论说交织的传统文化发展中窥探到接系二者的桥梁,从而更好地把握中国人性论学说的总体发展与演变。

在《孟子·告子》篇中,孟子与告子在人性问题上展开论辩,论辩双方都以某些自然物及其现象为出发点,来证明自身对天道的实质性把握,进而论证自身对于人性及其衍生出的社会意识在知识层面与实践维度上的合理性。我们先要想到的问题是,枸柳、流水果真就能够毫无疑义地表明论辩双方所阐发的意图吗?告子以为,人性的本真就如同枸柳、流水一样,乃是自然而然的事物本真,无所谓善恶区划的问题,自然乃超越于善恶之上的天则。正如狼吃羊是其自然的天则,母狼爱护小狼也是自然的天则。孟子从相同的现象中得出了不同的认识,认为人性本善,人虽然作为自然万物之一类,但这一类的存在有其独特的存在方式,人之所以与禽兽的那种自然生存状态有别,正反映出很稀有的属于人的荣耀,人类需要将此超越于禽兽之上的灵明之性开拓出来,推广出去,这才是人性的自然与本身。如果我们从因果的视角来看孟子的人性立论就可以发现,孟子所认为的那种通过四端所透露出来的人性之善,必须要加以大力地充实与发扬,才能够避免这一作为因的人性之善,其现实之果的不生或不能实现。孟子通过这种于自然中所提炼出的有别于禽兽的天命之性,来抗拒人们对天命意义上的自然本性、本心的放逐与迷失。孟子所抗议的,就是对自然界中所反映出来的那种丛林法则的不屈服意识。告子当然也知晓那一时代的礼仪法度,但他所论证的自然人性,是较为赤裸裸的人性自然的一面。二者虽在自然的现象取舍上有侧重,但皆是某种自然人性论的证明。他们都意识到,自然的状态是天然状态,人类应从中获得启发与力量,至于如何取舍并论证自己心目中的形上自然，二者则存在差异。

　　一旦这种自然人性论形成，因为对自然的理解不同，等待人类的就是对自然的抗拒与服从，换句话说，服从即抗拒，抗拒即服从，皆以对自然加以观察并采纳的视角而定。这些人性论说大多借助于自然因果的现实构思与习惯思维。从自然因果的角度来看，皆有与自然世界以及社会现实本身相符合的一面，从而具有其合理的价值。

　　反过来说，荀子之所以认为人性恶，就是因为他从自然现象的观察出发，发现人的自然欲望总是有走向放纵的可能，因此必须要以礼法加以约束，才不至于使人类的社会生活沦落为丛林法则的荒野。通过不平等来避免自然状态下的野蛮平等，就可使文明延续并获得发展。显然，荀子的人性论也属于一种自然人性论的产物，是一种针对社会之善而警惕自然人性之恶的观念的产物。荀子说："不可学，不可事而在人者，谓之性。可学而能，可事而成之在人者，谓之伪。伪即为也。"（《荀子·性恶篇》）他的局限性在于，只是立足于自然人性恶的可能这一认识上，就匆匆从逻辑上得出避免其可能恶果的策略，以第二自然性意义上的社会教化，来堵截自然人性之因的可能恶果。

　　由此看来，包括孟子、荀子在内，传统儒学所宣扬的人性论，其实都可以归结为自然人性论。立论者大都认为，真正的道德应该建立在对人性自然趋向的认识上，才能够建立起文明的社会，避免丛林社会下的文明倒退。此种自然人性说，自有其从人性立论到社会建构一以贯之的逻辑统一性，但不能深度发掘人性的复杂内涵，进而可能顾及不到人类社会生活的丰富维度。

　　老子、庄子等被归结为道家学派的学者，更强化了自然人性论的立场，甚至对儒学的人性立论及其社会认识提出质疑与批判。老子认为，自然人性是最美好的，然而欲的产生导致了自然人性的堕落，所谓"五色令人目盲；五音令人耳聋；五味令人口爽；驰骋畋猎令人心发狂"（《老子》第十二章）。与儒家一致的，是老子对于人类那种不可遏制的违背自然的冲动，以及对于那种与自然之善相违背的恶的东西的抵制。但是，老子同时认为，儒家所讲的"仁"也是一种褊狭的东西，带有与自然欲望之恶相仿的恶的可能。老子认为，圣人之所以应该不仁，乃是因为他认识到，如同"母亲保护亲爱着自己的胎儿，所以'仁'有私爱，偏爱之义"①，因而与真正的自然之道不符。从政治层面来看，老子认为，统治者最好是施无为之政，行不言之教，获得"百姓皆谓我自然"（《老子》第七章）的政治社会美景。基于自然的思考，庄子对人性与社会有着更为深刻的认识。如何从自然的致思中获取到人类自由的暗示，使得他对于人类社会中的复杂因果问题有了进一步的观察与思考。庄子发现了与"仁"治主义相伴随的虚伪性，"彼其所殉仁义也，则俗谓之君子；其所殉财货也，则俗谓之小人"（《庄子·骈拇》），二者其实是"俱亡其羊"。"仁义不是德性的本然，而是'仁人'臆造的赘余之物"②，是如同胶漆绳索一样束缚人性自然飞扬的障碍。人最麻烦的就是成见太多，做不到"和之以天倪"（《庄子·齐物论》），故反为物事所累。自然之道在庄子那里被拔高的程度，大体反映出我国那种非有神论文化传统的出路。相对于儒家学说来说，庄子对于社会生活中的人性所面临的复杂因果机制有了进一步的认识，但这种认识终究是为了凸显对自然天道的追求。

韩非子基本上也持有此种自然人性论的立场。韩非子对人性有着很深刻的洞察，他以"自相矛盾"这一寓言，讽刺儒学中利他主义宣传的虚伪性，否认人性的自然善因。他说，假如说舜很伟大的话，则会否认尧的伟大。这两种伟大的善相会面，其悲剧性成为此后中国封建社会中难以解决的政治问题，韩非子对自然人性善的无情反讽由此可见。韩非子又以管仲与齐桓公的对话，来说明他所解读出的自爱的道家学说之自悖性，进而强调人性中所承继于动物性的那种丛林法则之重要性。然而从因果的视角来看，韩非子所代表的法家学说，仍旧强调自然人性之因的基础性存在这一认识的重要性。

综上所言，我国固有的自然人性论体现出这样的认识，即人性是实然的存在，有其普遍的本质。这种实然的存在，在孟子看来甚至又是应然的存在，③ 实然与应然之间没有鸿沟。只要人们承认这一根本的质素，这种

---

① 辛战军译注：《老子译注》，中华书局 2008 年版，第 26 页。

② 张默生：《庄子新释》，齐鲁书社 1993 年版，第 244 页。

③ 杨泽波认为，孟子的性善论实际上是"心有善端可以为善论"，在人性上持有应成论。参见杨泽波《孟子性善论研究》（修订版），中国人民大学出版社 2010 年版，第 80 页。赖永海则认为，孟子的性善论并非单指人性的不恶之善，而是说人之成其为人，有"优于"或"善于"禽兽的地方。参见赖永海《佛学与儒学》，浙江人民出版社 1992 年版。

无须再行解释的理由，就会转化成为一种沛然不可阻挡的实现善性的动力。当然，社会生活的实际情形未必按照此种理想的设想去进行。自然人性论在历史上的价值与贡献自不能忽视，但此种自然人性论提供的某种看似充足的人性之自我实现的根据与动力，在现实的社会生活中，往往会因现实无情的打击而蜕变成为一种文化理想。道家学者的自然人性说以及荀子、韩非子的性恶论，也是基于类似的论理思路，当他们试图依此建构真正道德的生活时，当然也会遇到类似的问题。

由此看来，自然人性论试图以一种单向度的方式与线性的思维，去分析人性的本真，并依据此种立论建立起社会认知，进一步去探讨社会现实的改造，因而都带有某种本质主义的色彩。其结果，自是不能全然合乎复杂的社会现实，以及在这种复杂社会生活中人性的复杂化现象。我们甚至可以说，这种抽象化的自然人性论甚至因此而具有某种前定和谐的色彩。这一问题的关键，可能源于人们对于现实社会因果关系考察上的认识不周。众所周知，在人性的认识与社会现实之间，一直存在着某种不统一性。这种困境的形成与人性立论的思路有关，更进一步来说，也与与之相系的世界观相关。正如纳斯鲍姆（Martha C. Nussbaum）所言，"在亚里士多德那里，一种典型的情感被定义为快乐或痛苦的感受与一种特定类型的关于世界的信念的组合"。[1] 像柏拉图和康德那样，将运气的成分从人性中排斥出去，虽然能够保持其理论上的统一，但遗漏了社会人生的很多内容。儒家学者在面对社会生活中不能合乎其理想（即他们所设想的自然）的现实时，则采取一种安之若命[2]或是哀叹斯文不再的姿态，从而承认冥冥之中那种无可奈何的宿命或天命。道家的学者因其自然人性的宣扬，在固有与应当二者上总是难以达到一种无间的状态。这种困境的出现或许在于，在自然人性的立论上也许存在着很多种完备性的理论，即各种都能自圆其说的理论，这些所谓完备性的理论之间进而又形成了错综复杂的关系，递相因果，回互交织。又或者说，我国自然人性论这一取向作为某类完备性理论的整体前提，也不过是一种完备性立论而已。理论与理

---

① ［美］玛莎·纳斯鲍姆：《善的脆弱性：古希腊悲剧和哲学中的运气与伦理》，徐向东、陆萌译，译林出版社2007年版，第535页。

② 按照徐复观的解释，安之若命也是一种实践天命的不逃避姿态。参见徐复观《中国哲学原论——导论篇：原命上》。

论，理论与现实，其中所具有的复杂因果关系，却绝非那种试图通过对自然人性实在加以把捉的单一思维能够说清楚。

在当今时代看来，人性洞察上的见地将对政治社会的勾勒与发展产生深远的影响。正如素有美国"宪法之父"之称的麦迪逊（James Madison）所言，"政府之存在不就是人性的最好说明吗？如果每一个人都是天使，政府就没有存在的必要了"。① 由此可见，人类的政治社会生活总是与我们对人性的理解息息相关。反之，对于现实社会的洞察也能促进我们对于人性的深入认识。二者都没有天然纯洁的出发之处。要不然的话，就像尼采所说的那样，"善良而纯洁的源泉，它再也对付不了落入其中的一丁点儿垃圾，直到它最后彻底发黄流毒"②。我国固有的自然人性论说所存在的问题，或许正如德国哲人史怀哲所认识到的那样，中国古代思想乃是"不断地加深对伦理和自然之间的关联性的确认……历来没有真正意识到世界中存在着的恶的问题的全部严重性……只去研究由人与人之间基于自然产生的相互关系"。③ 这是我国固有的自然人性论传统的又一表述。

二　因果佛性论：道德所以然的新探

在对我国固有的自然人性论学说及其立论稍作说明后，我们再来关注佛教中佛性论的相关探讨。随着《大般涅槃经》的传译，佛性问题的探讨担当起这样一种任务，即针对传统的自然人性论及其自然化思维，提供某种异质的见解与思路。纵览儒佛、儒道的论衡可以看出，佛性论成为我国古代人性本质的思考在范型转变上的一座桥梁，我国固有的人性论借此交锋而获得新的发展。笔者试图从《大般涅槃经》出发，通过对该经中佛性问题的探讨，看看这种佛性论上的主张对自然人性论思路的某种可能影响。

印度佛教对于自然观念的批驳，主要针对自然外道的无因说。印顺法师指出，"常人直感中的一切，皆有自性相浮现在认识上，就是有一自成的、常尔的、独存的感相"④。人们通常所持有的自性实有观念在进一步

---

① ［美］张灏：《幽暗意识与民主传统》，新星出版社 2006 年版，第 31 页。

② ［德］尼采：《权力意志》（上），孙周兴译，商务印书馆 2007 年版，第 51 页。

③ ［德］阿尔伯特·史怀哲：《中国思想史》，常暄译，社会科学文献出版社 2009 年版，第198—199 页。

④ 《印顺法师佛学著作全集》第二卷，《中观论颂讲记》，第 42 页。

探究事物的起源时，往往会产生出自然外道持有的无因观。虽然自然外道与我国固有文化传统中的自然观念不能完全吻合，但在基本的思路上还是有一致性的。《中论》里边对自然外道的批判表明，自然人性论在人性问题上采纳了常识意义上的实在论立场与预设。从因果缘起的角度入手，佛教对于那种实在论的自然人性观及其线性思维模式，有直接的批评。佛教提出的解脱课题，是对人我执、法我执的摆脱，是对包括有情众生在内的万法之主体性与实体性知见的摆脱。太虚法师说，"所谓自然规律，亦即法相……根据自然律而成的人生道德律。故大乘佛教的道德律，为本依自然律而不可动摇的真理！"① 他认为佛性要依据于自然律而获得认识。然而很显然的是，虽然同是为了揭示事物的真相，但佛教中的真如实相即对所谓真实本身的认识，与通常自然律的理解思路却并不一致。假如没有因果问题意识的介入，佛教对于真实的认识就不可能被恰当地加以理解。换言之，真实的认识就是对因果缘起法则的认识，"若见缘起便见法，若见法便见缘起"（《中阿含经》卷三十），甚至可以说，因果的洞明即是对实相的认识。如果执持自然观念与及其相关思维，在因果缘起法则的接受上必然会形成坚固的抵抗内核。因此，佛性论说要想获得人们的认可，对自然观念进行批判是必然的。

在《大般涅槃经》传播之前，般若类经典已广为流布，大乘空宗般若学的八不中道缘起性空说，为因果佛性论的相关探讨奠定了认识基础与方向。佛性论表面上看来是对能否解脱成佛的关注，实质上则是针对有情众生及存在（诸法）实质的认识。中观学派对于空性的探讨也是要解决这一问题。之所以立足于空性的探讨之上，乃是因为在大乘佛教看来，空性使得世间生活与万法得以可能，空性亦成为万法的实质，《中论》八不中道的遮拨话语，正为反映出万法的真实相状，我们借此可以认识到，万法既非永恒的自体存有，亦非绝灭至于虚无。《中论》在论辩上凭借因果一异、因中有果无果之类的系列因果视角，来审视诸种见解的正当与否。因果问题意识就此介入进来，展开佛教在宗教生活与哲学思辨上的双层论证。佛性论说也坚定地采纳了因果这一视角，《大般涅槃经·师子吼菩萨品》中说道，"诸佛菩萨终不定说因中有果、因中无果，及有无果、非有非无果……诸佛菩萨终不定说心有净性及不净性，净不净性，心无住处

---

① 《太虚大师全书》第 5 卷，宗教文化出版社 2005 年版，第 273—274 页。

故……从因缘故，心则生贪，从因缘故，心则解脱"，心的烦恼与解脱，与借助因果意识而导引的自性定见批判紧密相联。《大般涅槃经》采用中观学派的论证手法，无处不从因果关系的立场展开佛性的论说。正是因为佛性论说离不开这样一种因果关系立场的采纳，佛性因而就不能被视作为定有或定无的某种神秘抑或崇高之物。如果不这样去理解的话，因果就会受到破坏。比如说，若言佛性定有，则因定有而无须修证；若言果（业）报定无，则亦无修证可言，如此不但会破灭世间的伦理法则，也会败坏佛教的解脱之道。正如《大般涅槃经》中偈语所云，"本有今无，本无今有，三世有法，无有是处"，在佛性（与涅槃）的问题（或关系）上，也需要从此种因果意识的深度把握入手，才不会从惯常的某物神秘性存在的指涉意义上，对佛性这一符号作出歧解。"是因非果如佛性，是果非因如大涅槃，是因是果如十二因缘所生之法，非因非果名为佛性，非因果故常恒无变"，佛性并非因果，但佛性知见的彰显与成就，却与因果意识以及因果流转的现象悟解息息相关。也只有在这种基础上，才能对人类究竟有无真正的自由（解脱），以及如何才能够获得自由，形成真切的体认。换言之，以因果视角的介入来批驳自性（主体）见解的迷执，彰显缘起性空的道理，就是见佛性的问题。显然，空性难解，佛性难见，其原因不在于真理过于艰深，而是由于人类惯常的"有"或"是"的自然思维。

有"某物"、某物"有"的思维，是实在论思维的体现。为消弭实在论思维在佛性问题上的惯性认知趣向，《大般涅槃经》借虚空的譬喻来解说佛性。《大般涅槃经·迦叶菩萨品》中言，"佛性常故非三世所摄，虚空无故非三世所摄"，"虚空无故非内非外，佛性常故非内非外"。以虚空喻佛性，目的是借助虚空的无障碍性来譬喻佛性的无碍性。然则譬喻一旦建立，利弊总相伴随，对于虚空的许多妄念也会应然而生。有人认为虚空无对，所以是恒常之有；有人认为虚空是实在的存在；有人认为虚空因其无碍而与诸有并合。在佛陀看来，所有这些观念都落到了心数法的范畴之下，即实在论视阈的对象化认知层面。思维一旦回落至这一层次，原本探讨的主题或对象之无常体性就显现出来，恰与其立论本身所蕴涵的实在论前提形成自悖，自相矛盾就是结局①。之所以借助虚空的譬喻都能产生出

① 印顺法师说，"执著自性有的，不是用动体静、妄动真静，就是承认矛盾为真理。"《中观论颂讲记》，第53页。

此等的虚妄异执或实在论见解，就是因为在因果意识与缘起正理的认识上存在偏差。与大乘空宗一样，《大般涅槃经》中的因果佛性说，亦是要通过对习俗知见在因果问题上的悖谬与不自知之剖解，展示因果意识与解脱生活的息息相关性。"众生佛性非有如虚空，非无如兔角，何以故？虚空常故，兔角无故，是故得言亦有亦无，有故破兔角，无故破虚空……夫佛性者，不名一法，不名十法，不名百法，不名千法，不名万法，未得阿耨多罗三藐三菩提时，一切善、不善、无记，尽名佛性，如来或时因中说果，果中说因。"（《大般涅槃经·迦叶菩萨品》）显然，佛性论不是立足于某种人性固有或神秘遗存的某物这种思路之上的，否则此处的引文就无法理解。"虚空无故，非内非外，佛性常故，非内非外，故说佛性犹如虚空"，通过虚空的譬喻，就为"空"的佛性解说奠定了基础。

　　与惯常那种实在论致思模式相关，对于佛性的某种指涉性存在认知，即本有、当有的争论，在南北朝时颇为盛行。然而，本具佛性与当现佛性的对立，就有可能将论辩的视阈转向了次级的问题，反而将最为根本的佛性问题本身抛在了一边。若无缘起性空学说的先行指引，争论的双方就可能将佛性作为某"物"去看待，忽视了对于"有"某物存在这种惯常思维的进一步反思。佛性之"有"，绝非常识或通常哲学探讨中所谓的存在以及存有预设的实在论思路可把握。正如灌顶法师所言，"经云，三世有法，无有是处，何得苦执本有当有？"（《大般涅槃经玄义》）《大般涅槃经》里那首重要的偈语"本无今有，本有今无"，也是针对这一思维惯性所作的逆向反驳①。这种逆向式的批驳，惯用《中论》所采纳的二难推理方式，意在使人们在因果关系上获得正确的见解。凭借因果关系的反复置难，迫使固有的实在论思路涣然冰释，领悟到离言绝相的如实正理，不至于因思维上的不正当、不合理，而对涅槃佛性论形成误解。其实质在于，因果关系不是附庸于某物（比如说，佛性）的非本质性说明，因果关系本身的觉察与觉悟就是佛性彰显的过程，若逆水行舟不进则退，摆脱某物存在思维的纠缠与获致解脱是密不可分的。灌顶法师说，"若佛性之因非

---

①　依《大般涅槃经》的解释，这一偈语似可具有如下的意义：高贵德王菩萨发出疑问说，"断烦恼者名得涅槃，若未断者名为不得，以是义故，涅槃之性本无今有"，故推出涅槃佛性当有的主张。佛陀却转而以暗室井喻，说明涅槃是常住法，非本无今有，因为在佛教看来，无中生有是败坏因果的。

因，涅槃之果非果，是则因如不异果如，果如不异因如。若因如不异果如，非止涅槃之如非新，佛性之如亦复非新。若果如不异因如，非止佛性之如非故，涅槃之如亦复非故。是则佛性涅槃因果之如，皆是非新非故。非新非故之理即是法身，非新而新之果即是摩诃般若。既有非新而新种智之圆极，则非故之故无明生死患累究竟斯亡目之解脱。此则三德之义宛然"。（《大般涅槃经玄义》）其意在于，远离那种实在论基础上建立起的因果论，并非是通过否定因果关系而去把握某种超然的自在之物，而是通过批驳那种将因果关系作为补充或附庸之物的认识论调，来彰显因果意识本身在解脱中的重要性。

然而，佛性论说只有回到社会现实中去，对社会现象作出解释，并且解决人们在现实生活中存在的困惑，方能从根本上保证其生机与活力。自从竺道生法师"一阐提人亦可成佛"孤明先发，佛性论在理论论证的同时，现实中要解决的可能就是一阐提人这一难题。从道生法师到天台智者，从玄奘法师到禅宗诸大德，大抵皆如此。赖永海指出，"佛性问题是佛教的核心问题"[①]，我们在此基础上可进一步提出，因果问题是佛性问题的核心，是佛教的内核。《大般涅槃经》提到，一阐提人如同烧焦的种子不能发芽一样，不能成佛，但是经文里面也提到，"一阐提人亦能成佛"，"一切众生皆有佛性"。这种提法上的矛盾能否获得圆满的解释，事关重大。笔者以为，若非结合因果缘起学说，则终究无法解决这一难题。何为一阐提？"一阐名信，提名不具。信不具故，名一阐提。"一阐提首先是一种无信态度的展示。在佛教看来，无信是人类生活中的痼疾。人们也许觉得生活无意义，但这种无意义的姿态正反照出对于意义的追寻，因而也要远优于无信的态度。而一阐提的无信姿态，实际上就是不信因果，不信因果，人不知其可也。僧亮法师说，"除一阐提者，具三障故也。云何为具？谓不见因果，烦恼障也。说无因果，业障也。世世积恶，今成阐提，报障也"。（《大般涅槃经集解·菩萨品》）即便一阐提不信因果，实际上却也是某种因果的产物，因果是不能摆脱的。"一阐提者名为无目……无目者，谓但见现在，不见未来也"（《大般涅槃经集解·菩萨品》）。有目无珠的一阐提折射出的，亦是一种短视的人生态度。据此来

---

① 赖永海：《佛学与儒学》，浙江人民出版社1992年版，第29页。赖永海先生的《中国佛性论》对佛性论的历史发展有清晰的论说。

看，一阐提并非特指某一个体具体而实然的存在，它所表明的，毋宁是一种因果问题上边见与邪见的观念化身。善星比丘①即是一例。善星比丘不信因果，诽谤成性，既是对现实世界因果关系的否定，也是对涅槃成佛因果的否定。换句话说，善星比丘的存在，实际上从某个侧面展示出我们人性中所具有的否认因果、试图超越因果的趋向。"僧亮曰，说无因果，所以作阐提者，以其谓善恶有性，不从因缘，非无善恶故也。宝亮曰，寻众生之始无源，故谓善恶皆自然也。"（《大般涅槃经集解·憍陈如品》）可见，不信因果就有可能走向自然主义的生活态度，从而在佛性或者人性问题上埋下虚无主义的种子。

由此可见，佛性以及一阐提问题的认识，需要与因果的视角相结合并对因果加以敬畏，才能够形成正当的见解。在因果关系这一透视性视角的介入下，从因的方面与果的方面对佛性问题加以开显、开示，就成为《大般涅槃经》的诠释主题。从因的视角入手是一个方面，"宝亮曰……阐提有佛性，云何名断善根？佛今答言，不具信故，名一阐提。明佛性非信，善亦不从具生。众生五阴，是发信心之具。正因佛性既非善，又不从五阴具生，云何可断。若正因佛性，从五阴具生，然则众生五阴，是发佛性之具，经亦不应言佛性非信，众生非具。以此义推，当知众生五阴依正因性有，非是正因性依五阴有。然此中推检，与胜鬘经明义一种生死依如来藏有也，非如来藏依生死故……但佛性非是缘中所生之善，又非是不善。何以尔？正因之性既不从方便而得，云何可断？然能得善果，复非不善。阐提乃断缘中所生者，故得一阐提名也"。（《大般涅槃经集解·光明遍照高贵德王菩萨品》）从如来藏佛性说的角度出发，认为生死依于如来藏转，一阐提乃断却善缘者。也就是说，一阐提的性格特征就在于，无视因果缘起事件对于佛性或人性的障碍性与度越性功能。从果的一面来看，则认为佛性始有说也具有不彻底性，"僧宗曰，阐提有者，更辨佛性不得杂之意也。阐提断一切善尽，唯有大恶。以其恶时无善，因时何得已有果耶？此恶即是神明，异于土木。当有成佛之义，亦得名为正因性也"。（《大般涅槃经集解·迦叶菩萨品》）相对于佛性本有说，这种认识偏重于果的实现性一面，也是《中论》中因中有果、因中无果说批驳思路的进

---

① 善星比丘不信因果，有人就问佛陀，何以将这种人也收入佛门，佛陀的回答是，若不将之纳入佛门，善星将成为国君，危害会更大。

一步拓展。

佛者觉悟也，觉悟乃知行、身心的一致化、一体化实现。佛性乃佛的体性，乃非因非果、常住不变之义。在"贫女宝藏"、"力士额珠"的譬喻中，宝藏与额珠比拟觉悟的光芒。"一切凡夫唯观于果，不观因缘，如犬逐块，不逐于人，凡夫之人亦复如是，唯观于果，不观因缘，以不观故，从非想退还三恶趣。"（《大般涅槃经·光明遍照高贵德王菩萨品》）众生之所以生活在苦恼与业报的世界中，乃是因为缺少观因缘、观因果的智慧，佛性之光因此而暗淡。"明与无明，智者了达其性无二，无二之性即是实性……我与无我，性无有二，如来秘藏其义如是，不可称计，无量无边。"（《大般涅槃经·如来性品》）众生在主体意识的驱动下，破坏了事物的统一性，生起种种分别拣择之心。明与无明、善与恶、我与无我，以至诸行与如来秘藏，其实本性无二，不可对它们起分别想①。换句话说，只有在因果不一不异的认识情境下，才能体会到从乳到酪的转变，众生的善业恶业之变化，并不是善恶之业有其固定不变的本质。"众生即佛性，佛性即众生，直以时异，有净不净"，不可定言"乳中有酪、乳中无酪"，"明与无明亦复如是，若与烦恼诸结俱者，名为无明；若与一切善发俱者，名之为明，是故我言无有二相"。明与无明岂能说是二物相对或相合？"涅槃之实际，及与世间际，如是二际者，无毫厘差别"（《中论·观涅槃品》），"绝对与现象之间没有些微的差异，涅槃与世界也没有差别"②，佛性论内涵的觉悟说，表面看来只是个人观念与情绪转化的事情，实际上就更为广泛的因果视角来说，觉悟的真正实现，却是整个社会意识与社会情绪共有的责任，这种拓展又是必然的。

至此我们可以认识到，如何见佛性，实质就是对因果法则复杂关系的洞察与觉悟，及其对现实人生的果敢决断与担当。声闻悟迷，凡夫迷悟，菩萨"沉空滞寂，不见佛性"，其原因皆在于没有认识到"对迷说悟，本既无迷，悟亦不立"（《联灯会要》第四卷）。《大般涅槃经》中甚至说，"众生毒身之中有妙药王，如雪山中虽有毒草亦有妙药"。就如同迦叶菩萨所指明的，"烦恼因果即是众生，众生即是烦恼因果"，如果认为众生不可救度，那是因为立足于烦恼一词的本质主义见解之上，并对众生所具

---

① 屈大成：《大般涅槃经》导读，中国书店 2007 年版，第 212 页。
② ［俄］舍尔巴茨基：《大乘佛学》，立人译，中国社会科学出版社 1994 年版，第 127 页。

有的空性意蕴缺少洞察与肯认的结果。觉悟或解脱所以可能，就在于通过烦恼相关的情绪，对烦恼果报加以反思、反观，进而认识到烦恼之因，从而因中窥果，果中窥因，达到对人生各种虚妄见解的明辨与剔除，在人生的解脱实践中彰显佛陀的辩证因果思维，并以此光芒照亮无明的世界，迴向众生。反过来说，"不善思维生于无明，无明因缘生不善思维"，二者乃是互为因果、互相助长的。人们要做的，就是在这种纠缠即出离、出离即纠缠的辩证关系中，认识到"众生即佛性，佛性即众生"。假如仍然执持那种众生之中别有一佛性的存在论视野，自然是对佛性论的误解。到了这里言语所具有的局限性与误导性，使得佛陀只能说"众生佛性亦有亦无"。就如乳与酪的关系一样，若说"一切众生定有佛性是名为著，若无佛性是名虚妄"（《大般涅槃经·迦叶菩萨品》）。元晓法师认为，"师子吼中言，佛性者有因，有因因，有果，有果果。有因者即十二因缘，因因者即是智惠。有果者即是阿耨菩提，果果者即是无上大般涅槃。是等文同显一心非因果性。所以然者？性净本觉是无漏善，随染众善是有漏善……良由一心非因非果，故得作因亦能为果，亦作因因及为果果。故言佛性者，有因有因因，有果有果果"。（《涅槃宗要》）因果之说归结为一心的非因非果性，更彰显出因果性反观对于觉悟的重要性，而非那种实在论意义上的心性把握。

再回过头来看一阐提现象，我们就会发现，如何抉择这一问题，就成为佛性论认识上正与不正的分野。"法瑶曰……经有明文，下至烦恼诸结众生，五阴善法，皆是佛性……复引恒河七人，不离佛性水。又言如是七人，若善不善，若方便道，若解脱道，若因若果，悉是佛性……但以果为佛性者，恐失其知旨矣……今明涅槃河中，有七种人。阐提人闻涅槃经，然后诽谤不信，断善根耳。然涅槃声先冥以远益，谓入涅槃河中，况余六人耶。今明七人虽异，而皆不离佛性水中"（《大般涅槃经集解·菩萨品》）。一阐提是恶知见的化身，从侧面反映出佛性论视角下对于恶的现象的观照与洞察。一阐提所展示的恶，也不具本质性的实体存在性，换句话说，恶也是无自性的。在佛教看来，所谓恶的现象，乃是一种因果关系的纠缠性，反过来说，相对于冷淡的社会意识来说，这种因果纠缠性反含有度越性的价值。这种看似障碍佛道实现的恶的现象，对于佛性的显现也成为某种不可或缺的机缘。正如任博克（Brook Ziporyn）所言，宋代知礼法师的学说在于指明，"修行过程愈加显示的不仅是某人内在之佛性，而且是某人内在之蛄蝼性、地狱性、恶性"①。究其要旨，乃在于说明人性的本真及其转化的可能向度。一阐提人越是恶②，这个世界就越有存在的价值——佛性的彰显。不信因果的恶化身的一阐提，"若能发于菩提之心，则不复名一阐提也"。一阐提影子的彻底消逝，无疑就是佛陀光明的彻底无光。

总而言之，在佛教的因果世界观中，处处的情境都具有了启示的价值。在时空的隧道中如此，在逻辑的关联中如此，在此起彼伏的人性换位中皆是如此。"言真实者即是如来，如来者即是真实，真实者即是虚空，虚空者即是真实，真实者即是佛性，佛性者即是真实"（《大般涅槃经·圣行品》）。"佛性无我无灭、无去无来、非过去非未来非现在、非因所作非无因作、非作非作者、非相非无相、非有名非无名、非名非色、非长非短，非阴界入之所摄持，是故名常"（《大般涅槃经·圣行品》）。佛性光芒的照耀就是真相的显示，真相的显示则有赖于众生千姿百态的生命出演。"事实上，当绝对者没有与其相对的另一端时，绝对的观念是没有意义的"。③ 从因果的角度看问题，并且对因果本身有清楚的认识，才是根本的拯救之道。因果所表明的不仅是人类自身的生命实质，同时也正是针对这种实质，点明了拯救的无处不在性。就算是善星比丘那样一无是处的一阐提人，才使得拯救成为可能，并提供灵感与化身。说到底，这也是对人性实质的一种洞察，一阐提的恶不可能与我们无关，这种具有滋润善的功能的恶，却也并非本质性的恶。换句话说，某种意义上的"局限性甚至描述了最好的人类存在者的特征"。④

三 道德的新视野：人性与佛性论辩的结晶

通过比较我们能够发现，我国古代哲人所创设的自然人性论说，偏重因任自然的思维，而缺乏人性的因果面向的致思。从通常意义的因果关系

① ［美］任博克：《善与恶：天台佛教思想中的遍中整体论、交互主体性与价值吊诡》，吴忠伟译，上海古籍出版社 2006 年版，第 282 页。

② 如尼采所言，"好人统统是软弱的：他们之所以是好人，是因为他们没有强大到变恶的地步"。《权力意志》（上），第 12 页。

③ 《大乘佛学》，第 120 页。

④ 《善的脆弱性：古希腊悲剧和哲学中的运气与伦理》，第 542 页。

上来看，自然人性论会出现单边、线性的因果致思模式，而佛性论说中所凸显的因果回互论证，在这一方面就具有更为周全的逻辑与现实意义。中国佛性论学说的发展，实际上也是我国学人在佛性论因果视角的启发下，在人性论认识上不断深化的过程。佛性学说与中国固有的具有本质主义色彩的自然人性论在思路与见解上皆有区别。随着探讨的深入，从佛性论的高度来看，任何一种以佛性、心性之本体化的思路，都不合于因果立论的思路。即便佛性论最终落实到心性论的层面上，离开了因果（缘起正理）的涵摄与致思，我们也可能无法真正把握到佛教诸家心性学说的内涵。

太虚法师认为，儒道学说最终只能说是一种生命的玄学，相比之下，大乘佛教因有"二空观之革命贯彻之"，不会沦落于泛神论的下场。[①] 他认为，归根结底，"佛法者，真能说明道德之所以然者也"。[②] 人性论说与佛性论说，实际上都是为了阐明道德的可能与实质。鉴于在道德起源探索上诸种学说的纷繁性，至少就其作为一种完备性的理论与学说而言，因果佛性论对于我国人性论的发展还是有其价值的。在传统自然人性论的主流基调继续保有的同时，因果佛性论学说也继续其中国化的进程，双方相互影响，相互启发，最终发展出一种新型的文化潮流，即在世界观与人性论上都逐渐达成某种程度的对话与共识。笔者试着作出以下几点归纳。

首先，从自然人性论向因果佛性论的转向，是一个漫长并集中解决某些核心问题的过程。在人生终极关怀与人生际遇的解释方面困惑人们的突出问题，可能就体现在"命"与"业"的普遍解释模式上。自然人性论的固有论说无不在"命"的问题上加以深思，实际上也就是对于道德生活与人生际遇的复杂关系之再思考。儒家的"天命"观念，道家学者的"命运"观念，大多采取了一种自然主义的思路，以期解决这一困惑。佛教"业"的学说，实际上就指向了因果问题的视野。业是指因果关系的可能性、形成、实现或是转变。佛教认为世界的存在与发展，个体生命的进化，都是业的体现与实现，共有的业力引导世界的方向，别业则体现出个体的状态。自然人性论与因果佛性论这两种不同的思路，因而就展现出两种具有差异的生活观念与态度，前者可能被动的层面多一些，而后者则

---

① 《太虚大师全书》，第28卷，宗教文化出版社2005年版，第141页。
② 同上书，第386页。

因因果观念的认识与信念，而具有更多一些积极改造世界与人生的色彩。这两种解释模式逐渐有了统一的趋向，或者被共同地使用。

其次，通过因果佛性论所进一步阐发的世界观念与人性本色，使得传统人性论视野下的完美世界观与人性论认识获得了某种程度的修正，对于善恶交杂的世界与人性本真，形成了较为一致的认识。人们不仅从因果的角度来看待世界与人性完美的可能，也从因果的角度来看待世界与人性不完美的一面。现实主义的认识与浪漫主义的理想结合在了一起。社会生活中的善恶交织既是社会的本真，天理与人欲的并存原乃人性的实际。针对传统的自然人性论学说对于欲①的贬抑，佛性论则提供了某种新的视阈，从而使人性论得以参照佛性论说而获得升华。如何使人性的明与暗之光都获得进一步的张扬，从佛性的高度使人性得以升华，不再从人欲与禽兽的眼光看待此种区别所暗示的完美人性，这是因果佛性论对于我国人性论的贡献。正如任继愈先生所言，因果佛性论能够鼓励众生的创造与发掘，能够使人们更深刻地认识到与社会生活息息相关的人性本真。在社会意义的自他关系，在宗教意义的我你关系上，因果佛性论说都能够带来某种新意。同样，通过佛性论与人性论的交织，佛性也走下了原初被赋予的神秘色彩，就像《维摩诘所说经》中的维摩诘长者一样，佛性论者再也离不开滚滚的红尘生活，甚至异端思想也被赋予了妙有的向度。《红楼梦》里那些庸俗不堪的老婆子们说，不俗不足以结善缘，正是此种人性与世界观念上的体现。对于社会生活中的那些可怜者、作恶者甚至反社会者而言，佛教赋予人们的宽容精神就有助于中国社会的发展与成熟。

再次，本来只是聚焦于染净解脱的佛性论学说，在中国学人的努力下，向着善恶维度展开了中国化的理解过程，这自然就与我国固有的人性善恶学说上的见解形成更为密切的交融关系，从而更能够使得佛教的精神与中国社会的传统结合起来。中国佛教宗派的创建与发展，事实也证明了这种创造性结合所具有的生命力。天台智者大师创立性具善恶的佛性学说，就是从中国固有哲学的眼光出发，对佛性论作出新型的解释，围绕中道之非善非恶、即善即恶的三因佛性论说，实则对中国人性论的发展带来

---

① 荀子认识到欲的创造性价值，然而中国固有的学说对于欲多持排斥的态度，甚至有铲除为快的意念。

认识深度上的启发。潘桂明认为，智顗的性具善恶说① "既吸收了世俗哲学人性论，同时又比传统人性论远为精致，能够更有效地解释社会的善恶现象和个人的善恶行为，从而更容易为僧俗两界所接受"②。法相唯识宗讲五种姓，华严讲性起，甚至是影响最为深远的禅宗，也不离这一主题。

最后，因果佛性论说对于传统性论的引导具有极大的作用，人性论向心性维度的转化即是佛性论潜在影响的结果。如《华严经》所言，"心佛与众生，是三无差别"，天台学说即从 "介尔一念妄心" 出发展开论说。法相唯识学在法相的分析上极为细腻，但这一切最终都要落实到唯识的收摄上，如太虚所言，"仅知法性本空，不知法相之唯识义，则众缘所集现之摄持力，何归何与?"③ 故也强调 "三界唯心，万法唯识" 的心性论走向。对于我国固有的致思路向而言，因果佛性论使得人们脱却固有的 "天人合一" 思路④，向 "心统性情"、"无善无恶心之体" 的转变，从而使人们意识到人性升华的真正可能与道德之所以然的真正本质。

总而言之，是以自然人性论的思路去看待佛性的相关论说，还是以佛性论所含有的因果缘起说改造固有的人性论思路，这是中国中世纪时代所暗含的一大主题。二者的争论有两个方面，一是人性与佛性的真实面目为何，二是对于此种真实的构想与认可本身，会对人与世界的再度把握有何种影响。争论的结果却是一种涵摄双方的新结果的产生，个体参与历史的意志获得了某种不以个人意志为转移的实现。佛性论对于我国社会的实际影响，不仅意味着新世界观的产生，也意味着新道德引导下新的社会意识的建立。对 "翠竹黄花" 之烂漫的生活世界之认可与热爱，是那种 "一色一香，无非中道" 的世界观念在认识上的深化与生活中的落实。对于具体境遇下具体化的弱者甚至恶者，人们尝试不再去执持一种彻底斩除的心理，相反，需要斩除的乃是那种要求彻底斩除的总体化的意识形态。

---

① 按牟宗三的看法，此之善恶说不同于儒家所言之性善性恶之说。但新思想的创造若被人接受，需要借助某种形似而神不似的含糊性，也未尝不可能。

② 潘桂明：《智顗评传》，南京大学出版社 1996 年版，第 307 页。

③ 向子平、沈诗醒编：《太虚文选》，上海古籍出版社 2007 年版，第 646 页。

④ 《佛学与儒学》，第 24 页。

北宋"文字禅"禅学思想研究

赵娜①

目前学术界对"文字禅"的界定不一，研究角度也不尽相同，笔者选取众家之长，认为它是指借助语言文字表达禅宗旨意、禅修见解、禅悟意境乃至禅宗历史等内容的各种文体形式和传法风尚。它以"绕路说禅"为特点，以"举古"、"代别"、"拈古"、"颂古"、"评唱"为主要表现形式，旨在阐述禅法思想。其核心在于"禅"，而非"文字"。

"文字禅"非北宋时期特有，却以这一时期最具代表性，其主力是各宗派的禅师，而士大夫居士起推动作用。它也不独属于某一禅宗派别，而是当时禅宗发展的主流形态，为临济宗、云门宗、法眼宗、曹洞宗等诸禅师的共识，并以汾阳善昭、雪窦重显、圆悟克勤、觉范惠洪等禅师为代表。他们主要借助"举古"、"代别"、"拈古"、"颂古"、"评唱"等形式解读"公案"，以"灯录"、"语录"为载体表达禅法思想；协调"不离文字"与"不立文字"的关系；从心性论、修行论和解脱观上实现对禅宗思想的继承和发展。

一 "不离文字"与"不立文字"的关系

"文字禅"得名原因之一，源于对语言文字的大量运用。与其相对应，有学者提出"非文字禅"的说法。然而无论是"文字禅"还是"非文字禅"，"文字"与"非文字"都只是表述的不同，"文字禅"运用文字，却并未否认"不立文字"的主张；"非文字禅"虽然不主张运用文

---

① 赵娜，河南科技大学人文学院，讲师。

字，但在表述中又离不开语言文字的载体。"文字禅"正是借用了语言文字表述"不立文字"的禅法主张。这既保持了禅宗传统的主张，又协调了长期以来对"不离文字"与"不立文字"的争论。对于二者关系，北宋"文字禅"禅师的见解为：

首先，认可语言文字阐述禅法和表明见解的功能。北宋"文字禅"禅师对"不离文字"与"不立文字"有相对清醒的认识。关于何为"不立文字"，有学者指出，"不立文字的意思不单是指不使用文字，而是意味着取代经典的训诂而尊重祖师的语句，并将其付诸实践"。① 同样，运用语言文字的意思不是要执著语言文字，而是以其为手段表达见解，在"超祖越佛"的思想下，实现对自性的关注。采用"代别"、"拈古"、"颂古"、"评唱"的何种方式，都是禅师通过解读"公案"，创造性地表述禅法见解。记载禅师言行的"语录"、"灯录"的大量出现，便表明经典已为"我"所用，成为注释禅师个人见解的方式。他们利用语言文字，表达着对典籍和禅法的独特认识。

北宋"文字禅"禅师也较前代禅师更肯定了语言文字的作用，并最终赋予其"合法性"地位。北宋早期的临济宗禅师汾阳善昭提出"了万法于一言"的观点，改变了百丈怀海"说似一物即不中"的语言观，认为在"心明"或"智达"的条件下，通过语言文字的启发可以达到"见性成佛"的境界，语言文字能够成为"悟道"的推动者。真正赋予语言文字"合法性"地位的是北宋中后期的黄龙派禅师觉范惠洪，他在《题让和尚传》中提出，"心之妙不可以语言传，而可以语言见。盖语言者，心之缘，道之标识也。标识审则心契，故学者每以语言为得道浅深之候"（惠洪集《石门文字禅》卷25）。更明确了语言文字的显现功能和评判得失、衡量深浅的作用。所以有学者总结到，"文字显总持，离文字更无法"（自觉重编《投子义青禅师语录·蜃楼居主人跋》）。也就是说，"文字"虽不能等同于禅法，却能够显现禅法。禅师们在运用语言文字时也摆脱了因"不立文字"带来的尴尬局面，语言文字的作用得以真正发挥。

其次，在悖论中实现突破。

从认识论上看，"不立文字"是"说不得"，"不离文字"是"如何

① ［日］柳田圣山：《马祖语录·附录》，中州古籍出版社2008年版，第217—218页。

说说不得的东西"。要处理"不离文字"与"不立文字"的关系就要解决这一悖论,而"如何超越这一矛盾,在不可说中说,通过说不可说之说传释自己的禅体验,唤起他人的禅体验,这是禅宗的主题,也是哲学的主题"①。鉴于此,"文字禅"禅师发明了多种运用文字或不用文字的表达方式。他们对"不离文字"与"不立文字"的关系进行了如下处理:

其一,"不离文字"需要"不执文字"。虽然禅宗的发展离不开语言文字的载体,但是"文字禅"禅师从主观上,并不刻意夸大语言文字的作用,提出运用语言文字为"权教",是教化众生的方便手段,为"化门之说"。正所谓,"见性非言说,何干海藏文,举心明了义,不在广云云"。(楚圆等集《汾阳无德禅师语录》卷下)有所言说,是为了明"了义",即便用"代别"、"拈古"、"颂古"的表现方式,也都遵循着"绕路说禅"的宗旨,旨在指出古人言语"机锋"中的难解、难会之处,令人悟解,实现由"证解"到"悟解"的修行之路。所以,"不离文字"不等于执著"文字",更不是以"文字"为禅。从根本上说,"文字禅"禅师对语言文字的运用并未脱离"不立文字"思想的指导。

其二,"不离文字"是为了记载"不立文字"的思想。既然语言文字只是"化门之说",是传承与教化后机的手段,真正的禅法并不在语言文字上。就像是维特根斯坦所言"爬上梯子之后须把梯子抛掉"。② 利用语言文字的做法从根本上也是为了表明"不立文字"的主张。

云门宗禅师雪窦重显提出,"立宾立主,剜肉作疮;举古举今,抛沙撒土。直下无事,正是无孔铁槌;别有机关,合入无间地狱"(惟盖竺等编《明觉禅师语录》卷1)。"立宾立主"是指由临济宗义玄提出的"四宾主话",根据禅师与学人在"机锋"对决中的反应分为"主看主"(或"主中主")、"主看宾"(或"主中宾")、"宾看主"(或"宾中主")和"宾看宾"(或"宾中宾")四种情况,后为北宋禅师广用;"举古举今"乃是指在北宋禅林中以古"公案"或当世著名禅师言行为准则。二者皆依靠语言文字为载体,目的是为"证解"。重显认为不应倡导这种做法,而应当效仿"无事人",注重自身实践,才能真正从语言文字中体会"不立文字"的真谛,身体力行禅宗的顿悟法门。

---

① 王景丹:《禅宗文本的语言学阐释》,载《云南社会科学》2008 年第 4 期。
② [英] 维特根斯坦:《逻辑哲学论》,中国社会科学出版社 2009 年版,第 165 页。

著《石门文字禅》、编撰僧传、与士大夫诗歌唱和的惠洪也自称:"予始非有意于工诗文,夙习洗濯不去,临高望远未能忘情。时时戏为语言,随作随毁。"(惠洪集《石门文字禅》卷26)又借用华严宗的事理思想,将禅门"机锋"划分为"就理"、"就事"、"入就"、"出就"四个层次,最终以"不涉理事"的"出就"境界,重新回到"不立文字,教外别传"的旨意上。

其三,"不离文字"与"不立文字"皆有必要性。"不离文字"与禅法的传承与教化相应;而"不立文字"是禅宗的内在要求。

从禅宗自身的发展,禅法的推广、教化诸方面看,都离不开以语言文字为载体。正如《文献通考·经籍考》所言,"本初自谓直指人心,不立文字,今四灯总一百二十卷,数千万言,乃正不离文字耳"(马端临《文献通考》卷54)。"不立文字"的主张需要借助语言文字表现。

而通过这一表述形式,体会出"不立文字"的旨意,又能更好地延续禅法思想。善昭说得极为贴切,"休经罢论绝文章,为效先宗续古皇。心地开通明至理,全提应用得玄纲。真灯一照无明破,假幻三因有质亡"(楚圆等编《汾阳无德禅师》卷下)。"休经罢论绝文章"是为了效仿"先宗"行为以延续"古皇道"(即禅法),在善昭看来,要传"古皇道"的关键在于"开通心地","心明一切明,心昧一切昧",自心的明、昧并不在经论文章中,反倒"休经罢论绝文章"更便于实现心地通明。克勤多次指出"须知向上一路,不立文字语言"(绍隆等编《圆悟佛果禅师》卷13)。"向上一路"为禅法的根本,所以真正的禅法是无法用语言文字表明的,它在于"拈花微笑"式的"心心相印"之法。但他们这些独到的禅法见解也是通过语言的表达,文字的记载得以流传。

所以,"文字禅"中运用语言文字,却不执著于语言文字本身,而是为了表述"不立文字"的主张。同时,借用大乘空宗的"非有非无"的双破思维,纠结于"不离"或"不立"皆是偏执,只有实现非离语言文字,非即语言文字,方可以求道。既要"不离"又要"不立",北宋"文字禅"对语言文字的运用,并不是对"不立文字"禅法的变更,而是补充和调节,是对大乘空宗思想的充分发挥。

二 "文字禅"的心性论

心性论是禅宗的核心理论，也是自隋唐之后，中国佛教的主要理论之一。佛教中国化的重要表现之一，也在于对"心"、"性"理论的构建。与隋唐时代具有中国化色彩的天台宗和华严宗相比较，禅宗的特色在于，将具有本体意义的"心"转化成为现实、当下之"心"，但又未完全否定本体之心。在"性"的生成上，禅宗倡导"本心本体本来是佛"，认可"佛性"为众生所"本有"，属于"性具"理论。"心"与"性"之间，"心"为基础，"性"为表现，所见之"性"受"心"支配，"悟道之心"见佛性与众生性为一，"受蔽之心"见佛性与众生性有别。

所以，禅宗的"心性论"表现为在佛性本有的前提下，重视现实之心，实现"现实心"与"本体心"并存。北宋"文字禅"的心性论也继承了这种双重特色，但对"本体心"有了新的规定。

慧能以"现实之心"的本来表现作为成佛的根据，提倡当下明见的顿悟法门；其后学洪州系禅师提出"平常心即道"、"即心即佛"，石头系禅师提出"即事而真"的观点，都主张从日常生活中修道。自唐中后期以来，禅宗中已经形成了"求证真理不离现实生活"的共识，北宋"文字禅"禅师也坚持了这一理念。

首先，对"心"的具体描述。有"问：'一尘迥出青霄外，湛湛乾坤事如何？'师（指善昭）云：'平铺三点水，曲似刈禾镰。'"（楚圆等集《汾阳无德禅师》卷上）"平铺三点水，曲似刈禾镰"是对"心"字形的描绘，能够包罗万象，包含乾坤事的"心"，并不玄远、高深，而存在于具体的一思一念、一颦一笑中。具有佛性的"自心"也并非遥不可及，而在"当下"，能够展现"心"的本来状态，窥见"心"的本来面目。这犹如四时运行一样自然，在云淡风轻之间，便能实现心灵上的轻松悦动。

其次，"心"的根本性质是清净的。作为本原性的"心"是清净、无染、无分别的，但作为现实性的"心"则有"净""染"之分，因而便有众生心与佛心。要实现"即心即佛"，需要彰显清净之心，要转"染"成"净"，转"识"成"智"，以便"明理达真"，体悟真如。"即心即佛"的理念，也建立在"清净心"的基础上。

　　慧能早已指出："汝若欲知心要，但一切善恶都莫思量，自然得入清净心体，湛然常寂，妙用恒沙。"（宗宝编《六祖大师法宝坛经》）善昭承其说，以为"清净心无杂欲……无生无念总无疑"（楚圆等集《汾阳无德禅师》卷下）。

　　北宋"文字禅"禅师们又以"父母未生之前的面目"引导学人探究自心、自性。"父母未生已前，净裸裸，赤洒洒，不立丝毫，及乎投胎既生之后，亦净裸裸，赤洒洒，不立一丝毫。然生于世，堕于四大、五蕴中，多是情生翳障，以身为碍，迷却自心"（绍隆等集《圆悟佛果禅师》卷12）。可见，"心"本清净，所染者乃"情"。若能明了本来的清净自心，不被"所生之情"阻障，便能重新回到"不立丝毫"的状态中。

　　再次，明心见性。要明确"清净之心"，转"染"成"净"，就需要：

　　一则，明确本来心。北宋"文字禅"禅师在解读"公案"的基础上，以语言文字为媒介，更便利地表达对"本心"的关注。譬如善昭以怀让磨砖教化马祖的例子说明，"磨砖作镜慕同音，来问分明示本心。才唤耕人回面指，犁牛触破古皇金"（楚圆等集《汾阳无德禅师》卷中）[1]。"明见本心"不仅是学禅者悟道的关键，也是悟道禅师实现"保任"的着力点。

　　二则，亲证，强调学人自修自度，重视实践。菩提达摩把悟道的阶次分为"理入"和"行入"，"用理入来安心，作为一种把握；又用行入来发起行动，以便随时随地的践履"[2]。禅师们以"饥则食，困则眠"的具体行动，体验着"平常心即道"的理念；以"亲证"的方式，实践着身体力行的悟道之法。重显曾言："未来翠峰多人疑着，及乎亲到一境萧然。非同善财入楼阁之门，暂时敛念；莫比维摩掌中世界，别有清规。冀诸人饱足观光，以资欣慰。"（惟盖竺等编《明觉禅师》卷1）"亲到"之后，方知翠峰风景如何；亲修之后，方知佛与我的同异。学佛需亲印，明心需要切实而行，以无住、无念、无相为指导，在日常仪规中而达到"即事而真"的境界。

　　三则，避免错用妄心。善昭曾区分了"巧心"、"执心"、"拟心"、

---

①　对"本心"的关注，屡见于自唐以来的禅师言论中，宋初法眼宗禅师永明延寿在《宗镜录》卷98（《大正藏》卷48）中，详细记载诸位禅师的"本心"见解，此不赘言。

②　吕澂：《中国佛学源流略讲》，中华书局1979年版，第373页。

"昧心"等等，提醒学人正确用心的方法。克勤也指出："若能顿舍从来妄想执着，于一念顷，顿悟自心，顿明自性，不染诸尘，不落有无，自然法法成见。"（绍隆等编《圆悟佛果禅师》卷8）实现转"识"成"智"，抛掉执著妄念是基本条件。从不"为"处着手，虽不必然显示本性，却也"以此修行，即不堕落"。①。

"文字禅"禅师的上述观点与禅宗传统的"心性论"思想是一致的，是对唐代禅宗思想的继承；但是受到"三教融合"的时代背景的影响，北宋"文字禅"禅师又对"心性论"进行补充，主要表现在"心"的本体化倾向加重，否定性思维的发展及其心性与佛性关系上体现出新特点。

首先，"心"的本体化倾向加重。

在对现实之心的运用与继承中，北宋禅师也在改造着"心"的内涵，结合北宋儒学体系本体化的变化，在心性论上体现出本体化的倾向。尤以克勤具有代表性，在"三教融合"背景下，他的心性论与宋儒对本体性"理"、"气"的内涵的理解相似；在禅教合一中，他融入华严圆融思想，改造了慧能"革命"的现实之心。

他对"心"、"性"的描述为：（一）"心生万法"。"法法圆融，心心虚寂，大包无外，文彩已彰；细入无间，眼莫能观。所以道，万法是心光，诸缘唯性晓"（绍隆等编《圆悟佛果禅师》卷8）。以"心"为本体，万法在"性"中得以呈现。（二）以"心"等同于"太虚"、"气"，并作为宇宙本原。"灵光未兆，万汇含太虚；一气既彰，华开世界起。过去诸佛、现在诸佛、未来诸佛，皆同个中出现。若天、若人、若群生，无不从是中流出，以一处明，百处千处光辉，一机转，千机万机历落"（《圆悟佛果禅师》卷5）。这与宋代理学家对"气"、"太虚"的本原性规定相似，反映出禅、儒两家的相似性。（三）因"气"有分，导致"性"的差别。"佛祖大机，人天正眼，朕兆未分时，无许多事。及至一气已分，便有生住异灭，春夏秋冬"（《圆悟佛果禅师》卷9）。"未分"以前，即本性纯净的真如之心未受熏染以前，无善恶、顿渐、动静、有无、生死等分别与对立；因"气"有分便出现了去住、生死与自然变化，有了众生性和佛性之分。

---

① 郭朋：《坛经校释》，中华书局1983年版，第14页。

克勤思想中的"心"、"性"关系，仍坚持"心"为"性"本的思路。所不同者，借用了"气"、"太虚"等概念。但在对"心"的性质上与侧重现实之"心"的传统有所区别，反与宋代理学家对"性"、"理"的区分有一定的相似性。如张载区分"性"为"天地之性"与"气质之性"，前者类似于"未生以前"，后者类似于"气有分"。学术界一般认为宋儒对待佛家的态度是"阳儒阴释"，实际上，北宋禅师思想中也呈现出"阳释阴儒"的趋势，或者说，他们共同构建了宋代思想的"本体论"构架。由传统的现实之心到北宋末年的本体之心，出现了"古今差异"。这种差异正表现出北宋"文字禅"禅师们在特殊时代背景下对"心性"思想的改造。

其次，"无心"、"息心"的修行目标。

慧能提出，禅法以"无念为宗，无相为体，无住为本"，运用"离四句，绝百非"的思维方式双遣有无。北宋"文字禅"进一步发展了否定性思维，强调修心的"无心"或"息心"说。有僧问善昭："'道由心悟，如何是心？'师云：'学道访无心'"（楚圆等集《汾阳无德禅师》卷上）。惠南提出："道不假修，但莫污染；禅不假学，贵在息心。心息故心心无虑，不修故步步道场。"（惠泉集《黄老惠南禅师语录》）他们的"无心"、"息心"说，目的正是避免学人执著于求心而失心，要打破对心的执著。以无所执的精神，消除对立和矛盾；以无所念的心态，消除"烦恼"，获取"真智"，从"无心"而达到"有用"，此论断与《老子》的"无为而无所不为"的思路非常相似。克勤也提出："道贵无心，禅绝名理，唯忘怀泯绝，乃可趣向"（绍隆等编《圆悟佛果禅师》卷16），其"忘怀泯绝"与道家"坐忘"、"撄宁"的说法也非常接近。可见，北宋"文字禅"在融合的趋势中，在保持自身特色的同时，也从名词的使用与思路上，与道家思想颇为接近，显示出禅宗中国化中的道家化色彩。

再次，心性与佛性关系上的新特点。

在佛教中，心性与佛性思想是密切结合的。心性论是佛性论的基础，现实之心有分别，所以有众生性与佛性。若能以清净之心体会清净之性，便能够实现众生性与佛性的一致，这便是"即心即佛"的理念。北宋"文字禅"时期，在心性与佛性中，仍以心性统摄佛性；坚持"一切众生皆有佛性"的主张，但是在"超祖越佛"的思想下，禅师们"自觉地把

'人'作为禅的最终目的、对象而加以特殊考虑，人的地位、价值以及人在宇宙中的位置、人生的实际意义"①，而将"佛"降为次要地位。

与以往笼统地讲述"众生性"不同，自临济义玄始将佛性具体化为个人的心识、精神，比喻为"无位真人"、"无依道人"。北宋"文字禅"禅师在解读"公案"时，也更为重视个体的理解及其个人解脱的方式。克勤进而借用"无位真人"的说法，"拨正三界窠窟，放出无位真人，透过荆棘丛林，便居常寂光土"（绍隆等编《圆悟佛果禅师》卷4），更明确地提升了个体自性与佛性的关联。惠南的"黄龙三关"、"众生生缘处"、"我手与佛手"、"我脚与驴脚"，也强调"我"与佛、万物的联系，要"自识本心，自见本性，实现自我超越，解脱烦恼、痛苦和生死，成就为佛，即在有限、短暂、相对的现实中实现无限永恒、绝对"。②

与佛性密切相关的"成佛"的目标，在这一时期重新得以正面论述。与唐五代时期采用的机锋、棒喝等乖戾张狂与特立独行的教化方式不同，北宋"文字禅"时期，通过对"公案"的解读，借用语言文字再度明确了"成佛"的目标，如法演教导，"山僧今日将山河大地，尽作黄金□该有情无情，总令成佛去"（才良等编《法演禅师》卷上）。成佛的对象不仅扩大到一切有情、无情众生，而且不再讳言僧人修行的"成佛"目标。可见，禅师们采用"绕路说禅"的方式，所说的是"公案"中如何成佛、如何见性，什么是禅法的本质等需要实证而无法用语言文字说明的问题，但对于成佛及明性的修行目标并不讳言。这也是"文字禅"的特色之一。

由上可知，北宋"文字禅"是在"融合"的趋势下，实现了"心性论"上的继承和发展。

三 "文字禅"的修行论

在解读"公案"的基础上，"文字禅"借助语言文字表述禅法。对禅学的参与者而言，语言文字扮演着辅助教化的功能。然而，禅法的修行仍需要具体的实践行为。

结合北宋时期禅师继承与发展的时代任务和文化融合的整体趋势，

---

① 潘桂明：《中国佛教百科全书·宗派卷》，上海古籍出版社2000年版，第320页。
② 方立天：《中国佛教哲学要义》（上），中国人民大学出版社2002年版，第368页。

"文字禅"的修行论呈现出多重融合趋势，既注重禅宗特色，突出顿悟理念，又对传统佛教修行方式有所回归，体现出渐修色彩；既提出"道不假修"，又借鉴了"公案"中的修行方法。

首先，既注重禅宗特色，又对佛教传统修行方式有所回归。

在彰显禅宗特色方面，使得禅宗理论得以强化和系统化。"文字禅"禅师通过多种表达形式，强化了禅宗"直指人心，见性成佛，不立文字，教外别传"的宗旨，佛与众生的关系，个体的修行方式，"成佛"的理念等都得以表述和记载，从而保存了禅宗思想的主旨和发展脉络。

其一，强化禅宗的顿悟法门。"顿悟"法门是禅宗修行的重要方式，也是维系其特色的重要方面。北宋"文字禅"禅师以语言文字为手段，明确表述了"一悟直入佛地"式的简便、直接的悟道方式，提倡在修行中坚持"迷悟在须臾之间"。重显曾云："智者聊闻猛提取，莫待须臾失却头。"（惟盖竺等编《明觉禅师》卷1）成为"智者"就需要"猛提取"，瞬间打破漆桶，一灯照破万年暗，而"须臾间"的停滞，便会陷入"执有"的窠臼无法自拔。须臾间明，须臾间暗，须臾间生，须臾间死，这正体现出禅宗的顿悟法门。

其二，对坐禅新的解读。慧能曾对神秀一系的"坐禅"颇有微词，提出"禅非坐卧"，认为"此法门中，一切无碍，外于一切境界上念不起为坐，见本性不乱为禅"。[①] 南岳怀让也以磨砖做镜启示马祖道一作佛不在坐禅，"若学坐禅，禅非坐卧；若学坐佛，佛非定相"（道原《景德传灯录》卷5），他们走的是注重内心、自性的内在之路。但对某些禅师来说，不能完全抹杀掉"坐禅"的修行方式。所以北宋"文字禅"禅师以"心"为基础，赋予"坐禅"新的内涵。

善昭作《坐禅》颂曰："闭户疏慵叟，为僧乐坐禅。一心无杂念，万行自通玄。月印秋江静，灯明草舍鲜。几人能到此，到此几能甄"（楚圆等编《汾阳无德禅师》卷下）。重显在《禅定大师》中也赞颂道："虚凝不器，有象殊域，伊河遥流，卓尔原极。鹫峰崔嵬，蟾轮乍回，列刹望重，劳生眼开。开也谁睹，迅振高古。"（惟盖竺等编《明觉禅师》卷4）对禅定大师所达到的高超的境界，充满着羡慕。

他们的"坐禅"，已包含着新的内涵：一方面，以"心"指导"坐

---

① 郭朋：《坛经校释》，中华书局1983年版，第37页。

禅"。善昭"坐禅"的关键在于以无杂念之"心"引导，由静心而超凡入圣，在入世中实现出世，以达到"万行自通玄"的境地。"坐禅"不再是单纯的坐卧之事，而与慧能提出的"一切无碍"的思想是一致的；另一方面，肯定了"坐禅"在修行中的作用。由"一心无杂念"为指导的"坐禅"方法摆脱了"生来坐不卧，死去卧不坐"的外在形式的束缚，在无住、无相、无念中，实现内心与自然的结合，在"月印秋江静，灯明草舍鲜"的恬淡、清新尽显"万行自通玄"或"迅振高古"的境界，从总体上体现出"坐禅"中"体静心动"的特征。

其三，对行脚参请的系统性诠释。唐五代时期，行脚参请成为禅僧重要的问道方式。将行脚与修行结合起来，呈现出"身心俱动"的动态修行特征。北宋时期，更系统性地论述了这种修行方式。

善昭从理论上概括行脚活动，成《行脚歌》，突出理念为：（一）参请显示了出家人的高尚与纯洁。（二）以"唯有参寻别无路"明确行脚的必要性。（三）说明参请的辛苦，需要参请者不畏艰辛，耐得住身体和心灵上的痛苦。（四）参请中要"带眼行"，要做到"明见、分别、无心"。（五）在参请中需持勤恭崇敬的态度，不避寒暄，不羡荣华不怕羞辱。（六）参请悟道后能达到"悠悠自在乐腾腾"的境地。

经过善昭的解读，唐末五代之后兴起的"行脚"获得了认可，拥有了理论和思想内涵，为后世效仿，成为禅僧求学悟道、禅门交流的重要手段，彰显了禅宗的创造性。这种身体与行为上的"动态"的修行方式，与相对静态的"坐禅"修行法结合起来，实现了动静结合，补充了禅宗修行方式，也带动了"语录"的流传，及其"代别"、"颂古"等解读方式的普及。

对传统修行方式的回归，主要表现在利用经典、对精进方式的强化上。佛教传统的修行方式为戒、定、慧三学。戒为持戒；定为禅定；慧为智慧、般若三昧。在禅宗出现前，"三学"多从佛经典籍中获取，"文字禅"禅师对诸如此类的传统修行方式有了新的认识，赋予其禅宗化的内涵。

其一，重新关注经典。禅宗历来主张"不立文字"，对经教多持否定性的态度，慧能提出"佛法妙理非关文字"；在唐末五代时期出现了"佛经是拭疣纸"的论调，对于念佛也有"念佛一声，漱口三日"的说法。

但是，虽然他们有如此激烈的论调，却从未完全否定过经典的存在①。

到北宋时，禅师再度重视研读经典，比如善昭的老师——首山省念便喜读《法华经》，"为人简重，有精识，专修头陀行，诵法华经，丛林畏敬之，目以为念法华"（惠洪集《禅林僧宝传》卷3）。善昭继承和发展了其师对经典的态度，在语录中，不乏有借助经典立论的例证，他常借助《金刚经》、《华严经》、《法华经》等经典引导学人；在"举古"、"拈古"、"颂古"时，更不乏解析前代禅师对经典的态度。他在《自书》中描述为："每自勤三业，谁能笑七贤，燃灯迦叶后，运智古皇前。不止无心地，宁居有想天。一轮明月静，万壑宝光妍。宴坐炉藏火，经行香续烟。古今同道者，频复往来篇。"（楚圆等编《汾阳无德禅师》卷下）生动地描绘了其读经、看教的日常修行方式。

不唯善昭，北宋"文字禅"的其他禅师以"举古"、"拈古"、"颂古"、"评唱"、"击节"等形式，纷纷表达对经典的态度，他们以语言文字为工具，重新认识佛教典籍。与重视疏证的佛教义学不同，他们更侧重于借用佛经证实自己的观点，着力点不在佛经本身，而在表达自身之意。

其二，运用精进方式。"精进"乃佛教"六度"（布施、持戒、忍辱、精进、禅定、般若）之一。慧能虽提倡"一超直入佛地"与"放下屠刀立地成佛"的顿悟法门，也未完全否认渐修。所谓"南能"主顿悟，"北秀"倡渐修，只是相对而言。禅门中从未否定过"精进"式的渐修，鉴于"顿悟"非"彻悟"，修行者在顿悟之后仍需要渐修，此谓之"保任"。

北宋初期，提倡禅净合一、禅教一致的法眼宗人永明延寿，每日习108件佛事，兼修顿悟法门和渐悟法门，尤其注重念佛，推崇净土思想。在北宋"禅净二家并天下"的局面中，倡导渐修方式的净土思想日益渗透入禅学体系中。同时，面对禅学界呈现出"学佛者多而悟道者少"的局面，善昭再度加强了对"精进"工夫的利用。他指出："精进犹如牛二角，习学日久，身心纯熟，正念现前，舒卷自在。所以无功之功，其功大矣。"（楚圆等编《汾阳无德禅师》卷上）认为"精进"乃悟道的渐进工夫，肯定这种修习方式；另又说道："精进为务，觉多生，罕遇奇人，勇猛为心，庆此世得逢知己，须开正见，切要精通"（《汾阳无德禅师》卷

① 方立天：《论南顿北渐》，载《世界宗教研究》2000年第1期。

下），更明确地将"精进"与"觉"（悟）、"正见"结合起来，使其成为"顿悟渐修"的"保任"工夫。

北宋末年，惠洪著《智证传》，也借助经文说明禅法，推崇"精进"工夫，指出："予于是十波罗蜜中，自观皆莫能行，独于心常不与世心和合，敬奉教矣。以情观之，则予为沙门。……然予之志，盖求出情法者，法既出情，则成败赞毁，道俗像服，皆吾精进之光也。"（惠洪《智证传》）也倡导借用传统佛教的修行方法，以"奉教"和"精进"作为衡量"沙门"的标准。由此观之，"文字禅"禅师结合佛教传统修行方式与禅宗"直指心性"的顿悟法门，借鉴"渐悟之法"实现"明心"，复又以"所明之心"指导具体的修行，在修行观上实现了禅教融合。

其次，在"道不假修"的理念下，以"公案"的修行方法为指导。

马祖道一提出"道不用修，但莫污染"，以"平常心即道"，认为日常生活中的行住坐卧，无不是道；石头希迁提出"即事而真"的思想，皆以在现实生活中，以"心"的本来面目为指导，随顺自然、任性而为。北宋"文字禅"禅师仍贯彻了这一理念，在说法中，采用灵活、多样的教导方式，取消对"求法"的执著。一方面教导学人，"道不假修"，"禅非意想"。以"无念"、"息心"为基础，打破唯有遵循固定的修行方法才能悟道的思想误区，破除对"祖师西来意"等禅法理论的追求，以"饥来则食，困来则眠"式不受约束的生活行为，实现自性、心灵的自由。禅宗在"心性论"基础上随缘任运的思想，在修行方式上表现为崇尚自然之道，他们"参禅的主要的内在动力，高雅空灵的精神享受最为士大夫所看重"[1]，其自由洒脱、不受拘束的行为方式也为宋代士大夫阶层艳羡，并成为他们亲近禅宗的原因之一。

另一方面，引导学人以"公案"中的修行方法为指导。"文字禅"禅师们在诠释"公案"时，也参照了"公案"中的修行方法。譬如法演自言："每日起来，挂却临济棒，吹云门曲，应赵州拍［柏］，担仰山锹，驱沩山牛，耕白云田，七八年来渐成家活。更告诸公：每人出一只手，共相扶助，唱田归乐，粗羹淡饭。"（才良等编《法演禅师》卷下）此处的临济棒、云门曲、赵州拍［柏］、仰山锹、沩山牛、白云田皆出于"公

---

① 张岂之主编：《中国思想学说史·宋元卷》（下），广西师范大学出版社 2008 年版，第541 页。

案"，记述了著名禅师们的自然修行方式。法演本人通过借鉴这些方式，已经融入自身的修行中，体会出"共相扶助"的经验，显示出对"公案"的正面借鉴。

与佛教其他义学相比较，禅宗最大的特色在于修行的日常化。它改变了模式化的修行方式，以"道不假修"的理念实现"人"的内外交融。北宋"文字禅"禅师的贡献在于兼容并收了禅宗与其他佛教义学的修行方式，系统化、理论化了禅法主张，又以语言文字为媒介，更大范围地传达、普及了这种思想，消除了"无言之禅"的弊端。

四 "文字禅"的解脱观

禅宗的解脱观与成佛思想是密切结合在一起的。慧能提出"学佛为了成佛"的目标后，在成佛的可能性上也明确了"一切众生皆能成佛"的理念，后代禅师的解脱观便与成佛的目标密不可分。北宋时期，"文字禅"禅师不论是以"绕路说禅"的形式，还是以直接明示的方法，都在彰示解脱思想，在解脱目标、解脱条件、解脱方式上立说。与北宋之前的禅宗解脱观相比较，北宋"文字禅"时期的解脱观呈现出以下特点。

首先，理论与实践的结合更为密切。

经过慧能的"变革"，禅宗内部宗派的分化，经过"不立文字"到"不离文字"，北宋时期的禅法从思维的逻辑程度和理论的构建都与前代有很大不同，这使得他们更加具备理论与实践结合的可能性。

在继承"成佛"目标的基础上，禅师们对同一"公案"展开多角度论述。比如，对药山惟俨问石头希迁"诚闻南方直指人心见性成佛"的"公案"，善昭、重显、法演、克勤等皆有参究，表述角度虽不尽相同，但达成了"此事不在语言上，不在文字上"的共识，提出："参须实参，悟须实悟，令教透顶、透底，亘古、亘今，打开自己库藏，运出自己家财拯济。"（绍隆等编《圆悟佛果禅师》卷13），明确了"成佛"需要在实际行动中"行本分事"，见本来面目的解脱理念。"行本分事"是对修行者实践上的具体要求，它包括了"明心"，自力解脱等方面。其中，"明心"是基础，"明心"方能"见性"，"见性"方能"成佛"；自力解脱即自修、自证。只有通过自身体验行为，才能体会"切忌从他觅，迢迢与我疏。我今独自往，处处得逢渠。渠今正是我，我今不是渠"（道原编

《景德传灯录》卷15）的境界。

这些"成佛"理念的获得，与个人的实际参悟不无关系，但更多的需要禅师的言传身教或者从禅宗典籍中获得，这正说明了"文字禅"中运用语言文字的必要性。它要比"无言之教"更为直接，更能适应教化根性不高者的要求，同时吸引禅宗之外的人士关注禅学思想，在儒学迅速发展的北宋时期维系和推动禅宗自身的发展。

其次，禅师的言论成为解脱道路上新的"障碍"。

慧能"不立文字"说的提出，在某些程度上是否定其他佛教义学派别注重从佛经典籍中寻求解脱之道而忽视自性的做法。到唐五代时期，在"超祖越佛"的理念下提出"经是拭疮纸"的极端说法，反对的都是佛经注疏。在北宋，大量"灯录"、"语录"出现，禅师们对"公案"的解读成为学人悟道的新阻碍。如佛印了元已经批评这种状况，"时江浙丛林，尚以文字为禅，谓之请益"（念常集《佛教历代通载》卷19），禅法丧失生命力，而流于言辞文字之间。

不唯学人在悟道中，禅师的言论成为阻碍，禅师在教化时，也出现了"鹦鹉学舌"之流。如有"刚峭简严"的金华元首座，"有僧问：'如何是佛?'曰：'即心是佛。'问：'如何是道?'曰：'平常心是道。'问：'如何是祖师西来意?'曰：'赵州道底'。闻者皆笑"（圆悟《枯崖漫录》卷上）。作者进而感叹，"若如此辨验答话，不惟埋没己灵，抑亦辜负前辈"。尤其是重显的"颂古"出现后，后学者越来越注重从言辞上下工夫，脱离了基于"公案"而颂的原貌，流于辞藻。比如，曾有"风规肃整，望尊一时"的充禅师颂"即心即佛"的"公案"：为"美如西子离金阙，娇似杨妃下玉楼，终日与君花下醉，更嫌何处不风流"（圆悟《枯崖漫录》卷上）。从"颂辞"中已很难窥见"即心即佛"的本意，已脱离了"公案"，遗失了禅学的本来面貌。这些流弊最终导致产生了大慧宗杲焚烧《碧岩录》刻版的行为，此后禅学的发展从解读"公案"转向注重实践行为的"看话禅"。

再次，充实出家与在家的解脱观。佛教在对待出世与入世的关系上，主张以出世的精神处理入世事务。慧能时取消了"出家"与"在家"的绝对界限，提出修行的关键在于"修心"。

北宋"文字禅"禅师在"出家"的问题上，强调了与"报恩"的关系，如善昭提出："出家事毕，遂得魔军退伏，释梵归依，龙天恭敬，不以为喜，可谓报佛恩德。堪作明灯，亦名大法炬。为舟为楫，为栋为梁，荫覆多徒，运般广益。"（楚圆等集《汾阳无德禅师》卷上）这种"报恩"思想的再度倡导与推崇伦理思想的儒家的兴起有很大的关系。"报恩"理念的提出也是佛教徒解决与儒家"忠孝"思想冲突的折中之策，反映出北宋时期禅宗在"融合"趋势下的让步。解脱观的另一个让步表现为对"在家"修行的充实。北宋是佛教发展的兴盛期，也是居士佛教的兴盛期。在这一时期，禅师与士大夫的交往甚密。甚至"文字禅"的发展也离不开士大夫居士的推动。

其一，"内护"与"外护"说提出。善昭不仅肯定了"在家"修行的可能性，而且将其提升到与佛法生存息息相关的地位，"西天二十八祖，唐来六祖，诸方老和尚，各展锋机，以为内护。及付嘱国王大臣，有力檀信，以为外护"（楚圆等集《汾阳无德禅师》卷上）。与道安为了推广佛教提出的"不依国主则法事难立"的"权宜"思想不同，这一时期的"外护"成为与"内护"相呼应的不可或缺的力量。"居士"不仅仅是推行禅法的支持者，同时也是禅法理论的建设者，这比慧能提出的"在家修善"主张又前进了一步。

其二，为"在家解脱"提供理论与事实依据。克勤认为："在家菩萨修出家行，如火中出莲，盖名位、权势、意气，卒难调伏，而况火宅烦扰，煎熬百端千绪，除非自己直下明悟，本真妙圆，到大寂定休歇之场，尤能放下廓尔平常彻证无心，观一切法如梦幻泡空，豁豁地，随时应节消遣将去，即与维摩诘、傅大士、庞居士、裴相国（裴休）、杨内翰（杨大年），诸在家胜士，同其正因，随自己力量转化未悟，同入无为、无事法性海中。"（绍隆等编《圆悟佛果禅师》卷14）此时的"在家"修行不仅仅修"在家之法"，而是"出家行"，已经与专门的出家修行者并无差异，同时还提供了明确的修行指导，如直下明悟、本真妙圆、观一切法如梦幻泡空，禅法不再仅仅属于寺院或禅堂；另以维摩诘、傅大士、庞居士、裴相国、杨内翰等古今著名的居士为证，说明若摆脱名位、权势、意气等红尘往事的纠缠，在家修"菩萨行"亦可实现解脱。这种解脱论对于有特定需要而"参禅"的士大夫阶层无疑有很大的吸引力。此外"在家"解脱观也为"居士佛教"的发展提供了可能。由于禅宗取消了"出家"与"在家"修行、解脱的绝对限制，为那些身处红尘，但又寻求精神解脱的士大夫阶层提供了种种方便，从某些方面推动了士大夫的"好禅"之风。

　　"文字禅"作为北宋时期禅宗发展的主流形态，表现出当时禅宗各宗派协调"不立文字"与"不离文字"矛盾的努力，又展现出禅宗发展的新动向。从某种程度上，文字禅推动了禅宗在北宋的兴起与发展。

辽代华严学的"显密融合"与密教化

——以辽代觉苑及道㲀著作为中心的解读

袁志伟①

辽代佛教义学兴盛,密宗与华严宗作为辽代佛教界最重要的两大宗派,两者之间的思想义理交涉自然不可避免。从现有资料来看,华严学对密宗义学的影响巨大,许多密宗高僧援引华严宗的义理阐释密宗经典及仪轨,并借此对密教义学进行补充与完善。其中,觉苑的《大日经义释演密钞》(全称《大毗卢遮那成佛神变加持经义释演密钞》,又称《大日经义释演密钞》,以下简称《演密钞》)及道㲀的《显密圆通成佛心要集》(以下简称《心要集》)可称代表。自中唐以来,禅宗及密宗的兴盛在很大程度上消融了佛教义学的影响力,但觉苑及道㲀对密宗经典及仪轨的华严学解读,却反映了辽代密宗对佛教义学思想的主动吸收,以及借此完善密宗义学体系的意图。这种解读一方面反映了辽代华严学的兴盛,同时是诸宗思想融合大趋势的具体例证;另一方面,从华严思想自身的发展来看,密宗的华严化还代表着华严学发展的另外一种可能走向,即华严宗的密教化。本文将通过对觉苑《演密钞》及道㲀《心要集》两书的解读分析,对此问题进行探讨。

一 觉苑对《大日经义释》的华严学解读

觉苑为辽兴宗、道宗时著名的密教高僧,"名冠京师,诏开讲会"②,

---

① 袁志伟,西北大学中国思想文化研究所,博士研究生。

② (辽)赵孝严:《神变加持经义释演密钞引文》,载阎凤梧主编《全辽金文》(上),山西古籍出版社 2003 年版,第 454 页。

曾师从西域高僧摩尼学习密法，并精通华严学。他在《演密钞》中署名为"燕京圆福寺沙门崇禄大夫检校太保行崇禄卿总秘大师赐紫沙门觉苑"（《演密钞》卷一），在《阳台山清水院创造藏经记》中则署名为"燕京右街检校太保大卿大师赐紫沙门觉苑"。① 由此可知，觉苑曾被道宗皇帝授以总秘大师的称号，以及检校太保、崇禄大夫、行崇禄卿等官衔，属于道宗皇帝的高级顾问僧官。他曾受辽兴宗敕命校正辽圣宗时完成的《大藏经》，将圣宗时代的藏经 505 帙续补为 579 帙②；并于辽道宗咸雍元年（1065 年）任中京大天庆寺的提总，其著作现存有《大日经义释演密钞》（全称《大毗卢遮那成佛神变加持经义释演密钞》）一书，该书是对《大日经义释》的注释③。觉苑虽为密宗高僧，但对华严学有相当精深的了解，他将澄观思想作为华严学的主体，并引用澄观《华严经疏》等著作诠释《大日经义释》。觉苑在《演密钞》中明确提及引自《华严经》的文字共有 29 处，如十心、七劝、转法轮十事、善财入弥勒楼阁等内容；而明确提及引自澄观著作（称"清凉云"、"依清凉"等）的文字则有 17 处之多，反映出他对《华严经》及澄观著作曾有相当深入的研习。觉苑在《演密钞》中很明显地表现出依据密宗观行和华严学（主要是澄观思想）建构密宗思想体系的意图，主要表现在以下几个方面：

第一，依据华严判教思想，视密教为"圆宗"。唐代的一行与温古④吸收华严等宗派的判教说，将以《大日经》为代表的胎藏界密法视为"圆宗"。觉苑继承了这一思想并依据澄观思想作了进一步的发挥：

---

① （辽）释志延：《阳台山清水院创造藏经记》，载阎凤梧主编：《全辽金文》（上），第512 页。

② 参见李富华《关于〈辽藏〉的研究》，载杨曾文、方广锠编《佛教与历史文化》，宗教文化出版社 2001 年版，第 493—494 页。

③ 《大日经义释》十四卷是唐代一行禅师为密宗经典《大日经》所作的注疏。由于"安史之乱"爆发及一行逝世等原因，此书在当时没有广泛流传。至辽兴宗时才由觉苑重新发现，并注释流传，此事被记载在《演密钞》中："禅师尚虑学者守文失意，搜阅大小相应之教，举显密二释，会性相微言，勒成十四卷，目之曰义释。未及宣演，玄宗幸蜀，禅师没化，斯文寻坠。洎我大辽兴宗御宇，志弘藏教，欲及迄遐来尽雕镂须人详勘，觉苑持承纶旨，忝预校场，因采群诠，访获斯本。今上继统，清宁五年，敕镂板流行。"（《演密钞》卷一）

④ 温古为唐代密宗僧人，玄宗时曾作为笔授，在资圣寺协助金刚智翻译《瑜伽念诵法》、《七俱胝》等四部佛经，他为一行的《大日经义释》作了序文。参见《演密钞》卷一。

依清凉教类有五……五圆教明一位即一切位，一切位即一位，十
信满心即摄五位，成正觉等。依普贤法界帝网重重主伴具足，故名圆
教，广如彼疏。今神变经典与此大同，但显密为异耳。是故此经五教
之中圆教所摄，故下序云此经乃秘藏圆宗，深入实相为众教之源尔。
（《演密钞》卷一）

觉苑同时承认华严与密宗为圆宗，但两者不能完全等同，其差别在
于：一方面显密有别，"显谓五性一乘该诸经论，密谓字轮观行陀罗尼
门"（《演密钞》卷一）；另一方面密宗高于华严，《大日经》中已经包含
了显教五宗的思想①。他将密宗作为"圆宗"并以其为包含佛教小乘、唯
识、华严诸宗派思想的最高宗派，其目的是在密宗的立场下对佛教诸宗派
进行融合与统一。从中国佛教思想发展的大趋势来看，这种"密圆"思
想正是唐代以后中国佛教思想界融合大趋势的具体反映。

第二，以"真心"本体思想解释"心漫荼罗"。心性论是澄观思想的
核心内容之一，也是澄观、宗密等人用来会通佛教诸宗的理论基础。觉苑
也继承和发挥了这一思想，围绕"一心"会通华严和密宗，这是他从修
行本体角度对密宗的华严学解读。

觉苑对华严学的"真心"及其相关概念有相当深入的理解，他在书中
多处引用《华严经》及《起信论》中有关"心"的思想，例如对《华严
经》"三界唯心"及"真心"说、《起信论》"如来藏缘起"及"一心二
门"等学说的引用（《演密钞》卷三）。在此基础上，他用"真心"思想对
密宗本体论进行了新的诠释，以"真心（本觉心）"解释漫荼罗境界，将成
佛视为对"心漫荼罗"即"真心"的觉悟。漫荼罗为密宗字轮观行的对象，
密宗认为对漫荼罗的观想觉悟便可以达到解脱的境界，因此漫荼罗实际上
具有解脱本体的意义，而觉苑认为漫荼罗就是"真心（本觉自心）"：

---

①　觉苑在书中对此解释说："言圆宗者……此经总能含摄一切大小性相诸法故。下疏云：
以此经者横统一切佛教，如说唯蕴无我出世间心住蕴中，即摄诸部小乘三藏。如说观蕴阿赖耶觉
自心本不生，即摄诸经八识三无性义。如说极无自心十缘生句，即摄华严般若。种种不思议之境
界皆入其中，如说如实知自心名一切种智，则佛性一乘如来秘密藏皆入其中。如是于种种圣言无
不统其精要，故曰圆宗。问何以得知。答为此经也，语其广包，具无量乘。论其深胜，直归一
乘，同华严故。……斯乃即当华严十宗之内圆融具德宗，但显密有殊矣。"（《演密钞》卷一）

漫荼罗是一切众生本觉自心，即此心漫荼罗中各各常有无量诸佛菩萨缘觉声闻天龙八部，无量眷属之所集会，但以无始无明之所覆，闭不自知见。譬如贫家宝藏，常在自家，由处地下，不知不觉，知识告语，方始知觉。众生自心漫荼宝藏亦复如是，虽有不觉，诸佛知识方便示语，即得知之，名之为入漫荼罗，即本觉之体入是始觉之智。（《演密钞》卷三）

这里的心漫荼罗明显就是"真心"，即"本觉之体"。而所谓觉悟成佛或"得果"也就是"始觉契同本觉"，即对这一"心漫荼罗"即"本觉真心"的觉悟开发，对此觉苑有明确的表述："意处即心处也，离此心外更无一法而可得者。为令人易解故，诸佛如来强以名言分别说之，名漫荼罗，即是众生自心之漫荼罗也，但以无明所覆不自识知。……若行者依真言为门，即能了知。真言心位不异漫荼意处，即是始觉契同本觉，名为得果。"（《演密钞》卷八）这样，在修行的本体依据及对象上，觉苑实际上已经将华严学的"本觉真心"说作为密宗本体思想的核心。

第三，以"阿字门"为统一心与法界的"一心"。阿在梵文中具有"无"及"空"的意义，因此阿字代表"一切诸法本不生义"，被称为"心真言"。觉苑说："此阿字是一切法本不生义，名之为心真言，此心真言即是能遍生世出世间一切之法，虽生诸法即是不生。"（《演密钞》卷九）从这一角度讲，阿字具有佛教"第一义谛"的普遍真理意义，这为会通其他宗派的思想提供了理论依据。"阿字门"虽然属于密宗特有的观行，但觉苑依然引用华严学对此做了新的诠释，在他看来，"阿字门"不仅包括"缘起性空"的"本不生义"，同时具备统摄诸法的"一心"的意义；"阿字门"中的"阿字"代表真理"第一义谛"，而且是具有"一心二门"意义的法界，他说："身同阿字等者。此阿字即是法界，本具染净二种体相。"（《演密钞》卷九）而所谓的"阿字门"为阿（上）、阿（引）、暗、恶、长声恶五字，通过对这五字的持诵并配以相应的观想和手印，身口意"三密"结合便可证得佛果。觉苑将这五字门视为具有觉悟"一切如来心"能力的"正等觉心"：

此五字统收一切佛法，无有遗余，故名为正等觉心。又今且约一途修行次第，作浅深差别说其实。此五字各成一切如来智（即五方

佛），各各统收一切佛法。是故下文修观行时，随学一心即见一切如
来心，即是华严如来成正觉时，普见一切众生皆成正觉也。如是一心
见一切心，旋转无碍，故名正等觉心也。（《演密钞》卷二）

　　这里的"阿字门"就是具有主观能动性、修行主体意义的正等觉心，
也就是说，"阿字门"观行本身就是主体之心的全部觉悟修行活动。此
外，在这段引文中可以发现华严学"一即一切，一切即一"的思想，这
一点在觉苑论述"华严四十二字门"①的文字中也有反映②。

　　最重要的是，觉苑提出"阿字门"不仅具有菩提心的意义，它还是
统摄法界、众生界、心界的"一心"："复次法界等者。谓法界、众生界、
心界由入阿字门故，而成相即。如是展转，心界即是第五本性净句，乃至
即是第二句中最初阿字门为真言之体，是故以诸余字门，严成阿字菩提心
本源也。"（《演密钞》卷五）他所说的阿字门实际上既包括了具有本体意
义的"心漫荼罗（真心）"，同时也包括具有修行主体意义的"正等觉心
（觉悟之心）"；修行主体的"菩提心"与解脱本体的"如来藏"，主观性
的心与真理性的法界都被统一于这一总体性的"阿字门"中。

　　第四，以华严思想解释"阿字门"的具体观行实践。觉苑对密宗的
华严学解读，表现在修行实践论上，便是"依显华严，依密字门"。在
他看来，显教华严宗所说的成佛途径主要是依据十地十心等修行，而密
宗则要通过其特有的"阿字门"字轮观行达到成佛。觉苑依据华严思
想对密宗的字轮观行作了一些新的诠释：首先，在修行的目标及解脱境
界上，他直接将"阿字门"观行所要达到的解脱境界描述为《华严经》
中的"普贤行愿"，提出以"阿字门"菩提心，证得"普贤行愿"③；

---

　　① 唐代不空曾译出《大方广佛华严经入法界品四十二字观门》，该书以《华严经·入法界
品》中的四十二字为观行字门，其中便包括阿字。该书为华严与密宗的会通提供了经典上的依据。

　　② 觉苑在书中指出："又如释字轮旋陀罗尼义，以一字摄一切字，一切字全是一字，初后
相摄，横竖该罗，一切法门不离一字，即同华严四十二字，初一阿字具漫荼等，亦是四十二位，
举一全收。疏文上下判为圆顿不思议神通之乘。"（《演密钞》卷一）

　　③ 觉苑对此解释说："若真言行者，以阿字门见一切从缘生法皆是毗卢遮那法界身，同
于虚空，尔时十方通同为一佛国，是名毕竟净菩提心。以此毕竟净菩提心，随无尽法界无余众
生界，感应因缘，一时普现色身，行菩萨道。于念念中供养无量善知识，悟入无量诸度门，如
是于无量阿僧祇劫中恒殊胜进，严净一切佛刹，成就一切众生，所作佛事未曾休息，是名普贤
行愿也。"（《演密钞》卷四）

其次，觉苑的华严学解读，表现在具体的观行实践中，则是以华严学的"四法界"、"十玄"解释"阿字门"的具体观行活动：对于前者，觉苑将澄观的"四法界观"改造为"法界字门观行"，其本质是以"四法界观"为框架，而在观想对象中加入密宗的本尊身像观①；对于后者，觉苑则援引"十玄"思想（如重重无尽的"帝网境界"）描述阿字门观行中的本尊观想及漫荼罗境界②。不过，从《演密钞》中的叙述来看，密宗特色的字轮观行依然是阿字门观法的主要内容，华严宗的法界观行虽非主流，但这显示了觉苑尝试以华严学丰富密宗观法的意图。

第五，突出观行实践的"秘密不思议法界缘起"。《演密钞》中的"秘密不思议法界缘起"及法身说也是觉苑以华严学诠释密宗思想的表现，他援引华严学的法界缘起理论以及澄观"法界缘起不思议为宗"（澄观：《大方广佛华严经疏》卷三）的学说，将密宗的宗趣称为"秘密不思议法界缘起"③，这一学说的特色在于，其以宗教实践为主要内涵，即强调观行实践，而与华严学侧重分析诸法关系的理论思辨不同。

在觉苑看来，法界缘起与观行实践是统一的，他甚至有将观行作为"秘密不思议法界缘起"主要内容的倾向，这从他对"秘密缘起之智"的论述中可以得到印证，他说："自然有缘起智生者，即法界不思议秘密缘起之智生也。谓行者以内自观行力为因，外感佛神通加持力为缘，由斯二

---

① 觉苑在解释瑜伽行法时说："若密宗所明瑜伽行者，正是法界字门观行也。若以阿字本不生义观，即属理法界观。遍一切处与理相应故。……若随事法界别观，下疏以字门作三重四重曼荼罗异故，或以阿缚罗诃佉五字而配五轮次不差故。……若作事理无碍观，时随一一事下即归理故。……凡一切字皆揽阿字之所成故，若无开口之音，何有随宜之说，譬千里之程由初步而即，登九仞之山亏一篑而不立，即理成事也。若事事无碍法界观者，下疏复次所以从小至大、摄大归小者，欲令行人心自在故，由彼心力卷舒无碍，渐能以一微尘包含无量世界，此无量世界内一微尘中。……若观自心中佛为本尊时，即见如来在行者心圆明中，于佛心上亦有微细圆明种子，渐能增广，卷舒自在皆无障碍，互不相妨。故经云，乃至本所尊自身像皆现也。即因果交彻，生佛互收。上来四法界观义粗略释之。"（《演密钞》卷一）

② 觉苑在书中阐述说："如一菩萨为其中尊，大日如来却在上方位中，余诸眷属互为主伴，如是乃有十世界微尘悲生漫荼罗，此则平漫。乃至同类异类世界，尘道客尘之处，及彼尘中所含，重重无尽刹尘世界圣贤，亦具有主伴，如形色漫荼，既尔手印种智漫荼亦然，历历星布，互不相妨，自在圆明，重重无尽，如帝网境故。"（《演密钞》卷五）

③ 觉苑对此解释说："第五明经宗趣者。语之所上曰宗，宗之所归曰趣。此经即以秘密不思议法界缘起观行为宗。若以秘密不思议法界缘起为宗，即以观行为趣。或以观行为宗，即以秘密不思议法界缘起为趣。是宗之趣，或宗即趣，可以意得。由是疏文上下或归于不思议法界缘起，或归于甚深秘密观行，其文非一不烦具出。"（《演密钞》卷一）

力故，自然而有秘密法界缘起智生，即能得见不思议加持境界，是故不同寻常耳。"（《演密钞》卷四）也就是说，只有通过修行者自身观行实践（"内观行力"）的修炼，以及诸佛神通的加持力，才能生出"秘密法界缘起智"，这些论述都强调了观行本身的重要性。因此，觉苑虽然借用了华严学的概念诠释"秘密法界缘起"，但与华严学的法界缘起思想相比，这种"缘起"说却更强调了修行实践的重要，这也反映出密宗重视宗教实践的特色。此外，觉苑对于"法身"概念的诠释也较多地援用了华严学（主要是澄观）的思想，例如援引澄观对法性生身、功德法身、变化法身、实相法身、虚空法身等五法身的学说解释"本地法身"，以及"华严十身之智身"的概念等（《演密钞》卷二）。

第六，和会禅宗的思想。在当时中国佛教诸宗派融合的思想背景下，觉苑在《演密钞》中对唯识、天台、禅宗等宗派的思想也有所吸收，例如对天台宗"三智一心，一心三止"思想的引述（《演密钞》卷七），以及唯识学"两种烦恼"学说的引用（《演密钞》卷二）等等。但与华严学的巨大影响相比，这些思想的影响则较小。但值得注意的是，觉苑对禅宗采取了批评的态度，他站在重视仪轨秘咒及字轮观行的密宗立场上，对禅宗所谓"泛参禅理"的空讲颇不以为然，并在其疏文中引用了宗密《禅源诸诠集都序》中批评"执禅者"的言论（《演密钞》卷三）。觉苑认为禅宗虽然讲空法和"不著相"，但不从"有相"入门而企图直入"空相"，结果却是著于空法；而且禅宗的顿悟思想和对佛教经学的轻视，又助长了俗僧不习佛教义学的风气[①]。不过，《大日经义释》的作者一行禅师为禅宗"北宗之师"，是神秀高足普寂禅师的弟子（《演密钞》卷一），因此觉苑对禅宗并不完全排斥。相反，他继承了一行融合禅宗的思想，试

---

①　觉苑在注释"着是空法多生异见"时说："着是空法多生异见等者。如上凡观察时，先从有相入于无相，若不从有相直尔入空，即失大悲万行，依何方便而得入空。若着如是空法，多生异见。颇见今时僧俗之流，不能广披教藏，闻说顿宗，便拨次第，不依门庭，又顺懒恣染恚之心，展转学习，如犬橹吠。故我天祐皇帝圣哲在躬，睿摸出俗，穷性相二教，擅南北两宗，戒勖斯流，须示佳句曰：欲学禅宗先趣圆，亦非著有离空边，如今毁相废修行，不久三涂在目前。乐道之流宜书诸绅尔，故曰着是空等。"（《大日经义释演密钞》卷十）。值得注意的是，这段引文显示出"重教轻禅"不仅是辽代华严与密宗僧人的认识，而且作为佛教保护者的辽道宗皇帝也持相同的看法。文称道宗对华严、天台、唯识及禅宗都有深入的了解，并以华严（圆教）义理的研习为学禅的前提，体现出对佛教义学尤其是华严学的重视。由此可知，"重教轻禅"是从上层的辽代佛教思想界到一般佛教信仰者的普遍认识。

图"和会南北二宗同入法界字门",而这种和会的基础依旧是"心性论",即上述的"阿字菩提心"思想:"若但从阿字菩提心,不假长阿等行之次第,直趣暗字大空之理,即是顿顿,失于圆顿之道理也。以我禅师造此义释,弘阐秘藏,意为和会南北二宗,同入法界字门。舍染无染之异,离拂不拂之殊。"(《演密钞》卷十)觉苑认为"阿字门"所代表的"大空之理"也就是禅宗所说的空理,二者在根本真理的层面上是一致的,而且密宗的"法界字门"(实质上是华严思想的产物)足以包含禅宗思想。当然,从《演密钞》本身来看,觉苑并未将禅宗作为融合的主要对象。其原因在于,禅宗"派遣名相"的学说并不重视诸法的细致分析、名相的诠释以及复杂理论体系的建构,但这些却是密宗所需要的。这可能也是澄观思想备受觉苑重视,而宗密思想相对受冷落的原因。

二 道殿《显密圆通成佛心要集》中的华严思想

道殿①是辽代密宗的另一位代表人物,年代稍晚于觉苑,主要活动于辽道宗时期。其主要著作有《显密圆通成佛心要集》(简称《心要集》)一卷及《供佛利生仪》(附于《心要集》后)。据性嘉在该书后序中记载,道殿为云中(今山西大同)人,字法幢,俗姓杜氏。他出生于一个信奉佛教的家庭,童年时就礼拜名师,学习儒家和佛教经典。他在《心要集》中署名为"五台山金河寺沙门道殿",可知此寺(寺在河北蔚县小五台山)为其常住寺院。据《心要集》卷首辽人陈觉所作序文记载:道殿"利名不染,爱恶非交"②,相比于前述诸位高僧,他与皇室的关系较为疏远,史料中并无皇帝召见、赐号、加官之类的记载。此外,据《燕

---

① 史籍中对道殿的僧名记载不完全一致,或将其名写作"道殿"(《《大正藏》第46册《显密圆通成佛心要集》),或写作"道殿"(吕澄:《新编汉文大藏经目录》),或写作"道殿"(《佛教大藏经总目录、索引》)。"道殿"为讹称,而殿与殿在字典中都查不到。"道殿"见于《碛砂藏》,为最早的写法,但该字偏旁"厄"与"辰"的草书写法相似,因此"道殿"也是可能的僧名。这种情况的出现可能属于传抄中的笔误。本文在此依据学术界比较公认的写法,即"道殿"。

② (辽)陈觉:《显密圆通成佛心要集序》,阎凤梧主编:《全辽金文》(上),第390—391页。

京永安寺释迦舍利塔碑记》① 和《显密圆通建舍利塔记》② 等碑铭记载，道殿曾于辽道宗寿昌二年（1096 年）建造过舍利塔，可知道宗后期他依然在世。道殿的主要思想是以显教（主要是华严学）诠释密宗思想，这在《心要集》③ 一书中有集中的反映，但与觉苑不同的是，他以"准提法门"作为密教的代表，将其作为密教"心要"而与"显教心要"的华严学并立。道殿写作该书的目的在于调和当时显密两教的对立，这也是"显密圆通"的重要意义所在，他在书中指出了当时佛教思想界显密对立的现状及和会显密的愿望：

> 法无是非之言，人析修证之路。暨经年远误见弥多。或习显教，轻诬密部之宗。或专密言，昧黩显教之趣。或攻名相，鲜知入道之门。或学字声，罕识持明之轨。遂使甚深观行变作名言，秘密神宗翻成音韵。今乃不揆琐才，双依显密二宗，略宗成佛心要，庶望将来悉得圆通。（《心要集》卷上）

从文中可知，当时的密宗与探讨义理的显教诸宗都存在教条化的严重倾向，并且在宗派观念下互相攻击，这种情况与禅教的对立颇有相似的地方。但在觉苑的书中并没有发现显密对立的记载，这也许与作者关注角度的不同有关。在华严与密宗并盛的背景下，道殿依然延续了援引华严学诠释密教的方法。具体来说，这种诠释主要表现在以下几方面。

第一，对"真心"思想的重视及"五法界"说的提出。道殿对华严思想的援引中，最突出的是对华严学"真心"思想的重视，这也是他将华严学称为显教"心要"的意义所在。他在论述华严宗的修行论"初悟毗卢法界，后修普贤行海"时，对"真心"的概念作了详细的阐述，并

---

① 《燕京永安寺释迦舍利塔碑记》，末题"大辽寿昌二年三月十五日，显密圆通法师道殿之所造也"。引自向南编《辽代石刻文编》，河北教育出版社 1995 年版，第 475 页。

② 《显密圆通建舍利塔记》，末题"时大辽寿昌二年三月望日，显密圆通法师道殿建，弟子性施"。引自向南、张国庆、李宇峰辑注《辽代石刻文续编》，辽宁人民出版社 2010 年版，第 233 页。

③ 学术界对道殿及《心要集》一书的代表性研究成果有：蓝吉富的《〈显密圆通成佛心要集〉与准提信仰》（发表于 2001 年北京社会科学院《佛教研究中心论丛》）；唐希鹏、李缓的《五台山沙门道殿与密教中国化》（《西南民族大学学报》（人文社科版）2004 年第 4 期），但这些论文都是从密教中国化的角度进行论述，对于其中包含的辽代华严学的价值发掘不够。

引用了《华严经》及澄观著作中有关"真心"的文字①，他在引文中列出了同教真心和别教真心、终教真心和顿教真心（即同教真心）几种"真心"的意义，来说明华严宗修行的对象"毗卢法界"，这表明他对华严学心性论的熟悉和重视。除了唐代华严学的引述，道㲀对"真心"的重视集中表现为"五法界观"学说，他将澄观的"四法界观"及宗密"无障碍法界即一心"说总结为"五法界观"，并且对应有"五法界"：

> 今就观行略示五门：一诸法如梦幻观，二真如绝相观，三事理无碍观，四帝网无尽观，五无障碍法界观。且初诸法如梦幻观者（即当事法界观）……二真如绝相观者（即当理法界观）……三事理无碍观者（即当事理无碍法界观）。谓常观一切染净事法，缘生无性全是真理，真理全是一切染净事法。……四帝网无尽观者（即当事事无碍法界观）。于中略示五门：一礼敬门二供养门三忏悔门四发愿门五持诵门。……五无障碍法界观者（即当四法界所依总法界观），谓常观想一切染净诸法，举体全是无障碍法界之心。此能观智，亦想全是法界之心。……今此无障碍法界中，本具三世间四法界一切染净诸法，未有一法出此法界，而此法界全此全彼互无障碍。则知根根尘尘全是无障碍法界。（《心要集》卷上）

道㲀在这里列出了诸法如梦幻观（事法界观）、真如绝相观（理法界观）、事理无碍观（事理无碍法界观）、帝网无尽观（事事无碍法界观）、无障碍法界观五观，对应的则是事、理、事理无碍、事事无碍四法界及"一真无障碍法界（真心）"。他将"无障碍法界观"作为统摄四法界观的"总法界观"，实质上就是将四法界观统一于"一心"，将"法界之心"作为万法生灭及出世解脱的根源所在。这种思想是从心性论的角度

---

① 该引文为："今依圆教修行略分为二：初悟毗卢法界，后修普贤行海。且初悟毗卢法界者。谓《华严经》所说，一真无障碍法界或名一心。于中本具三世间、四法界一切染净诸法，未有一法出此法界，此是一切凡夫圣人根本之真心也（亦是根本之真身）。泛言真心而有二种：一同教真心，二别教真心。于同教中复有二种：一终教真心，二顿教真心。……二别教一心者，谓一真无障碍大法界心。含三世间具四法界，全此全彼而无障碍。即知包罗法界圆裹十方，全是一真大法界心。于此一真大法界内，所有若凡若圣若理若事，随举一法亦皆全是大法界心。"（《心要集》卷上）

对四法界说的补充,其核心是突出"真心"的重要性,而源头则是澄观等人"一切诸法唯心所现"的唯心思想。此外,道㲀认为密宗"三密"修行的本体就是华严宗所说的"无障碍法界(一心)",提出"今密宗坛法手印真言,即体便是无障碍法界也"(《心要集》卷上)。

对比上文所述的觉苑的唯心思想,可以发现两人思想的一致性:即都是以"真心"为本体,以心性论为基础组织理论体系,并以此统摄其他宗派思想。但道㲀的"五法界观"更加明确了"真心"的本体地位及主观心性的重要,从某种程度上说,它是日益重视心性论的辽代华严思想的例证。

第二,"密圆"判教说与显密融合的观行修证论。道㲀继承了觉苑在《演密钞》中的判教说,将密教解释成"密圆"①,他将《神变疏钞》(即觉苑的《演密钞》)作为"密圆"说的经典依据,并且将其与华严宗大师法藏(贤首)的经典著述等同,这说明觉苑及其判教说在当时具有的重要影响力。在此基础上,他还依据华严学的"五种判教"说,将各经中的密咒作了判教式的划分:

> 例知五教下亦各有密咒也。如诸阿含经中咒,即是小教。诸般若经中咒,即是始教。金光明经中咒,即是终教。楞伽经中咒,即是顿教。大乘庄严宝王经中,六字大明准提神咒,即是圆教。……又贤首清凉以义判教,一经之中容有多教。即知一切经中真言,皆是圆教。(《心要集》卷下)

从以上两段引文可知,道㲀一方面认为经咒有高低之别,并将"六字大明准提神咒"作为密咒中的"圆教";另一方面又从"一即一切,一切即一"的华严思想出发,将所有的经咒视为整体。以此突出"神咒"在密教诸修行法门中的地位,将其作为成就佛果的主要途径,这与觉苑依据华严学和《大日经》建立复杂理论体系的做法是不同的。相比于觉苑对

① 道㲀提出:"二密教心要者,谓神变疏钞,曼荼罗疏钞,皆判陀罗尼教是密圆也。前显教圆宗,须要先悟毗卢法界,后依悟修满普贤行海,得离生死证成十身无碍佛果……今密圆神咒,一切众生并因位菩萨,虽不解得但持诵之,便具毗卢法界普贤行海,自然得离生死成就十身无碍佛果。……合云圆宗有二,一显圆二密圆。贤首但据显教,正判华严为圆。今神变疏钞,曼荼罗疏钞,类彼显圆,判斯密教亦是圆宗。显密既异,乃诸师无违也。"(《心要集》卷上)

密宗经学化的细致分析,他的"准提真言法门"是一种简易化的修证理论,两者正好走着相反的道路,这一点在修行实践方面有更明显的体现。

在修行实践论上,道殿认为通过诵持密宗神咒、"三密加持"以及五法界观想,便可以证"普贤行海"而成佛得果,这种修证论相比华严宗要简便易行许多。他以"准提法门"作为"密教心要"及修证手段,并且认为"准提真言总含诸部神咒"(《心要集》卷上),即准提六字真言具有统摄其他密咒的地位,这比觉苑的"阿字门"字轮观行等密教修证法门更为简易。这种简易化表现在具体的观行修证实践中,就是道殿提倡的"双依显密二宗"的修证论,即"心造法界帝网等观,口诵准提六字等咒":

> 若双依显密二宗修者,上上根也。谓心造法界帝网等观,口诵准提六字等咒。此有二类:一久修者,显密齐运。二初习者,先作显教普贤观已,方乃三密加持。或先用三密竟然后作观,二类皆得。余虽下材心尚显密双修。……又华严经字轮仪轨云:夫欲顿入一乘修习毗卢遮那法身观者,先应发起普贤行愿,复以三密加持身心,则能悟入文殊师利大智慧海。(《心要集》卷下)

道殿的这种"显密双修"观行说是对觉苑思想的继承和发展,它以华严宗的"五法界"为观行对象,然后配以密宗的诵咒、手印、观想等"三密加持",从而"悟入文殊师利大智慧海"。从中可以发现,他将华严与密宗的观想组合在一起使用,但密宗观行显然居于次要地位,实际上这里的华严观法已经代替了密宗的"意密"观行。这种观行与觉苑观行论的差异在于,后者以密宗字轮观行为主并保持了自身的特色,而前者则反映出明显的华严化倾向。此外,与觉苑的"秘密不思议法界缘起"观行相比,这种观行说将法界缘起的烦琐思辨简化为"五法界观",将复杂的阿字门字轮观行简化为准提六字真言。从这一点上说,道殿的观行论更加入世化。

第三,以"真心"思想会通禅教。从觉苑等人的著作中都可以发现当时佛教界"禅教对立"的现象,他们对此也作了专门探讨。道殿写作此书的思想背景虽然是"显密对立",但从中也可以发现"禅教对立"的问题,如禅宗对密宗"著相"的批评,而他对此则发表了针锋相对的议论："今有闲僧儒士。泛参禅理者。厥见相以为妖异。此则非但毁谤最上乘教。亦是舍相取性之邪见也。不知其相本来是性耳。"（《心要集》卷上）道㲩对这一问题的回答是：从本质上说性与相是统一的，只有借助"相"才能洞见本体的"性"，"见相"是修行中不可缺少的过程。因此他认为禅宗所谓"见相为妖异"的说法不仅偏执错误，而且简直是对最上乘佛法的毁谤，这种观点与觉苑是基本一致的（《演密钞》卷十）。作为积极的回应，他同样提出了以"真心"和会禅教的方案：

> 达磨云：我法以心传心不立文字。即传此心。曹溪云：明镜本清净何假出尘埃。亦是此心也。……若了真心本无诸相，如虚空中本无诸华。……今顿教中空华之喻甚为切要。今时缁素宗禅者，极广洎乎开示此心多不入神，如叶公好龙真龙现前愕然不顾。若未悟此心非是真禅，是故欲修禅行，先须了悟此一心也。（《心要集》卷上）

道㲩的这种"真心"即禅宗之心的说法出自宗密，不过与觉苑相比，他对待禅宗思想的态度更为积极，这表现为他在《心要集》中对禅宗名相的大量引用，例如在论述"真如绝相观"时对慧能等人的"无念"学说，以及禅宗"心要三门"（见性门、安心门、发行门）的引述等，都以禅宗思想为其理论依据。这反映出在道㲩的思想里，禅宗学说的地位仅次于华严学和密宗学说。此外，他对密宗修证论的简易化，可能也与禅宗的影响有关。

三　觉苑与道㲩思想反映出的辽代华严学特点

通观上文对觉苑及道㲩著作中华严及密宗思想的分析解读，可以得出以下几点结论：

第一，华严学是辽代佛教思想界的主流学说，并具有"显密融合"的特点。从思想内涵上看，觉苑及道㲩都在判教论、"一心"思想、解脱境界及观行实践等内容上援引华严学来诠释密宗。一方面，这种援引华严学解释密教名相的现象反映了华严学在辽代佛教义学思想界的主体地位，虽然也可以在两人的著作中看到唯识、禅宗、天台等宗派学说的痕迹，但他们都将唐代华严祖师尤其是澄观的思想作为主要的理论依据①；另一方面，觉苑及道殿的思想都是密宗与华严思想融合的产物，他们都试图将密宗的观行实践与华严义理有机结合，以达到"显密圆融"的目的，这又是唐宋以后中国佛教思想融合趋势的具体表现。

不过，觉苑及道殿在融合华严学的同时都在强化其宗派观念。强调本宗派的独立性和至高唯一，这正是觉苑标榜《大日经》为"密圆"经典的原因所在。他大量援引华严宗学说的主要目的是完善密宗的理论体系，弥补密宗思想在心性论、境界论、判教论等方面的不足；与此同时，他又在反复强调《大日经》统摄诸宗思想的至高地位，并且保留了密宗最具特色的字轮观行、咒诵坛法等内容。而道殿则强调华严宗与密宗拥有同等的圆教地位，华严观法属于密宗观法的一部分，华严学的"普贤行海"等解脱境界就是密教的解脱境界和修证目标等等。从思想意义上来说，"显密圆融"的思想融合与宗派观念强化是统一的，后者是前者的目的，前者则是实现后者的途径；密宗如此，华严宗也不例外。

第二，辽代华严思想以心性论为主体。从理论层面来说，觉苑及道殿都很重视心性论，两人都继承了澄观的"真心"学说，并以此为基础统一密宗和华严思想。就觉苑思想来看，不论是"阿字门观行"、"心漫荼罗"还是"秘密法界缘起"，都反映出华严学心性论的重要影响；而与觉苑相比，道殿则通过"五法界说"的阐述，进一步明确了华严与密宗在"真心"本体论上是相通的，《显密圆通成佛心要集》一书简洁明了地反映出华严与密宗思想融合的特点，从华严学的角度来说，它从侧面反映了辽代华严学对心性论的日益重视（以"五法界观"学说为代表），而且华严学的"真心"思想成为和会佛教诸宗派的思想基础。这种现象实质上是对隋唐以来中国佛教思想界日益重视心性论的思潮的回应。

第三，辽代华严学具有密教化的倾向。从华严学的角度来看，觉苑及道殿对密教经典的华严学解读似乎预示了华严宗发展的另一种可能，即抛开禅化的途径而密教化。与禅宗、密宗、天台宗相比，唐代华严思想在修行实践论方面相对薄弱，其观法则过于抽象和理想化。信徒怎样通过现实而较为简易的修证实践洞见圆融无碍的"真如法界"、除染显净而觉悟

---

① 道殿同样以澄观思想作为华严学的主体，他在《心要集》一书中明确提到引自澄观（称为"清凉云"）的文字有七处之多。

"真心"？唐代华严大师似乎并未很好地解决这一问题。觉苑的观行论则为此提供了可能，例如重视观行实践的"不思议秘密法界缘起"学说，即通过系统而较为简易的观法修证落实对"真如法界"的体悟①；而道㲀的"准提法门"作为简易化的修证论，既是密宗思想华严化的产物，同时又符合中国佛教思想的入世化思潮。相反，我们也可以将其视为华严思想转化发展（密教化）的产物，这些思想反映了华严学发展的另一种可能走向，即以显密融合（密教化）为形式的新华严思想，而与中原地区华严宗禅化②的路径不同。

　　不过，从现有的资料来看，辽代的佛教思想家并未站在华严宗的立场上完成这一转化，或者说这种密教化的华严宗并未在辽代以后广泛流传下去。其原因可能在于，首先，辽代华严宗和密宗兴盛的时间较短（主要是辽后期兴宗、道宗、天祚帝三朝的近百年时间，而黄金时期是道宗朝），虽然辽代华严思想出现了显密融合的发展趋势，但被辽王朝的灭亡所打断；其次，金朝统治者虽然继续信奉并支持佛教，但金代佛教继承了北宋的佛教系统而重视禅宗，野上俊静先生曾指出："金代的佛教继承了辽代和北宋两个系统并继续发展"，"作为金代佛教的经学研究，颇以华严宗学为重，但在实践方面却是以禅学为主"③，而辽代的情况则是经学研究以华严学为主，而实践方面以密宗为主。金代华严宗和密宗虽然继续存在，但不复辽代的兴盛，这就抑制了华严思想密教化的发展。从中国佛教史的整体情况来看，禅宗是中唐以后中国佛教的主流，禅化也是华严思想发展的主要趋势。相比之下，辽代禅宗的相对沉寂、华严思想的密教化则属于个别现象。

---

　　① 对修证实践（观法）的补充是唐代以后华严宗发展的一个重要特点，在宋代华严思想中也有这一现象（参见王颂《宋代华严思想研究》第三章，宋代华严观法的研究与弘传，第91—138页）。

　　② 参见魏道儒《中国华严宗通史》，凤凰出版社2008年版，第166页。

　　③ ［日］野上俊静：《辽金的佛教》，方红象译，载《黑龙江文物丛刊》1981年创刊号。

政治思想史研究

政治的伦理化:早期儒家在政治文化领域理论建构的一种向度

李友广[①]

由于乡土社会生活对于早期儒家群体的影响，可以说他们从一出生便被置于礼俗传统和血缘伦理之中，而随着年龄的增长，幼儿那鲜活的知觉便会慢慢地体验到这种由礼俗传统所带来的秩序感和共有价值观，及由血缘伦理所带来的亲密性、稳定性和安全感。于是，基于家、家族和宗族村落这些基本生存共同体结构之上的血缘亲情伦理和礼俗传统便会深深地影响到处于成长过程当中的早期儒家生命个体，这让他们在思考问题、观察周围世界的时候往往以乡土社会生活所呈现的伦理性和秩序性为基点，秉承着从内到外，从家到邦、国、天下差序性的致思理路和行为模式，从而经验性地为现实世界涂上了浓重的温情色彩。[②]

基于这种思维理路和思想特质，在本文，我们将致力于对早期儒家及汉儒在政治文化领域的理论构建进行研究，并对他们是如何通过政治伦理化的途径一步步将政治理论和政治主张试图落实于现实层面的实践取向进行相应的探讨。

---

① 李友广，西北大学中国思想文化研究所，博士后。

② 马克思说:"人类创造自己的历史，但是他们并不是随心所欲的创造，并不是在他们自己选定的条件下创造，而是在直接碰到的、既定的、从过去继承下来的条件下创造。"此言甚是。我们说早期儒家群体身上后来所彰显出的价值取向、理想信念、思维方式、道德品格、行为模式等特征都不是偶然出现的，而是有着深厚的思想渊源和历史传统。见《马克思恩格斯全集》第8卷，人民出版社1961年版，第121页。

一

　　如果不是处于礼崩乐坏、共有价值预设和意义世界缺失的特殊历史时期，早期儒家或许会过着研习古代典籍、坐而论道的知识性共同体生活。但是，时势让他们难以安于如此，失序、混乱的时局更加凸显了儒家价值系统和知识结构当中的秩序观念与政治意识。他们一方面借助三代政治模式和礼乐文化资源来审视当下的政治现实和社会状况；另一方面，他们在思想家的理论创造必能积极地影响、指引公众的思想行为和现实政治这一预设前提下，在政治文化领域努力从事思想研究和理论创建，进而以此游说君王，并希望自己的理论、主张被当权者所纳用，以实现改良现实政治和社会秩序之目的。

　　整体而言，早期儒家既是理论的巨人也是现实政治改良的积极参与者。深受乡土社会生存模式的影响，他们在心理和情感上倾向性地认为具有悠久历史的乡土社会运作模式所产生的管理智慧和伦理体验是普遍的，而且它对于现实世界而言应当具有一定的普适性。这种近乎信仰式的心理意识和思维模式①，让早期儒家在理论创建和实际行动上便试图将维系乡土社会的价值观念、伦理情感和行为方式推广至社会这一公共领域，从而希望邦、国、天下也能实现（在早期儒家的眼里，也必能实现）如乡土社会所展现的那样——温馨、安详、稳定的生活图景。于是，当他们试图这样做的时候，他们往往将家视为了国家的缩影②，而国家则被视为了家

────────────

　　① 爱德华·希尔斯说："行动或信仰模式的悠久历史可能成为一种崇敬的对象。不是它的既定性，也不是其方便性，而纯粹是其悠久的历史便可使人作出某种行动，接受某种信仰。"诚然，悠久的历史可以使人作出某种行动，接受某种信仰。早期儒家观察世界、从事政治文化理论创建并不是随心所欲、毫无目的的，而是由于受了长期存在的乡土社会生存模式的深远影响，他们的种种思维观念、价值取向和行为表现均能从这一生存模式中获得合理的解释和深层次的理解。参见 ［美］爱德华·希尔斯《论传统》，傅铿、吕乐译，上海人民出版社 1991 年版，第 275 页。

　　② 《论语·为政》云："或谓孔子曰：'子奚不为政？'子曰：'《书》云：孝乎惟孝，友于兄弟，施于有政。是亦为政，奚其为为政？'"按照孔子的理解，家、国实非截然两分而是同构的（《尚书·立政》亦云："其惟吉士，用劢相我国家。"），个人如若在家行孝道、恪守伦理和团结众兄弟，那么他的行为即是为政，因为家是国的缩影，而国则是家的放大，正是在这个意义上，《礼记·大学》亦有云："一家仁，一国兴仁；一家让，一国兴让；一人贪戾，一国作乱。"

的放大。于是，早期儒家在对家族血缘亲情深刻认同的基础上，在坚守道德理想的前提下，试图将政治伦理化，① 在将家族伦理扩展到了政治文化领域从而为政治注入了浓厚的道德化色彩的同时，也让这一历史群体逐渐形成了以成己成物、内圣外王为鲜明特征的文化共同体。当然，早期儒家若要成功践行成己成物、内圣外王的价值理想，就必须找到一条从成己到成物、从内圣到外王的切实路径，而这也是一直困扰着他们的难题。对于早期儒家来说，基于王道理想和乡土社会生存模式的影响，他们往往采取从内到外、推己及人的路径，希望以道德教化的方式将成己与成物、内圣与外王贯通起来，以成功实现对于个人价值与社会秩序的双重维护。但是，当早期儒家依据这一思路而在理论创建方面部分地实现了政治伦理化的时候，却在试图将政治文化领域中的这一部分落实到政治制度和现实层面的时候遇到了难题，这也正是早期儒家屡受后人诟病的地方：理论建树颇丰，政治行动和社会事功却收效甚微。② 当然，站在今天的角度来看，将早期儒家的身份和角色定位于思想家或心怀天下的文人或许更为恰当。也就是说，我们应当要清醒地界定思想家的职责，尽管思想家可以心怀改良现实政治和社会状况的实践指向，但我们不应将其直接等同于政治家或政客的政治行为，也不应该让早期儒家为糟糕的现实政治负责，毕竟应然不是实然，更何况，他们的道德立场、理想信念和价值取向所彰显出来的超越性对于公众生活和政治行为确实具有一定的批判性和导引性。

可以说，早期儒家将政治作伦理化处理的行为虽合价值性却缺乏必要的工具性，难以与激变动荡、利益纷争的历史时期相契合，故而不见用于当权者。③ 所以，当早期儒者因为自己的自我定位和历史使命而并不以理

①　正是基于此，梁漱溟先生亦指出，儒家的社会理论之特色是：它既不是"社会本位"，也不是"个人本位"，而是"伦理本位"、"关系本位"。见氏著《中国文化要义》，集成图书公司 1963 年版，第 94 页。此外，季乃礼则将早期儒家泛血缘化的这一做法称之为拟宗法化，所言实同。见氏著《三纲六纪与社会整合——由〈白虎通〉看汉代社会人伦关系》，中国人民大学出版社 2004 年版，第 26 页。

②　正如任剑涛所言："将政治操作与政治构想做出分别，不要求政治哲学家对专制政治史负责，也不要求政治家为伦理政治的失落负责。"见氏著《伦理政治研究：从早期儒学视角的理论透视》，吉林出版集团 2007 年版，第 39 页。

③　早期儒家在政治行为和游说活动中一再陷入困境，可以说是与其所持的立场、主张息息相关。不管历史和现实之间有多大的距离和如何的不同，基于对传统文化资源的无比信赖和对乡

论建树为最终目的的时候，他们便将自我价值的实现定位于外王事功，进而希望通过王道理想的落实来使其得到充分的体现，[①]这就使得游弋于理想主义与现实政治之间的早期儒者不免流于屡遭挫败的生存状态，虽常常以合价值性的理论去游说君王，却给后人留下了焦虑、徘徊的角色形象。

二

从历史经验和社会学的立场来看[②]，在小农社会里，人们能够聚居在一起从而构成了稳定的家庭、家族和宗族村落结构首先是基于自然情感之上的血缘亲情和相同模式下的子孙繁衍。当农民们拥有了自己的土地，并长期在固定的土地（他们的土地往往在自己村落的周围）上耕种劳作的时候，就逐渐由血缘共同体开始向地缘共同体过渡。[③]在地缘共同体的生

土社会生存模式的深厚情感，早期儒家在理论立场上倾向性地认为传统资源和历史经验具有超越于时空限制的普适性，因而可以直接拿来解决社会时弊和现实困境。对此，赵汀阳针对儒家普遍原则的有效性问题提出了自己的看法，他说："孔子的普遍原则并不能在具体实践的任何语境中被普遍坚持，或者说，理论上的普遍性并不能实现为实践上的普遍性"，可谓一语中的。赵汀阳：《身与身外：儒家的一个未决问题》，载《中国人民大学学报》2007 年第 1 期。实际上，儒家的这种看法已经超越了一般意义上的理论创造和观点阐明，已经成为了他们意义世界的当然准则和指导现实世界的绝对真理。

① 由于受时势的影响，早期儒者急于时务，热衷于以政治主张游说君主，因而在理论建树方面，多是鲜明地表明自己的立场、原则与主张，缺乏系统的理论思考与创造，对于三代文化亦多以继承为要，而少有阐释与论证。

② 我们说，任何理论模式和考察视角都是为了更好地去切入并有效地展开研究主题，当然这并不意味着对此主题就只有一种研究向度或理论方法，也不意味着这是唯一合理的研究方式（对于早期儒家的研究，以往的学者亦多从天人关系、阶层职业入手来考察）。只不过，鉴于当前的研究状况，以社会学的立场与方法来切入我国古代社会形态、礼俗传统和血缘亲情伦理，或许能够更为客观、有效地考察影响了早期儒家的礼俗传统、思维模式及生活场域等。

③ 关于血缘和地缘的先后关系，斐迪南·滕尼斯指出："血缘共同体作为行为的统一体发展为和分离为地缘共同体，地缘共同体直接表现为居住在一起"。费孝通先生也说："在稳定的社会中，地缘不过是血缘的投影，不分离的。"参见［德］斐迪南·滕尼斯《共同体与社会——纯粹社会学的基本概念》，林荣远译，北京大学出版社 2010 年版，第 53 页；费孝通《乡土中国》，北京出版社 2009 年版，第 105 页。基于此，田海燕还对血缘和地缘的功能及作用作了进一步的阐释："在传统乡村社会，血缘和地缘是典型的人际联结方式。血缘关系决定着人际的亲疏，维持着社会的稳定；'生于斯，死于斯'的地缘关系则固定着人和土地的亲和。"这有助于我们更好地理解乡土社会。田海燕：《刍议乡村公民共同体构建进路》，载《中国矿业大学学报》（社会科学版）2010 年第 2 期。

存模式里（这种生存模式当然脱离不了血缘共同体的底色和影响，而且前者的建立是以后者为基础的①），这种稳定的农耕生活，既保证了地缘亲情的长期有效性，与此同时又形成了安土重迁的心理特质和习俗传统。② 这与逐水草而四处迁徙的游牧民族不同，也与以海洋为桥头堡积极向海外拓展的西方海洋文明不同（甚至与以矿产资源和市场需求为依托而到处建厂房、购设备的工业文明也大不相同），乡土社会的人们往往将搬迁、背井离乡视为不幸，甚至是灾难。因而，除了战争、天灾人祸外，人们往往会固守着自己的家园直至终老③，可谓是"生于斯，死于斯"。④不仅如此，国家层面的政权更替对于安土重迁的乡土社会来说，其影响力可以说是非常有限的，而四季的转换和寒暑的变化对于乡土社会的人们而言却是真切而实实在在的。正是基于这种传统，在基层社会形成了非常浓厚而生命力极强的乡土气息，在这种氛围里，人们的交往和日常纠纷的处理主要有赖于过往的习俗、经验及族人的威望而很少上升到法律手段、诉讼程序的程度，除非纠纷过于严重甚至影响到了人身安危和外在的社会秩

---

① 当然，对于它们之间的关系，我们不应仅仅视为前后相继的关系，而实际情况可能要更复杂一些，无疑斐迪南·滕尼斯也看到了这一点，他说："血缘共同体、地缘共同体和宗教共同体等作为共同体的基本形式，它们不仅仅是它们的各个组成部分加起来的总和，而且是有机地浑然生长在一起的整体。"见氏著《共同体与社会——纯粹社会学的基本概念·译者前言》，北京大学出版社 2010 年版，第 2 页。

② 对于农业、农耕对农人和乡土社会的影响，我们不应忽视德国社会学家斐迪南·滕尼斯的阐述，因为它有助于加深我们在这方面的理解，他说："只有到了农耕时代，人们用自己的劳动，把未来植物的种子——过去的植物的果实——掩埋在耕地里，耕作的农田才捆住人的手脚，这时，开垦的农田才成为世代延续的家族财产。……随着农田的开垦，家就固定下来了：从一个像人、牲畜和东西一样流动的家，变为不流动的家，犹如土地不流动一样。人在两方面受到束缚：同时受耕作的农田和居住的房屋的束缚，也就是受到他自己的事业的束缚。" ［德］斐迪南·滕尼斯：《共同体与社会——纯粹社会学的基本概念》，林荣远译，北京大学出版社 2010 年版，第 63 页。

③ 《孟子·滕文公》所言的"死徙无出乡，乡里同井，出入相友，守望相助，疾病相扶持，则百姓亲睦"，即是描述的这种情形。此外，《国语·齐语》所言"伍之人祭祀同福，死丧同恤，祸灾共之。人与人相畴，家与家相畴，世同居，少同游……居同乐，行同和，死同哀"，《逸周书·大聚》所言"以乡为间，祸灾相恤，资丧比服。……男女有婚，坟墓相连，民乃有亲"，都有力地彰显了这一点。

④ 费孝通先生也说："我们可以相信，以农为生的人，世代定居是常态，迁移是变态。"此言甚是。见氏著《乡土中国》，北京出版社 2009 年版，第 58 页。

序。正所谓"乡有俗，国有法"①（《管子·宙合》）。

根据上面的研究，我们知道基于三代以来所形成的基层社会的乡土传统，让处于乡村地域的家、家族呈现出了非常稳定的结构和态势。② 出生并成长于乡土社会的孔子及其弟子们想必也深深地体会到了这种情形，所以往往会自觉不自觉地将私领域的内容投向公共领域，"将整个社会家庭化，视社会为扩大了的家庭"③，在情感上希望国家或政治共同体能够如其乐融融的家庭、家族伦理那样运作④，如果真能做到这一点的话，那么就成功实现了将家庭、家族伦理扩展至公共领域的理想性目的。但事实上，作为公共层面的国家或政治共同体与作为私领域的家庭、家族是有着很大的不同的，所以儒家的这种做法实际上很难达到预期的成效，反而成了法家攻击儒家的口实⑤。《商君书·画策》即云："仁者能仁于人，而不能使人仁；义者能爱于人，而不能使人爱，是以知仁义之不足以治天下也。"在法家的眼里，儒家的仁义立场固然能让民众受惠，但不足以使其变成道德高尚的人⑥，用儒家的道德标准来要求民众无疑是困难的，因而

———————

① 关于礼俗自治与政治权力之间的关系，干春松亦言："中国传统的政治权力，因为制度设计和统治成本的问题，很少真正落实到县以下的广大地区，即使是郡县制度建立之后，县以下的乡里仍是一个自治特色很强的有机体。"可以说，干氏的见解是抓住了我国古代政治治理格局的特质的。干春松：《儒学概论》，中国人民大学出版社 2009 年版，第 264 页。

② 根据相关的研究，阎步克认为，"周代的社会细胞——村社聚落的形态，是与氏族纽带的长期存留直接相关的。这种村社聚落或称为'里'，或称为'井'；或说所谓'单'也是这种共同体性质的组织"。这有助于我们更好地了解乡村区域的家、家族之所以呈现出稳定结构和态势的原因。参见阎步克《士大夫政治演生史稿》，北京大学出版社 1996 年版，第 92 页；俞伟超《中国古代公社组织的考察——论先秦两汉的单—僤—弹》，文物出版社 1988 年版。

③ 张德胜：《儒家伦理与社会秩序——社会学的诠释》，上海人民出版社 2008 年版，第 52 页。

④ 在这一点上，任剑涛亦指出："早期儒家的伦理政治理论建构，将伦理作为了政治的起始点与归宿"，这有助于我们更好地来理解伦理在早期儒家政治文化构想当中的价值与地位。见氏著《伦理政治研究：从早期儒学视角的理论透视》，吉林出版集团有限责任公司 2007 年版，第 222 页。

⑤ 因而"在法家看来，儒家的主要问题之一就是公私不分，把人际关系中的私情和仁义道德，都浸透到政治之中，使国家难以治理"。参见王中江《视域变化中的中国人文与思想世界》，中州古籍出版社 2005 年版，第 285—286 页。

⑥ 鉴于此，法家反对以仁义治国，也不相信道德调整会对人类社会起积极作用，并认为完全没有必要以仁义道德的标准来要求民众，只要人人不敢为恶，法律的目的便已达到，至于人心是善是恶并不重要，是为"求过不求善"（《商君书·开塞》）、"刑不善而不赏善"（《商君书·画策》）。

仁义是无法落实为治理天下的工具与手段的，所以应该"上法而不上贤"（文见《韩非子·忠孝》），作为明主就要"明赏设利以劝之，使民以功赏，而不以仁义赐"（《韩非子·奸劫弑臣》）。当然，儒、法在这方面立场的不同实际就是基于其对政治的不同理解。法家基于政治优于道德的立场，冷静、理性甚至冷酷地将国家、社会、臣民都视为了实现君王利益的工具，因而，在他们看来，"明主之道，臣不得以行义成荣，不得以家利为功。功名所生，必出于官法。法之所外，虽有难行，不以显焉，故民无以私名。设法度以齐民，信赏罚以尽民能，明诽誉以劝沮。名号、赏罚、法令三隅。故大臣有行则尊君，百姓有功则利上，此之谓有道之国也"（《韩非子·八经》）。在他们的视阈里，政治就是君王，君王就是政治，所有的资源都是为维护君王权力、利益和意志服务的（《韩非子·五蠹》云："背公之谓私，公私之相背也"），因而法家便一直试图将体现社会等级秩序的尊尊原则推广到家、家族这一私领域，从而实现以政治和国家权力取代礼俗传统和人伦道德在乡土社会的地位之目的。不同的是，本于道德先于政治的立场，早期儒家不仅视好刑为不祥①，而且还往往将"政"诠解为"正"（《论语·颜渊》："政者，正也。"《论语·子路》："其身正，不令而行；其身不正，虽令不从。"《礼记·哀公问》："政者，正也。君为正，则百姓从政矣。君之所为，百姓之所从也。君所不为，百姓何从。"《孔子家语·大婚解》："夫政者，正也。君为正，则百姓从而正矣。"）②，多强调君王的正身修己、以身作则和表率作用［郭店简《缁衣》云："下之事上也，不从其所以命，而从其所行。上好此物也，下必有甚焉者矣。故上之好恶，不可不慎也，民之表也。"③（简14—15）］同时还将修身视为治理天下的起点——"知所以修身，则知所以治人；知

---

① 上博简《季庚子问于孔子》篇云："好刑则不祥，好杀则作乱。"（简10）濮茅左：《季庚子问于孔子》，载马承源主编《上海博物馆藏战国楚竹书》（五），上海古籍出版社2005年版，第216页。

② 上博简《中弓》篇即有"敢问为正何先？"（简5）"唯正者，正也。"（附简）诸语，直接以"正"来理解"政"。李朝远：《中弓》，载马承源主编《上海博物馆藏战国楚竹书》（三），上海古籍出版社2003年版，第266、283页。

③ 郭店简《尊德义》亦云："下之事上也，不从其所命，而从其所行。上好是物也，下必有甚焉者。"（简36—37）又《成之闻之》曰："上苟身服之，民必有甚焉者。"（简7）"上不以其道，民之从之也难。"（简15）与此相似，《孟子·滕文公上》则有"上有好者，下必有甚焉者矣"之语。郭店简引文参见刘钊《郭店楚简校释》，福建人民出版社2003年版。

所以治人，则知所以治天下国家矣"（《礼记·中庸》），"苟正其身，于从政乎何有？不能正其身，如正人何？"（《论语·子路》）并将修身列为治理天下国家的九条纲要之一（文见《礼记·中庸》）。①

从历史传统和社会学的立场来看，早期儒家对于政治的理解和对于君王的要求是基于家、家族的伦理规范的，他们试图将维系和处理家庭、家族私领域事务的亲亲原则推至国家层面和社会公共领域（《礼记·大学》云："孝者，所以事君也；弟者，所以事长也；慈者，所以使众也。"），因为在这一亲亲原则的规范、要求下，家庭、家族乃至村落等基本生存共同体都呈现出了安全、稳定而有序的结构与态势，据此，早期儒家希望国家和社会也会如此，从而在政治文化领域初步地实现了政治伦理化的理论创建。

由此看来，乡土社会的生存模式对于早期儒家在政治文化领域的理论建构起了重大的经验性参照作用。至于这一生存模式为何会成为早期儒家在政治文化领域建构的重要社会资源、经验依据和参照模本，那就需要深入到乡土社会生活的内部来分析原因了。我们知道，对于生活在乡土社会的大多数人而言，爱敬自己的父母就要善待自己周围的人（《礼记·坊记》即曰："睦于父母之党，可谓孝矣。"②），和他们交往的时候就要用

---

① 在这里，我们有必要对早期儒家重视君王正身、为政的原因作一说明。我们知道，在传统的伦理规范和秩序观念里，人们往往将民视为与君相对应的主要一极，故而作为君存在的价值与合理性的主要表征便是其对民的态度和政治表现，以及由君对民的这种态度和政治表现所引发的民对君的相应反应和回馈，故而在早期儒家的视阈里，君与民之间产生伦理关系的主要方式和途径就是为政，所以《礼记·礼运》有云："故政者，君之所以藏身也。"以此知之，为政是君王在政治传统当中所形成的从事政治活动和社会事务的主要内容与职责，而在早期儒家的价值取向和伦理观念里，"政"是对君的身份定位和角色规定。正因为在儒家的眼里为政是君的身份标志和价值之所在，所以为政对于君而言不可谓不重要，故而为政不可不庄重、严肃。在这样的伦理立场和致思理路指引下，民众的幸福就与君王为政的好坏直接联系在了一起，盖缘于此，"政"甚至被儒家置于了神圣性的地位，所以《礼记·礼运》才会说"政必本于天，殽以降命。命降于社之谓殽地，降于祖庙之谓仁义，降于山川之谓兴作，降于五祀之谓制度"。在此基础上，儒家又进一步认为，如果君能将"政"行至极致的话［这种极致，可以用"博施济众"（见《论语·雍也》）来界定和理解］，那么他就可以超越君子，进至圣的位格，从而成为圣人，所以《礼记·礼运》接着又说"此圣人所以藏身之固也"。

② 《荀子·非十二子》亦云："遇乡则修长幼之义，遇长则修子弟之义。"乡，杨倞注曰："在乡党之中也。"（引自梁启雄《荀子简释》，中华书局1983年版，第66页。）由此看来，作为个体，在乡党、邻里之中应当时时恪守尊长爱幼的礼仪，实际上这也是爱敬自己双亲的由衷反映与行为延伸。

心以免遭他人厌恶和怠慢，从而危及父母的名声和威望，这是任何孝子也不愿看到的，所以后来的《孝经·天子章》也说："爱亲者，不敢恶于人；敬亲者，不敢慢于人。"不仅如此，即便是父母已逝，作为孝子在日常生活、与人交往过程当中也要时刻顾及父母的名声，这正如《礼记·内则》中所说的："父母虽没，将为善，思贻父母令名，必果；将为不善，思贻父母羞辱，必不果。"① 另外，从儒家对于天子的德性要求来说，作为天地之子的天子（《白虎通·爵》有云："王者父天母地，为天之子也。"）理所应当也是个孝子，在事亲方面更应该比一般人做得要好，所以为了保全父母的名声和威望必然要善待天下的百姓，唯有善待天下方能称得上是天子之孝，亦唯有天子之孝方能保全其双亲的名声和威望，所以《孝经·天子章》接着又说："爱敬尽于事亲，而德教加于百姓，刑于四海。盖天子之孝也。"于是，沿着以身取譬的思维向度，天子将对自己父母的孝心、敬爱之情扩大到了天下所有人的父母，并以此来教化民众。以此知之，源于家庭、家族等基本生存共同体的孝伦理在先秦时期就比较重要，它不仅统括了私领域中的伦理关系，而且还将触角伸向了公共领域中的政治关系［如上文所称引的："孝者，所以事君也；弟者，所以事长也；慈者，所以使众也。"（《礼记·大学》）］。

在秦汉集权制大帝国形成以后，由于汉当权者积极吸纳儒家的"道德仁义"立场来缓和秦帝国时期的社会矛盾，改善旧有的统治方略和手段；同时，儒家人物如叔孙通、公孙弘"枉道从势"、"枉尺直寻"，以部分牺牲王道价值理想为代价来换取与当权者的合作，从而使儒学逐渐取得了官学的地位。水涨船高，在获取政府权力的支持以后，儒学也取得了在思想界和政治文化领域的话语权。同时，在封邦建国的先秦，尽管社会秩序和政治时局很长一段时间都处于混乱、动荡的状态，但与此同时在社会基层却维持了相对的平稳、有序的状态，其个中奥妙便在于礼俗传统和孝伦理让村落、家族和家庭并不因国家、国际层面的战乱和动荡而失序，尽管前者也时时会受到后者的冲击与影响，但强大的礼俗

---

① 盖与此家伦理和孝文化相关，士人发展到对于与己相关的名声和气节的格外珍惜与重视［"可杀而不可辱也。"《礼记·儒行》)，一般人则发展到特别爱惜自己的面子。于此，我们可以联系到项羽之死。对于项羽为何不过江的原因，学者众说纷纭，但他的要面子（这包括事功的失败会累及父母的名声和威望；江东子弟八千人消亡殆尽已严重损害其所处的血缘共同体之利益。（事见《史记·项羽本纪》)］应该是重要原因之一。

传统和孝伦理很快便能将村落、家族和家庭恢复到原来的秩序和状态。或许，这种孝伦理对于维系家族、家庭稳定所起的作用让后来的汉儒不无启发，也让他们深受鼓舞，并试图将孝伦理推至政治领域，以求使现实政治如家族、家庭那样的稳定、有序。在这种背景下，基于孝对家族、家庭伦理关系中的重要性，当汉儒们将由孝伦理所规范的、超稳定的家族、家庭架构试图推广到政治文化领域的时候，便顺理成章地提出了"移孝作忠"（《孝经·广扬名章》曰："君子之事亲孝，故忠可移于君；事兄悌，故顺可移于长；居家理，故治可移于官。是以行成于内，而名立于后世矣。"）的思维理路，这种理路认为既然孝伦理能够让父子关系得以良好维系，那么以事父的态度来对待母亲、国君，那么同样也能够做得很好，因为爱敬之心是相同的，对此，《礼记·坊记》云："孝以事君，弟以事长，示民不贰也。"《孝经·士章》亦云："资于事父以事母，而爱同；资于事父以事君，而敬同。故母取其爱，而君取其敬，兼之者父也。故以孝事君则忠，以敬事长则顺。忠顺不失，以事其上，然后能保其禄位，而守其祭祀。盖士之孝也。《诗》云：'夙兴夜寐，无忝尔所生。'"于是他们进一步将早期儒家诸如孔子、曾子所倡导的孝道向政治文化领域拓展，进而将孝提升到了治国之经的地位，《孝经·三才章》借孔子、曾子师徒的问答来重新彰显了孝的重要价值和地位："曾子曰：'甚哉，孝之大也！'子曰：'夫孝，天之经也，地之义也，民之行也。天地之经，而民是则之。则天之明，因地之利，以顺天下。'"正是在汉儒的一再诠释和言说下，孝伦理从早期儒家的诸多伦理范畴中被更鲜明地凸显了出来，与此同时，《孝经》也成为汉儒眼中人们社会行为的主要依据，受此影响，汉家皇帝也多次强调和标榜以孝治国、以孝治天下，于是《孝经》的出现，成了儒家在政治文化领域取得重大话语权的一个缩影。

三

说到汉家皇帝标榜以孝治国，我们就有必要遵循着儒生在面对政治权力和时代变更时所采取的立场、态度与对策来着重考察一下他们对于自己角色的变换和身份的再认识。基于历史传统和文献记载，我们知道，在早期儒家那里所强调的角色伦理都是双向的，① 如"父慈子孝"、"君仁臣忠"等等，每一个个体都被稳妥地安置于在儒家眼里视为合理的身份定位上，只要人们的行为符合与他所相应的角色伦理，那么这个人就是"合于礼"的，就是一个合格的人，② 这与后来秦汉大一统局面形成之后的伦理规范大为不同。秦汉及其以后，对于角色伦理的规定，多强调"上"对"下"的绝对支配性地位，更多地关注"下"对"上"的责任、义务和服从。这种局面的出现、角色伦理的转向，自是与大一统帝国政制的正式形成以及一王独尊格局的最终确立有关，在这种一国一帝中央集权的政治运作模式下，臣、子、民的政治权力、角色期待被一再压缩，而帝王的权势和威望则在缺失了诸国林立的外在压力下变得越发膨胀，甚至被一大批"枉道从势"、"枉尺直寻"的知识分子神化、圣化，从而使帝王获取了最高政治权力不可置疑的合法代言人的身份。

另外，角色伦理单向规定的出现，还与儒家知识分子为了应对天下统一之大势，在角色伦理方面所采取的"移孝作忠"策略大有关系。可以说，"移孝作忠"策略，是儒家心目中的理想政治运作模式，他们将家庭、家族范围内的子对父的"孝"（同时泛化至后生晚辈对于年长者的尊敬，即"尊齿"、"尚齿"之礼俗在乡土社会的盛行不止，《孟子·公孙丑》即言："天下有达尊三：爵一，齿一，德一。朝廷莫如爵，乡党莫如齿，辅世长民莫如德。"③）移作了臣对君"忠"，从而为后世的君臣关系笼上了一层温情的面纱。可以说，将君臣关系视为父子关系的延伸，无疑

---

① 关于早期儒家眼中的角色伦理，《礼记·礼运》有言："父慈、子孝、兄良、弟弟、夫义、妇听、长惠、幼顺、君仁、臣忠，十者谓之人义。"韩德民也说："先秦儒学在肯定君臣关系所具有的拟血缘性的同时，往往更注意强调其相互间以义合的性质：'父亡恶，君犹父也……所以异于父，君臣不相在也，则可已；不悦，可去也；不义而加诸己，弗受也。'"（郭店简《语丛三》简 1—5）见氏著《荀子与儒家的社会理想》，齐鲁书社 2001 年版，第 451 页。

② 美国学者查尔斯·穆尔（Charles A Moore）也说："按照儒家哲学，个人从来都不是孤立的、独立的实体，人被界定为社会的或互动的存在。"可谓是所言不虚。Charles A Moore, "Introduction：The Humanistic Chinese Mind," in C. A. Moore, ed., *The Chinese Mind*（Honolulu：University of Hawaii Press，1967.

③ 不仅如此，上博简《内礼》亦云："为少必听长之命"（简 17），而且《荀子·仲尼》将"少事长"列为天下通义的范围，《荀子·非相》甚至将"幼而不肯事长"视为"人之不祥"。所引上博简内容见李朝远《内礼》，载马承源主编《上海博物馆藏战国楚竹书》（四），上海古籍出版社 2004 年版。

是汉儒在面对帝国时代皇权给予的巨大压力时所作出的消解性努力，在帝王权力日益扩大的历史事实面前，无处躲避，亦别无选择的儒家知识分子，在沿袭了早期儒者的干政热忱的同时，却被迫调整了原来的"从道不从君"、"合则留，不合则去"的干政原则和处世准则，"枉道以从势"，① 而"移孝作忠"思想理念的提出与践行，便是这种调整所带来的结果之一。然而，"移孝作忠"思维理路的提出毕竟是汉儒一相情愿的做法，尽管有其社会背景和历史原因，但这种做法非但没有消解掉大一统帝国及其君王给儒者所带来的巨大政治压力，反而将政治从国家、社会层面运作、延伸到了家庭、家族这一私人领域，尽管在帝国时代政治的触角必然会延伸到各个领域，但汉儒的这种做法却在客观上推动了这一局面的形成。②

在早期儒家那里，尽管很难实现自己的政治理想和整饬社会秩序的目标，但还可以通过"谏"、"去"、"四处游说"的不同途径来保全儒者尊严和心中至高无上的"道"。不仅如此，在早期儒家的视阈里还很有可能"把现实存在等同于了超越理想本身"③，从而人为地将理想和现实作了某种程度上的叠合。不同的是，汉帝国时代的儒家知识分子经由秦帝国的刑法统治及焚书坑儒事件的残酷教训已清醒地认识到了理想与现实之间的差距，认识到了理想和现实是难以叠合的，并且深刻感受到了来自现实政治对于王道理想的巨大压力，在这种情形下，早期儒家心目中高悬的王道理想在这时已是难以和行为手段统一起来了。④ "枉道从势"、"枉尺直寻"

① 对此，徐复观先生评论道："西汉知识分子对由大一统的一人专制政治而来的压力感也特别强烈。"徐复观：《西汉知识分子对专制政治的压力感》，载《两汉思想史》第1卷，华东师范大学出版社2001年版。

② 刘悦笛则将儒家的这一做法称之为"私域的公域化"，并认为"儒家政治哲学的这种'私域的公域化'同时也是'公域的私域化'"。刘悦笛：《儒家政治哲学当中的"情之本体"——从费孝通的"差序格局"谈起》，载《中国文化研究》2010年第4期。

③ 详见郑家栋《当代新儒学史论》，广西教育出版社1997年版，第65页。

④ 儒家的干政热忱、王道理想与现实政治之间的错位，实际上在荀子那里就已早露端倪："君子能为可贵，不能使人必贵己；能为可信，不能使人必信己；能为可用，不能使人必用己。故君子耻不修，不耻见污；耻不信，不耻不见信；耻不能，不耻不见用。是以不诱于誉，不恐于诽，率道而行，端然正己，不为物倾侧，夫是之谓诚君子。"（《荀子·非十二子》）以此知之，在荀子本人的视阈里，真正的君子能够做到修身正己，却未必能被世人所认可，亦未必见用于当权者，在当时的社会环境下，修身与干政已是难以相合了。

的儒者以减损"道"的方式来换取政治上的作为和文化上的话语权①,从而成了为后人所诟病的"俗儒"、"陋儒"②,叔孙通、公孙弘之辈是也。③亦有冒着杀头危险来保全"道"的前提下去十政的儒者,陆贾、董仲舒等"真儒"是也。董子构建的"天人感应"宇宙观及其理论模式并非尽是为汉政权的合理性作论证,更是希冀在"无上的王权"之上悬一道德理性之剑,从而为儒者之"道"的存在和发挥作用争取空间,亦为民生的幸福提供理论支撑和形上保障。

整体而言,对政治作伦理化的处理是儒家基于王道理想在政治文化领域的构想,并一直试图将其在公共生活和政治行为④上变为现实。但是,向来坐而论道容易,将理论建构落实到现实层面却是难上加难,而无论是早期儒家还是后来的汉儒都遇到了这样的难题。一般来说,在政治文化领域的思想创造和理论建构所依据的往往是历史传统与过往成功的经验、智慧,而这种历史传统与经验、智慧又往往生发于过去的时代情境和社会环

---

① 在南北朝时期的经学家卢辩眼里,叔孙通、公孙弘之流的汉儒无疑是需要批判的,他在注解《大戴礼记·曾子制言中第五十五》中的"君子直言直行,不宛言而取富,不屈行而取位"时说:"君子之人,不枉言行而怀其禄也。"可见,在卢辩看来,这部分汉儒实非君子之人也。见 (清) 王聘珍《大戴礼记解诂》,中华书局1983年版,第93页。

② 当然,后人的这种评判或许因脱离了当时的社会环境与历史条件而显得过于苛刻,但也并非毫无道理,起码汉儒的表现在早期儒家那里就很不合格,如《论语·子张》就说"执德不弘,信道不笃,焉能为有? 焉能为亡?"意思是说,对于道德,行为不坚强,信仰不忠实,这种人有他不为多,没他也不算少。实际上,早期儒家的这种评判同样也很严厉。

③ 对于儒家的这一转变,干春松则作了更为具体、生动的阐述:"秦的暴政可能使儒生们开始了解政治残酷的一面,了解到大一统的社会和战国时期群雄并争的时代已经截然不同……从具体的行为方式来看,儒生和方士们在严酷的现实面前逐渐开始务实,他们开始从战国时期的自我表现以求证明主欣赏向迎合主上的爱好的方向转化,如方士们不断制造关于'不死药'、'长生术'的舆论,叔孙通为建立帝王权威而设计的仪式都是具体的例子。"见氏著《制度儒学》,上海人民出版社2006年版,第54页。

④ 从现代政治学的角度来看,政治行为是指基于特定的利益目标和利益追求,人们围绕着政治权力的获得和运用、政治权利的获得和实现所展开的一系列活动。政治行为通常包括四个要素,即政治行为的主体、方向、性质和方式。(参见王浦劬《政治学基础》(第二版),北京大学出版社2006年版。)而在古人的眼里,尤其是儒家那里,他们所关注的主要是政治行为的性质和方式。具体来说,他们往往以自己所持的道德先于政治的立场来考量、评判君王的政治行为,同时还坚持认为,基于家伦理和孝文化所孕育出来的思想情感、行为方式和价值取向来从事相关的政治活动无疑是最为理想的政治操作模式。至于政治行为的主体和方向,自秦汉帝国政制形成以来在儒家的思想世界里就不再成为关注的重点了,因为无论从思想意识上还是现实格局上儒家都已清楚地认识到帝王及其臣僚已是大权在握,是权力资源和现实政治的主导者。

境，这又与后来早期儒家及汉儒所面对的时势、政治格局及社会问题自是大不相同，因而想要把理论建构落实于现实政治和公共生活，除了需要保持这种理论相当的创造力和张力以外，还需要直面社会现实和实际问题以努力缩小两者之间的差距。当然，这是一个异常复杂的问题，远非一两句话就能说清楚，亦远非没有相应政治实践和丰富政治行为的学者们仅凭理论探索就能够解决的。可以说，这是一项包含理论和实践两种维度的系统性工程，这项工程涵盖了历史传统、儒者、儒者所建构的政治理论、政治实权派、社会环境、时代要求等要素，唯有将它们较为圆融地结合起来，或者说它们中的能动部分彼此之间能够达成一定程度上的妥协的话，那么，将政治理论落实于现实层面的问题才有可能得到阶段性的解决。

郭象政治观剖析

张荣明[①]

关于郭象《庄子注》的政治思想，学界曾有过一些讨论。流行的观点是，郭象主张名教自然论，其主旨是为当时的统治阶级服务。汤用彤、任继愈二位先生最早提出："向秀、郭象的《庄子注》……企图在理论上证明，名教与自然是一致的，政治本身就是天道的表现。自然与名教不仅不互相排斥，而且这两者之间，也没有高下的分别。""向秀、郭象的政治学说，在于替当时地主阶级当权派、替豪门世族寻找人剥削人的理论根据。"[②] 此说一出，学者宗之。有人说："向秀、郭象政治思想的核心是'名教'即'自然'，并是以'独化于玄冥之境'的神秘主义世界观作指导的。"[③] 也有人说："郭象提出并论证了'名教即自然'……认为自然与名教是一种圆融无碍、体用如一的关系……（所谓名教即自然）是说封建社会的等级制度和仁义道德都是人自然本性中所固有的东西……这就意味着现实的就是合理的，安于现实就是顺任真理。"[④] 与上述观点截然相反，近年有人提出郭象的玄学与当时的政治运作没有直接关系："由于玄学的学术性格，所以无论何、王的'贵无'之说；嵇、阮的上古无为而治蓝图；郭象以'性'为主体之论等，毕竟和现实的政治运作没有接

---

① 张荣明，南开大学历史学院，教授。

② 汤用彤、任继愈：《魏晋玄学中的社会政治思想略论》，上海人民出版社 1962 年版，第 37 页。

③ 丁原明：《简明中国政治思想史》，山东大学出版社 1990 年版，第 179 页。

④ 马晓东：《郭象"自然即名教"思想述论》，载《理论学刊》2004 年第 1 期。

轨。"① 究竟郭象的学说是否为当时的统治者服务，是否与当时政治运作毫无关系，或者说郭象政治学说的真相到底如何，值得再予剖析。

一　否定儒家圣人

中国传统政治被认为是圣人政治。从字形看，"聖"字由三个部件组成，耳、口、王，这暗示着圣人是上承天意、下达百姓的政治管理者，是神与民之间的中介。但是，《庄子》否认儒家的圣人观。郭象追随《庄子》，否定儒家圣人，对孔子不无微辞。与此同时，在《庄子》影响下，郭象还塑造了另类的圣人。

郭象追随《庄子》抨击儒家圣人。《庄子·马蹄》猛烈攻击儒家所尊奉的圣人："及至圣人，蹩躠为仁，踶跂为义，而天下始疑矣。澶漫为乐，摘辟为礼，而天下始分矣。"这里使用了"蹩躠"、"踶跂"、"澶漫"、"摘辟"几个极具贬义的词语形容儒家的仁义礼乐，用意自不待言。郭象追随说："夫圣迹既彰，则仁义不真而礼乐离性，徒得形表而已矣。有圣人即有斯弊，吾若是何哉！"（郭庆藩辑：《庄子集释》，中华书局1982年版，第337页。后引文出此书者仅注页码）他秉承《庄子》的观点，认为圣人创造的礼乐制度不但对社会无益，反而破坏了人的本真天性，使人变得虚伪。《庄子·胠箧》说："圣人生而大盗起。"（第346页）郭象又附和说："圣人生非以起大盗而大盗起。此自然相生，必至之势也。夫圣人虽不立尚于物，而亦不能使物不尚也。故人无贵贱，事无真伪，苟效圣法，则天下吞声而暗服之，斯乃盗跖之所至赖而以成其大盗者也。"（第348—349页）把盗贼现象硬要安在圣人头上，这样的圣人岂不是社会的罪人！《庄子·胠箧》说："掊击圣人，纵舍盗贼，而天下始治矣。"郭象跟着说："夫圣人者，天下之所尚也。若乃绝其所尚而守其素朴，弃其禁令而代以寡欲，此所以掊击圣人而我素朴自全，纵舍盗贼而彼奸自息也。"（第349页）按照这样的逻辑，要灭绝盗贼，先要消灭圣人。所以郭象又说："绝圣非以止盗而盗止。故止盗在去欲，不在彰圣知。"（第350页）

---

① 马行谊：《魏晋玄学家"无为而治"的政治思想与实践》，载《兴大中文学报》2008年第23期。

汉代儒术独尊以后，孔子被神化，成为政治权威，具有政治神圣性。《庄子》攻击孔子，郭象或是辗转附和，或是沉默纵容。《庄子·德充符》中有这样一段话："孔丘之于至人，其未邪？彼何宾宾以学子为？彼且蕲以诶诡幻怪之名闻，不知至人之以是为己桎梏邪？"这里使用了"诶诡幻怪"几个贬义词语，并且直接点到孔丘之名。郭象在注中虽未点孔丘之名，但总体上对孔子不敬。《庄子·大宗师》大骂孔子："丘，天之戮民也。"这文字浅显，不需解释。郭象却闪烁其辞："以方内为桎梏，明所贵在方外。夫游外者依内，离人者合俗，故有天下者无以天下为也。是以遗物而后能入群，坐忘而后能应务，愈遗之，愈得之。苟居斯极，则虽欲释之而理固自来，斯乃天人之所不赦者也。"这很难说不是随声附和。还是唐代成玄英的"疏"简捷明快："夫圣迹礼仪，乃桎梏形性。仲尼既依方内，则是自然之理，刑戮之人也。"（第 271 页）在《盗跖》中，盗跖斥责孔丘为"盗丘"。郭象不注不斥，亦为默许。《盗跖》中"孔子与柳下季为友，柳下季之弟，名曰盗跖"一章，充满了对圣人和孔子的抨击。郭象却闪烁其词地说："此篇寄明因众之所欲亡而亡之，虽王纣可去也；不因众而独用己，虽盗跖不可御也。"（第 1001 页）这是避重就轻，纵偷为盗。成玄英的"疏"说得痛快："此章大意，排摈圣迹，嗤鄙名利，是以排圣迹则诃责尧、舜，鄙名利则轻忽夷、齐，故寄孔、跖以摸之意也。"他还特别点明："即郭注意，失之远矣。"（第 1002 页）意思是说，郭象的注，远不是那么回事。随后的"子张问于满苟得"一章也是如此，不赘。问题是，郭象是真糊涂，还是装糊涂？当然是装糊涂，真赞许。在当时，批评孔子不是学术问题，而是政治问题，嵇康被杀，正与其"非汤武而薄周孔"有关。因而，郭象追随《庄子》，但又不敢直说，与其所处的政治环境有关。

与此同时，郭象还对黄帝、尧、舜、禹作了一定程度的批评。他说黄帝是与万物合一的人，并不倡导仁义，然而后人却硬说黄帝主张仁义，结果使百姓之心受害："夫黄帝非为仁义也，直与物冥，则仁义之迹自见。迹自见，则后世之心必自殉之，是亦黄帝之迹使物撄也。"（第 373—374 页）郭象否定尧、舜："夫尧虽在宥天下，其迹则治也。治乱虽殊，其于失后世之恬愉，使物争尚畏鄙而不自得则同耳。故誉尧而非桀，不如两忘也。"（第 365 页）把尧与桀相提并论，其政治态度昭然。他还批评说："此皆尧、桀之流，使物喜怒大过，以致斯患也。"（第 366 页）"尧、舜遗其迹，饰伪播其后，以致斯弊。"（第777页）他批评世俗的尧、舜观念："今所称尧、舜者，徒名其尘垢秕糠耳。"（第33页）把尧、舜与"尘垢秕糠"相提并论，与道家口吻无异。不过值得注意的是，郭象追随《庄子》，对尧、舜有违有依。比如，在《天地注》中，他先是赞扬尧、舜、禹："夫禹时三圣相承，治成德备，功美渐去，故史籍无所载，仲尼不能间，是以虽有天下而不与焉，斯乃有而无之也。故考其时而禹为最优，计其人则虽三圣，故一尧耳。"随后他话锋一转，讥讽三圣："庄子因斯以明尧之弊，弊起于尧而衅成于禹，况后世之无圣乎！"（第424页）

郭象还追随《庄子》贬低儒家经典。《庄子·天运》说："夫六经，先王之陈迹也，岂其所以迹哉。"郭象注："况今之人事，则以自然为履，六经为迹。"（第532页）如果说郭象此注是顺杆爬的话，下面的注则是郭象个人的陈述："《诗》、《礼》者，先王之陈迹也，苟非其人，道不虚行，故夫儒者乃有用之为奸，则迹不足恃也。"（第928页）在这里，儒家的《诗》、《礼》成了恶人为奸的工具，臧否之意昭然。他秉承《老子》绝圣弃智的主张："此皆绝圣弃知之意耳，无所稍嫌也。"（第513页）他否定"圣法"，认为所谓的"圣法"是暴君作恶的凶器："言暴乱之君，亦得据君人之威以戮贤人而莫之敢亢者，皆圣法之由也。向无圣法，则桀、纣焉得守斯位而放其毒，使天下侧目哉！"（第346页）

总之，与学者所谓玄学为统治者服务、为世家大族服务的说法相反，郭象的圣人观有瓦解官方政治的因素。这一点，古人早就看得清清楚楚。《抱朴子·刺骄》说风俗的败坏与阮籍等人有关："世人闻戴叔鸾、阮嗣宗傲俗自放，见谓大度，而不量其材力非傲生之匹而慕学之，或乱项科头，或裸袒蹲夷，或濯脚于稠众，或溲便于人前。"《晋书·范宁传》则记载说："时以浮虚相扇，儒雅日替，（范）宁以为其源始于王弼、何晏，二人之罪深于桀、纣。"清人顾炎武《日知录》卷十三"正始"条说："一时名士风流，盛于洛下，乃其弃经典而尚老、庄，蔑礼法而崇放达，视其主之颠危若路人然，即此诸贤为之倡也。自此以后，竞相祖述。"这里批评的虽是王、何、嵇、阮，但郭象步其后尘。

在否定儒家圣人的同时，受《庄子》的影响，郭象又抬出了另一种类型的圣人。郭象声称，圣人并非天生神授，而仅仅在于能够顺从自己的天性。《马蹄注》说："圣人者，民得性之迹耳，非所以迹也。"（第337页）《逍遥游注》说得更明白："圣人者，物得性之名耳，未足以名其所以得也。"（第 22 页）意思是说，圣人是对顺从自己天性的人的称呼，而不是说他先天与众不同，即不是官方所宣扬的圣人受天有命。这种另类圣人的特征之一是与宇宙万物合而为一，顺应自然："夫圣人之心，极两仪之至会，穷万物之妙数。故能体化合变，无往不可，旁礴万物，无物不然。"（第 31 页）特征之二是"无心"、"不为"："世以乱故求我，我无心也。我苟无心，亦何为不应世哉！然则体玄而极妙者，其所以会通万物之性，而陶铸天下之化，以成尧舜之名者，常以不为为之耳。"（第 31—32 页）这样的圣人虽然"无心"，却能够"不为"而"为之"，郭象说尧、舜就是这样的圣人。特征之三是"无我"："夫圣人无我者也……使群异各安其所安，众人不失其所是，则己不用于物，而万物之用用矣。"（第 78 页）因而，在郭象的学说中，圣人又是身在朝堂而心在山林的神人："夫神人即今所谓圣人也。夫圣人虽在庙堂之上，然其心无异于山林之中，世岂识之哉！"（第 28 页）这样的圣人，徘徊于儒道之间，游走于入出之际。

由上可见，郭象的"圣人"观呈现为一种转型状态，从儒家的圣人观转向道家的圣人观。郭象否定儒家的圣人，而向道家的圣人靠拢。这是一个值得注意的思想现象。

二　否定君主制度

在中国古代，政治体制的基本形式是君主制。对于这一政体，儒道两家持根本对立的态度。儒家宣扬君主体制的合理性，并赋予这一体制神圣色彩；道家否定君主体制，认为伴随着这一体制的是罪恶。郭象的态度又当如何？

郭象表面上肯定君主制度。他认为人群中包含着贤愚贵贱，有贤愚贵贱就应有君臣上下，有君臣上下社会才能安定："若夫任自然而居当，则贤愚袭情而贵贱履位，君臣上下，莫匪尔极，而天下无患矣。"（第 376 页）这是因为，如果没有政治权威，群体就会陷入混乱："千人聚，不以一人为主，不乱则散。"（第 156 页）为了解决这一问题，就需要建立君主制度，君主制度是社会本身的需要："故多贤不可以多君，无贤不可以无君，此天人之道，必至之宜。"（第 156 页）所以，郭象坚定地认为民不可无君："若君可逃而亲可解，则不足戒也。"（第 156 页）他强调：

"尊卑先后之序，固有物之所不能无也。"（第 470 页）不仅如此，他还认为等级制度天然合理："知君臣上下，手足外内，乃天理自然，岂真人之所为哉！"（第 58 页）那么，什么样的人成为君主，什么样的人充当臣民？他认为贤能的人成为君主，等而下之的人不得不当臣民："夫时之所贤者为君，才不应世者为臣。若天之自高，地之自卑，首自在上，足自居下，岂有递哉！"（第 58—59 页）就此而言，郭象对现行的社会制度是接受的。由此也可以看出，郭象注《庄子》，并非毫无原则，而是有原则的，这原则与他他生存的政治环境相关。

郭象实际上否定君主制度。他期待的君主制基础上的君主，应该是贤明之君，只有明君才能使社会安定，使人民过上"自得"的生活："天下若无明王，则莫能自得。令之自得，实明王之功也。"（第 296 页）然而，他所推许的"明王"是理想中的，现实中找不到。他说，贤明的君主执政，实际上无所作为："然功在无为而还任天下。天下皆得自任，故似非明王之功。"（第 296 页）尢所作为的君主让人民过着自适的生活，不事干扰："夫明王皆就足物性，故人人皆云我自尔，而莫知恃赖于明王。""虽有盖天下之功，而不举以为己名，故物皆自以为得而喜。"（第 297 页）可见，明王名存而实无。郭象绕了一个大圈子，最后转弯抹角地把君主制度否定了。更有甚者，郭象对现实中的君主大加挞伐，他说这些人是窃国大盗："夫轩冕斧钺，赏罚之重者也。重赏罚以禁盗，然大盗者又逐而窃之，则反为盗用矣。所用者重，乃所以成其大盗也。"（第 352 页）这是道家"窃钩者诛，窃国者为诸侯"之说的翻版。他斥责君主虚伪："后世人君，将慕仲尼之遐轨，而遂忍性自矫伪以临民，上下相习，遂不自知也。"（第 1052 页）于是，他提出了解决方案，即去除危害社会的君主。他把危害社会的君主称为"乱群之率"："去其乱群之率，则天下各复其所而同于玄德也。"（第 356 页）

郭象否定作为中华古典文明的礼乐制度和刑罚制度。他提出忘礼乐："礼者，形体之用，乐者，乐生之具。忘其具，未若忘其所以具也。"（第 284 页）意思是，不但要忘掉约束行为的"礼"和约束性情的"乐"，更要忘掉礼乐所依存的体制。《庄子·大宗师》说："古之真人……以刑为体，以礼为翼。"郭象注说："刑者，治之体，非我为。""礼者，世之所以自行耳，非我制。"（第 238 页）"忘"也好，"非我为"也好，都具有否定的含义。他认为礼乐制度曾经合乎时宜："夫先王典礼，所以适时用也。"但问题是，这样的礼乐制度现已过时，早该抛弃："时过而不弃，即为民妖，所以兴矫效之端也。"（第 513 页）"况夫礼义，当其时而用之，则西施也；时过而不弃，则丑人也。"（第 516 页）为什么否定礼乐制度和刑罚制度，因为它违背万物的"独化"，危害万物的自性。

三　否定官方道德

政治道德是政治规范的自律机制，只要有政治，就应该有政治道德。自汉代以来，官方政治道德以儒家的仁义、忠孝、清廉为主要内容。郭象追随《庄子》，在整体上对儒家政治道德作了否定性的评估，并主张将其抛弃。

郭象对仁义观念的评价多少有些自相矛盾。一方面，受正统思想影响，他认为人类性情中固有仁义因素："夫仁义自是人之情性，但当任之耳。"（第 318 页）"夫仁义自是人情也。"（第 320 页）恐仁义非人情而忧之者，真可谓多忧也。"（第 318 页）既然人类性情中固有，其存在必有合理性。但另一方面，受《庄子》的影响，郭象反对在社会中提倡仁义，认为宣扬仁义会使人变得虚伪而丧失本真："仁义连连，只足以惑物，使丧其真。"（第 322 页）"真不足而以知继之，则伪矣，伪以求生，非盗如何！"（第 776 页）他认为倡导仁义会引发人们的竞争之心，进而污染原本纯净的心灵："为义则名彰，名彰则竞兴，竞兴则丧其真矣。父子君臣，怀情相欺，虽欲偃兵，其可得乎！"（第 827 页）比如，曾参和史鳅天性中仁的基因多，而那些先天基因中仁的成分少的人学习曾参和史鳅，必定破坏自性，成为虚伪之人："天下未尝慕桀、跖而必慕曾、史，则曾、史之簧鼓天下，使失其真性，甚于桀、跖也。"（第 315 页）更有甚者，提倡仁义会使虚伪之徒有可乘之机，行假仁假义以欺世盗名："仁义既行，将伪以为之。""仁义可见，则夫贪者将假斯器以获其志。"（第 862 页）郭象举例，战国时期齐国的田氏假借仁义收拢人心，最终代齐："田桓非能杀君，乃资仁义以贼之。"（第 419 页）在魏晋禅代政治环境下，郭象论及如此敏感的政治议题，可见他对当时伪道德的厌恶。儒家主张"杀身成仁"，郭象对此极为反感："谓仁义为善，则损身以殉之，此于性命还自不仁也。"（第 328 页）"矜仁尚义，失其常然，以之死地，乃大惑也。"（第 323 页）郭象甚至愤然直斥，仁义道德乃扰乱社会的凶器：

"乱心不由于丑而恒在美色，挠世不由于恶而恒由仁义，则仁义者，挠天下之具也。"（第 324 页）郭象一方面肯定人类性情中包含仁义，另一方面反对提倡仁义，这种矛盾心态在对《庄子·骈拇》的注释中有集中反映。庄子认为仁义道德对于社会来说，就像骈拇枝指一样，为多余之物，应该去除。郭象却注解说："多方于仁义者，虽列于五藏，然自一家之正耳，未能与物无方而各正性命，故曰非道德之正。"（第 313 页）《庄子》本来很简单的一句话，郭象却注成既是"一家之正"，又"非道德之正"，其心中的矛盾跃然纸上。总的来看，郭象对仁义的否定多于肯定。

在忠孝问题上，郭象也显示出矛盾的心态。《庄子·盗跖》斥责"忠臣"，认为儒家标榜的伍子胥、王子比干等人"皆不足贵也"。郭象不予置评，是为默许。郭象讥讽官场上的假"忠"："拔出公忠，非忘忠而忠也。"（第 430 页）一些人装作忠心耿耿，其实怀有取信于君的卑鄙目的。在有的场合，郭象主张尽色养之孝："夫养亲以适，不问其具。若能无系，则不以贵贱经怀，而平和怡畅，尽色养之宜矣。"（第 955 页）但在更多场合，郭象宣扬"无亲"："至仁在乎无亲，而仁爱以言之；故郢虽见而愈远冥山，仁孝虽彰而愈非至理也。""必言之于忘仁忘孝之地，然后至耳。"（第 499 页）司马氏宣扬以孝治天下，郭象这样说显然有政治风险。他辩解说，无亲、忘孝并非不讲道德，而是人性中天然包含亲和孝的成分，不必刻意宣扬："无亲者，非薄德之谓也。夫人之一体，非有亲也；而首自在上，足自处下，府藏（腑脏）居内，皮毛在外；外内上下，尊卑贵贱，于其体中各任其极，而未有亲爱于其间也，然至仁足矣。"（第 498 页）郭象的解释显然是此地无银。总的来看，郭象否定忠孝。

最后，郭象否定官方宣传的清廉无私。中国传统政治倡导政府官员应该清廉无私，一心奉公，贬斥徇私舞弊，而郭象却公开唱反调。他说清廉的官吏是贪图虚名："皦然廉清，贪名者耳，非真廉也。"（第 87 页）他又说恭敬俭朴者心有所图："必服恭俭，非忘俭而俭也。"（第 430 页）他不否定真正的无私："无私于天下，则天下之风一也。"（第 910 页）但他反对虚假的无私："世所谓无私者，释己而爱人。夫爱人者，欲人之爱己，此乃甚私，非忘公而公也。"（第 479 页）总之，对于官方宣传的清廉无私，郭象持批评态度。

郭象否定君主制度下的政治道德并非思想的解放和进步，恰恰相反，是保守和退步。这是因为，他不是要把政治道德引领到新的未来的方向，相反，是要把政治道德拉回到远古时代的自然主义状态，一个与人类政治文明背道而驰的方向。

四 否定政治管理

在具体的政治操作方面，运用什么样的管理模式使政治安定，这是一个现实的政治课题。在郭象的政治观中，受独化论和其他因素制约，他反对政治管理，主张政治放任。

郭象的政治理想是道家的圣人政治，其表现是循天之理，顺民之性，使万民和乐。他宣称，圣人遵循天道而不用智慧："唯圣人然后能去知与故，循天之理，故愚知处宜，贵贱当位，贤不肖袭情。"不运用政治智慧，也不采用任何政治措施，这样的圣人，有没有一样。圣人不用自己的意志干预政治，而是依据百姓的愿望引领政治："夫圣人统百姓之大情而因为之制，故百姓寄情于所统而自忘其好恶，故与一世而得淡漠焉。"（第1070页）他反对政治智慧，认为这会使社会变得虚伪："民之所患，伪之所生，常在于知用，不在于性动也。"（第639页）随民所愿，必能取悦于民，从而达致天下太平："夫圣人之道，悦以使民，民得性之所乐则悦，悦则天下无难矣。"（第1076页）

顺民之性，因民之情，那政治是否还需要暴力手段？他认为不能完全排除，不过暴力仅仅是政治的辅助手段而已。"治道先明天不为弃赏罚也，但当不失其先后之序耳。"（第474页）但是，赏罚不应违背天道和民性，它是不得已的手段："夫至治之道，本在于天而末极于斯。""赏罚者，失得之报也。"（第472页）"夫赏罚者，圣王之所以当功过，非以著劝畏也。"（第367页）由于时代不同和是非标准不同，赏罚标准也应该随着时代而调整："彼以为美而此或以为恶，故（礼义法度）当应时而变，然后皆适也。"（第515页）

落实在政治实践中，郭象主张君主应该既无为又有为。郭象主张，君主应无为于政务，而由文武百官各尽其责。他的说法是："夫能令天下治，不治天下者也……夫治之由乎不治，为之出乎无为也。"（第24页）"无为者，自然为君，非邪也。"（第404页）"各当其分，则无为位上，有为位下也。"（第405页）在郭象的学说中，君主应该是不才之人，是愚蠢的家伙："夫王，不材于百官，故百官御其事，而明者为之视，聪者为之听，知者为之谋，勇者为之捍。"在这种情形下，君主"玄默而已"
（第 177 页）。他甚至曲解说，帝王冠冕垂旒就是为了遮掩君主的眼睛，
使其不得而视："故冕旒垂目而付之天下，天下皆得其自为，斯乃无为而
无不为者也，故上下皆无为矣。"（第 466 页）这样的君主，与其说有，
毋宁说无。他又说："夫为天下，莫过自放任，自放任矣，物亦奚摞焉！
故我无为而民自化。"（第 832 页）与此同时，郭象又主张君主应有为于
用人，应该选贤任能知人善任："夫工人无为于刻木而有为于用斧，主上
无为于亲事而有为于用臣。"（第 465 页）比如，君主对臣下应该监督考
核，使吏称其职："如有所誉，必有所试，于斯民不违，金曰举之，以合
万夫之望者，此三代所以直道而行之也。"（第 1962 页）有学者认为郭象
主张"君道无为"①，恐怕是取其一端。

郭象主张臣下应该既有为又无为。郭象说臣下各有所长，应该任其所
长："士之所能，各有其极，若四时之不可易耳。故当其时物，顺其伦
次，则各有用矣。"（第 837 页）"群才万品，各任其事而自当其责矣。"
（第 460 页）他说无为政治是臣下有为："无为之言，不可不察也……居
下者亲事，故虽舜、禹为臣，犹称有为。故对上下，则君静而臣动；比古
今，则尧、舜无为而汤、武有事。"（第 466 页）与此同时，郭象又说臣
下的有为是在发挥各自的本能，是无为之为。所以他说君臣实际上都是无
为："臣能亲事，主能用臣；斧能刻木而工能用斧；各当其能，则天理自
然，非有为也。""各司其任，则上下咸得而无为之理至矣。"（第 465—
466 页）郭象主张不同的政治角色都应该无为："夫无为之体大矣……故
主上不为冢宰之任，则伊、吕静而司尹矣；冢宰不为百官之所执，则百官
静而御事矣；百官不为万民之所务，则万民静而安其业矣；万民不易彼我
之所能，则天下之彼我静而自得矣。故自天子以下至于庶人，下及昆虫，
孰能有为而成哉！是故弥无为而弥尊也。"（第 461 页）

郭象反对政治管理，总的倾向是从有为走向无为，从政治控制走向政
治放任，具有动态的特征。这种政治观的依据是自然主义，郭象说大自然
是无为的："天地以无为为德，故明其宗本，则与天地无逆也。"（第 462
页）不过郭象虽受《庄子》的影响，却没有发展到《庄子》纯然的自然
主义，还拖着一个有为的尾巴。

---

① 任万明：《郭象无为政治论》，载《兰州交通大学学报》2003 年第 5 期。

综上所述，郭象否定儒家圣人，但不敢公开抨击孔子；表面上肯定君主制度，实际上否定君主制度；对官方道德，否定多于肯定；对政治管理，否定多于肯定。也就是说，郭象的政治观是动态的，有两面性，总的来看道家因素相对较多，儒家因素相对较少。从汉晋思想走势看，郭象政治观是从儒家走向道家，而不是相反。如果说郭象的《庄子注》代表了西晋一部分士人的政治观的话，那么可以说当时政治思想的趋势是走向衰落和消极。

世界上的物质有正物质和负物质（或称暗物质），同样政治也有正政治和负政治，正政治观和负政治观。儒家主张建设政治，因而是正政治观；道家主张毁灭政治，因而是负政治观。郭象对冲道儒两家政治观念，且以道家为主，其结果是严重地削弱了当时的政治观念。郭象从未说过名教合乎自然，他的政治观也不可能为当时的官方政治服务，相反，是一种削弱官方意识形态的力量。

比较思想史研究

中西哲学史上若干重要的荣辱观评析

谢阳举[①]

改革开放三十多年来，我国经济社会获得了巨大的成功，但是，在经济社会发展的同时，也出现了功利名位之争日炽、是非对错颠倒的弊端。社会、行业，甚至高等教育和学术界也充斥着许多寡廉鲜耻、不择手段的道德失控现象。古人云：创业难，守成亦不易，如果任由社会风气下滑，改革的成果也会受到极大的损失。必须重振真理和正义的威严，克服相对主义价值观，使社会明耻知辱，超越是非倒错、严重扭曲的荣辱观。而荣辱现象和荣辱观的问题看似简单，其实颇为复杂。这就需要对荣辱现象和荣辱观问题展开社会心理学和思想史研究。本文试图勾勒中西思想史上若干典型的荣辱观并加以评析，以期抛砖引玉。

一 荣辱故乡的荣辱文化：
中国古代哲人论荣辱

有人说法国是"荣誉的故乡"[②]，其实我国更是荣誉的故乡！一部中国历史浸透了树荣雪耻的情感和理智！中国古代哲学中很难找到和西方对等的自我概念，与西方竭力将荣辱向自我意识还原的做法不同，中国古代哲人更加重视荣辱的社会功能和文化意义的探索。因此，中国古代荣辱观有自己的特色，这就是偏重对荣辱现象、价值和机制进行政治学、社会

---

① 谢阳举，西北大学中国思想文化研究所，教授，副所长。

② ［法］菲利普·迪里巴尔纳：《荣誉的逻辑》，马国华、葛智强译，商务印书馆 2005 年版，第 268 页。

学、伦理学等的综合探讨，思想家们大多都是从国家和社会治理的立场看待荣誉和耻辱，从而构成了独具特色的荣辱文化。

古人有"雁过留声，人过留名"的口头禅，反映出"名"在中国古代社会和人生中的重要性，这里的"名"指的就是荣誉称号。古代中国还有堪称世界之最的复杂的荣誉和耻辱的称号体系和等级制度，并且积淀很深，影响广泛。这一套荣辱价值体系和中国传统社会的存亡兴废有密切关系。可以看出，"荣辱"是中国古代政治、教育和社会生活正常运转的一大保证。这里举两个例子来说明，一例是关于帝王的，在古代，帝王的权力似乎是任性的，可是实际上它不得不受荣辱价值观约束。"遗臭万年"还是"流芳百世"？一般来说，是他们在进行决策思维时，首先和最终加以权衡的大是大非问题。另一例是关于普通人的思维和行动的，普通人常常考虑"面子"，汉学家们从中识别出中国有所谓"面子"文化。这里的"面子"有消极和积极的两重性：从消极面看，"面子"会加重人的卑微感或虚荣感（两种不恰当的荣耻意识）；可是从积极面看，爱"面子"的习惯或动机有可能促使人们珍惜自己的社会与道德形象。

中国思想史上许多思想家都论述过荣誉和耻辱的问题，他们的论述巩固和发展了中国的耻辱感文化传统。管子治国，礼法兼用，他对廉耻的社会整合和协调功能极其重视，他把荣耻观当成国家价值体系和精神层面的重要纲领之一，同时也把它作为社会结构和心理建设的基础项目。《管子·牧民》中有载："国有四维，一维绝则倾，二维绝则危，三维绝则覆，四维绝则灭。倾可正也，危可安也，覆可起也，灭不可复错也。何谓四维？一曰礼、二曰义、三曰廉、四曰耻。"在《管子·牧民》的作者看来，耻辱感这种社会意识，是社会道德心理和国家精神文明的基本准则，其他三维亡羊可以补牢，"耻"的防线一旦崩溃，就无药可救了。《管子·权休》说"凡牧民者，欲民之有耻也，欲民之有耻，则小耻不可不饰也。小耻不饰于国，而求百姓之行大耻，不可得也"，"民之修小礼、行小义、饰小廉、谨小耻、禁微邪，治之本也"，这段文字可能是对管子思想的继承发展，它把社会治乱状态当做"标"，而把"谨小耻"上升到国家哲学和政治文化根本的高度加以强调。

从政治文化角度认识耻辱感这种社会心理，早在孔子以前就获得了官方和学者的广泛认同。孔子可谓集大成者，他虽然更加强调"仁爱"和改革继承三代文化传统，可是仍然把"荣耻"的文化心理机制继承下来。

经过孔子整理的《春秋》，贯穿着特有的叙事方式，史称"春秋笔法"，其中有一条原则就是褒贬法，实际上是荣辱的社会和道德机制在历史学和历史编撰实践中的巧妙运用。两千多年来，这个方法对中华民族荣辱文化传统，包括制度的形成与绵延产生了重大影响。孔子整理的礼经，更自觉地将道德的荣辱观和我国本源性的礼乐文明统一起来，对中国文化起到了强有力的引导、维系与传承作用。他一生最大的成就体现在历史文献整理上，在这个过程中，他寓礼于史、寓教于乐，兼顾礼仪规范和道德认知，希望将仁、礼、史和荣辱评价、荣耻意识有机地结合起来。

从《论语》（以下引孔子语录凡不特别说明的皆见《论语》）中可以看出孔子荣辱观的要点。他相信三代文化传统仍然蕴藏着有活力的东西，荣辱价值观便是见证，所以他说"道之以政，齐之以刑，民免而无耻；道之以德，齐之以礼，有耻且格"。与其说孔子主张"治国以礼"是所谓复辟保守，与其说他决不放弃礼治旧传统，不如说他是尊崇礼仪文明中所蕴藏的通过荣耻机制建构文化的思路。可以说，孔子的政治和文化思路的一个基本内容，就是发明耻辱文化的功能。关于士人荣辱操守的特点，孔子说"邦有道，贫且贱焉，耻也，邦无道，富且贵焉，耻也"，主张士人阶层应该与国家兴衰治乱同步共振，以促进国家物质财富和道德文明的进步；他反对士人以庸俗化的追求为目的，说"士志于道，而耻恶衣恶食者，未足与议也"。孔子是中国古代第一位伟大的教育家，他自己恪守"朝闻道夕死可矣"，此处的"道"既指真理，也指人文价值方面的理想，对两者他都倡导"不耻下问"，以不学无术为耻，这是尊崇知识和人文的信念。他这种并不局限于道德的荣耻观，是值得我们重视的。当然，仅有道德和富裕是不够的，孔子谈荣辱，是兼顾贫富和有道、无道两个标准，我们现在谈荣辱，还必须要兼顾和谐与创新、稳定和发展。

孟子承继子思的思路，这一儒家支流更加注重人的内在善性的发掘，并且倾向于以人为出发点，遵循内在的善来解决道德与社会难题。孟子认识到，要实现孔子的构想，必须遵循《中庸》所讲的"合内外"之道，使伦理规范具有内在情感和认识基础。他发展了孔子的荣辱观，通过荣耻道德心理学的阐明，将早期儒家道德原则和实践环节得以更密切地结合起来。他认为人是自然的精华，但是这并不是说本能就是精华，他的意思是说：人具有一般人多少会以为是非自然的良知、良能；由于有良知、良能，所以人能够区分和判断各种行为孰荣孰耻。在他的理论构造和治理天下方案的设计中，荣耻问题占有相当重要的地位。

首先，孟子说，"人不可以无耻；无耻之耻，无耻矣"（《孟子·尽心上》），"耻之于人大矣"（《孟子·尽心上》），特别地强调"知耻"。朱熹注解《孟子》时说："耻便是羞恶之心"。"羞恶之心"指的是知耻的能力，它是道德的四个生长点（"四端"）之一。孟子说"四端"是人的最为本质的成分，如果掐断这四个端芽，人就沦落到"非人也"之列（《孟子·公孙丑上》）。四端之中，"羞恶之心，人皆有之"（《孟子·告子上》），且排序第二。简单地说，孟子主张，有关耻辱的感受能力是人类内在固有的，也是道德的源头之一；如果失去羞恶之心，就等于退化为生物性、本能意义上的动物，这是人的最大耻辱。

其次，孟子讲，"四端"的发用都离不开具体社会环境和规范原则，四端中每一端实际上对应于一种普遍道德判断。所以孟子讲"羞恶之心，义也"（《孟子·告子上》）。这句话不可孤立地理解。参照孟子的整体思想可以看出，他的意思是，正义的判断和正义的情感是互为支撑的，荣耻意识是正义感因而也是道德感的出发点，它不是没有公共道德意义的情感冲动，至少它不单纯是非社会性的主观情绪。

再次，荣辱之心虽然为人所固有，可是它也离不开后天工夫，如优化社会环境、经受生活考验、强化意志力等等。否则，正如良种不发芽、好芽不抽苗、苗秀而不结果的自然道理一样，人的良心也会中途复昧或夭折，因此他讲人应该加强道德修养，例如"反身而诚"（《孟子·离娄上》）、"存心"（保守本心、《孟子·离娄下》）、充实和扩充（《孟子·公孙丑上》）、"求其放心"（找回放逐之心，即复归本心，《孟子·告子上》）等。孟子荣耻观的基本点是：人不可能没有耻辱感与道义的判断力，但是它们可能会被遗忘；杜绝耻辱首先要认识耻辱，认识耻辱才会避免耻辱；还有，耻辱感要合乎普遍适宜的社会道德原则。和孔子相似，孟子也认为"士"这个阶层是社会良知的载体，所以他的很多论述实际上都是针对士阶层的。他特别指出士阶层即使没有"恒产"（《孟子·梁惠王上》），也应该保全和维持好"四端"和尊崇"大体"。

与孟子不同，荀子更重视经验认识和社会理性，他专就荣辱问题作过集中论述，撰有《荣辱篇》论文，在《荀子》一书其他篇章中也保存有丰富的关于荣辱心理和荣辱文化的论述。他重视荣辱价值观，认为荣辱机制是"先王之道"的一大枢纽。他说，"荣辱之分，必像其德"（《荀子·劝学篇》），认为荣辱的名号是实质德性的表征。他站在儒家先义后利和义利两全的立场上，区分了荣誉和耻辱并阐明了其不同的社会效应，所谓"故凡言议期命是非，以圣王为师。而圣王之分，荣辱是也"（《荀子·正论篇》），"荣辱之大分，安危利害之常体：先义而后利者荣，先利而后义者辱；荣者常通，辱者常穷；通者常制人，穷者常制于人：是荣辱之大分也"（《荀子·荣辱篇》）。也就是说，荣耻予夺和得失存在规律，凡是行为合乎道义的应得荣誉，从道德运气上说其人生具备一帆风顺的条件；而那些唯名利是图的不义之徒只能自取其辱，遭受困厄的报应。据此他进一步举证了荣辱在法律、道德操守和社会教化中的重大意义，称道荣辱机制是"圣王以为法，士大夫以为道，官人以为守，百姓以成俗，万世不能易也"（《荀子·正论篇》），视荣辱为治国之本。

荀子本于道义，从性质上将荣誉和耻辱各分为两种对立的情况，用他的话说，"荣"和"辱"都有"两端"，荣有"义荣"、"势荣"；辱有"义辱"、"势辱"。他说："有义荣者，有势荣者；有义辱者，有势辱者"（《荀子·正论篇》）；"志意修，德行厚，知虑明，是荣之由中出者也，夫是之谓义荣"（《荀子·正论篇》）。这里，他指出了义荣是一种具有内在思想和信念，达到德准则的荣耀；而"爵列尊，贡禄厚，形势胜，上为天子诸侯，下为卿相士大夫，是荣之从外至者也，夫是之谓势荣"（《荀子·正论篇》），可见"势荣"是因为社会地位和官爵身份不同而产生的外在的荣华。荀子严守"义荣"和"势荣"的区别，并且赞赏"义荣"。

人人都有趋荣避辱的欲求，荀子对这种欲求的可能结果进行了剖析。他认为，"势荣"、"势辱"对所有的人都具有偶然性，而道德则是任何要满足道德荣耀的人的必备条件。什么样的人能够"义荣"和"势荣"两全其美？在此，他突出了道德的价值。他的答案是，品德高尚的人，即"君子"，虽然未必能达到道德和幸福两全其美，但是从理论上看他们可以达到。与此相反，"小人"道德卑劣，至多只能获得外在的荣耀，而不可能两全其美，相反，从理论上看，"小人"具备两恶相加的可能。用他的话说"故君子可以有势辱，而不可以有义辱；小人可以有势荣，而不可以有义荣"，"义荣、势荣，唯君子然后兼有之；义辱、势辱，唯小人然后兼有之"（《荀子·正论篇》）。荀子荣辱分析的根本目的是要向人们证明，君子模式即道德的人生是人的最优选择，而不道德则是最坏的人生沦落的开始，道德上不善不恶、不好不坏的次优生存则介于二者之间。荀子完全遵从理性论证来阐释道德选择的正当性，这比说教的道德更具有说服力。他的荣辱划分和道义逻辑，崇尚"义荣"，很好地体现了中华民族荣辱文化的精神特质，也具有现实意义。中国古代有一种忍辱负重、厚德载物的精神品德，其中就蕴涵有捍卫道义、不逐势荣、不惮势辱、戒除义辱、珍惜义荣的思想。可是受到道德不成熟的社会环境的影响，今天的社会里，"义荣"常常行不通，而"势荣"往往具有更大的影响，所以我们有必要削弱"势荣"的魅惑力和地位，弘扬和宣传"义荣"。

纵观上文论述，我国古代礼乐政治及其文化心理结构中，蕴藏着知耻的文化种子；《管子》开创了政治文明层次的荣辱机制思考；孔子发掘和复兴了耻辱感的文化建构方向；孟子通过内在化和道德心理学思考，完善了孔子荣辱思想的一个环节；荀子对中国知耻的社会心理和伦理文化作出了理性论证。他们都对荣辱故乡的荣辱文化作出了重大贡献。

二 尊严是荣誉的别名：西方哲人论荣辱的本质

世界上各民族的荣誉观呈现出多元面貌，那么荣辱的定义和荣辱观的共同性在哪里？或曰荣耻的本质是什么？在西方思想家眼里，荣辱总是兼有本能因素、主观形式和社会性内容。他们一般认为，个体之所以会产生荣辱感和荣辱认识，有三个原因：一是因为个体具有自我关心的本能反应，二是有作为中介的社会评价机制，三是个体具有理性自觉能力。从实质上看，西方大多数学者认为，荣辱感及其认识都是围绕自我尊严而产生的。就具体的主观形式说，荣辱就是由社会评价而引起的、自我在尊严方面的得失情感。西方有关荣辱观的伦理学和哲学研究，成果很多，我们主要讨论几种典型理论。

古希腊的亚里士多德首次系统地创立了德性伦理学，它主要是研究人应该成为什么样的人的问题，或曰人应当具有什么德性的问题。他发现这里存在一个"中庸"之道或者说"适度"的标准，过与不及都是恶，认为每种德行都是两种极端之间的中道行为。在他的伦理理论中，荣耻的讨论占有重要地位。他把荣誉定义为"最大的外在善"，是外界"对德性的奖赏"。[①] 耻辱感，他认为其本身并不是德性。但是，他肯定知耻是合乎

---

① ［古希腊］亚里士多德：《尼各马可伦理学》，廖申白译注，商务印书馆 2003 年版，第 108 页。

德性的，知耻的人应该得到赞颂。他推定，凡是有德性的人，即具有适度品质的人，肯定具有羞耻心。对那些"好名"抑或对大小荣誉都不在乎的人，亚里士多德指出，我们有时候称赞那些爱荣誉的，有时则赞成不爱荣誉的。

最重要的是，亚氏揭示了有德性的人对荣耻应有的态度。亚氏德性伦理学中的理想人格，是拥有高尚灵魂的人。他们的特点是什么呢？

首先，他们有高度明确的社会自我情结和意识。自我的荣誉抑或耻辱是他们首要考虑的问题，但是他们并不唯荣誉是重，唯名是争，而表现得高贵、慷慨、勇敢、乐于助人、言行坦诚、温文尔雅、沉稳庄敬、关注自己的社会形象，等等。他们对崇高的荣誉抱以有节制的快乐，对于不正当的荣誉持鄙夷的态度。

其次，他们也是所谓"恢宏大度"的人。所谓"大度"，是指在荣辱问题上恪守正确的规则，善于维护体面的自我。亚里士多德说，"荣誉和耻辱方面的适度是大度"，其过度形式是虚荣，不及形式是谦卑①；大度的人"是对于荣誉和耻辱抱有正确的态度的人"②，是和重大事物相关的人；他们具有崇高的品质，大度的人不在乎小荣小耻而只关心大荣大耻。

再次，亚氏是个经验主义者，他特别关注具体的正义不正义现象。他把公民荣誉分配的正义和财富分配的正义，作为特殊正义，并列论述。从他的《政治学》里可以看出，他所谓荣誉的分配指的是官职分配。这说明他的荣耻观具有重要的政治学和制度的意义。后来的西方哲学家，例如罗素，批评亚氏荣辱观过于看重自我形象，近乎虚伪。可是亚里士多德的荣耻观具有重要价值，他讨论了有德行的人和正义的制度对荣辱应有的态度，开启了这方面研究的先河。

亚氏之后，西方荣辱观的研究绵延不绝，经历了中世纪重大曲折。在漫长的中世纪里，人们以神圣的上帝和天国为荣耀，自我意识逐渐暗淡；荣辱的裁断不再决定于社会评价，取而代之的是神学教义。近代西方荣辱观的觉醒，是与人文主义和启蒙运动的历史性变迁同步发生的。启蒙时代的历史铸就了近代西方主导性的荣辱观，它浓缩在康德的道德伦理思想体

---

① ［古希腊］亚里士多德：《尼各马可伦理学》，廖申白译注，商务印书馆 2003 年版，第 50 页。

② 同上书，第 52 页。

系中。

康德是历史上第一个严格论证自我尊严的哲学家，其道德理论完成了现代西方关于荣辱本质认识的关键环节。他的伦理学的目的是研究"自由的规律"。所谓自由的规律，指的就是怎样维护与获得自由的规律。自由，在康德这里既指认识自然事物，掌握自然的规律，也指摆脱外部诱惑、自然欲望和感性冲动。前者当然要靠自然科学，后者要靠伦理学，康德还认为实际上伦理学上争取自由比科学上争取自由更加具有必要性。

人们怎样摆脱内外拘囚、诱惑呢？首先，康德认为，从自然现象、经验、事实、感性之中是得不到纯粹道德认识的。他说，道德领域存在普遍原理，这需要从理性存在者的理性之中，先天地得出，这是道德形而上学要完成的任务。其次，人们应恪守道德律，达到"自律"，不是说外力约束毫无道德效果，只是那样人们仍然不能说得到自由了。因此，康德强调，自由源于服从道德规律；服从道德规律才能是自由的。他把这种意志对道德理性的服从，叫做自由意志，也叫善良意志或意志自律。再次，怎样知道某种意志是善良意志？康德说，道德意志本质上是理性的或曰推理的，世事如麻，不需要也不可能都磨炼一番，只要反问自己：你愿意你行动中隐含的准则普遍化吗？凡是不能普遍化的就得抛弃①。康德相信，不需要绝顶聪明，普通人都能够运用这种推理方式而得出：自己应该做什么，不应该做什么。

以上面论述为基础，康德得出了人的尊严和责任。一方面，道德规律的必然性，决定了道德具有纯洁性、崇高性和严肃性。又由于人们能够服从道德规律，能够自律，所以他们具有其他自然物、动物和非理性存在者不具备的无上的自由能力。换句话说，自由意志使人本身具有内在价值，它决定了人有尊严。另一方面，康德从其伦理思想中引申出"责任"至上的标准。他说，责任就是尊重道德规律而产生的行为必要性；责任就是：做人们"应该"做的，摒弃不应该做的。总之，自由是康德伦理学的核心，归根结底，是它证明了我们的尊严。自由的概念使得康德划清了古代荣辱观和近现代荣辱观的界限。康德的荣辱观大体包括以下内容：

1. 他心目中的荣誉是出于道德尊严的纯粹的荣誉观。他认为，人活

① 参见［德］康德《道德形而上学原理》，苗力田译，上海世纪出版集团 2005 年版，第19 页。

着并非为了荣誉，人也不是靠荣誉而是靠尊严活下去的，真正的荣誉只有一种，是用来称呼服从无上道德律或满足良心带来的荣耀，它是"出于"而不是"合乎"道德律和责任。康德说："诚然，当人的行为如果带来牺牲，并且只是为了尽其职责，那么我们诚然也可以称誉那些行为是高尚崇宏的功业，不过这只是在我们已经发现一些迹象可据以设想这些行为完全出于敬重法则，而不是由于心血来潮时，我们才能这样称誉。"① 这就是说，荣誉以道德尊严为本质。同理，最大的耻辱便是玷污自由的理想人格、违反意志自律的耻辱，人们或未能按照普遍一律的道德法则行事，这样就等于降低自我尊严，其中伴生的受损的情感体验就是羞耻的实质。康德也讲德性伦理，可是他对亚氏所谓"中道"、"适度"、"大度"等的说法基本持批评态度，以为亚氏的理论会导致混淆善和恶、道德和非道德，例如，一个沉着冷静的恶棍会比没有这种品质的恶棍更危险。所以他申明，荣耻来自对道德规律的服从或违背，服从道德规律才是至善，这样才能真正称为有德性。

2. 康德的荣辱观和世俗的荣辱观可谓大相径庭，对于一般人来说，康德所持的荣辱观毋宁说是一把锋利的手术刀。他把不计尊严、狂热地追求荣誉称为"荣誉癖"，因为那些荣誉不是出于内在道德而获得尊重，所以他将其和"统治癖"、"占有癖"一并纳入"冷漠的情欲"之列，认为它们是人类的"疾病"，是"纯粹实践理性的绝症"。② 他自己躬身力行，不让世俗荣耻影响自己，他曾经五任哲学系主任，三度出任校长，得到了柏林科学院院士等头衔，但他无意于虚名，仅以教授头衔为荣。

3. 区别了应得和不应得的荣誉。康德认为真正的荣耻感应该出于责任理性，而不是出于好恶之情，哪怕是出于道德的冲动也是要不得的。这就是说，出于"应该的"应得荣誉，值得推崇，反之则应引以为耻。

4. 荣誉和权力、财富一样，与道德的追求存在很大差距，所以荣誉应当以善良意志为指导原则。否则荣誉的获得反而会扭曲心灵。碰巧给公众带来莫大的福祉，但并非出于善良意志，也不配称以真正的荣耀。

5. 荣誉感至多是"德行的闪光"。康德说，荣誉感和羞耻心是大自然和"天意"在我们身上安装的秘密，是令我们尊奉道德法则的补充机制，

---

① ［德］康德：《实践理性批判》，关文运译，商务印书馆1960年版，第87页。
② 参见康德《实用人类学》，邓晓芒译，上海世纪出版集团2005年版，第183—192页。

它们往往诱导我们作出奉献。可是，从根本上看，这样的行为一点也不能算是道德的，因为这些行为发生的原因实际上依赖于隐蔽的荣耀欲望①。

为什么康德这样看待荣辱？会有上述荣辱观？康德生活在普鲁士封建军国主义统治的时代，同时又是启蒙运动发生的时代。法国大革命的个人主义、感性诉求和功利主义幸福观在反封建的洪流中发挥了革命作用，可是也夹藏着资产阶级物欲横行和不道德地放任的危机，这是康德以自由和道德相统一为指导的荣辱观得以产生的历史原因。由于康德要的是道德的自由，所以他认为，真正的荣誉是捍卫自由的荣誉，真正的耻辱是丧失自由的耻辱；道德的荣辱感使人自由，而世俗的荣辱不能给人带来自由，相反，常常使人偏离纯粹的道德和自我的尊严。

新康德主义代表人物之一的包尔生（F. F. Paulsen, 1846—1908）对康德纯粹的荣辱观有所批评发展。他提出了"客观荣誉"一语："我们用客观意义上的荣誉来表示我们周围的人们给予我们的评价。"② 客观荣誉指的是，某个社会个体或团体得到的社会性估价的总和。一个人隶属于多种社会群体，所以他的客观荣誉是多种多样的，比如社会荣誉、国家认可的那些政治荣誉、不同的社团荣誉等。现代社会时常加给社会名人以公共或政治头衔，包尔生认为这种头衔制是社会荣誉和政治荣誉的结合。包尔生肯定人们趋荣避辱是自然而正当的选择，这些追求驱使人们积极进取和关心道德修养，所以他说对"荣誉的爱"和对耻辱的恐惧是提高人类精神、道德和能力的必要条件，这种追求在伟大人物的荣誉动机上和历史中有不少见证。由此，包尔生说"荣誉是道德的卫士"，我们不能设想"那些伟大业绩可以在没有对于荣誉的强烈的爱的情况下被完成"。③ 他讨论了两种扭曲的荣誉感，即虚荣和奢望，称之为两种荣誉堕落的形式。前者为了炫耀个人，后者为了荣誉不惜牺牲生命。在他眼里，虚荣得以维系，靠的是自己不着边际的幻想。骄傲是虚荣的反面，它虽然不完美，可是人人应该有所矜持，以科学研究为例，他说就像伽利略那样的大科学家一

① 参见［德］康德《论优美感和崇高感》，何兆武译，商务印书馆 2003 年版，第 14—16 页，第 36 页。

② ［德］弗里德里希·包尔生：《伦理学的体系》，何怀宏、廖申白译，中国社会科学出版社 1988 年版，第 489 页。

③ 同上书，第 492 页。

样，学者应该具备一点骄傲的品质①，否则不能发挥独立创造的潜能。他还讨论了"谦卑"，认为谦卑与傲慢相反，但不是丧失自我，所以真正的谦卑不等于奴性精神，而应当是服从理性、服从真理、尊重美德的表现②。包尔生对荣誉动机、功能与客观荣誉的论述，主要是针对他所处时代的社会需要提出来的，他对荣辱的道德功能的探讨，是对康德荣辱观的发展。

　　基于自我方向认识荣辱本质的重大进展，体现在对荣辱的社会心理学剖析上。这方面，社会心理学先行者之一詹姆斯（W. James，1842—1910）的工作具有开创性。他紧扣社会自我来分析荣辱问题，力求回答荣辱本质的决定性因素。什么是自我？在康德和包尔生那里似乎是一个自明的单纯形式。詹姆士则把自我的结构解析为四个相互关联的组成部分，即物质自我、社会自我、精神自我和纯粹自我，每个组成部分都会激起相应的自我感受，各部分都以自己的追求和自我保存为目的。物质自我是个体生活的物质部分，它体现于身体、服饰、亲缘关系、居所等对"我的"归属关系之中。精神自我不是康德说的纯粹主体，而是个体主观生活部分，指个体主观或内在的存在，是个体的心理官能和其总的倾向，精神自我保证个体的相对稳定性。人如何能分辨、调适和统合各个部分使之成为整体自我？这就涉及纯粹自我问题，詹姆士说纯粹自我是"自我的自我"，它贯穿始终，统领其他自我，是最内部的、最根本的、核心的自我，纯粹自我既意识到"非我"，也意识到"自我"。③

　　詹姆士论述最多的是"社会自我"，它与荣辱本质的认识有密切关系。詹姆士说"恰当地说，有多少人认识（某人）并形成其形象，这个人就有多少种社会自我"。④ 根据社会自我意识强度上的过与不及，詹姆士把相应的自我感受分为两类，一类是自亢，一类是自卑，荣誉与前者相

---

　　① 包尔生所谓"骄傲"，与傲气、傲慢、刚愎自负不同，毋宁说是指傲骨、清高、坚定。这种讨论也是亚里士多德开启的，亚氏崇尚"大度的人"，这个词在希腊语中指"灵魂伟大卓异的人"，英文译者有的直接译为"骄傲的人"。

　　② 包尔生论谦卑等上述观点与中国儒道的某些论述颇为相同，周礼和儒家强调"谦"、"敬"，道家则强调"柔"和"虚"，它们代表着中华民族两种最基本的社会交往态度。

　　③ 〔美〕詹姆士：《詹姆士集》，万俊人、陈亚军编选，上海远东出版社 2004 年版，第 421 页。

　　④ William James, *The Principles of Psychology*, China Social Sciences Publishing House, Chengcheng Books LTD. , vol. 1, p. 294.

关，耻辱与后者相连。按照其自我的层次理论，躯体自我、社会自我和精神自我各有自己的追求和冲动。而荣誉和耻辱是衡量自我追求和冲动实现抑或遭遇挫折所引起的感受的集中体现，实际上就是自我尊严感受的表征。在詹姆士的理论中，自我感受的客观衡量取决于我们的追求和冲动的实现程度，他提出了一个测度公式，即："自尊＝成就÷抱负"。自我抱负实现越大，成就感、满意度越高，自尊实现越高，荣辱感越强烈；反之，自尊挫折和损害越大，耻辱感体验越强。躯体自我、社会自我、精神自我对个人尊严的影响有程度之别。

社会自我的追求和冲动及其结果避免不了社会评价，社会对一个人某方面社会自我的评价，会直接引发自我内在的荣辱体验。可以说，在各层次的自我中，社会自我的尊严是荣辱本质的核心所在。他写道："名誉是好是坏，荣耀还是耻辱，是对一个人的某种社会自我的称谓。社会自我的特定荣耀通常导源于前文所论及的自我分化成分。那是他在其'同类人'眼里的形象，对他的褒贬决定于他是符合还是违背某范围的某些条件，这些条件在另外的活动圈中则另当别论。"① 詹姆斯的论述，准确地指明了社会自我在荣辱观中的突出地位，恰当地描述和定义了荣辱的社会性、集团性，以及与自我特别是社会自我的关系。

康德以其对自我尊严的严格论证，在现代西方荣辱观形成过程中应该占有重要地位。可是，他认为道德情感和情操只是被实践理性产生出来的结果，而不可能是原因，因此需要绝对地区别开心理好恶、心理情感和实践理性。在他的心目中自由不是情感的自由、不是心理的自由、不是他律的自由，"道德法则必须直接决定意志"。② 正因为如此他忽视了荣辱等社会心理和人的存在、价值之间的本质联系。康德主要是从更内在和形式化的立场看问题，不认为荣誉、自褒等具有独立价值和道德自足性。在他看来，敬重法则之心只能解释为法则向良心的内在化，其中的机制我们是不可能回答清楚的，我们只能说"敬畏"超越情感，是情感无法比拟的奇特情操。显然，康德的抽象道德理论，需要在道德心理学这个环节上重新完善。

---

① William James, *The Principles of Psychology*, China Social Sciences Publishing House, Chengcheng Books LTD. , vol. 1, pp294 – 295.

② ［德］康德：《实践理性批判》，关文运译，商务印书馆 1960 年版，第 73 页。

当代美国哲学家罗尔斯认同麦独孤（W. McDougall，1871—1938）等社会心理学家的有关论述，吸收康德的基本思想，又致力于克服形式主义伦理观的弱点，对荣辱和尊严的关系提出了更明确的阐明与论证。其《正义论》分为三个部分，第三部分就是专论正义理论必须具备的道德心理学基础和机制的。罗尔斯希望以此唤醒正义感、培植正义的愿望和实行能力。他尊信康德所说的人是一种自由、平等的理性存在物的观点，赞成"也许最为重要的基本善是自尊的善"的论断。他说："没有自尊，那就没有什么事情是值得去做的，或者即便有些事情值得去做，我们也缺乏追求它们的意志。那样，所有的欲望和活动就会变得虚无缥缈，我们就会陷入冷漠和犬儒主义。故而处于原处状态的各方将会希望以任何代价去避免湮没人的自尊的那些社会条件。作为公平的正义总是给予自尊以比给予别的原则更多的支持，这一事实是原初状态各方之所以接受这一原则的强烈原因。"① 显然自尊需求高于荣辱动机，自尊是主宰力量，罗尔斯力求让正义返回人心，十分重视正义理论和道德情感的相互支撑作用，较为系统地探讨了道德情操、态度、情感、行动和道德原则的关系，又探讨了道德情感和自然情感的异同、道德态度与自然态度的差异和联系，还区分了若干道德情感的差异（如负罪感和羞耻感），从多种角度论述了正义感等等。

罗尔斯的理论建构，弥补了康德的不足。罗尔斯把羞耻定义为："当某人经受了对于他的自尊的一种伤害或对于他的自尊的一次打击时所产生的那种情感"。② 羞耻是自我贬损引起的感受，但是并非都是道德的。他把羞耻分为两种，其一是"自然的羞耻"，其二是"道德的羞耻"。自然的羞耻，其原因不是或者不直接是道德因素，而"是由于我们人格中的缺陷，或者表现在外的行为和特性的缺陷而产生的，这些缺陷表现着他人和我们自己都会合理地要求于我们的那些性质的损失或缺乏"。③ 道德的羞耻则是因为道德人格缺憾而对自尊造成损害引起的痛苦感受。人有道德价值，人应该完善自我成为有德性的人，同时他的行为应该合乎正当和公

① ［美］约翰·罗尔斯：《正义论》，何怀宏、何包钢、廖申白译，中国社会科学出版社1988年版，第427页。

② 同上书，第429页。

③ 同上。

正的原则规定，但是理论上如此，现实生活中未必都能做到。当人的德行和行为违背道德准则、显示出缺乏德性，引起尊严贬损或使我们失敬于他人，并且能够自觉到时，就会伴生羞耻感。需要注意的是，自然的羞耻也可能被转化为道德的羞耻，自然的羞耻可能被赋予或夹带上道德歧视，那样就会引起道德的耻辱；同时，如果道德自我扭曲、不健全，道德耻辱也会麻木。另外，他比较了道德的耻辱感和负罪感。他认为，道德羞耻感不同于负罪感，负罪感的特点是，人们悔罪时常常潜藏着牺牲自我利益以寻求补偿的渴望；道德的羞耻感则是，感到自己变成缺乏道德价值或能力的伴生物，它不只是内疚而已，而是忧心遭到伙伴们奚落、拒绝、抛弃，失去自我和尊严，并豁然洞悉自己没有存在下去的意思和勇气。

以上我们大体勾勒了西方荣辱认识形成历程中的几个环节。亚里士多德讨论了有德行的人和正义的制度对于荣辱的关系，开启了这方面研究的先河。康德从哲学的高度论证了自我和尊严的价值，完善了荣辱本质认识的基本环节。包尔生界定了客观荣誉，分析了荣辱的道德意义。詹姆士对自我的结构进行了独到的分析，并从社会自我概念上明确了荣辱依托的核心是社会自我。罗尔斯继承康德的精神，又克服了康德的形式主义矛盾，将有关荣辱的道德心理学和伦理学原理统一起来。他们共同完成了这一结论：荣辱的本质在于自我尊严。

结　语

荣辱观是贯穿中西方社会史和思想史的重要问题。不过中西方的认识各有侧重。中国是荣辱文化的故乡，中国思想家偏向探讨荣辱的文化功能和意义；他们的主要目的是，如何更好地运用荣辱心理机制的社会功能，以完善人的道德，建设稳定和谐的社会秩序。西方更侧重于哲学抽象和分析，试图回答荣辱的本质是什么；根据他们的研究，荣辱的本质决定于人的自我尊严。

当然，这并不否认存在例外，也不等于说中西荣辱观毫无可比性。实际上，关于自我尊严的善，在我国历史上并不缺乏论述，不过是以"迂回"①

---

① 借用自于连的术语，参见［法］弗朗索瓦·于连（Francois Jullien）《迂回与进入》，杜小真译，生活·读书·新知三联书店1998年版。

的方式曲折体现出来的。中国古代儒家孔、孟乃至整个礼仪文明都讲求
"敬",道家讲"虚己待物"和儒家的"谦和"精神是相通的,宋明理学
主要就是讲"主敬",理学家把"敬"作为原则、信念、态度,也作为人
格平等精神的灵魂看待,显然都是推崇个体道德人格的尊严。古代儒、道
在力主"为己之学"方面有共同性,为己之学就是认识自己、关心自己①
和完善自己,这显然也是曲折地坚持自尊为本的思维。也不能一概而论,
说西方人仅仅局限于抽象的本质分析,西方文化有自己的荣辱文化逻辑和
传统,法国文化传统中荣辱文化尤其发达,早在孟德斯鸠、托克维尔就有
大量阐释,今天的法国,荣耀及其等级仍然具有强大的现实影响力。从荣
辱的客观内容看,西方荣辱文化经历了多次突变。

　　研究中西思想史上的荣辱观,有利于认清荣辱的本质,掌握荣辱的机
制,总结合理的荣辱价值观,更好地建设现实社会。任何一个社会,既要
稳定和谐,也要创新发展,二者缺一不可。考虑到这个需要,我国有必要
参考西方本质性的荣辱观,建立起以人为本的社会荣辱规范,同时大力发
展我国传统的荣辱文化建构经验,这些有利于我们更好地建设文明的好
社会。

---

　　① 据福柯的看法,在西方思想史上,自我关怀优先和高于"认识自己",主体化、认识论
化的社会文化是特定历史阶段的现象,自我关怀具有更丰富的存在意义和内容。参见〔法〕米
歇尔·福柯《主体解释学》,佘碧平译,上海人民出版社 2005 年版。

康德与《庄子》人性论比较

路传颂①

　　"恶"的存在，最突出地彰显了现实世界与理想世界之间的断裂，人们谴责现实中的"恶"，追求理想中的"善"。但是，唯有产生于人自身的"恶"，谴责才是有意义的；同样，"善"唯有依靠人自身的力量是能够达到的，理想才能成为现实。因此，对"善"、"恶"的认识需要对人自身的能力、人特有的活动和功能的认识，亦即对人性的认识。

　　《庄子》一书的作者们和康德生活在不同的时代与文化环境之中，他们都充分吸收了各自所能利用的一切智识资源，并对他们各自所能获得的历史经验作了充分的反思，从而都以他们所能达到的思维高度对人性以及"恶"进行了反思。通过把康德这一西方近代哲学的高峰作为一面镜子，反观《庄子》文本，使《庄子》与康德进行超时空、跨文化的对话，能够丰富和加深我们对《庄子》的理解。

一　"Natur"与"性"

　　人性，顾名思义，是指一切人生而具有的属性，是从根本上决定并解释人类行为的根本属性，一切人类行为，包括认知、实践、审美、纯粹的游戏、消遣甚至无意识行为，都有相应的人性因素作为根据。这里所要探讨的是与伦理行为（亦即具有或善或恶的属性的行为）有关的人类本性。不同的人对"本性"或"性"的概念有不同的理解。

　　李秋零教授根据两部德文词典总结出德文"本性"（Natur）的根本

含义是指"未经人的参与或者加工的原生态，是自然而然地生成的东西"。① 但是，康德在《纯然理性界限内的宗教》开篇伊始，就对这个术语做了新的界定：

> "如果本性这一术语（像通常那样）意味着出自自由的行动的根据的对立面，那么，它就与道德上的善或者恶这两个谓词是截然对立的。为了使人们不致对这一术语有反感，就必须说明，这里②把人的本性仅仅理解为（遵从客观的道德法则）一般地运用人的自由的、先行于一切被察觉到的行为的主观根据，而不论这个主观的根据存在于什么地方。但是，这个主观的根据自身总又必须是一个自由行为（因为若不然，人的人性在道德法则方面的运用或者滥用，就不能归因于人，人心中的善或者恶研究不能叫做道德上的）。"③

据此，首先，本性是指人的本能、自然冲动等的对立面；其次，本性是一般地运用人的自由的主观根据，是先行于一切被察觉到的行为的主观根据；最后，这一主观根据本身又是一个自由行为。既然本性"先行于一切被察觉到的行为"，又同时是"一个自由行为"，所以，后一"行为"就只能被理解为理智的行为，而不是经验性行为。也就是说，"本性"在康德这里既是自然而然生成的，同时又是人的一个自由行为，甚至可以说它是人的（逻辑上的）第一个自由行为④，本性的最本质的特性是自由。

中文"性"字从心从生，在中国古代，以生言性具有悠久的传统，如《孟子》引告子之言"生之为性"，《尔雅》曰"性，质也"，荀子曰

---

① 李秋零：《"本性"还是"本质"？——答邹晓东先生》，载《哲学门》（总第十六辑）第八卷第二册，北京大学出版社 2008 年版，第 280 页。

② "这里"一词似乎在强调讨论的语境，也就是说，这里提供的是对"本性"一词的特殊理解，而不是一般而言的"本性"，具体来说就是相关于那些可以归因于人的善或恶讨论人的本性。

③ 李秋零主编：《康德著作全集第6卷·纯然理性界限内的宗教》，中国人民大学出版社 2007 年版，第 19 页。

④ 李秋零：《"本性"还是"本质"？——答邹晓东先生》，载《哲学门》（总第十六辑）第八卷第二册，北京大学出版社 2008 年版，第 286 页。

"生之所以然者谓之性"（《荀子·正名》）、"不可学、不可事，而在人者谓之性"（《荀子·性恶》），《吕氏春秋·孟秋季·荡兵》曰"性者，所受于天也，非人之能为也"。《庄子》同样持此看法：

> 泰初有无，无有无名。一之所起，有一而未形。物得以生谓之德；未形者有分，且然无间谓之命；留动而生物，物成生理谓之形；形体保神，各有仪则谓之性；性修反德，德至同于初。（《天地》）
>
> 道者，德之钦也；生者，德之光也；性者，生之质也。（《庚桑楚》）

道是德之所兴①，生命是道德的光辉，性是生命的本质，可见性是道、德的派生物，是包括人在内的生物的天生的资质、生而具有的禀赋。徐复观先生认为，《庄子》中德与性基本同义，尤其《庄子》内篇无"性"字，而内篇的"德"字便是"性"字；"若勉强说性与德的分别，则在人与物的身上内在化的道，稍微靠近抽象地道的方面来说时，便是德；贴近具体地形的方面来说时，便是性。"② "形体保神，各有仪则谓之性"，王叔岷谓"仪则犹法则也"③，形体保有精神，"各自皆有活动变化的仪态法则，这就叫做本性"④。总之，"性"是决定、解释生物、人的行为的先天法则、规律，故而《庚桑楚》又说"性之动谓之为"。

"性"来源于天、道，它是天地的完美造化，而不是来源于人的自由，人只有自觉按照本性的要求去生活，才可能获得心灵的自由。根据《庄子》的描述，"性"最主要的特性是和顺、虚静、恬淡、素朴、纯粹，而这些特性与其说是道德上的，不如说主要是审美上的。《庄子》认为，只要人能遵从本性，保有本性的这些特性，那么，人就能够获得一种好的生活，而且能够与他人、与万物处在一种良性关系之中，实现社会与生态的和谐。

---

① "钦"释义字从王叔岷，见《庄子校诠》，中华书局 2007 年版，第 907 页。
② 徐复观：《中国人性论史》，华东师范大学出版社 2005 年版，第 227 页。
③ 王叔岷：《庄子校诠》，中华书局 2007 年版，第 434 页。
④ 陆永品：《庄子通释》，中国社会科学出版社 2006 年版，第 173 页。

二 康德论"向善禀赋"

康德认为人的本性中具有向善的原初禀赋。这些禀赋可以分为三类：

1. 作为一种有生命的存在者，人具有动物性的禀赋；

2. 作为一种有生命同时又有理性的存在者，人具有人性的禀赋；①

3. 作为一种有理性同时又能负责任的存在者，人具有人格性的禀赋。

人的动物性禀赋被归在自然的（physical）、纯然机械性的自爱的名目之下，包括自我保存、族类的繁衍和保存以及社会本能三个方面；人性的禀赋归在自然的却是比较而言的自爱的名目之下，亦即"只有在与其他人相比较，才能断定自己是幸福的还是不幸的"②；人格性的禀赋即是人的道德情感。康德认为，第一种禀赋不以理性为根据，第二种禀赋以隶属于自爱动机的理性为根据，第三种禀赋以无条件地立法的理性为根据。在第一种禀赋之上，可以嫁接粗野、贪婪、放荡、野蛮等恶习；第二种禀赋会产生争强好胜的偏好，可以嫁接对他人的敌意、忘恩负义、幸灾乐祸等文化的恶习；第三种禀赋不能嫁接任何恶的东西。

我们可以发现，康德所谓的三个方面的禀赋，分别对应于人的生理或生命层面的自然属性、人的心理层面的自然属性和人的心灵层面的自然属性。人的生理属性追求自我保存与感官快乐，人的心理属性追求相对他人而言的（相对）价值，即追求尊严③，人的心灵属性追求绝对的、永恒的价值。

前面说过，康德对"本性"一词做了新的界定，即本性根源于自由。但是，原初禀赋的存在却违背了这一新的"本性"概念。首先，康德没有说明动物性禀赋如何区别于人的本能。其次，据李秋零介绍，"禀赋"

---

① 这里的"人性"在英译本中是 humanity 一词。humanity 虽然也意指决定了人类之所以为人类的本质，但一般而言使用该词时侧重于这个词所表达的价值论的、道德的和美学的特点。该词也常被译为"人道"。

② 李秋零主编：《康德著作全集第6卷·纯然理性界限内的宗教》，中国人民大学出版社2007年版，第26页。

③ "尊严"一词在康德哲学中有特殊意义，即不是指个体自我的尊严，而是指普遍人格的尊严，因而隶属于人的人格性禀赋。

的德文词"Anlage"包含着"在"的意思，"是一种实体性的存在"①，它只能被理解为"被造就的"、未经人的参与和加工的，而不能被理解为通过人的自由行为而获得的或赢得的。因此禀赋并不来源于人的自由，倒是嫁接在禀赋之上的恶习才是来源于人的自由的。康德说"人身上的所有这些禀赋都不仅仅（消极地）是善的（即它们与道德法则之间没有冲突），而且都还是向善的禀赋（即它们都促使人们遵从道德法则）"。而按照康德道德法则就是自由法则的观念来看，这里所谓的消极的善也只能理解为自然的善，而不能理解为道德上的善，也就是说，这种善应归功于上帝或自然，而不能归功于人自身②。

三　康德论"趋恶倾向"

人性中不仅具有向善的禀赋，也具有趋恶的倾向。"倾向"指的是"一种偏好（经常性的欲望）的可能性的主观根据"③；"任性的一种主观规定根据"④。因为要讨论的是道德上的恶，所以这"恶"就只有到人的思维方式中去寻找，"这种恶必须存在于准则背离道德法则的可能性的主观根据中"⑤。

趋恶的倾向分为三个层次：人的本性的脆弱、不纯正和人的本性或人心的恶劣（depravity）。脆弱，是指道德动机在主观上比非道德的动机软弱；不纯正，是指道德法则不足以规定任性，还需要其他非道德的动机；人心的恶劣，是指把道德动机置于非道德动机之后，故而又被称作人心的颠倒，即颠倒了各种动机的道德次序。

康德认为，与禀赋不同，倾向"虽然也可能是与生俱有的，但不可

①　李秋零：《"本性"还是"本质"？——答邹晓东先生》，载《哲学门》（总第十六辑）第八卷第二册，北京大学出版社 2008 年版，第 285 页。

②　许多学者对此持同样观点，如李秋零（见《康德论人性根本恶及人的改恶向善》，载《哲学研究》1997 年第 1 期，第 299 页）、白文君（见《论康德的人性思想》，载《学术论坛》2007 年第 11 期，总第 202 期；《康德论述根本恶的三重维度及其矛盾》，载《伦理学研究》2007 年第 3 期，总第 29 期）。

③　李秋零主编：《康德著作全集第 6 卷·纯然理性界限内的宗教》，中国人民大学出版社 2007 年版，第 27 页。

④　同上书，第 30 页。

⑤　同上书，第 28 页。

以被设想为与生俱有的，而是也能够被设想为赢得的（如果它是善的），或者由人自己招致的（如果它是恶的）。"① 据此，趋恶的倾向虽然可能是与生俱有的，但不能设想为与生俱有的，而是也能被设想为是人自己招致的。然而，康德并没有提供充分的理由说服我们接受这一观点，为什么可能是与生俱有的却不能设想为是与生俱有的？康德说如果趋恶的倾向可以设想为普遍地属于人的，那么，它就是一种自然（natural）倾向。既然如此，为何要人为这种自然的倾向负责？至少前两个层次的倾向，都可以归因于自然或造物主（因果性归因而不是指道德归因），脆弱可以归因于自然的不完善，不纯正可以归因于人的人类学特征，因为人既是依赖于感性对象的存在者，又是具有理性的存在者。并且，康德还声称前两个层次可以被断定为无意的罪，只有第三个层次可以被判定为蓄意的罪。因此，把脆弱和不纯正归属于人的自然属性，而不是归属于人的道德属性，在直觉上更为合理。

对于这个问题的解决策略之一是诉诸理论视角与实践视角的区分。具体来说就是，从理论的视角来看，脆弱和不纯正是人的自然属性或人类学属性，然而从实践的视角来看，它们是人应当克服的属性。但即使这样，它们仍然不能归因于人，能够归因于人的是人没有努力克服这种属性。

第二个策略是诉诸"人心的恶劣"。人心的恶劣是人的思维方式的败坏，是人的意念的恶，是意识到了道德法则而又把对这一法则的背离纳入自己的准则，康德又把它称为根本恶、蓄意的罪，康德说：

> "它以人心的某种奸诈为特征，即由于自己特有的或善或恶的意念而欺骗自己，并且只要行动的后果不是按照其准则本来很可能造成的恶，就不会因为自己的意念而感到不安，反而认为自己在法则面前是清白的。由此出发，许多（自认为有良知的）人只要在没有诉诸法则，至少法则没有起主要作用的行动中侥幸地避免了恶的结果，就会感到心安理得，甚至会居功自傲，觉得自己不必为任何眼看其他人所犯的那些违背法则的行为负咎；却不深究这是否仅仅是侥幸的功绩，以及按照他们本来完全能够从自己的内心深处揭示

---

① 李秋零主编：《康德著作全集第 6 卷·纯然理性界限内的宗教》，中国人民大学出版社 2007 年版，第 28 页。

出的思维方式，倘若不是无能、气质、教育、诱人一试的时间和地
点条件（纯粹是些不能归因于我们的东西）使自己未能那样做的
话，那么，只要自己愿意，是否自己就不会犯下同样的恶行呢？这
种自我欺骗的，以及阻碍在我们心中建立真正的道德意念的不诚
实，还向外扩张成为虚伪和欺骗他人；后者即使不应该称之为恶
意，至少也应该叫做猥琐，它包含在人的本性的根本恶之中。这种
恶（由于它在应当把一个人看做什么方面败坏了道德的判断力，使
责任对内对外都变得不确定）构成了我们这个族类的污点，只要我
们不清除掉这个污点，它就妨碍着善的幼芽，像其本来完全可能的
那样发展起来。"①

根本恶具有自欺的特征，即只要没有造成恶的后果就自认清白，甚至自认
为是有德性的。自欺败坏着人的道德判断力。如此一来，尽管脆弱和不纯
正可以设想为人的与生俱有的自然属性和人类学属性，但是，人毕竟是自
由的，人应该也能够克服这些属性，因此，我们不能容忍以此为借口为自
己辩护，因为这同样是一种自欺，是道德判断力败坏的表现。正如阿利森
所说的那样，"脆弱性首先反映出对道德法则缺乏充分的认同……自欺一
开始就进入这幅图景，它把实际上是对自身行为的自由评价描述成他无须
对此负责的'弱点'"。②

根据这种观点，我们可以对康德的"趋恶的倾向"作出一些修正和
完善：脆弱和不纯正本身是人的自然属性或人类学属性，应该被理解为
"我们道德上有缺陷的能力"③，因此仅仅是潜在的恶；人心的恶劣是人的
道德属性，它不再仅仅是恶的可能性，而已经是现实的恶，尽管只是理智
性质的恶。只有在自欺已经渗入到前两个层次的情况下，脆弱和不纯正才
真正成为人的道德属性，并因此是可以归咎于人自身的。由此可见，在三
种趋恶倾向中，康德只是在人心的恶劣或根本恶这一点上贯彻了本性根源

---

① 李秋零主编：《康德著作全集第6卷·纯然理性界限内的宗教》，中国人民大学出版社
2007年版，第38页。

② ［美］亨利·E.阿利森：《康德的自由理论》，陈虎平译，辽宁教育出版社2001年版，
第236页。

③ 李秋零主编：《康德著作全集第6卷·纯然理性界限内的宗教》，中国人民大学出版社
2007年版，第196页。

于自由的观点，因此，人的本性之恶只能就人的心灵（heart）、意念（disposition）或思维方式（attitude）而言。①

四　恶的根本性及其起源

康德不仅认为人性中有恶的主观根据，而且还宣称人事实上就是"恶"的："人是恶的"、"人天生是恶的"②。为了理解这一思想，首先要了解康德在"一个具有善良品行的人"（a human being of good morals）和"道德上的善人"（a morally good human being）之间作出的区分。康德认为就行动与法则一致而言，两者是没有区别的，区别在于：

> 在前一种人那里，行动恰恰并不总是或者从来不曾以法则为惟一的和最高的动机，而在后一种人那里，行动在任何时候都以法则为惟一的和最高的动机。关于前一种人可以说，他是凭着字句遵循法则的（即就法则所要求的行动而言）；关于第二种人则可以说，他是凭着精意而遵循法则的（道德法则的精意就在于，惟有它才足以成为动机）。③

也就是说，"一个具有善良品行的人"是一个经验意义上的好人，我们可以通过他的可观察的行为来判断。但是，只有当一个人以道德法则作为行为的唯一的和最高的动机的时候，他才配称得上是"一个道德上的善人"。

因此，康德所谓"人天生是恶的"这一命题，并没有否认存在着具有善良品行的人，而是否认人已经达到了为义务而义务的道德高度，"在

---

① Pablo Muchnik 认为，当与个体相关联时，"根本恶"的"根本"一词，就是在空间隐喻的意义上指明"恶"在人身上的处所是"意念"。参见"An Alternative Proof of the Universal Propensity to Evil"，载 Sharon Anderson - Gold 和 Pablo Muchnik 编 *Kant's Anatomy of Evil*，Cambridge University Press，2010 年，第 125 页。

② 李秋零主编：《康德著作全集第 6 卷·纯然理性界限内的宗教》，中国人民大学出版社 2007 年版，第 32 页。

③ 同上书，第 29—30 页。

人这里，即使是在（就行动而言）最好的人这里，都提出了趋恶的倾向"①；"人也虽然有纯粹善的行动，却依然是恶的"②；甚至"一个一般意义上的恶人，就已经是好人了"③。康德说"人是恶的"这一命题无非是说，人意识到了道德法则，但又把偶尔对这一原则的背离纳入自己的准则；"人天生是恶的"无非是说，上述特征普遍地适用于任何人④。背离道德法则的倾向被康德称为人性中的一种根本的、生而具有的恶。

然而，康德并没有能够提供对这种普遍必然性的证明。康德说："这样一种败坏了倾向必然根植在人身上，我们由于有经验就人们的行为所昭示的大量显而易见的例证，也就可以省去迂腐的证明了。"⑤ 在自然状态之下，人身上存在着野蛮的恶习，在文明状态之下，人身上存在着种种文化和文明的恶习，而在各文明化了的民族之间，则依然处在野蛮的自然状态。然而，这种经验的证明却时常受人诟病，因为按照康德的认识论，经验不能提供任何普遍性和必然性，经验最多只能证明恶是广泛存在的。

康德还具体讨论了恶的概念。道德法则借助于人的道德禀赋，不可抗拒地强加给人，人同时又因其无辜的自然禀赋，也依赖于感性的动机，因而，人自然而然地把道德动机和感性动机都纳入之间的准则，而善的准则与恶的准则之间的区别，就不在于准则的动机（准则的质料），而在于准则中两种动机的形式关系，亦即道德动机与感性动机之间的主从关系：

> 人（即使是最好的人）之所以是恶的，乃是由于他……在把各种动机纳入自己的准则时，却颠倒了它们的道德次序……把自爱的动机及其偏好当做遵循道德法则的条件。

所以，人天生是恶的，就意味着人生来必然会把感性动机凌驾于道德动机之上。但是，根据康德的自由理论，确立一种准则——对于康德而言这同时意味着确立一种意念、一种性格——是人的一种自由行为，那么，这种

---

① 李秋零主编：《康德著作全集第6卷·纯然理性界限内的宗教》，中国人民大学出版社2007年版，第29页。

② 同上书，第30页。

③ 同上书，第33页。

④ 同上书，第32页。

⑤ 同上。

必然性似乎就无法与人类自由相协调。正如有学者所争论的那样：如果说我们自由地选择了某种东西，那么我们必定也能够自由地不选择它，康德似乎是说我们必然地、自由地确立一种准则，然而必然和自由是相互排斥的①。

为什么人类会选择给予感性动机以高于道德动机的价值？为什么人类会选择给予感性动机以优先性？为什么这种选择会是普遍必然的？要回答这些问题，就需要进一步追溯人性中恶的起源。但是，康德主张我们不能追问恶在时间上的起源，因为这是对人类自由的否定，"无论他处于什么样的时间条件和联系中，他本来都应该放弃这种恶的行动，因为世界上的任何原因都不能使他不再是应该自由的存在者"②，无论面临什么样的环境，我们都有能力且有义务选择正确的行为准则，"我们大可不必为一种应该由我们负责的道德属性寻找时间上的起源"③。因此，我们只能去寻找恶在理性上的起源，也就是说，必须假定我们是通过自己的自由行动，直接从天真无邪的状态陷入恶之中的。然而，恶在"理性上的起源依然是我们所无法探究的"，"不存在可理解的根据来说明我们道德上的恶最初可能是从哪里来的"④，我们只能把它归咎于我们自己。

实际上，康德认为"恶"的起源在根本上来说是无法解释的，我们所能够做的并不是解释人"为什么"是恶，而只能够说明人"如何"是恶的。罗伯特·B.罗顿（Robert B. Louden）宣称：康德关于恶的理论，首要的是关于什么是恶以及我们应当如何应对恶的理论，而不是关于我们为什么是恶的理论⑤。有台湾学者也认为"康德的目标不在于'解释'和'说明'恶，而在于人如何承担责任、自我改造"。⑥

① 参见 Seiriol Morgan："The Missing Formal Proof of Humanity's Radical Evil in Kant's 'Religion'"，*The Philosophical Review*，Vol. 114，No. 1（Jan.，2005），第63—114页。
② 李秋零主编：《康德著作全集第6卷·纯然理性界限内的宗教》，中国人民大学出版社2007年版，第41页。
③ 同上书，第43页。
④ 同上。
⑤ 参见 Robert B. Louden："Evil Everywhere：The Ordinariness of Kantian Radical Evil"，Sharon Anderson-Gold 和 Pablo Muchnik，*Kant's Anatomy of Evil*，Cambridge University Press，2010，第103页。
⑥ 陈瑶华：《康德论"根本恶"》，载《东吴政治学报》2006年第23期。

五　《庄子》的人性学说

除了上文介绍的对"性"的基本界定以外，《马蹄》篇对"性"有进一步的规定：

> "彼民有常性，织而衣，耕而食，是谓同德"；
> "夫至德之世，同与禽兽居，族与万物并。恶乎知君子小人哉！同乎无知，其德不离；同乎无欲，是谓素朴。素朴而民性得矣。"

"同德"，即人们共有的本性，由人的本性所决定的行为不过是致力于满足人的基本生存需要的行为，这相当于康德所谓的动物性禀赋的生存本能的方面。"至德之世"即人们普遍地保有本然之性的时代，人们与禽兽、万物浑然杂处，这十分接近康德所谓的动物性禀赋的社会本能方面，只不过"社会"在这里超越了狭隘的人类界限，是一个生态社会。

"恶乎知君子小人哉"是对康德所谓的人性禀赋，亦即人的心理层面的自然属性的否定。心理层面的自然属性追求"在他人的看法中获得一种价值"[1]，最初人们只是希望获得一种平等的价值，但最终却发展为嫉贤妒能、争强好胜，亦即"为自己谋求对其他人的优势"[2]。庄子却认为人的本性，甚至万物的本性都是平等的，因而追求一种优势，甚至拥有优势与劣势的分别心，都是对本性的败坏。《庚桑楚》篇把高贵、富有、显赫、尊严、声名、利禄视为使人心志悖乱的六种因素（"贵富显严名利六者，勃志也"），对这六者的追求都应被理解为心理层面的需求，也就是说，不单单是对身份、财富等本身的追求，也同时是追求相对于他人的优势地位。道家之所以为道家，核心特征即在于超越人道而回归天道。

可见，《庄子》的"性"的概念是指人的先天禀赋，尤其是指人的动物性禀赋，并把通过与他人相比较而获得优越感这样的心理层面的自然属性排除在人性结构之外，视之为败坏本性的因素。但是，因为《庄子》

---

① 李秋零主编：《康德著作全集第 6 卷·纯然理性界限内的宗教》，中国人民大学出版社 2007 年版，第 26 页。

② 同上。

主张"无欲",许多学者认为,本能不是《庄子》"人性"观念的构成要素。如孙以楷说"(庄子)认为人性不但不是仁义等道德理念、味声色等生理机能,相反,仁义和本能欲望违逆人性,正是人性丧失、扭曲之最后根源"。① 人们可以为这种观点找到很多文本依据,如:

> 属其性于五味,虽通如俞儿,非吾所谓臧也;属其性乎五声,虽通如师旷,非吾所谓聪也;属其性乎五色,虽通如离朱,非吾所谓明也。吾所谓臧者……臧于其德而已矣……任其性命之情而已矣。(《骈拇》)
>
> 且夫失性有五:一曰五色乱目,使目不明;二曰五声乱耳,使耳不聪;三曰五臭熏鼻,困惾中颡;四曰五味浊口,使口厉爽;五曰趣舍滑心,使性飞扬。此五者,皆生之害也。(《天地》)

然而,如此一来《庄子》"性"就是一个内涵相当空洞的概念,没有任何具体的实质内容。

实际上,《庄子》的真正意思是说人的本能欲望是简单、素朴的,只是由于"心"的参与,人对本能欲望的追求才会超越必要的限度,而真正危害人的本性是过度与贪婪,而不是本能欲望本身。《盗跖》篇在"不足"和"知和"这两个虚构的、带有寓意的人物之间展开了论辩。"不足"说"且夫声色滋味权势之于人,心不待学而乐之,体不待象而安之。夫欲恶避就,固不待师,此人之性也"。"知和"并没有否定"不足"对人性的理解,而是说:"知者之为,故动以百姓,不违其度,是以足而不争,无以为故不求",还说:"平为福,有余为害者,物莫不然,而财其甚者也。"真正有害的并不是这些禀赋本身,而是在这些禀赋之上嫁接的不知足、贪婪等恶习。就像康德所说的那样,人的动物性禀赋之上都可以嫁接各种各样的恶习,但这些恶习却不是以这种禀赋为根源,自动地从中滋长出来的。

《庄子》的人性观念是否具有道德属性同样是一个有争议的话题,但大多数人对此持否定态度。

《骈拇》篇把仁义比作骈拇枝指、附赘县疣,而不是人的本性的实情

---

① 孙以楷主编:《道家与中国哲学》(先秦卷),人民出版社 2004 年版,第 334 页。

（"仁义其非人情乎"），认为追求仁义就会迷惑人性（"使天下惑也"），使人们改变人生追求的方向，甚至改变人的纯真本性（"夫小惑易方，大惑易性"）。以仁义改变人的本性，被《骈拇》视为"以物易其性"的方式、表现之一，与追求名利具有同样的性质和结果，即"残生损性"。《骈拇》甚至把"仁义之操"与"淫僻之行"等同视之，都不是"道德"之正。《在宥》篇把仁义比喻为禁锢人性的"桎梏凿枘"；《天道》篇老聃批评孔子标举仁义（"揭仁义"）是"乱人之性"；《徐无鬼》篇甚至说"夫仁义之行，唯且无诚"。

表面上来看，《庄子》的确反对人的本性具有道德属性的观点。然而，这种看法错误地把儒家的仁义概念等同于道德，而且没有注意《庄子》所理解的仁义，主要是指一种外在于人的行为规范，类似于康德所谓的他律道德。实际上，《庄子》并不否认人的本性具有内在的道德禀赋，即能够决定并据以解释人的合法则行为的先天素质：

> 至德之世，不尚贤，不使能，上如标枝，民如野鹿。端正而不知以为义，相爱而不知以为仁，实而不知以为忠，当而不知以为信，蠢动而相使不以为赐。是故行而无迹，事而无传。（《天地》）

至德之世是人们普遍遵从本性而生活的时代，而遵从本性的生活也包括了人的伦理生活。行为端正、相互亲爱、诚实忠厚、办事得当、相互友助是合乎法则的行为，它们必然在人性中有其根据。而"义"、"仁"、"忠"、"信"、"赐"（惠）只是名号，是外在的规范。

六 《庄子》"心"论

为了进一步理解《庄子》对当时流行的道德观念的批评，有必要探讨"心"这一概念。这是一个在《庄子》的人性学说中十分特殊的概念。徐复观曾经说过："心，在《庄子》一书中是一个麻烦的问题。"[1] 之所以如此，是因为"心"游离于"性"和"人为"（"伪"）之间。《缮性》篇说：

---

① 徐复观：《中国人性论史》，华东师范大学出版社 2005 年版，第 231 页。

> 及唐、虞始为天下……然后去性而从于心。心与心识，知而不足以定天下，然后附之以文，益之以博。文灭质，博溺心，然后民始惑乱，无以反其性情而复其初。

这段话不仅表明了"心"是独立于"性"的概念，还认为"心"对于本性的败坏尚在世俗之礼文、学识之先。"心"既然是人的官能之一，它所具有的属性自然也就是人性的构成部分。《庄子》却把"心"排除在人性结构之外。原因大概在于"性"是较为稳定的先天禀赋、先天法则，而"心"则极易受到蛊惑与摇荡，如《在宥》篇说人极易"喜怒失位，居处无常"，并云人心"偾骄而不可系"。《列御寇》篇又说人心难以测度（凡人心险于山川，难于知天。《列御寇》）。

"心"的重要性在于：如果"性"离开"心"的自觉，那么庄子之道就无法区别于慎到的"死人之理"①（《天下》）。然而，心又具有违背人的本性的倾向，心知的活动足以败坏人的本性。徐复观认为，心的可怕之处在于它"由外物所引而离开了心原来的位置，逐外物去奔驰，惹是招非，反而淹没了它的本性"②，然而具体到伦理生活，可以说心的可怕之处在于它不再倾听本性的呼唤，而是去追逐道德之名：

> 贼莫大乎德有心而心有睫。（《列御寇》）
> 德荡乎名。（《人间世》）
> 德溢乎名，名溢乎暴。（《外物》）

历来的注释者都把"德有心"理解为有心为德，然而这不能理解为伦理生活的自觉性，而应该理解为"有心于德之名"。"名"败坏德性，不在于不足，恰在于过分，"德业由于声名而超越实际，声名由于表彰而超越实际"③，因而使人残生损性，"使天下簧鼓以奉不及之法"（《骈拇》）。

---

① 徐复观说"（庄子）所追求的必是一种精神生活，而不是块然的生理生活。……他所追求的精神生活……依然要落在人的心上才有可能"（徐复观：《中国人性论史》，华东师范大学出版社 2005 年版，第 233 页）。

② 同上。

③ 杨柳桥：《庄子译注》，上海古籍出版社 2006 年版，第 463 页。

然而这种危害还不是道德上的恶，"名"造成的道德上的恶是它导致了虚荣心，导致人自夸自大，从而有意无意地贬低了他人的价值：

> 枝于仁者，擢德塞性以收名声。(《骈拇》)
>
> 强以仁义绳墨之言术暴人之前者，是以人恶有其美也，命之曰灾人。(《人间世》)
>
> 临人以德。(《人间世》)
>
> 饰知以惊愚，修身以明汗，昭昭乎如揭日月而行。(《山木》)
>
> 博学以拟圣，於于以盖众，独弦哀歌以卖名声于天下。 (《天地》)

伦理行为不过是人的本性，"名"却使人产生自以为是、自恃傲人的态度。因而，《庄子》主张"无仁义而修"(《刻意》)，主张"无名"、"去名"，"孰能去功与名而还与众人！道流而不明居，得行而不名处；纯纯常常，乃比于狂；削迹捐势，不为功名"《山木》)。

七 《庄子》对"恶"的解释

《庄子》认为人的本性（先天禀赋）是善的，人心中有趋恶的倾向，因为人心极易受到摇荡，从而追逐外在于人的本性的名与利。无论是追逐名，还是追逐利，对于《庄子》来说，首先且最重要的是，这是一种不明智，它所带来的后果是对自身生命的摧残，亦即"苦"；其次，这是一种恶，它所造成的是恶行与虚伪。

与康德不同的是，《庄子》尤其是外篇追溯了恶在时间上的起源。《庄子》认为，人心的本然状态是虚静、恬淡、寂漠、无为的，"古之人，在混芒之中，与一世而得淡漠"(《缮性》)，只是在某一个历史时期，人心受到了扰动，不再安于本分：

> 黄帝之治天下，使民心一……尧之治天下，使民心亲……舜之治天下，使民心竞。……禹之治天下，使民心变，人有心而兵有顺，杀盗非杀人。自为种而"天下"耳。是以天下大骇，儒墨皆起。(《天运》)

道德不断下衰的过程，就是人心不断被扰乱的过程。《马蹄》说圣人提倡仁义"而天下始疑矣"，并导致百姓"争归于利"；《胠箧》说统治者尚贤、尚智，使得百姓"内弃其亲而外去其主之事"；《在宥》说三王、儒墨使得百姓"喜怒相疑，愚知相欺，善否相非，诞信相讥"；而赏罚手段使人"喜怒失位，居处无常，思虑不自得，中道不成章。于是乎天下始乔诘卓鸷，而后有盗跖、曾、史之行"。

然而，这绝不意味着《庄子》外篇认为人心在最初是纯粹至善的，只是被政治或文化所污染、败坏；这些作者仅仅是认为人在上古时代思虑简单、本性淳朴。他们中的一些作者似乎认为，人性在最初既有消极的善，也有消极的恶，一旦为"民"装备上"智"与"能"的工具，就会有大奸大伪（《马蹄》），而另一些作者则认为，积极的恶是伴随着积极的善而产生的，"善人不得圣人之道不立，跖不得圣人之道不行。天下之善人少而不善人多，则圣人之利天下也少而害天下也多"（《胠箧》）。而他们共同的立场则是清净无为、不扰民，治理天下不在于提倡积极的善，而在于防止积极的恶"大圣之治天下也……举灭其贼心而皆进其独志"（《天地》）；杂篇《徐无鬼》亦言"夫为天下者，亦奚以异乎牧马者哉！亦去其害马者而已矣！"

总之，《庄子》外篇的许多章节都表达了对人心的警戒与不信任，这些作者们对人在道德上自我完善的能力持怀疑态度。尽管如此，这之间也表达出了具有积极价值的观点：过高的道德标准，苛刻的舆论环境、严密的赏罚体系只会使"民"更深地隐藏其动机，从而导致更加严重的虚伪。

八　康德与《庄子》人性论比较

以上，我们分别考察了康德与《庄子》的人性论，并对康德的某些观点作了一些修正，也参照康德的理论对《庄子》文本所蕴涵的思想作了阐发与引申。

康德的人性论没有简单地重复传统上人性是善还是恶的争论，而是缜密地分析了人性的多重结构，从"向善禀赋"和"趋恶倾向"两个角度讨论人或善或恶的可能性，强调了人的自由任性的道德能力。康德考察人性的视野较为开阔，无论是自然状态的野蛮人，还是文明状态下的文明人，都具有共通的人性。相比较而言，《庄子》乃至整个中国传统文化，都倾向于把上古时代的人或者幼儿作为人的自然本性的典范。这种探讨人性的思路，不仅在普遍性上有所欠缺，还造成了人性概念内涵的狭窄，这一点尤其体现在对"恶"的探究上，即必须在"性"之外再设定一个"恶"的根据。《庄子》认为恶产生的主要原因是人类生存环境，尤其是政治、社会环境的变迁（"圣人"应该为此负责）。但是，《庄子》也提出了恶的主观根据，即人"心"。就此而言，《庄子》对"性"和"心"的探讨，恰好对应于康德对"向善禀赋"和"趋恶倾向"的探讨。

就人的先天禀赋而言，康德认为它还不是现实的善，只是就其不违背道德法则而言，才可以称之为消极的善，就其促使人遵从道德法则，才可以称之为"向善"、善的主观可能性的根据。而《庄子》则把先天禀赋看做是现实的善，它不仅是天地造化的完善（Perfect），同时也充分规定着人类行为的善（Good）。因此，康德强调人的道德修养，强调对自然、对人的本性的超越，而《庄子》则主张回归人的本性，否定人的道德修养，认为对人的本性的任何人为附益都会适得其反。

其次，康德的向善禀赋既包括了动物性禀赋，也包括了追求相对价值的人性禀赋与追求绝对价值的人格性禀赋。而对于《庄子》来说，对相对价值的追逐恰恰在败坏人类本性。"心"败坏了我们的动物性禀赋，使我们的欲望过度、不知足，并追求对他人的优势地位；"心"败坏了我们的道德禀赋，使我们追逐道德之"名"而非道德之"实"，并追求"君子"、"圣人"之名，而贬低"小人"。然而《庄子》并没有完全否定"心"的作用。前面提到过，遵从本性的生活需要"心"的参与。当"心"安定、虚静从而遵从人的先天禀赋时，它就被称作"灵府"（《人间世》）、"常心"（《德充符》）、"灵台"（《达生》）。更为重要的是，《庄子》虽然否定"心"在"心理"层面对相对价值的追求，但完全肯定"心"在"心灵"层面的追求。这就涉及本文到目前为止一直避而未谈的一个问题：《庄子》人性思想中的人格性禀赋。我们知道，康德把人类理性的实践运用分为纯粹的运用与不纯粹的运用。不纯粹的运用是理性对相对的、主观的价值的追求，而纯粹运用则是理性对绝对的、客观的价值的追求；人类的人性禀赋以理性的不纯粹运用为根源，而人格性禀赋以理性的纯粹运用为根源。《庄子》否定了"心"对相对价值的追求，而"用心于"对绝对价值的追求，即对"道"的体认，对"道"的回归，即《天地》篇所谓"性修反德，德至同于初"。《庄子》与康德关于人格性禀赋的分歧在于，心灵对绝对价值的追求成就的是审美人格，而非道德人格。它超越善恶，故而也超越了本文的主题。

就恶的主观可能性的根据而言，《庄子》对"心"的论述有许多内容与康德的"趋恶倾向"有相近之处。人性趋恶倾向的第一个层次是脆弱，指的是人在遵循道德法则时的软弱无力。在《庄子》文本中，所能找到的与康德的脆弱概念相对应的是"心"的不稳定性。对我们的动物性禀赋而言，"心"容易偏离我们的本性，使我们趋向贪婪、不知足。第二个层次是不纯正，即在履行道德义务的时候，除了道德动机之外还需要其他非道德的动机。在《庄子》文本中能够与之对应的是对道德之"名"的追逐，它不仅拔高了道德的标准，而且造成普遍的虚伪。第三个层次的趋恶倾向是人心的恶劣，它有多重含义。首先，它是指接受恶的准则的倾向，《庄子》往往把恶的准则视为过高标准的善（仁义）的伴生物；其次，就其颠倒了非道德动机与道德动机而言，它又叫做"人心的颠倒"，《庄子》也时常谈到"丧己"于物、"丧己"于俗，谈到"倒置之民"；最后，就其只要侥幸没有造成恶的结果就自以为有德性而言，它又被称作自欺，而《庄子》则把自矜其德、自伐有德视为对德的败坏①。

即使我们把对"心"的论述纳入《庄子》的人性论，使"性"与"向善禀赋"、"心"与"趋恶倾向"获得一种表面上的相似性，但仍不能忽视其精神实质上的差异。康德所要强调的是人为善、为恶的"能力"，依赖于人类自身的力量，我们能够在尘世建立至善的目的王国。甚至就"恶"而言，也体现了人类优于其他自然物，因为人类始祖的堕落诚然是一种恶，但堕落之前的清白无辜毕竟只是上帝的荣耀，而人类的堕落却是人类自由的开始，人类由此开始创造自己的历史。康德认为，即使

---

① 康德认为，无论一个人如何有道德，他所能做的一切善行，都不过是义务，而履行义务没有什么值得惊赞的，人类灵魂中唯一值得惊赞的是我们的道德禀赋，而对于我们的道德行为的惊赞"是我们的道德情感的一种质变，好像顺从义务是某种非同寻常的、有功劳的事情似的"（见李秋零主编《康德著作全集第6卷·纯然理性界限内的宗教》，中国人民大学出版社2007年版，第49页。）。同样，在《庄子》思想中，道德行为不过是顺从我们的本性，而本性根本来说甚至并不属于我们（"性命非汝有，是天地之委顺也"《知北游》），因此道德行为并不归功于我们，只有在人努力保有其天性的意义上，才可以归功于人。因此，自以为有"德"就是自夸自大，甚至是贪天之功以为己有。

一个确立了恶的准则的人，也优于一个行事毫无准则的人，因为只有前者才体现了人类自由。而对于《庄子》来说，"性"与其说是人类各种能力的根据，不如说是人类被造之初的本然状态，道家乃至整个中国传统思想的伦理理想就是回归这种本然状态。

在"恶"的起源这一问题上，《庄子》与康德的分歧反映了两者讨论问题的立场不同。启蒙时代是人的觉醒的时代，康德是站在普遍公民的立场上，讨论每个人在"恶"的面前不可逃避、不可推卸的责任，而《庄子》则是站在智识精英的立场，谴责历史英雄人物与统治者对"民"的道德本性的败坏。因此，康德的讨论从属于伦理学，而《庄子》的讨论从属于政治、文化批判。

康德对人性（人道）的态度完全是积极的，认为人性是人类追求文化进步的动力①，同时也是人类向善的主观根据之一，尽管在它之上可以嫁接许多文化的恶习，但它本身是（消极地）善的。并且，"惟一能够使世界成为上帝意旨的对象和创造的目的的东西，就是处于道德上的彻底完善状态的人性（humanity）"。② 而《庄子》则认为人道是对天道的背离，是人类恶的体现。这也正解释了《庄子》的作者们对文化的态度。《庄子》希望用天道矫正人道之恶，但是，《庄子》又似乎认为从天道的整体视角来看，人类个体的恶是无关紧要的，人类个体生存的审美意义大于其道德意义。

---

① 参见李秋零主编《康德著作全集第 6 卷·纯然理性界限内的宗教》，中国人民大学出版社 2007 年版，第 26 页。

② 同上书，第 59 页。

稿　约

　　为推动中国思想史的研究和创新，西北大学中国思想文化研究所决定继续推出《中国思想史论集》（学刊），特向海内外学术界征集稿件。学刊拟设中国古代思想史研究、中国宗教思想史研究、中西印比较思想史研究、思想史研究的理论和方法、国内外思想史研究动态、书评等栏目，而凡属于中国思想史研究以及其相关领域的论文均在征稿之列。

　　1. 力求及时反映中国思想史及其相关领域前沿成果（恕不刊编已公开发表论文）。

　　2. 论文篇幅一般请控制在 15000 字以内，个别长稿可以协商。

　　3. 译稿需译者自行解决版权问题。

　　4. 论文务请遵守通行学术规范。

　　5. 论文撰写格式要求如下：（1）正文采用 word 格式编辑，宋体，5 号字。（2）中文古籍引文采用文中夹注形式，需注明典籍名称、卷次或篇名。（3）中外研究或参考性著作引文，采用当页页下注形式，每页注释以阿拉伯数字为序重新编号，注录次第为著（编）者、译者、名称、出版地（后缀冒号）、出版社、年份、页码。（4）论文按照作者、论文名称、期刊名称、年份、期次、页码的顺序注明。

　　6. 请附作者简介（姓名、学历、职称、职务、联系电话和通信地址）。

　　7. 为校对考虑，如有必要，在提交论文电子版的同时，请另寄纸质稿一份（联系方式附后）。

　　8. 为保证学术质量，论文均需通过西北大学中国思想文化研究所学术委员会或委托专家进行审阅。稿件录用与否将及时告知作者。

9. 稿件一经刊出，即付薄酬。

10. 联系方式：

联络人员：谢阳举　夏绍熙

单　　位：西北大学中国思想文化研究所

地　　址：西安市太白北路 229 号　　　　邮　　编：710069

电　　话：029 – 88302612，88302982

收稿邮箱：ideaxie@ 163. com

西北大学中国思想文化研究所学术委员会

2011 年 12 月